Isa Jahnke

Dynamik sozialer Rollen beim Wissensmanagement

SOZIALWISSENSCHAFT

Isa Jahnke

Dynamik sozialer Rollen beim Wissensmanagement

Soziotechnische Anforderungen
an Communities und Organisationen

Mit Geleitworten von Prof. Dr.-Ing. Thomas Herrmann
und Prof. Dr. Sigrid Metz-Göckel

Deutscher Universitäts-Verlag

Bibliografische Information Der Deutschen Bibliothek
Die Deutsche Bibliothek verzeichnet diese Publikation in der Deutschen Nationalbibliografie;
detaillierte bibliografische Daten sind im Internet über <http://dnb.ddb.de> abrufbar.

Dissertation Universität Dortmund, 2005

Gedruckt mit freundlicher Unterstützung der Hans-Böckler-Stiftung.

1. Auflage Mai 2006

Alle Rechte vorbehalten
© Deutscher Universitäts-Verlag | GWV Fachverlage GmbH, Wiesbaden 2006

Lektorat: Ute Wrasmann / Dr. Tatjana Rollnik-Manke

Der Deutsche Universitäts-Verlag ist ein Unternehmen von Springer Science+Business Media.
www.duv.de

Das Werk einschließlich aller seiner Teile ist urheberrechtlich geschützt. Jede Verwertung außerhalb der engen Grenzen des Urheberrechtsgesetzes ist ohne Zustimmung des Verlags unzulässig und strafbar. Das gilt insbesondere für Vervielfältigungen, Übersetzungen, Mikroverfilmungen und die Einspeicherung und Verarbeitung in elektronischen Systemen.

Die Wiedergabe von Gebrauchsnamen, Handelsnamen, Warenbezeichnungen usw. in diesem Werk berechtigt auch ohne besondere Kennzeichnung nicht zu der Annahme, dass solche Namen im Sinne der Warenzeichen- und Markenschutz-Gesetzgebung als frei zu betrachten wären und daher von jedermann benutzt werden dürften.

Umschlaggestaltung: Regine Zimmer, Dipl.-Designerin, Frankfurt/Main
Druck und Buchbinder: Rosch-Buch, Scheßlitz
Gedruckt auf säurefreiem und chlorfrei gebleichtem Papier
Printed in Germany

ISBN-10 3-8350-6030-9
ISBN-13 978-3-8350-6030-2

Geleitwort

Durch die Einführung von Wissensmanagement versuchen Organisationen zunehmend, den computer-vermittelten Austausch von Wissen zwischen ihren Beschäftigten - und über die Zeit hinweg - zu verstärken. So sollen Unternehmen zu lernenden Organisationen werden, die ihr Leistungsvermögen kontinuierlich verbessern. Allerdings scheitern viele Wissensmanagement-Projekte während andere erfolgreich sind – und man kann bislang nur unzureichend sagen, wovon der Erfolg letztlich abhängt. Fest steht, dass die Art der eingesetzten Technik dabei weniger ausschlaggebend ist als die organisatorischen Maßnahmen und der Einfluss der Unternehmenskultur. Wie diese Erkenntnis in der Praxis systematisch umzusetzen ist, etwa durch das Angebot geeigneter Anreize, weiß man nicht genau.

Mit Interesse – und fast neidisch – blicken manche Unternehmen auf die Communities, die sich zu bestimmten Themen (etwa Open Source Software, Wikipedia) im Internet selbst organisieren, um Wissen erfolgreich und nachhaltig auszutauschen. Allerdings ergeben sich oft Probleme, wenn man versucht, diese Wildpflanzen im eigenen Unternehmen zu kultivieren, indem man „Inhouse"-Communities initiiert und wachsen lassen möchte. Auch hier sind die ausschlaggebenden Erfolgsfaktoren noch unklar.

Die vorliegende Studie geht einen neuen Weg, um zur Beantwortung der noch offenen Fragen zum Wissensmanagement beizutragen: Der Wissensaustausch, wie man ihn in Organisationen managt oder in Communities pflegt, wird aus der Sicht der Rollentheorie analysiert und verglichen, um handlungsanleitende Thesen zu erzielen. Dabei bietet der empirisch untersuchte Fall der Studienberatungsorganisation einer Universität und der in ihrer Nachbarschaft entstehenden Online Community *inpud.cs.uni-dortmund.de* einerseits anregende, facettenreiche Details und andererseits genug Potential zur Ableitung verallgemeinerbarer Aussagen.

Eine rollen-theoretische Analyse ist in der Wissensmanagement-Literatur längst überfällig. Allerdings birgt dieser Ansatz kaum Chancen, wenn man sich auf einen simplifizierten Rollenbegriff als einem Bündel aus Rechten und Aufgaben zurückzieht. Hier ist es von großem Vorteil, dass sich die Autorin als Sozialwissenschaftlerin aus dem Kontext der Entwicklung und Einführung von Wissensmanagement-Software heraus mit den relevanten Konzepten der Rollentheorie befasst.

Dabei wird deutlich, dass insbesondere die sozialen Interaktionen, die zu einer Dynamik der Rollen und ihrer Anerkennung führen, zu berücksichtigen sind. Aus einer theoretischen Perspektive wird untersucht, wie sich Rollen herausbilden und wie sie ggf. festgelegt werden, wie sich ihre Eigenschaften verändern, wie sie unterschiedlich ausgefüllt werden und wodurch die Übernahme einer Rolle ermöglicht, gefördert oder auch verhindert wird. So präpariert kann die empirische Analyse eine Reihe wertvoller Einsichten zu Tage fördern.

Wesentlich ist dabei das Verhältnis zwischen eher formaler und eher informeller Festlegung bzw. Herausbildung von Rollen. So ist augenscheinlich gerade eine geringe Rollendifferenzierung, die sich eher informell entwickelt, für die Art der sozialen Beziehungen relevant, auf die sich der Erfolg von Communities gründet. Dies schließt nicht aus, dass Rollen in Communities erkennbar sind – gerade wenn sich die große Zahl der an einer Community Beteiligten nicht persönlich kennt, orientieren diese sich eher an Rollenmustern, wenn sie soziale Beziehungen und auch Vertrauen aufbauen. Dort wo Wissenstransfer so gemanagt wird, dass verschiedene Rollen und Zuständigkeiten ausdifferenziert werden – und unter Umständen im technischen System festgeschrieben werden – wird der Informationsaustausch eher behindert und auf Sub-Systeme innerhalb der Organisation begrenzt.

Rollenspielen will gelernt sein. Dies gilt insbesondere dann, wenn die Regeln für Rollenübernahme, -anpassungen, -zuweisung etc. nicht nur organisatorisch festgelegt, sondern bei soziotechnischen Systemen auch in Software gegossen werden. Wissensmanagementsysteme sind solche soziotechnischen Systeme par excellence. Dabei geht es nicht nur darum zu lernen, wer wann auf welche Daten zugreifen und sie ändern darf oder wie man solche Zugriffsrechte konfiguriert. Vielmehr beinhaltet der Lernprozess auch, wie man sich in soziotechnischen Systemen künftig so einrichtet, dass die Dynamik der Rollen, also ihr situatives und mittelfristiges Anpassungspotential, als Gegenstand sozialer Aushandlungsinteraktion noch gewahrt bleibt. Hier ist künftig zu entscheiden – sowohl in soziotechnischen Organisationen als auch auf gesellschaftlicher Ebene – inwieweit Rollenübernahme und Rollenanpassung frei aushandelbar und ad-hoc vereinbar sein sollen oder technisch vorprogrammiert werden. Es ist das Verdienst dieser Studie, dass die Relevanz solcher soziotechnisch vermittelten Entscheidungen am Beispiel der Dynamik von Rollen und des Wissensmanagements verdeutlicht wird.

Prof. Dr.-Ing. Thomas Herrmann

Lehrstuhl Informations- und Technikmanagement
Institut für Arbeitswissenschaft, Universität Bochum

Geleitwort

Als Akteure ohne Drehbuch müssen sich Studienanfänger/innen im universitären Informationsdschungel zurechtfinden. Aber gerade ein solches Drehbuch hat Isa Jahnke mit ihrer innovativen Rollenanalyse zur institutionellen Studienberatung verfasst. Am Beispiel einer studentischen virtuellen Community (*Inpud*) hat sie diese soziotechnisch vermittelte Realitätsebene und neue Form von ,Vergemeinschaftung' in ihren Funktionen und Rahmenbedingungen genauer analysiert. Theoriegeleitet und doch wohltuend konkret liefert sie damit einen Beitrag zur universitären Organisationsentwicklung und Kommunikationskultur.

Untersuchungsgegenstand ist der Wissensaustausch real verteilten Wissens über verschiedene Orte hinweg, ein Informationsaustausch, der technisch-vermittelt kommuniziert wird und unterschiedliche Wissensflüsse zusammenbringt, die der Studierenden untereinander sowie bspw. zwischen Studienfachberatung und Prüfungsamt. Es handelt sich somit um eine interdisziplinäre Arbeit an einer Schnittstelle zwischen Soziologie, Kommunikations- und Technikwissenschaft. Eine wahre Freude ist es, mit welcher Souveränität Isa Jahnke den rollenübergreifenden Wissensaustauschprozess, Vermittlung und Aneignung von Wissen der Akteure in ihren verschiedenen Rollen, rekonstruiert und zu neuen Erkenntnissen kommt.

Wie Wissensaustauschprozesse als kommunikative, technisch unterstützte Prozesse effektiv mit Wissensvermittlung und –aneignung zu verbinden sind, um für Studierende transparent zu sein, exemplifiziert sie am gewählten Beispiel mithilfe des Rollen-Ansatzes. Dieser ermöglicht es, Strukturen und Prozesse personenunabhängig zu untersuchen. In einer eigenen Sicht auf Rollen erweitert Isa Jahnke die Begrifflichkeit um Rollen-Ressourcen, Rollenstärkung, Haupt- und Nebenrollen, soziale Rollen-Präsenz, Meta-Rollen u.a.m. Rollenerwartungen und Rollenverständnis sowie Rolleninteraktionen werden als mehrstufige Handlungen konzipiert mit der Möglichkeit, die Rolle des Anderen einzunehmen und den Kontext zu explizieren, um für die Akteure erkennbar zu sein. Rollen sind kontextabhängig, somit systemrelativ. Die Leistung eines gut funktionierenden soziotechnischen Systems liegt gerade darin, implizit vorhandenes Wissen explizit machen zu müssen. Erst diese kontextuelle Einbindung von Informationen ermöglicht Lernen, das als Übergang von Information zu Wissen und zum Verstehen (als dritte Selektionsleistung) für rollenübergreifende Wissensaustauschprozesse zu differenzieren ist, vor allem in Organisationen, die neben den formalen auch informelle Strukturen ausgebildet haben, in denen Communities große Relevanz haben. Im Idealfall sind diese Communities in ihrem Prozessverlauf selbstorganisiert. Isa Jahnke behandelt auch die

Blockaden, Kooperations- und Koordinationsprozesse der beteiligten Rollen ebenso individuelle, organisatorische und technisch-bedingte Erfolgsfaktoren wie Vertrauensbildung im Rahmen solcher Wissensaustauschprozesse. „*Eine Community ist ein soziotechnisches System, welches aus informellen Kommunikations-Beziehungen besteht. Sie wird über gemeinsames Handeln, nicht über gemeinsame Interessen konstituiert. Wissensaustausch in soziotechnischen Systemen ist ein Beziehungsgeflecht von Kommunikation und kontrollierenden Handlungen (…)*" (S. 85, Jahnke, Isa: Dynamik sozialer Rollen beim Wissensmanagement. Soziotechnische Anforderungen an Communities und Organisationen. Wiesbaden: DUV)

Einige Befunde mögen den Leser neugierig machen: Rollenänderung erfolgt vor allem durch Kultivierung von Communities und informelle Kommunikation, wobei homogene und heterogene Gruppen zu unterscheiden sind. „*In homogenen Gruppen (Studierende) ist ein Vertrauensvorschuss bei der Community Kultivierung vorhanden, in heterogenen Gruppen (bspw. verschiedene Rolleninhaber/innen in hierarchisch strukturierten Abhängigkeitsverhältnissen im Arbeitskontext) sind vertrauensbildende Maßnahmen notwendig, um einen gemeinsamen rollenübergreifenden Wissensaustausch zu kultivieren*" (S. 194) und „*je mehr die Perspektivenübernahme unterstützt wird, desto erfolgreicher ist ein Wissensaustausch der Beteiligten, wobei Meta-Wissen wichtig ist*" (S. 199). Ein Vorteil technisch unterstützter Communities ist neben ihrer großen Erreichbarkeit und Ortsunabhängigkeit die Herstellung sozialer Nähe, und somit ein Paradox: Die Technik ermöglicht aus der Distanz und ohne physische Präsenz eine soziale Online-Präsenz, die Vertrauen schaffen kann und informelle Kommunikation ermöglicht. Soziale Nähe herzustellen, ist gruppenabhängig. Bei den Uni-Rollen ergibt sie sich durch physische Präsenz, während die Nutzung von technischen Systemen (noch) als Fremdkörper empfunden wird, wohingegen sie sich für Studierende auch durch eine virtuelle Community, in der gegenseitige Anerkennung ausgetauscht wird, herstellt. Zudem sind „*Feedback-Mechanismen (…) als Wissensaustauschprozesse in einer soziotechnischen Community relativ leicht umsetzbar*" (S. 210) und je höher die Rollenkomplexität, desto mehr Meta-Wissen ist für den gemeinsamen Wissensaustausch erforderlich.

Folglich richtet sich das Plädoyer von Isa Jahnke auf bedarfsgerechte Informationen bei der Community-Kultivierung. Das Engagement der Verfasserin für Studierende ist der Arbeit anzumerken und das ist sehr gut so.

Prof.in. Dr. Sigrid Metz-Göckel
Universität Dortmund, Hochschuldidaktisches Zentrum

Vorwort

> Die Dinge sind nie so, wie sie sind.
> Sie sind immer das, was man aus ihnen macht.
> *(Jean Anouilh, 1910-1987)*

Wissensaustausch-Aktivitäten, bspw. im Rahmen von Wissensmanagement, werden von Akteuren ausgeführt, die bestimmte soziale Rollen eingenommen haben. Die Akteure orientieren sich an Vorstellungen, die sie sowohl von ihrer Rolle als auch von anderen sozialen Rollen haben (vgl. Geller 1994). Probleme ergeben sich dann, wenn diese Rollenerwartungen nicht vereinbar bzw. nicht kompatibel sind. Die Analyse sozialer Rollen, in denen Akteure am Wissensaustausch beteiligt sind und deren soziale Strukturen die Form des Wissensaustauschs prägen, wurde beim Wissensmanagement vernachlässigt. (Computergestützter) Wissensaustausch ist daher ein *soziales Phänomen* und bedarf einer soziologischen Untersuchung.

Dies ist eine Möglichkeit meine Arbeit einzuleiten und spiegelt meine Forschungen wider: Ich habe mich mit Rollenerwartungen und Rollenvorstellungen auseinandergesetzt. Allerdings nicht im „typisch" soziologischem Umfeld, sondern im Kontext von soziotechnischen (Wissensmanagement-)Systemen. Als Sozialwissenschaftlerin war ich in der Informatik beschäftigt (Fachgebiet *Informatik & Gesellschaft*), und diese vier Jahre haben mich interdisziplinär stark geprägt. Technische und soziale Aspekte zu integrieren ist ein notwendiger Bestandteil bei der Gestaltung von Arbeits- und Lernprozessen. Hierbei ist eine Analyse notwendig, aber erst die Gestaltung ist hinreichend.

Dies ist die leicht überarbeitete Fassung meiner Dissertation *„Die Analyse von Rollen und ihres Veränderungspotentials aus der Perspektive von soziotechnischen Wissensaustauschprozessen"* an der Uni Dortmund am Fachbereich Soziologie.

Um gute Forschung zu betreiben, dürfen Forscher/innen sich nicht im stillen Kämmerchen aufhalten und alleine „vor sich hin forschen". Diskurs und Diskussionen mit anderen Personen in anderen Rollen sind notwendige Bestandteile, die manchmal zwar zu „irritierenden" Erkenntnissen führen, aber dennoch unerlässlich sind, um Forschung voran zu treiben. Daher möchte ich mich bei allen bedanken, die mich auf meinem Weg der Dissertation begleitet haben.

Ganz besonders herzlich danke ich Herrn Prof. Dr.-Ing. *Thomas Herrmann* für die Betreuung meiner Dissertation. Über die übliche Betreuung hinaus, stand er mir stets als Diskussionspartner zur Seite und forderte mich ständig heraus „weiter zu denken", Informatik und Soziologie verbindend. Er trug im Wesentlichen dazu bei, dass ich meine eigene (Forscher-)Rolle gefunden habe. Ein großes Dankeschön!

Ein herzliches Dankeschön geht auch an meine Betreuerin Frau Prof. Dr. *Sigrid Metz-Göckel*. Sie stand mir als Soziologin stets zur Seite und forderte meine soziologische Perspektive auf die Dinge. Ein großes Dankeschön an *beide* für die ständige Diskussionsbereitschaft und ihr großes Interesse an dieser Arbeit. Sie ermöglichten mir in Zusammenarbeit beider Fachbereiche (Informatik u. Soziologie) ein aktuelles Thema aus innovativer Perspektive zu betrachten und mich darin zu entwickeln.

Vielen Dank an meine Kollegen und Kolleginnen für die fachliche und emotionale Unterstützung sowie für die vielen Tipps und Anregungen im und neben dem „Diss-Stadl": Dr. *Angela Carell* (für intensive Diskussionen zum Rollenbegriff), Dr. *Gabriele Kunau* (für geniale Diskussionen zur Luhmannschen Systemtheorie), Dr. *Kai-Uwe Loser* (für den ersten internationalen Artikel, COOP '04), *Natalja Menold* (für Tipps zu empirischen Studien), *Michael Prilla, Carsten Ritterskamp* (für Hinweise zum Rollenbegriff der Informatik) und Dr. *Rainer Skrotzki*.

Ich danke Dr. *Marcel Hoffmann* für Hinweise zum Wissensmanagement. Herzlichen Dank an Dr. *Andrea Kienle* für die Bereitstellung ihres Experiments zum CSCL-System „K1", anhand dessen ich Rollen erstmalig „virtuell" untersuchte.

Danken möchte ich *Volker Mattick* für seine großartige Initiative für die Inpud-Community – ohne ihn wäre diese Kultivierung nicht möglich gewesen. Und vielen vielen Dank an alle *Experten und Expertinnen*, die ich befragen durfte.

Ein herzliches Dankeschön an alle *Kollegiaten/innen des Promotionskollegs am Hochschuldidaktischen Zentrum* der Uni Dortmund, gefördert durch die *Hans-Böckler-Stiftung* (HBS), die diese Veröffentlichung unterstützte.

Ein großes Dankeschön an *Birgit Encke* für das Korrekturlesen und für die vielen wertvollen Diskussionen, die zur Qualitätssteigerung der Arbeit beigetragen haben.

Ganz besonders herzlich danke ich meinen *Eltern* und meiner Schwester *Dora* für ihre Unterstützung und ihr Verständnis in stressigen Zeiten.

Ein Riesen-Dankeschön gilt meinem Mann *Ralf*. Er hat meine (Forschungs-)Erlebnisse tagtäglich miterlebt und mitgetragen, mich aus kritischen Phasen herausgeholt, und den Wert meiner Arbeit immer wieder neu in den Vordergrund gestellt.

Isa Jahnke

Inhaltsverzeichnis

Abbildungsverzeichnis XV

Tabellenverzeichnis XVII

Verzeichnis der empirisch-basierten Thesen (vgl. Kapitel 7.2) XIX

Abkürzungsverzeichnis XXI

1. Einleitung: Wissensaustausch aus der Sicht von Rollen 1

2. Organisation als soziales und soziotechnisches System 19

2.1. Allgemeine, technische und soziale Systeme 19

2.1.1. Der allgemeine Systembegriff 21

2.1.2. Technische Systeme 23

2.1.3. Soziale Systeme 25

2.1.3.1. Kommunikation und soziales Handeln 26

2.1.3.2. Merkmale sozialer Systeme: Organisation als Systemtyp 32

2.1.3.3. Strukturen sozialer Systeme: Erwartungen 35

2.2. Soziotechnische Systeme 37

2.2.1. Organisation als soziotechnisches System 40

3. Formale und informelle Rollen in Organisationen 43

3.1. Rollenkonzepte in der Soziologie und in der Software-Entwicklung 45

3.1.1. Der interaktionistische Rollenansatz der Soziologie 45

3.1.2. Strukturell-funktionalistische soziologische Rollenkonzepte 47

3.1.3. Der Rollenbegriff in der Software-Entwicklung (Informatik) 50

3.2. Rollen-Dimensionen in Organisationen (Rollendefinition) 52

3.3. Rollen-Mechanismen 59

3.4. Rollentypen 63

3.5. Aktivierung des Rollen-Veränderungspotentials in Organisationen 71

4. Wissensaustauschprozesse und Wissensmanagement 75

4.1. Daten, Informationen, Wissen 75

4.2. Wissensmanagement 79

4.3. Wissensaustauschprozesse und Wissensfluss 81

4.3.1. Kooperation und Koordination 86

4.4. Rollen beim Wissensaustausch 87

4.5. Weitere relevante Einflussfaktoren auf den Wissensaustausch 89

5. Organisation und informelle Strukturen: Communities und ihre Relevanz für den Wissensaustausch 93

5.1. Der Unterschied zwischen sozialem Netzwerk und System 94

5.2. Soziotechnische Communities als neuer Systemtyp 99

5.2.1. Unterschiedliche Typen von Communities 103

5.3. Communities und soziales Kapital 105

5.3.1. Vertrauen, soziale Präsenz u. Nähe: Indikatoren sozialen Kapitals 108

5.3.2. Attraktivität des soziotechnischen Systems 111

5.3.3. Elemente einer Community-Kultivierung (Community-Modell) 113

5.4. Wissensaustausch und Rollenveränderungspotential – ein Modell 114

6. Empirische Untersuchung: Wissensaustausch zur Studienorganisation an einer Universität 119

6.1. Anlass, Gegenstand und Ziel der empirischen Untersuchung 119

6.1.1. Inpud-Community 122

6.1.2. Untersuchungsmethode zur empirischen Datenerhebung 127

6.1.3. Auswahl der Experten und Expertinnen 131

6.2. Vorgehensweise bei der Auswertung 133

6.2.1. Bildung der Kategorien 134

6.2.2. Die Bedingungsmatrix nach der *grounded theory* 137

6.2.3. Rollen-Analyse als Auswertungsmethode 138

7. Ergebnisse: Rollenübergreifender Wissensaustausch 139

7.1. Wissensaustausch zur Studienorganisation aus der Rollen-Perspektive .. 139

7.2. Thesen zum Wissensaustausch zur Studienorganisation 149

7.2.1. Kategorie 1: Identifikation der Haupt- und Nebenrollen 150

7.2.2. Kategorie 2: Vernetzung von Studierenden untereinander 159

7.2.3. Kategorie 3: Vernetzung universitärer Haupt- u. Nebenrollen 166

7.2.3.1. Kooperation 166

7.2.3.2. Koordination und zentrale Rollen 169

7.2.4. Kategorie 4: Transparenz von Rollen und deren Aufgaben 180

7.2.4.1. Übernahme/Zuweisung von Verantwortlichkeit (Aufgaben) 180

7.2.4.2. Rollen-Ressourcen bei Aufgabenübernahme (Rollenstärkung) 186

7.2.4.3. Rollen-Transparenz, -Präsenz u. Vertrauen in Online-Settings 190

7.2.5. Kategorie 5: Rollen-Erwartungen u. ihre Kommunikationswege 195

XII

7.2.5.1. Keine detaillierten Erwartungen im techn. System 195

7.2.5.2. Kommunikationswege: Erwartungen, Perspektivenübernahme 196

7.2.5.3. Rollen-Erwartungen zur Studienfachberatung: Mehr beraten 201

7.2.5.4. Prüfungsamt: Von Verwaltungs- zu Beratungskompetenzen 202

7.2.6. Kategorie 6: Unterschiedl. Rollenbilder zur Studierenden-Rolle 203

7.2.6.1. Erwartungsbrüche 204

7.2.6.2. Rollen-Konfusion: zw. Kundenrolle u. Selbstorganisation 205

7.2.6.3. Förderung von Anerkennung durch Community-Kultivierung 210

7.2.6.4. Informationslabyrinth Uni: rollengerechte Kontextualisierung 214

7.2.6.5. Rollenbedarfsgerechte Informationen (Community) 216

7.2.6.6. Rollen-Differenzierung: Differenzierung von Wissensbedarfen 221

7.2.7. Kategorie 7: Neue Rollen und neue Aufgaben 223

7.2.7.1. Präventive anstatt reaktive Aufgabenzuweisung 223

7.2.7.2. Neue Rollen: Aushandlung von Rollen-Ressourcen 226

7.2.8. Kategorie 8: Technische Unterstützung 230

7.2.8.1. Diskussionsforen 232

7.2.8.2. Datenbanken 236

7.2.8.3. Statische und flexible Webseiten in WIKI-Form 244

7.2.8.4. E-Mail-Verteiler, Chat-Räume und FAQ 248

8. Kultivierung von soziotechnischem Wissensaustausch 255

8.1. Problemfeld 1: Rollenübernahme und Vernetzung Studierender 257

8.2. Problemfeld 2: Kooperation der universitären Rollen 263

8.3. Problemfeld 3: Technische Unterstützung 269

8.4. Umsetzung der Empfehlungen am Beispiel von *inpud2-neu* 273

8.5. Kritische Auseinandersetzung 276

9. Zusammenfassung: Dynamische Rollenstrukturen beim Wissensaustausch 281

9.1. Reichweite der Erkenntnisse der Rollenstrukturanalyse 282

9.2. Zentrale Erkenntnisse der Rollenstrukturanalyse zum Wissensaustausch in Organisationen 284

9.3. Die 11 wichtigsten Thesen zum Wissensmanagement 289

9.4. Weiterer Forschungsbedarf 292

Literaturverzeichnis 295

XIII

Anhang...**309**

A) Hochschulgesetz HG, § 83 Studienberatung 309

B) Grafische Notationsbeschreibung „SeeMe"....................................310

C) Die empirisch-hergeleiteten 49 Thesen im Überblick 312

Abbildungsverzeichnis

Abb. 1a: Organisation als soziotechnisches System 14

Abb. 1b: Kapitelaufbau der vorliegenden Arbeit 17

Abb. 2a: Technik wird geprägt und Technik prägt 21

Abb. 2b: Kommunikation als interpretativer Vorgang 30

Abb. 2c: Übersicht der Grundbegriffe 30

Abb. 2d: Soziotechnisches Handeln 39

Abb. 2e: Grundelemente einer soziotechnischen formalen Organisation 41

Abb. 3: Die vier Rollendimensionen in der Organisation 57

Abb. 4: Wissensbausteine, Herrmannscher Wissensmanagement-Zyklus 80

Abb. 5a: Soziales Kapital 111

Abb. 5b: Die Elemente einer Community 114

Abb. 5c: Wissensaustausch in Organisationen durch Community-Bildung 118

Abb. 6a: Teil 1 - Inpud-Community (www.inpud.de) 124

Abb. 6b: Teil 2 - Inpud-Community 125

Abb. 6c: Inpud-Nutzungsentwicklung (6/2002 bis 2/2004) 126

Abb. 6d: Beiträge je Nutzer/in im Inpudforum (25.08.2005) 127

Abb. 7: Rollogramm einer Universität (1/2) 144

Abb. 7: Fortsetzung (2/2) 145

Tabellenverzeichnis

Tab. 1: Interaktionistische Rollenkonzepte (interpretativer Ansatz) 46

Tab. 2: Entwicklungshistor. Abriss strukturell-funktionalist. Rollenkonzepte 49

Tab. 3: Die vier Dimensionen einer Rolle (Zusammenfassung) 56

Tab. 4: Unterschiede zw. Verhaltens-, Rollenveränderung und Rollenwechsel 63

Tab. 5: Deskriptive Aspekte der Rolle 65

Tab. 6: Rollen-Typen 1 mit Beispielen 65

Tab. 7: Rollen-Typen 2 mit Beispielen 66

Tab. 8a: Einflussfaktoren auf Wissensaustausch 90

Tab. 8b: Technisch-bedingte Einflussfaktoren auf Wissensaustausch (Forts.) 91

Tab. 9: Interaktionssystem, Organisation, Community und Netzwerk 103

Tab. 10: Unterschiedliche Typen von Communities 104

Tab. 11: Liste der Experten und Expertinnen (anonymisiert) 132

Tab. 12: Schritte bei der Auswertung des empirischen Materials 136

Tab. 13: Bedingungsmatrix (abgewandelt nach Strauss & Corbin 1996) 137

Tab. 14a: Problemfeld 1, Rollenübernahme u. Vernetzung von Studierenden 258

Tab. 14b: Problemfeld 1, Empfehlungen 259

Tab. 14c: Problemfeld 1, Forschungsfragen 263

Tab. 15a: Problemfeld 2, Kooperation universitärer Rollen zur Studienorg. 265

Tab. 15b: Problemfeld 2, Empfehlungen 266

Tab. 15c: Problemfeld 2, Forschungsfragen 269

Tab. 16a: Problemfeld 3, Technische Unterstützung 269

Tab. 16b: Problemfeld 3, Empfehlungen 270

Tab. 16c: Problemfeld 3, Weiterführende Forschungsfragen 272

Tab. 17a: Inpud2: Beispielhafte Anwendung, soziotechnische Unterstützung 274

Tab. 17b: Inpud2: Beispielhafte Anwendung, Rollenunterstützung 275

Tab. 17c: Inpud2: Beispielhafte Anwendung, organistorische Unterstützung 276

Verzeichnis der empirisch-basierten Thesen (vgl. Kapitel 7.2)

These 1: 153

These 2: 157

These 3: 158

These 4: 160

These 5: 161

These 6: 163

These 7: 164

These 8: 165

These 9: 166

These 10:............ 167

These 11:............ 168

These 12:............ 168

These 13:............ 169

These 14:............ 170

These 15:............ 171

These 16:............ 178

These 17:............ 179

These 18:............ 180

These 19:............ 184

These 20:............ 185

These 21:............ 189

These 22:............ 189

These 23:............ 191

These 24:............ 193

These 25:............ 194

These 26:............ 194

These 27:............ 196

These 28:............ 198

These 29:............ 198

These 30:............ 199

These 31:............ 204

These 32:............ 208

These 33:............ 209

These 34:............ 210

These 35:............ 211

These 36:............ 213

These 37:............ 220

These 38:............ 221

These 39:............ 223

These 40:............ 224

These 41:............ 227

These 42:............ 228

These 43:............ 231

These 44:............ 232

These 45:............ 233

These 46:............ 235

These 47:............ 243

These 48:............ 245

These 49:............ 248

Abkürzungsverzeichnis

Abb.	Abbildung
Anm.	Anmerkung
BA/MA	Bachelor-/ Masterstudiengänge
Bd.	Band
bspw.	beispielsweise
bzgl.	bezüglich
bzw.	beziehungsweise
ca.	circa
Def.	Definition
d.h.	das heißt
et al.	et alii (und andere)
etc.	et cetera (Synonym: usw.)
f. (ff.)	folgende Seite(n)
ggf.	gegebenenfalls
Hrsg.	Herausgeber
HDZ	Hochschuldidaktisches Zentrum
HRZ	Hochschulrechenzentrum
i.d.R.	in der Regel
	MUD Multi User Dungeons (Online Rollenspiele)
o.a.	oben angeführt(e) (en)
o.g.	oben genannt(e) (en)
o.S.	ohne Seitenangabe(n)
S.	Seite
s.o.	siehe oben
Tab.	Tabelle
u.	und
u.a.	und andere(s)
u.ä.	und ähnliches
u.g.	unten genannt(e) (en)

URL	Uniform Ressource Locator bezeichnet eine Adresse im Internet (bspw. http://...); **Hyperlink** (kurz „Link") genannt: bezeichnet die Verknüpfung/ Verweis zu anderen Dokumenten im Internet
u.U.	unter Umständen
usw.	und so weiter
u.v.m.	und viele(s) mehr
vgl.	vergleiche
vs.	versus
z.B.	zum Beispiel
z.T.	zum Teil
zw.	zwischen
z.Z.	zurzeit
ZIB	Zentrale Studienberatung
(...)	ausgelassene Wörter bei Zitaten
[...]	in Klammern hinzugefügte Wörter bei Zitaten, damit die Lesenden den Sinn des Zitats verstehen; in der Regel als „*Anmerkung der Autorin oder der Verfasserin*" kenntlich gemacht.

1. Einleitung: Wissensaustausch aus der Sicht von Rollen

Organisationen (Profit- und Non-Profit-Organisationen) operieren heutzutage über Orts- und Ländergrenzen hinweg und sind global vernetzt. Mit der Verteilung der Mitarbeiter und Mitarbeiterinnen[1] auf verschiedene Standorte geht einher, dass auch das Wissen einer Organisation global verteilt ist. Daher erfordert eine Zusammenarbeit eine Abstimmung ihrer Arbeits- und Wissensaustauschprozesse. Diese Prozesse regeln die Abläufe innerhalb und zwischen den Organisationseinheiten (Blessing & Bach 2000, S. 271). Um eine Zusammenarbeit verteilter Akteure zu ermöglichen, erfolgt ein Wissensaustausch nicht mehr ausschließlich in direkter Kommunikation (face-to-face[2]), sondern vermehrt computerunterstützt, bspw. per E-Mail[3], Video-Konferenz und/oder webbasierter Plattformen. Dabei wird vorausgesetzt, dass eine bessere Darstellung der Informationen, aber vor allem eine bessere Wissensvermittlung und Wissensauffindung die Verbesserung von Arbeitsabläufen und Prozessen bewirkt, die schließlich der Organisation, ihren Mitarbeitern und Kunden von Nutzen sind: Der Einzelne hat das Wissen zur richtigen Zeit am richtigen Ort und arbeitet schneller und/oder qualitativ besser.

Nicht nur global-vernetzte Unternehmen versuchen das Wissen ihrer räumlich-verteilten Mitarbeiter/innen zu managen, sondern auch innerhalb des Unternehmens wird Wissensmanagement umgesetzt. Unternehmen begründen den Bedarf an einer Unterstützung von Wissensmanagement in der Regel mit ökonomischen Faktoren und erhoffen sich einen effizienteren Umgang mit Ressourcen und Innovationen. Ideen und Strategien, die bereits im Unternehmen umgesetzt werden, sollten an anderer Stelle im Unternehmen zu einem anderen Zeitpunkt nicht neu erfunden werden. Mit dem Einsatz von Wissensmanagement erhoffen sich die Firmen auch, trotz Fluktuation von Mitarbeiter/innen, den potentiellen Wissensverlust reduzieren zu können. Das Einarbeiten neuer Mitarbeiter/innen kostet die Unternehmen Zeit und Geld. Wissensmanagementsysteme können hierbei unterstützend eingesetzt werden. Sie zielen dabei insbesondere auf Geschäfts- und Arbeitsprozesse in Organisationen ab. Der Einsatz von Wissensmanagement soll nicht nur die Produktivität

---

[1] Der Text sollte in der Regel die weibliche und männliche Form explizit erwähnen, entweder separat oder in einem Wort, wie z.B. Mitarbeiter/innen. Es wird explizit darauf hingewiesen, dass für die gesamte Arbeit die weibliche und männliche Form gilt.

[2] Wörtlich übersetzt heißt es „von Angesicht zu Angesicht" und bezeichnet die direkte Kommunikation bei der die Kommunikationspartner im gleichen Raum anwesend sind.

[3] E-Mail ist die Abkürzung für *electronic Mail* und bezeichnet eine Mitteilung, die mittels Computer versendet bzw. empfangen wird.

erhöhen, sondern auch den Aufwand für die Aufgabenerfüllung minimieren und damit Kosten reduzieren. Zu dem erhoffen sich die Anwender auch Qualitätsvorteile und verbesserte Prozessunterstützungen (vgl. North 2002, von Krogh 1998).

Wissensmanagement ist in der Regel mit der Einführung und Nutzung technischer Plattformen verbunden (vgl. z.B. Lehner 2000). Die technischen Lösungen werden häufig als Wissensmanagementsysteme bezeichnet. Allerdings reichen ausschließlich technische Systeme nicht aus. In der Regel bedarf es zusätzlich einer Reihe von organisatorischen Veränderungen (bspw. Zugriffsrechte und Nutzungsvereinbarungen), die mit der Einführung von technischen Wissensmanagementsystemen einhergehen müssen, um das Wissensmanagement erfolgreich in die Arbeitsprozesse der Mitarbeiter/innen integrieren zu können (vgl. Herrmann et al. 2003, S. 109). Um die Verwobenheit von organisatorischen und technischen Lösungen hervorzuheben, wird der Begriff „*soziotechnisches System*"[4] genutzt (vgl. Herrmann et al. 2004).

Auch in Non-Profit-Organisationen, wie an Universitäten[5], in Kommunen und in der öffentlichen Verwaltung (bspw. E-Government[6], Online-Rathaus) werden Wissensmanagementsysteme eingeführt. Diese Ansätze des Wissensmanagements sind aber häufig auf der theoretischen Ebene verankert und versuchen die Arbeits- und Wissensprozesse der Organisationen lediglich in idealtypischer Form abzubilden. Die realen Prozesse – wie Mitarbeiter/innen in den Organisationen tagtäglich arbeiten, handeln, interagieren und Wissen austauschen – werden meist nicht berücksichtigt. Dabei muss berücksichtigt werden, dass eine Organisation, ein Großunternehmen, die öffentliche Verwaltung oder eine Universität, aus vielen Mitarbeiter/innen, aber auch aus vielen verschiedenen Rollen besteht, welche am Wissensaustausch und Wissensmanagement beteiligt sind bzw. sein sollten.

An einer Universität gibt es bspw. folgende Rollen: Studierende, Lehrende, Studienberater/innen, Mitarbeiter/innen des Prüfungsamtes und des Studierendensekretariats, wissenschaftliche Mitarbeiter/innen, Dekanatsangestellte, Moderatoren bei Lehrveranstaltungen, Mitarbeiter/innen des hochschuldidaktischen Zentrums, Sekretariatsangestellte, studentische Hilfskräfte, Verwaltungsangestellte (in den

---

[4]   Der Begriff wird in Kapitel 2 ausführlich erläutert.

[5]   Technische Systemeinführungen an Universitäten sollen die Vielzahl von Daten managen; bspw. in Studierenden-, Prüfungs- oder Zulassungsverwaltung sowie in Stellen- und Personalverwaltung.

[6]   Diverse Projekte unter „http://www.verwaltung-der-zukunft.de" (Verfügbarkeitsdatum 24.03.2004)

Dezernaten und im Hochschulrechenzentrum), Dozenten/innen, Professoren/innen, bspw. Soziologen/innen, Informatiker/innen, Arbeitswissenschaftler/innen u.v.m., um nur die wichtigsten zu nennen, die für Studierende relevant sind.

Eine große Organisation mit vielen Organisationsmitgliedern macht es dem Einzelnen unmöglich alle Personen, Funktionen und Aufgaben im Blick zu haben. Als Anhaltspunkt bleibt dann häufig nur die Rolle, die konstant und eher zeitlos die Struktur einer Organisation abbildet. Es stellt sich also die Frage, inwieweit Rollen einen Einfluss auf Wissensaustauschprozesse haben.

Dass Rollen einen Einfluss haben, zeigen die Studien von March & Olson (1975; 1976). Sie untersuchten, dass die Handlungspräferenz eines Akteurs vor allem aus seinem Rollenverständnis und nicht aus der Analyse der jeweiligen Situation entsteht. Dieses Rollenproblem wird als „*role-constrained learning*" (rollen-eingeschränktes bzw. rollen-abhängiges Lernen) bezeichnet. Eck (1997, S. 157) verwendet es unter dem Begriff des „*rollentypischen Handelns*". Den Studien von March & Olson zufolge ist eine wesentliche Barriere beim Wissensaustausch die **Rollenabhängigkeit und Rollenbeschränkung der Akteure**. Dies bedeutet, dass das Lernen und der Wissensaustausch[7] von einzelnen Akteuren in Organisationen aus der Sicht ihrer eingenommenen Rollen geschieht. Wissensaneignungs- und Wissensvermittlungsprozesse werden aus der Sicht der eingenommenen Rolle selektiert und beeinflussen somit den Wissensaustausch erheblich, da Akteure auf Basis ihrer eingenommen Rolle entscheiden, welches Wissen ausgetauscht wird und welches nicht relevant erscheint. Darüber hinaus entscheidet die Rolle, welche Informationen zur Verfügung gestellt werden und welche Handlungen möglich sind. Abraham & Büschges (2004, S. 160-161) betonen: „*Organisationsrollen besitzen für die Akteure demnach zwei Konsequenzen. Zum einen werden die Handlungsmöglichkeiten eingeschränkt, indem Positionsinhaber bestimmte Handlungsalternativen durch die Organisationsstruktur und die damit verbundene Information nicht zu Verfügung stehen. (...) Zum zweiten werden bestimmte Handlungen mit Kosten und andere mit Belohnungen belegt.*"

Die Selektion des Wissens, welches Wissen der Akteur vermittelt und welches Wissen er sich aneignet, wird zwar durch die innehabende Rolle nicht hundertprozentig gesteuert, aber stark beeinflusst. Die Rolle, die ein Akteur zugewiesen

---

[7] Lernen ist der Prozess und Wissen das Ergebnis des Lernprozesses (vgl. Willke 2001, S. 39), vgl. Kapitel 4.

3

bekommen bzw. eingenommen hat, beeinflusst die Auswahl des Wissensbestandes, d.h. welches Wissen dem Akteur in der Organisation von den anderen Akteuren zur Verfügung gestellt wird.

Einige Rollen werden in der Literatur zum Wissensmanagement explizit ausgewiesen. Beispielsweise wird betont, dass es gesonderte, extra ausgezeichnete Rollen beim Wissensmanagement geben sollte. Drucker führte bereits 1974 (S. 170 ff.) die Rolle *„knowledge worker"* ein, die von Nonaka & Takeuchi (1995, S. 151 ff.) sowie Davenport (1996) modifiziert als *„Knowledge Officer"* oder *„Chief Knowledge Officer"* (CKO) weiterverwendet wurde. Mit der Bezeichnung CKO wird die Wichtigkeit oder Notwendigkeit einer zentralen Rolle und Hauptverantwortlichkeit für ein Wissensmanagement betont. Weitere Studien brachten und bringen weitere unterschiedliche Rollen-Bezeichnungen hervor. Beispiele für Rollen beim Wissensaustausch sind: Wissensarbeiter, Moderatoren, Koordinatoren, Strukturgeber (Scaffolding[8]), Freshmen (Bezeichnung für neue Mitglieder), Newbies (Bezeichnung für Neulinge im Internet), Promotoren[9], Gatekeeper (Türöffner oder Türverweigerer[10]), Caretaker (Pflege sozialer Beziehungen), Lurker (nur lesende Teilnehmer, die *„auf der Lauer liegen"*[11]) u.v.m. Ein Fazit ist, dass im Wissensmanagement-Bereich teilweise neue Rollen entwickelt wurden bzw. sich entwickelt haben und einige bestehende Rollen (bspw. Moderator) in veränderter Form auftreten. Die Studie von Strijbos et al. (2004) bestätigen die Relevanz der Rollendifferenzierung. Sie führten kontrollierte Experimente durch und gelangen zum Ergebnis, dass eine in einer Arbeitsgruppe vorweg genommene Rollendifferenzierung, im Gegensatz zu keiner Rollendifferenzierung, zu einer effizienteren Aufgabenbearbeitung führt. Jedoch führen solche vorweg genommenen und zugewiesenen Rollen auch zu mehr Konflikten und Machtkämpfen innerhalb der Gruppe, als wenn die Beteiligten ihre Rollen selbst ausgehandelt hätten.

---

[8] Hilfestellungen für Lernende und/oder Diskussionsbeteiligte (organisatorische und/oder technische Unterstützungen)

[9] Die Promotoren-Rolle bringt Innovationen voran und überwindet Organisationsbarrieren (Witte 1973, S. 15). Es wird differenziert in Fach-, Macht- und Prozess- sowie Beziehungspromotoren. Sobald diese Rollen auf mehrere Personen verteilt sind, ist eine Koordination sowie eine enge und vertrauensvolle Zusammenarbeit erforderlich (Hauschildt & Schewe 1997, S. 509).

[10] Gatekeeper sind „Türöffner", die aus organisationsinternen und -externen Quellen Informationen aufnehmen, verarbeiten und an bestimmte Personen weiterleiten oder nicht (Allen 1970, S. 15 f.), d.h. die in einer Organisation die Position innehaben, in denen sie über die Aufnahme bzw. Ablehnung von Informationen, Personen etc. entscheiden können.

[11] Vgl. Stegbauer & Rausch 2001

Millen & Muller (2001, S. 3) untersuchten diese unterschiedliche Rollen. Ihr Ergebnis ist, dass es im Kontext von Wissensaustausch- und CSCL-Systemen[12] anscheinend drei „universale Rollen" gibt:

- Mediatoren (mediator-authority),

- Experten und

- Nutzer/innen.

Die Aufteilung ist insofern problematisch, als Experten und Mediatoren auch die Rolle des Nutzers einnehmen. Hier gibt es also eine übergeordnete Rolle, in der die beiden anderen Rollen eingebettet sind. Diese Einteilung ist daher nicht deutlich voneinander abgrenzbar.

Ruggles (1998) untersuchte in seiner Studie 431 amerikanische und europäische Organisationen zum Wissensmanagement. Demzufolge ist die größte Schwierigkeit und zugleich größte Herausforderung beim Einsatz von Wissensmanagement in Organisationen, dass die Organisationsmitglieder ihr Verhalten hinsichtlich der neuen Wissensaustauschprozesse ändern müssen („*changing people's behavior*"). Das gaben 56% der befragten Organisationen an (Ruggles 1998, S. 85). Ihm zufolge sind die wichtigsten Aktivitäten („*Should Do's*") beim Wissensaustausch

- die Schaffung und Etablierung neuer Rollen zur Unterstützung von Wissensaustausch („*establishing new knowledge roles*") und

- der Aufbau von (Wissens-)Netzwerken („*creating networks of knowledge workers*").

Demnach ist bei der organisatorischen Einführung von Wissensmanagement die Einführung neuer Rollen, die Zusammenarbeit von Rollen sowie die Initiierung von (Wissens-)Netzwerken für einen gemeinsamen Wissensaustausch entscheidend. Ruggles konnte empirisch belegen, dass mit der Einführung von Wissensmanagement Organisationen die Aufgabe erhalten, einerseits neue Rollen zu etablieren und andererseits eine neue (Wissens-)Kultur aufzubauen sowie soziale Beziehungen und Netzwerke nach innen und außen zu knüpfen (vgl. auch Lehner 2000, S. 226). Es bleibt aber ungeklärt, wie die neuen Rollen einzuführen sind, bspw. top-down oder

---

[12] CSCL ist die Abkürzung für „Computer Support Collaborative Learning" und bezeichnet eine interdisziplinäre Forschungsrichtung, die insbesondere Informatik, Pädagogik, Sozialpsychologie und Soziologie umfasst.

bottom-up und wie eine dynamische Rollen-Entwicklung unterstützt werden kann. Die Bedingungen, unter denen Rollen bzw. Rolleninhaber/innen ihr Wissen austauschen und die Aktivierung des Veränderungspotentials von Rollen sind nicht ersichtlich.

Soziale Netzwerke werden aktuell auch unter dem Schlagwort der Communities (Gemeinschaften), als ein wichtiges Element beim Wissensmanagement untersucht. Den Begriff „Communities of Practice" (Gemeinschaften gleicher Praxis) prägte Etienne Wenger, der umfassende empirische Studien mit Jean Lave durchführte (Lave & Wenger 1991). Sie untersuchten aus sozialwissenschaftlicher Perspektive den Integrationsprozess vom Neuling bis zum vollständigen Mitglied einer Community. Communities werden in der Regel von Organisationen und Projektteams unterschieden. In Abgrenzung zu Arbeitsorganisationen, Projektteams und Abteilungen zeichnen sich Communities durch ihre besonderen **informellen Beziehungen** aus (Snyder 1997, in: Lesser & Prusak 1999, S. 3-4). Sie seien in besonderem Maße in der Lage, implizites Wissen explizierbar zu machen und zu transferieren. Informelle Beziehungen kennzeichnen sich durch Spontanität, Flexibilität und Emotionalität (Abraham & Büschges 2004, S.134). Informelle Beziehungen sind solche Beziehungen, die ohne formalen Auftrag entstanden sind, sich von unten (bottom-up) gebildet haben und sich selbstorganisierend tragen (vgl. Reinmann-Rothmeier 2002, S. 726).

Eine Vielzahl von Communities handeln und kommunizieren in der Regel teilweise oder ganz mittels den neuen Informations- und Kommunikationstechnologien, bspw. per E-Mail-Verteiler, Diskussionsforen im Internet oder webbasierten Systemen. Die Technik wird zum Medium für die Kommunikation. Allerdings prägt umgekehrt die Technik auch die Kommunikation, da durch die Technik die Kommunikationsmöglichkeit eingeschränkt wird. Beispielsweise ist in Online-Diskussionsforen ein Zeitfaktor relevant: Erhält der Anfragende eine Antwort? Und wenn ja, wie lange hat er zu warten?

Bei der Kultivierung von Communities (in Anlehnung an Wenger et al. 2002) werden in der Regel Theorie und Methoden aus den Sozialwissenschaften verwendet. Damit einher geht die Annahme, dass Wissensaustauschprozesse umso erfolgreicher sind, wenn neben sachlich-instrumentellen Austausch-Absichten der Kooperationsprozess auf organisatorischer Ebene unterstützt sowie eine emotionale Gebundenheit (Zugehörigkeitsgefühl) durch eine **gemeinsame Praxis des Wissensaustauschs** der Beteiligten etabliert werden kann. Auf diese Weise können

Communities den Wissensaustausch in Organisationen erheblich begünstigen. Zu diesem Ergebnis kommen neben Wenger et al., weitere empirische Studien z.B. Henschel (2001, S. 302) und Schön (2000, S. 190).

Communities of Practice sind nicht unabhängig von einer Organisation, sondern existieren in Organisationen in der Regel abteilungs- und (sub-) system- sowie rollenübergreifend. Dies bedeutet, dass nicht nur eine Rolle mit vielen Akteuren, sondern dass viele Akteure in vielen Rollen Teil einer Community sind. In Communities können mit der Zeit neue Rollen entstehen, bestehende Rollen sich ändern und/oder Rollen nicht mehr teilnehmen.

Es handelt sich beim Wissensaustausch in Communities um ein eher dynamisches, verteiltes, zu erschließendes Wissen und nicht um fest umrissene Aufgaben und Strukturen, wie sie in einer formalen Organisation zu beobachten sind. Im Gegensatz zu Organisationen mit eher stabilen Strukturen und Prozessen ist ein Wissensaustausch in Communities durch eine Flexibilität von Beziehungen sowie durch gering ausgeprägte formalisierte Strukturen gekennzeichnet und daher wesentlich schwieriger zu unterstützen. **Wissensaustauschprozesse sind im Spannungsfeld zwischen Organisation und Communities verankert[13], oder anders ausgedrückt zwischen formalen und informellen (Kommunikations-) Beziehungen.**

Zwei zentrale Rollen, die im Kontext von Wissensmanagement und Communities häufig auftauchen sind die Moderatoren (vgl. Kienle 2003, S. 58) und die Koordinatoren (vgl. Wenger et al. 2002, S. 78-80, 127f.). Jedoch wird beim Wissensmanagement in Organisationen, welches eher auf die Organisierung von Wissen bzgl. der formalen Arbeitsprozesse abzielt, eher auf formale Rollen (Organisations- und Berufsrollen) Bezug genommen und in Communities auf eher informelle, sich spontan bildende und flexible Rollen, bspw. Aktivist, Caretaker, Rebelle etc. (vgl. Henschel 2001, S. 58f.). Dies zeigt implizit, dass das Veränderungspotential von formalen und informellen Rollen ein wesentlicher Faktor für die Kultivierung von Wissensaustausch ist.

---

[13] Nicht alle Communities sind in Organisationen verankert. Es gibt Communities, die in der Lebenswelt von Akteuren (bspw. in der Freizeit) zu beobachten sind. Beispiele hierfür sind Open-Source-Communities, die i.d.R. die Entwicklung von Software zum Ziel haben, Sport-Communities, bspw. Triathlon-Gemeinschaften, oder Spiele-Communities, bspw. Online Fantasy-Rollenspiele, bekannt unter MUDs u.v.m. Diese Community-Typen werden in vorliegender Arbeit nicht betrachtet.

Zusammenfassend ist festzuhalten: Rollen in Organisationen beeinflussen einerseits die Selektion der Wissensvermittlung als auch die Wissensaneignung der Mitarbeiter/innen, steuern in hohem Grade das Handeln der Akteure und beschränken den Wissensaustausch, andererseits wirken sie innerhalb des Systems fokussierend und strukturierend. Rollen sind jedoch nicht statisch, sondern eher dynamisch und somit potentiell veränderbar. Dies lässt die Schlussfolgerung zu, dass ein gemeinsamer Wissensaustausch von verschiedenen Rolleninhaber/innen in einer Organisation eine Rollenüberwindung bzw. Rollenveränderung benötigt. In der Literatur gibt es keine Hinweise auf eine empirische Untersuchung des Einflusses des Rollenveränderungspotentials beim Wissensaustausch in Organisationen und Communities. In welchem Maße Rollen und deren Veränderungspotential zu unterstützen sind, um einen rollenübergreifenden Wissensaustausch zu kultivieren, fand bisher kaum wissenschaftliche Beachtung.

Das erkenntnisleitende Interesse dieser Arbeit besteht also in der Analyse von Wissensaustausch in Organisationen aus der Sicht von Rollen und Rollenstrukturen unter besonderer Berücksichtigung sowohl der formalen als auch der informellen Beziehungen. Zu untersuchen sind (1) die Bedingungen, unter denen Rollen bzw. Rolleninhaber/innen ihr Wissen austauschen und (2) das Veränderungspotential von Rollen. Die Frage lautet nicht (nur), welche Rollen in welchen Organisationen existieren. Vielmehr stellt sich die Frage, wie ein Wissensaustausch mit sich entwickelnden Rollen organisatorisch und technisch unterstützt werden kann, um die Rollenabhängigkeit und Rollenbeschränkung zu minimieren und rollenunabhängigen Wissensaustausch zu begünstigen und eine Zusammenarbeit zu fördern. Die zentrale Forschungsleitfrage lautet daher:

Unter welchen Bedingungen findet ein Wissensaustausch unter Rollen(inhaber/innen) statt? Und inwiefern (in welchem Maße) ist das Veränderungspotential von Rollen organisatorisch und technisch zu unterstützen, um einen Wissensaustausch und eine Zusammenarbeit zu fördern?[14]

In dieser Arbeit werden die Bedingungen für einen rollenübergreifenden Wissensaustauschs **am Beispiel der Studienorganisation** (Studienplanung und Studiendurchführung) an drei Universitäten **empirisch qualitativ-explorativ** untersucht.

---

[14] Der Begriff des Veränderungspotentials betont die Rollendynamik und beinhaltet bspw. auch die Rollen-Etablierung, Rolleneinnahme bzw. Rollenzuweisung und das „Role-Making", welches das Ausführen und Ausfüllen einer Rolle bezeichnet.

Im Zentrum der Arbeit steht vor allem die Studienorganisation der Universität Dortmund. Bei der Semester-Planung insbesondere zu Beginn des Studiums fehlen Studierenden relevante Informationen, die sie zur Studienplanung und Studiendurchführung benötigen, bspw. zu welchen Zeiten, an welchen Wochentagen oder in welchen Räumen die Lehrveranstaltungen stattfinden. Es ist ihnen teilweise unklar, wo welche Informationen überhaupt zu bekommen sind. Bspw. enthalten Vorlesungsverzeichnisse häufig veraltete Informationen, und das kommentierte Vorlesungsverzeichnis wird zu unterschiedlichen Zeiten herausgegeben. Unklar ist auch, welche Informationen im Web, auf der Webseite der Universitäten, die richtigen sind. Eine Studentin spricht von einem *„Dschungel"* aus Informationen (vgl. Experten/innen-Interviews, Kapitel 7). Studierende haben bei der Vielzahl unübersichtlicher, nicht kontext-orientierter Informationen (in Broschüren, im Web, aus Gesprächen, ...) zu entscheiden, welches die relevanten Informationen sind und geben im „Dickicht des Informations-Dschungel" frustriert auf (Information Overload). Bei der Vielzahl der Informationen sind teils auch falsche und widersprüchliche Informationen vorhanden, welches die Selektion der richtigen Information zusätzlich erschwert.

Hinzu kommt, dass die Informationen über eine Vielzahl von technischen Systemen verstreut vorliegen (können). An den meisten deutschen Universitäten wird eine Vielzahl technischer Systeme (bspw. die HIS-Datenbanken[15]) für unterschiedliche Zwecke eingesetzt.[16] Beispielsweise haben das Prüfungsamt und das Studierendensekretariat oftmals eigene Datenbanken zur Studierendenverwaltung und für die Fachbereiche existiert ein Wissensmanagement-System, welches unterstützend helfen soll, die Lehrveranstaltungen in einem Fachbereich zu organisieren.[17] Jeder Fachbereich, und die am Fachbereich existierende Lehrstühle und Fachgebiete – im Fachbereich Informatik an der Universität Dortmund sind es mehr als 33 solcher Einrichtungen – haben zusätzlich eigene strukturierte Webseiten. Wenn Studierende nicht nur Mathematik studieren, sondern bspw. Lehramt und somit drei Fächer

---

[15] HIS ist die Abkürzung für Hochschul-Informations-System. Es gibt von dem Softwarehaus (HIS GmbH) bspw. Software zur Studierendenverwaltung, Prüfungsverwaltung, Zulassungsverwaltung und zur Stellen- und Personalverwaltung (www.his.de).

[16] Eine Anfrage bei der HIS GmbH ergab, dass von insgesamt 365 Universitäten und Fachhochschulen in Deutschland (Stand: Wintersemester 2003/2004, Quelle: Statistisches Bundesamt) 225 die HIS-Datenbank zur Studentenverwaltung, 180 die Prüfungsverwaltung und 177 die Zulassungsverwaltung nutzen. Die Universitäten sind nicht verpflichtet sind, HIS zu verwenden. Sie können auch eigene technische Systeme oder Lösungen von anderen Anbietern verwenden.

[17] Beispielsweise „HIS-LSF", welches die Abkürzung für „Lehre, Studium, Forschung" ist.

studieren, wird die Komplexität der Informationsbeschaffung und Koordination umso größer.

Ein rollenübergreifender Wissensaustausch zur Studienorganisation an der beobachteten Universität Dortmund ist nur marginal vorhanden. Ein erster **Wissensmanagement-Ansatz zur Studienorganisation** an der Universität Dortmund stellt die **Inpud-Community**[18] im Fachbereich Informatik dar, die als exemplarische Community im Mittelpunkt der vorliegenden Untersuchung steht. Hintergrund der Initiierung dieser Community war, dass die Studierenden des Fachbereiches das Problem hatten, alle für die Semester-Planung notwendigen Informationen zu finden. Um die fehlenden Informationen zu ergänzen, wurde die Community initialisiert. Ziel war es, einen Wissensaustausch zur gegenseitigen Unterstützung und eine Hilfe zu Problemen und Fragen der Studienplanung zwischen Studierenden untereinander, mit Gleichgesinnten, aber auch mit anderen Studienorganisationsbeteiligten (Mitarbeiter/innen des Fachbereiches, Studienfachberatung, Lehrende etc.) zu kultivieren. Der Wissensaustausch wird mittels Webseiten in Kombination mit einem technischen Diskussionstool[19] unterstützt.

Bei der Kultivierung der Inpud-Community wurde von Beginn an berücksichtigt, dass neben den Studierenden auch andere universitäre Rollen beteiligt werden sollten. Dies bedeutet, dass die Diskussionsforen von wissenschaftlichen Mitarbeiter/innen (Lehrende) und den Studienfachberater/innen moderiert werden. Die Moderatoren beantworten bspw. Fragen, falls kein/e Student/in dazu in der Lage ist oder falls falsche Antworten gegeben werden. Die Rollen der Moderatoren und Studienfachberater/innen sind als solche gekennzeichnet und damit für alle Beteiligten transparent. Die Studierenden können die Beiträge von Gleichgesinnten und Studienberater/innen unterscheiden und bekommen so ein Entscheidungskriterium an die Hand, die Qualität der Informationen besser einschätzen zu können. In der empirischen Studie wird untersucht, ob dies relevante Einflussfaktoren sind, um einen Wissensaustausch positiv zu fördern.

Ziel der vorliegenden Arbeit ist es, soziale Rollen in Organisationen und ihr Veränderungspotential zu analysieren, um daraus Erkenntnisse für Wissensaus-

---

[18] Inpud ist die Abkürzung für **I**nformatik-**P**ortal der **U**niversität **D**ortmund. Die Community ist online erreichbar: http://www.inpud.de

[19] Das Diskussionsforum ist ein *Open-Source*-Produkt, d.h. dass es frei zugänglich und mit geringen bis keinen Kaufkosten verbunden ist.

tauschprozesse und für das Wissensmanagement im Allgemeinen sowie für *Inpud2* (als konzeptionelle Weiterentwicklung der Inpud-Community) im Besonderen abzuleiten. Es werden organisatorische und technische Maßnahmen für die Unterstützung der dynamischen Rollenstrukturen auf Basis **empirisch-basierter Thesen** aufgezeigt sowie daraus mögliche Konsequenzen und Anregungen für einen Wissensaustausch in Organisationen erläutert.

Diese Arbeit ist schwerpunktmäßig soziologisch orientiert. An den entsprechenden Stellen im Text wird aber auf Fachbegriffe aus anderen Wissenschaftsdisziplinen verwiesen, bspw. bei der Herleitung des Rollenbegriffs, der neben dem soziologischen Verständnis auch bspw. in der Software-Entwicklung als Teil der Informatik benutzt wird.

Die Soziologie will Strukturen und Funktionen von Systemen analysieren, *„in denen sich das aufeinander bezogene Handeln der Menschen vergegenständlicht hat"* (Reimann 1988, S. 716). Dabei wird vor allem die Wechselwirkung zwischen institutionellen Systemen, Organisationen und ihren Handlungs- und Verhaltensprozessen untersucht. Die Aufgabe der Soziologie ist es, *„die Ursachen für sozialen Fortschritt herauszufinden, die Handlungen der Gesellschaftsmitglieder zu analysieren und diese Handlungen von Individuen und Gruppen mit den gesellschaftlichen Strukturen in Beziehung zu setzen"* (Treibel 1993, S. 10). Damit will die Soziologie *„das Soziale als eigene Realität"* herausarbeiten und *„in seinen Strukturen verdeutlichen"* (Schäfers 1992a, S. 290).

Mit dem Begriff des „Sozialen" versteht Schäfers sowohl verschiedene Formen der Vergemeinschaftung (z.B. Familie, Verwandtschaft, Nachbarschaft) als auch der Vergesellschaftung der Menschen (z.B. Organisation, Gesellschaft, Staat). Damit bezieht er sich auf Max Weber (Original-Schriften um 1920). Nach Weber (1981, S. 69) ist die Gesellschaft oder Vergesellschaftung dann eine soziale Beziehung, wenn sie auf wert- oder zweckrationalen Interessensausgleich bzw. so motiviertem sozialen Handeln basiert. Dagegen ist die Vergemeinschaftung eine soziale Beziehung, wenn sie *„auf subjektiv gefühlter (affektuell oder traditioneller) Zusammengehörigkeit der Beteiligten beruht"* (Weber 1981, S. 69). Dies sind allerdings Idealtypen. In der Realität finden sich Mischformen mit einem der beiden Schwerpunkte. Die vorliegende Arbeit greift diese Unterscheidung auf. Organisationen sind schwerpunktmäßig eine Vergesellschaftungsform. Dies zeigt sich beispielsweise an der formalen Aufbau- und Ablauforganisation (Vergesellschaftung).

Zu dieser Form der Vergesellschaftung finden sich quer-laufende, z.B. abteilungsübergreifende, soziale Beziehungen der Akteure, die untereinander Wissen austauschen, und die ggf. eine besondere Vernetzung (Communities) kultivieren[20]. Es wird davon ausgegangen, dass eine Community eine neue Form der Vergemeinschaftung und somit ein neuer Systemtypus ist, der sich von konventionellen Verständnissen der Gemeinschaft und Netzwerken unterscheidet (vgl. Kapitel 5). Die Grundannahme der vorliegenden Arbeit ist, dass eine Verknüpfung beider Formen – Organisation und Community – den effektivsten Wissensaustausch und damit die effektivste Form der Organisations- und Wissensentwicklung bewirkt. Daher müssen im weiteren Verlauf der Arbeit beide Formen – formale Organisation und informelle Communities – zunächst theoretisch betrachtet werden.

Die Betrachtung von Organisationen und Communities, deren Kommunikation teilweise technisch unterstützt sind, bspw. durch E-Mails, Video-Konferenz, Diskussionsforen, webbasierten Kooperationssystemen, Wissensmanagementsystemen etc., begründet einen theoretischen Zugang, der das „**Soziale**" als auch das „**Technische**" erklären kann. Da in der vorliegenden Arbeit die Kopplung von Organisationen, Communities und technischen Systemen aus der Sicht von Wissensaustauschprozessen untersucht wird, ist es sinnvoll, den systemtheoretischen Zugang zu wählen, weil die Systemtheorie die Organisation als auch die Technik **als System** auffasst. Verschiedene Phänomene aus einer Sicht zu begreifen macht es möglicherweise leichter, Kopplungen und Verwobenheiten der Phänomene als auch ihre potentiellen Schnittstellen-Probleme zu analysieren und dadurch besser zu verstehen. Die Grundidee der Systemtheorie ist, dass „*alles und jedes als System betrachtet, d.h. unter dem Aspekt seiner inneren Organisation und seiner Interaktion mit der Umwelt analysiert werden kann. Der jeweils interessierende Gegenstand wird als System rekonstruiert*" (Jensen & Epskamp 1988, S. 770f.). Die Entwicklung der soziologischen Systemtheorie ist in erster Linie mit dem Namen Niklas Luhmann (1987, Erstausgabe 1984) verbunden. Die Systemtheorie Luhmanns ist in der Lage, die komplexen Zusammenhänge in modernen Organisationen – deren Kommunikationsprozesse zunehmend computervermittelt sind – zu beschreiben und zu erklären. Berg-Schlosser & Stammen kommen zu dem Schluss: „*Ein Versuch, die Komplexität und Verflochtenheit*

---

[20] Der Begriff der Kultivierung von Communities ist in Anlehnung an Wenger et al. (2002) entstanden, die in ihrem Buch von „Cultivating Communities of Practice" sprechen. Der Community-Begriff ist in Kapitel 5 ausführlich behandelt.

sozialen Geschehens mit den zahlreichen auf dieses einwirkenden Bestimmungs-faktoren in den Griff zu bekommen, ist vor allem von der so genannten System-theorie unternommen worden" (Berg-Schlosser & Stammen 1992, S. 161 f.). Aus diesen Gründen habe ich die Systemtheorie als einen Bezugsrahmen gewählt.

Folgt man der Argumentation von Luhmann, dass soziale Systeme aus Kommuni-kation entstehen und bestehen, so kommt man zu dem Schluss, dass sich Kommunikation zu Kommunikationsmustern weiterentwickeln können (bspw. Be-grüßungsrituale). Einige Kommunikationsmuster verfestigen sich in dem Maße, dass sie zu bestimmten (Verhaltens-)Erwartungen und Erwartungserwartungen[21] bei Ego-Alter führen. Diese Erwartungen sind entweder an Personen (personalisierte Erwartungen) oder an Rollen gebunden (vgl. Luhmann 1987a, S. 85). Das Konzept der sozialen Rollen wurde in der Soziologie zeitlich gesehen vor der Ära Luhmanns diskutiert. Die ersten Diskussionen zu Handlungsmustern und Rollen führten Mead (1967, Originalausgabe 1934[22]) und Linton (1936), allerdings aus verschiedenen theoretischen Paradigmen. Der erste aus Sicht des interpretativen Paradigmas, der zweite aus strukturell-funktionalistischer Perspektive (vgl. Kapitel 3).

Neben der Systemtheorie, die eine Grundlage dieser Untersuchung bildet, beziehe ich mich also auch auf die Rollentheorie, um soziale Rollen als auch ihre Rollen-strukturen in Organisationen zu verdeutlichen.

Abbildung 1a den Zusammenhang zwischen Abhängigkeiten von Rollen in Organisationen, Wissensaustausch, Community-Bildung und Informations- und Kommunikationstechnologien (IuK, z.B. E-Mail, Internet etc.).

Auf Basis der eingenommenen Rolle tauschen Akteure ihr Wissen aus (Pfeil 1), und auf Basis der eingenommenen Rolle werden Communities erzeugt und kultiviert (Pfeil 2). Der Wissensaustausch beeinflusst einerseits die Community-Kultivierung, aber er wird umgekehrt auch durch sie beeinflusst (Doppelpfeil 3). Die Community-Kultivierung hat einen Einfluss auf die beteiligten Rollen (Zick-Zack-Pfeil). Rollen können sich ändern oder es können neue Rollen entstehen. Doppelpfeil 4 zeigt, dass Wissensaustauschprozesse von technischen Systemen abhängen bzw. von technischen Systemen geprägt werden.

---

[21] Erwartungserwartungen sind solche Erwartungen von Ego, der denkt, dass Alter von ihm ein bestimmtes Verhalten erwartet: Ego hat Erwartungen, dass Alter erwartet, was Ego tun soll.
[22] veröffentlicht durch seinem Schüler Blumer

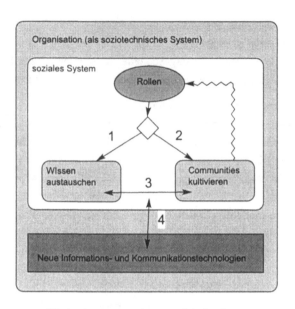

Abb. 1a: *Organisation als soziotechnisches System*

Allerdings hat auch die Gestaltung des Wissensaustauschs Einfluss auf die technischen Systemen (Informations- und Kommunikationstechnologien). Das soziale System beeinflusst den Umgang mit der Technik, weil sie über den Nutzungseinsatz entscheidet. Es ist bspw. festzulegen, wie das technische System konfiguriert wird, welche Rollen welche Zugriffsrechte zugewiesen bekommen, und welche Dokumente eingestellt, gelesen, geändert oder gelöscht werden dürfen. Es gibt eine Interdependenz zwischen technischen und sozialen Systemen, die eine Organisation als soziotechnisches System prägen.

Bevor der Aufbau der Arbeit erläutert wird, wird die **grafische Modellierung** *„SeeMe"*, wie sie in Abbildung 1a ersichtlich ist, kurz erläutert (vgl. Herrmann et al 1999). SeeMe steht für *„soziotechnische semistrukturierte Modellierungsmethode"*, mit der grafische Diagramme erzeugt werden können. Mit dieser Methode ist es möglich, soziale und technische Aspekte von Kommunikations- und Kooperationsprozessen integriert abzubilden. Um Modelle grafisch abzubilden, wird eine Notation mit Zeichen oder Symbolen vorgesehen, deren Kombinierbarkeit und Bedeutung im Rahmen der Modellierungsmethode syntaktisch und semantisch festgelegt sind. Dazu sind Modellierungsregeln und Konventionen erzeugt worden. SeeMe besteht erstens aus drei Basiselementen, Rollen (rote Ellipse), Aktivitäten (gelbes Rechteck mit abgerundeten Ecken) und Entitäten (blaues Rechteck), die zweitens in einer bestimmten festgelegten Relation zueinander stehen (vgl. Herrmann et al. 1999). Jedes in dieser Arbeit verwendete Modell ist unter Berücksichtigung der SeeMe-Notationsregelung erstellt. Eine ausführlichere Beschreibung zu SeeMe, die drei Basiselemente und ihre Relationen sind im Anhang aufgeführt.

Die Arbeit ist in Anlehnung an das oben aufgeführte Modell in Abbildung 1a aufgebaut. Nach dieser Einleitung (**Kapitel 1**) werden zunächst die theoretischen Grundlagen beschrieben.

Um die Forschungsfrage, welchen Einfluss Rollen auf den Wissensaustausch in Organisationen und Communities haben, beantworten zu können, ist es zunächst notwendig zu verstehen, was eine Organisation ist und wie in dieser Arbeit Organisation verstanden wird. **Kapitel 2** erläutert daher die Grundbegriffe soziales und technisches System und ihre Erweiterung zur Theorie soziotechnischer Systeme. Vor dem Hintergrund, dass Wissensaustausch in Organisationen in der Regel teils oder ganz über technische Systeme vermittelt wird, wird untersucht, inwiefern Organisationen im Zeitalter der neuen Informations- und Kommunikationstechnologien nicht mehr nur soziale, sondern soziotechnische Systeme sind. Die Organisation im Allgemeinen und die Universität im Besonderen werden als soziotechnische Systeme klassifiziert.

Ein wesentliches Merkmal von Organisationen sind die Organisationsrollen, die in **Kapitel 3** Gegenstand der Untersuchung sind. Da Wissensaustausch auch (sub-)systemübergreifend stattfindet, und sich neue Systeme und neue Netzwerke bilden, sind neben den formalen Rollen einer Organisation auch die informellen Rollen zu analysieren. Dazu ist es notwendig, sich mit den vorherrschenden Rollenkonzepten auseinanderzusetzen und eine Begriffsbestimmung vorzunehmen. Neben den soziologischen Rollenkonzeptionen wird auch der Rollen-Begriff in der Software-Entwicklung (als Teil der Informatik) erläutert, und die Unterschiede deutlich gemacht. Neben dem eher statistischen und stark formalisierten Rollenbegriff der Informatik, der wenig Flexibilität zulässt, steht die eher dynamische Rollenkonzeption der vorliegenden Arbeit.

Mitarbeiter/innen tauschen ihr Wissen in Abhängigkeit von ihrer eingenommen Rolle aus. In **Kapitel 4** wird der Begriff des Wissens definiert und von Daten und Informationen abgegrenzt. Anschließend werden die Konzepte Wissensaustausch bzw. Wissensaustauschprozesse erläutert.

Nachdem der Wissensaustauschprozess in formalen Organisationen geklärt wurde, folgt in **Kapitel 5** die Auseinandersetzung mit dem Begriff der informellen Bezie-

15

hungen, insbesondere der Community-Bildung und ihre Relevanz für den Wissensaustausch. Zu untersuchen ist, inwieweit Wissensaustauschprozesse im Spannungsfeld zwischen Organisationen und Communities verankert sind. Anschließend wird das theoretische Modell von Rollen beim Wissensaustausch in Organisation und Communities vollständig skizziert. Es dient als Grundlage für die empirische Untersuchung, welche in Kapitel 6 dargestellt wird.

Kapitel 6 beschreibt die empirische Untersuchung. Die Untersuchung von informellen sozialen Gruppen und sozialen Organisationsformen wird in der Regel mit Hilfe explorativer Methoden, bspw. Intensivinterviews, Experten/innen-Interviews und teilnehmender Beobachtung durchgeführt (vgl. Diekmann 2003, S. 30 ff.). Ich habe die qualitativ-explorative Methode gewählt, weil es aus meiner Sicht keine Untersuchung zur rollenübergreifenden Kultivierung von Wissensaustausch an Universitäten gibt, und daher der Untersuchungsgegenstand noch relativ unbekannt ist. In Kapitel 6 wird die Vorgehensweise der empirischen Analyse sowie die untersuchte Inpud-Community beschrieben. Im Mittelpunkt der Betrachtung steht die Studienorganisation an der Universität Dortmund. Neben einer zweijährigen unstrukturierten teilnehmenden Beobachtung wurden Experten/innen-Interviews mit Akteuren in unterschiedlichen Rollen zur Studienorganisation mündlich befragt. Ziel der Untersuchung war es, am Beispiel der Studienorganisation zu analysieren, unter welchen Bedingungen Rollen am Wissensaustausch beteiligt und inwieweit Rollen in ihrem Veränderungspotential unterstützt werden können, um einen Wissensaustausch rollenübergreifend zu kultivieren.

Kapitel 7 stellt die Ergebnisse zur Analyse des Wissensaustauschs am Beispiel der Studienorganisation aus der Sicht von Rollen und das Veränderungspotential von Rollen dar. Es werden **empirisch-basierte Thesen** abgeleitet.

In **Kapitel 8** werden die empirisch-basierten Thesen miteinander verbunden und es werden drei wesentliche Problemfelder eines rollenübergreifenden Wissensaustauschs zur Studienorganisation erläutert. Zudem werden die Thesen auf die konzeptionelle Weiterentwicklung von *Inpud2* übertragen. Anschließend erfolgt eine kritische Auseinandersetzung.

Kapitel 9 erläutert die Reichweite der Erkenntnisse, stellt die wesentliche Erkenntnisse der vorliegenden Arbeit vor, fasst die 11 wichtigsten Thesen zum Wissensmanagement zusammen und gibt einen Ausblick auf die weitere Forschungsarbeit. Abbildung 1b zeigt den Kapitelaufbau der vorliegenden Arbeit grafisch.

16

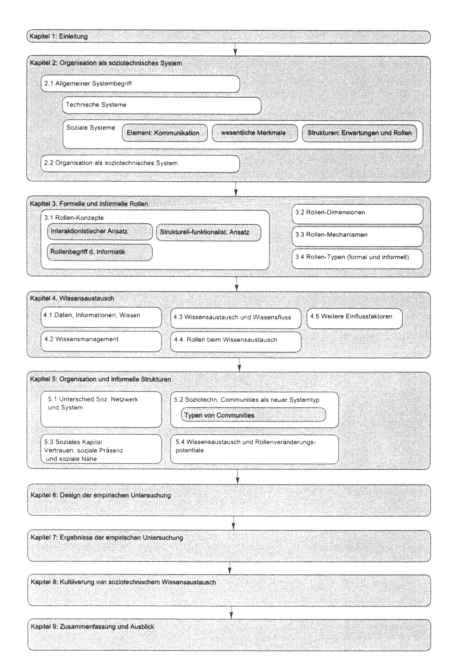

Abb. 1b: Kapitelaufbau der vorliegenden Arbeit

2. Organisation als soziales und soziotechnisches System

Um die Forschungsfrage beantworten zu können, inwieweit und in welchem Maße Rollen Einfluss auf Wissensaustauschprozesse in Organisationen haben, ist es erforderlich zu verstehen, wie eine Organisation in der vorliegenden Arbeit verstanden wird. Vor dem Hintergrund, dass Wissensaustausch in der Regel teils oder ganz über technische Systeme vermittelt und seinerseits geprägt wird, wird untersucht, inwiefern Organisationen im Zeitalter von Computer- und Kommunikationstechniken nicht mehr nur soziale, sondern soziotechnische Systeme sind.

In diesem Kapitel werden zunächst die Merkmale von allgemeinen Systemen erläutert, um anschließend die Unterschiede zwischen technischen und sozialen Systemen zu erklären.

2.1. Allgemeine, technische und soziale Systeme

Das vorliegende Kapitel 2.1 erläutert zunächst das soziologische Denken über die Zusammenhänge von Technik und sozialem Handeln.

Technik ist eine *soziologische Tatsache* (angelehnt an Durkheim 1991, Erstausgabe 1885) und entsteht als Produkt sozialer Prozesse. Der Umgang mit Technik, ihre Herstellung wie auch ihre Verwendung ist demnach *soziales Handeln* (Rammert 1993, S. 3f.). In der Techniksoziologie wird die Technik-Nutzung und Technik-Entwicklung weitergefasst und als soziale Kommunikationsprozesse verstanden (z.B. Halfmann 1996, S. 103). Technik erscheint bei Halfmann zwar immer noch als mechanisches Gerät oder als klassische Maschine, jedoch verbergen sich hinter der Technik die konzeptionellen Entwürfe zur Technisierung. Dieser Blick beachtet neben den technischen Entitäten auch die sozialen Akteure, die mit ihnen umgehen. Die sozialen Akteure erzeugen die Techniken als konkrete Tatsachen. Sie laden sie mit Bedeutung auf und bilden Stile des Umgangs und Verhaltensweisen mit ihnen heraus. Von dieser Warte soziologischer Beobachtung bestimmt weder eine Strukturlogik noch ein einzelner sozialer Akteur die (Weiter-)Entwicklung der Technik. Von der ersten Technisierungsidee bis zur letzten Produktgestalt durchläuft die technische Entwicklung nebeneinander und hintereinander verschiedene soziale Organisationssysteme. Der sozialen Steuerung und der organisatorischen Gestaltbarkeit sind daher Grenzen gesetzt (vgl. Rammert 1993, S. 4). Technik wird auf diese Weise als soziales Phänomen begreifbar. Technik, ihre Nutzung und Weiterentwicklung entstehen demnach durch soziales Handeln und auf der Grundlage von

Kommunikationsprozessen. Technik ist somit Teil des autopoietischen sozialen Systems. Darauf wird in Kapitel 2.1.3. näher eingegangen.

Umgekehrt prägt das technische System die Handlungsabfolgen von Akteuren in Organisationen. Die Art und Weise, wie die Technik zu bedienen ist als auch das Funktionieren bzw. Nicht-Funktionieren beeinflusst individuelles aber auch soziales Handeln. Das Erstellen von gemeinsamen Buchbeiträgen, die Aufnahme von neuen Studierenden ins Datenbanksystem des Studierendensekretariats und die Antragsbearbeitung in der kommunalen Verwaltung (bspw. Führerscheinstelle, Personalausweis, Lohnsteuer) hängen fast vollständig vom Computer ab. Auch in der Industrie (bspw. Automobilbranche) wird die Herstellung der Produkte größtenteils von Computern gesteuert.

Die Kommunikation mittels Computer ist aber durch die Technik selbst eingeschränkt, denn es stehen dem Nutzer nur bestimmte technische Funktionen zur Verfügung – bspw. gibt das technische E-Mail-Programm vor, in welcher Form Zeilenumbrüche entstehen und im webbasierten elektronischen Kalender stehen nur bestimmte Textfelder zur Verfügung. Der Computer prägt also die Kommunikation, in dem die Arbeitsabläufe eines Akteurs an das technische System angepasst sind und durch den Computer mal mehr oder weniger vorgegeben und geregelt werden[23]. So ist in der Regel seine erste Handlung zu Beginn eines Arbeitstages, den PC anzuschalten, um E-Mails lesen und beantworten zu können, um Termine abzustimmen und/oder um seine Arbeitsaufträge zu bearbeiten.

Technik wird durch Menschen geprägt und geformt, aber die neuen Informations- und Kommunikationstechnologien (IuK) beeinflussen auch die Kommunikationen und ihre sozialen Handlungen. Abbildung 2a verdeutlicht die Relationen.

Vor diesem Hintergrund der wechselseitigen Prägung ist es nicht angemessen, Technikprozesse lediglich als soziales Handeln zu begreifen. Daher wird in der vorliegenden Arbeit der Begriff des soziotechnischen Handelns verwendet. Mit dem Begriff soziotechnisch wird ausdrücklich die Perspektive eingenommen, dass eine Interdependenz von sozialem Handeln und Technik vorliegt. Das meint, dass

---

[23] Die Abhängigkeit wird insbesondere dann deutlich, wenn der Computer ausfällt, weil er defekt ist und falsch bedient wurde. Es ist häufig zu beobachten, wie die Veranstalter und Vortragenden kurz vor einer Präsentation oftmals hektisch reagieren, wenn Laptop oder Beamer nicht so funktionieren, wie gewünscht oder gedacht.

soziale Systeme und technische Systeme wechselseitig voneinander abhängen und sich gegenseitig beeinflussen.

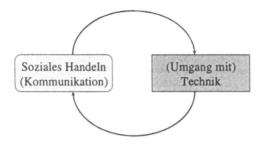

Abb. 2a: Technik wird geprägt und Technik prägt

Aus der Sicht von Organisationen bedeutet es, dass es soziotechnische Systeme gibt. Um den Begriff des soziotechnischen Systems zu verdeutlichen, wird zunächst in den Systembegriff, im Anschluss daran in die soziotechnische System-Sichtweise eingeführt.

2.1.1. Der allgemeine Systembegriff

Um den Ansatz der Systemtheorie und die Abgrenzung zwischen sozialen und technischen Systemen verständlich zu erklären, ist es notwendig, zuerst den Begriff *System* näher zu betrachten.

Der Begriff „System" ist zuerst im klassisch-griechischen Kontext, in der Zeit von Sokrates, Platon und Aristoteles, um ca. 400 v. Chr. verwendet worden. Der Systembegriff stammt daher aus dem Griechischen und heißt wörtlich übersetzt *„Zusammenstellung, Gliederung, Aufbau, einheitlich geordnetes Ganzes"*[24]. Seine Bedeutung wird aber erst im 19. Jahrhundert insbesondere bei Marx relevant (vgl. Brunner et al. 1992). Marx (1859) unterscheidet Gesellschaft nicht mehr von einer an sich unbestimmbaren Vielheit von Gesellschaften. Er versteht Gesellschaft als logische und geschichtliche Kategorie. Gesellschaft wird von ihm als **organisches System** bezeichnet. Hier taucht erstmals der Begriff der Struktur in Relation zum Systembegriff auf („*ökonomische Strukturen*" des Gesellschaftssystems). Beide Begriffe sind dementsprechend relativ jung: *„Die Gesamtheit dieser Produktionsverhältnisse bildet die ökonomische Struktur der Gesellschaft, die reale Basis,*

---

[24] Duden Fremdwörterbuch (1995), Brockhaus AG (Mannheim)

worauf sich ein juristischer und politischer Überbau erhebt, und welcher bestimmte gesellschaftliche Bewußtseinsformen entsprechen", schreibt Marx (1859, S. 7f).[25]

Erst um 1945 wurde der Systembegriff in einem ersten Theoriezusammenhang verwendet. Der Biologe Ludwig van Bertalanffy (1949) war der erste Wissenschaftler, der einem Entwurf einer Allgemeinen Systemtheorie (*„General System Theorie*", GST) skizzierte.

In den 50er Jahren wurde der Systembegriff in der Soziologie von Talcott Parsons verwendet. Er entwickelte 1951 die soziale Systemtheorie (*„social system"*). Der Begriff System wurde alsbald zur Analyse der verschiedensten Gebilde benutzt, z.B. Gruppen, Organisationen, Gesellschaften. 1954 wurde die *„Society for General Systems Research"* gegründet, deren Ziel es war, über die Grenzen der einzelnen Disziplinen hinweg zur Gemeinsamkeit im analytischen Vorgehen zu gelangen (vgl. Riedel 1992, S. 321).

Ein System bezeichnet die Menge von Elementen, zwischen denen bestimmte Beziehungen bestehen und die sich von einer Umwelt nicht-dazugehöriger Elemente abgrenzen lassen (vgl. z.b. Weihe 1985, Willke 1987, Holtmann 1994). Der Begriff System meint also zunächst nur, dass die Elemente eines Systems eine Beziehung aufweisen und sich von einer Umwelt abgrenzen lassen. Die grundlegenden Eigenschaften eines Systems sind also erstens das Beziehungsgeflecht bzw. die *Struktur* des Systems und zweitens die *Abgrenzung zwischen System und Umwelt* (Reimann & Giesen 1991, S. 173f.).

Angelehnt an die oben angeführten Definitionen sind folgende zentrale Aspekte für die Definition eines allgemeinen Systems wichtig (vgl. Herrmann 2001, S. 12):

- Ein System besteht aus Elementen, die in wechselseitiger Beziehung zueinander stehen (vgl. Bertalanffy 1972, S. 18). Diese Elemente fungieren im Rahmen des gegebenen Systemtyps als nicht weiter zerlegbare Einheiten.

- Elemente eines Systems lassen sich zu Sub-Systemen zusammenfassen. Bertalanffy (1972, S. 18) geht davon aus, dass *„der Begriff des Systems mit denen der Ordnung oder Organisation von Teilen zu höheren Einheiten nahe verwandt ist"*.

---

[25] Marx zeigt damit, dass das Gesellschaftssystem unter anderem aus ökonomischen Strukturen besteht.

- Die Gesamtheit der Beziehungen bildet eine Einheit gegenüber der Umwelt und gegenüber anderen Systemen. Alle Teile eines Systems – Elemente, Sub-Systeme, Eigenschaften, Relationen, Zustände – können untereinander in Beziehung stehen, d.h. irgendwie voneinander abhängen und untereinander geordnet sein. Die Einheit kann Eigenschaften haben, die ihre einzelnen Teile nicht haben. *„Das Ganze ist mehr als die Summe seiner Teile"* (Aristoteles, nach: Bertalanffy 1972, S. 18).

- Elemente und deren Relationen haben veränderbare Eigenschaften (Attribute). Systeme haben Eigenschaften, deren Ausprägung empirisch erfassbar ist.

- Dynamische Systeme nehmen verschiedene Zustände an.

Diese allgemeinen Aspekte gelten für alle Systemtypen: soziale, technische und soziotechnische Systeme.

Im Unterschied zu sozialen Netzwerken bilden Systeme eine System/Umwelt-Grenze, die sich von einer Umwelt nicht-dazugehöriger Elemente abgrenzen lassen. Im Falle von sozialen Systemen wird dann von Identitätsbildung gesprochen, hiervon sind jedoch die flüchtigen Interaktionssysteme ausgenommen. Netzwerke bilden keine Identitäten heraus, sie bestehen aus eher lockeren, unüberschaubaren Beziehungsgefügen (vgl. Wegmann 1992, S. 214) und sind demzufolge keine Systeme. Dieser Unterschied wird im Kapitel 5.1. im Kontext der Communities näher erläutert.

Im Folgenden wird der Unterschied zwischen technischen und sozialen Systemen dargestellt.

2.1.2. Technische Systeme

Halfmann (1995, S. 211ff.) skizziert in Anlehnung an Luhmann (1987, Erstausgabe 1984) einen systemtheoretischen Zugriff auf Technik, welcher Technik in doppelter Perspektive als Medium der Kommunikation **und** als Installation[26] in der Umwelt sozialer Systeme zu fassen sucht. Nach Halfmann ist ein grundlegendes Problem der Techniksoziologie nach wie vor, ob und in welchem Sinne Technik *„Vollzug"* der Gesellschaft sei. Die meisten soziologischen Ansätze entscheiden sich dafür,

---

[26] Installation ist hier ein Fachbegriff aus der (systemtheoretischen) Techniksoziologie von Halfmann: Installation heißt Technik *„als Apparat wie als Prozeß in den Blick nehmen zu können"* (Halfmann 1995, S. 215)

dass Technik ein soziales Phänomen ist und analog zu anderen sozialen Phänomenen wie Sprache oder Normen zu behandeln sei. Die Ausnahme ist die soziologische Systemtheorie. Sie ist die einzige, die Technik explizit doppelt, d.h. auch als außer-soziales Phänomen betrachtet. Demnach wird der Technikeinsatz in sozialen Systemen als Störung und Dysfunktion beobachtet, weil sie kein sozialer Tatbestand ist (vgl. Halfmann 1995, S. 215 ff.). Technik wird aus dieser Perspektive als soziales Produkt, als Medium und als Maschine begriffen.

Aber anders als Halfmann, der davon ausgeht, dass die Technik *nur* der Umwelt sozialer Systeme zugeschrieben und in diesem Verhältnis zum System analysiert werden muss (vgl. Halfmann 1995, S. 215), geht die vorliegende Arbeit von einem anderem Zusammenhang aus. Die Anwendung der Systemtheorie auf soziotechnische Systeme fokussiert denjenigen Ausschnitt von Wirklichkeit, der eine **strukturelle Kopplung** von maschinellen Aktivitäten (Technik) und menschlichen Handlungen betrifft (vgl. Luhmann 1991, S. 108). Eine soziotechnische Sichtweise muss demnach beschreiben und erklären können, wie soziale Systeme technikgestützt kommunizieren bzw. wie soziales Handeln die Technik formt und prägt. Zweitens muss sie beschreiben können, wie soziale Systeme auf die technischen Apparate reagieren, d.h. wie Technik als Entität auf die sozialen Systemelemente wirken.

Folgt man Luhmann dann ist Technik *„eine feste Kopplung von kausalen Elementen, gleichviel auf welcher materiellen Basis diese Kopplung beruht"* (Luhmann 2000, S. 370). Damit ist eine nicht-kontingente Beziehung zwischen zwei oder mehr Elementen formuliert: auf eine bestimmte Ursache X folgt immer die Wirkung Y. Anders als bei sozialen Systemen (siehe Kapitel 2.1.3) kann bei *„technischen Arrangements"* ein Funktionieren vorausgesetzt werden (vgl. Luhmann 2000, S. 372). Ein grundlegender Unterschied zwischen sozialen und technischen Systemen ist, dass technische Systeme allopoietisch (fremdgesteuert) und von außen erzeugt sind und somit eine vorhersehbare Input-Output-Relation erzeugen. Soziale Systeme sind autopoietisch, d.h. selbstgesteuert (siehe Kapitel 2.1.3.). Technische Systeme sind damit das Ergebnis von Konstruktions- und Produktionsprozessen (Artefakte) und rekonstruierbare und reproduzierbare Abfolgen von (erwünschten) Zustandsänderungen (vgl. Herrmann 2001).

Wenn man aber der soziologischen Sicht folgt und davon ausgeht, dass alles in irgendeiner Form auf Kommunikation zurückzuführen ist, ist es auch notwendig, den Gegenstand der Technik aus dieser Perspektive zu betrachten. In den obigen

Definitionen fehlen somit die Begriffe „Kommunikation" und „Handlung". Daher wird in dieser Arbeit, in Erweiterung an Luhmann, ein technisches System als ein Kommunikationsprozess *kontrollierender Handlungen* definiert. Wobei die Bezeichnung „kontrollierend" auf feste Kopplungen bzw. auf vorbestimmte Input-Output-Beziehungen verweist und letztendlich Techniknutzung ist. Die Idee Techniknutzung als technisch-kontrollierende Handlungen zu betrachten, geht auf Herrmann (2003) zurück.

Somit ist Technik zweierlei. (1) Als Entität tritt sie den Menschen verobjektiviert gegenüber, insbesondere dann, wenn sie die Technik nicht selbst erzeugt oder entwickelt haben, und ist in der Umwelt ihres sozialen Systems verankert. (2) Als technische Handlung von Akteuren und im Umgang mit der Technik wird sie Teil des sozialen Systems. Dies wird als soziotechnisches Handeln bezeichnet (vgl. Kapitel 2.2).

Es bleibt noch zu klären, welche Qualitätsunterschiede für die Analyse relevant sind, denn der Computer realisiert ein völlig anderes Konzept (Luhmann 2000, S. 366) als andere Techniken, wie beispielsweise Kugelschreiber, Telefon, Hammer, Auto, Fließbandmaschinen, Atomkraftwerke. Dies wird von Rammert (2000, S. 115 ff.) mit dem Begriff der *„virtuellen Realitäten"* unterstrichen. Die vorliegende Arbeit verwendet daher ausschließlich den Typ der informationstechnischen Systeme, d.h. die Begriffe *technisches System* und *informationstechnisches System* werden synonym benutzt. Darunter werden insbesondere die neuen Informations- und Kommunikationstechniken (I&K-Techniken) wie Internet, Web, technische Applikationen zum Versenden von E-Mails, Online-Diskussionsforen (Webforen) etc. erfasst.

2.1.3. Soziale Systeme

In den o.a. Definitionen (vgl. Kapitel 2.1.) wird der Systembegriff in seiner allgemeinen Form definiert. Er findet damit Verwendung für verschiedene Wissenschaftsdisziplinen, wie z.B. Physik, Biologie oder Informatik. Handelt es sich aber bei dem Untersuchungsgegenstand um soziale Elemente, bspw. um Handlungen und soziale Rollen, dann wird deren Einheit als soziales System bezeichnet, wie zum Beispiel in der Soziologie (Parsons 1976; Luhmann 1987).

Eine Organisation ist ein besonderes soziales System, welches seine Kommunikation durch die Grenzziehung der Mitgliedschaft bzw. Nicht-Mitgliedschaft zusammenfasst. Die Mitgliedschaft wird durch ihre (Mitgliedschafts-)Rollen geregelt.

Dies wird später ausführlich behandelt (vgl. Kapitel 2.1.3.2, wesentliche Merkmale von Systemen im Allgemeinen und Organisationen im Besonderen; und Kapitel 2.2.1. Organisation als soziotechnisches System). Zunächst werden die allgemeinen Merkmale der sozialen Systeme erläutert.

Wie bereits erwähnt (vgl. Kapitel 2.1.2.) sind technische Systeme **allopoietisch**, d.h. von außen erzeugt. Der Unterschied zu sozialen Systemen ist, dass diese **autopoietisch** sind. Das bedeutet, dass sie auf der Basis ihrer eigenen Elemente (Kommunikation) sich selbst und damit ihre Systemgrenzen gegenüber einer Umwelt reproduzieren, indem sie auf sich selbst Bezug nehmen (Luhmann 1987, S. 57). Was das konkret bedeutet, wird in den nächsten Unterkapiteln erläutert. Im Folgenden werden die wesentlichen Aspekte zum Verständnis der sozialen Systemtheorie eingeführt.

2.1.3.1. Kommunikation und soziales Handeln

Da Rollen aus Kommunikationsmustern und sozialem Handeln entstehen, durch diese geprägt werden und wiederum diese prägen, ist es hilfreich zu verstehen, was unter Kommunikation verstanden wird. Bevor der Begriff der Rolle erklärt werden kann, muss also zunächst die Grundlage der Kommunikation erklärt werden.

Nach Luhmann bestehen soziale Systeme aus Kommunikationen, wobei jede Kommunikation andere Kommunikation ermöglicht bzw. ausschließt (vgl. Luhmann 1988a, S. 267). Dies wird als Anschlussfähigkeit von Kommunikation bezeichnet. Ein soziales System ist demnach vernetzte anschlussfähige Kommunikation.

Weil es nicht dem Belieben überlassen werden kann, welche Kommunikation auf die nächste folgt, bildet ein System bestimmte Strukturen heraus, *„um einzuschränken, was auf was folgen kann"* bzw. darf (Luhmann 1988, S. 172). Dies wird als autopoietisches[27] System bezeichnet. Vereinfacht formuliert ist jede anschlussfähige Kommunikation *„jeder soziale Kontakt"* ein soziales System (Luhmann 1987, S. 33), z.B. ein Gespräch beim Mittagessen, ein Seminar, eine Arbeitsgruppe, ein Fachbereich, eine Universität, internationale Unternehmen und auch die Gesellschaft (zur Unterscheidung der Systemtypen siehe Unterkapitel 2.1.3.2.; Punkt 4).

---

[27] Autopoiesis bezeichnet die Selbstreproduktion eines Systems, vgl. Kapitel 2.1.3.2.

Diese Arbeit ist zwar keine kommunikationstheoretische, dennoch ist es notwendig einige wesentliche Aspekte des Kommunikationsbegriffs zu erörtern. Insbesondere vor dem Hintergrund, dass Kommunikation ein wesentliches Element der Theorie sozialer Systeme ist und Rollen konstituiert.

In der Soziologie wird Kommunikation als Grundbegriff verstanden, der sich erstens auf den Austausch von Informationen bezieht und zweites die *„Vermittlung von Bedeutung zwischen Menschen"* bezeichnet (Reimann 1984, S. 190). Durch Kommunikation entstehen und entwickeln sich soziale Systeme. Und Kommunikation strukturiert soziale Systeme, d.h. durch sie werden Normen und Werte verfestigt. Es entwickelt sich eine Kommunikationsstruktur, die bestimmt, wer mit wem kommunizieren muss, soll und darf. Solche Kommunikationsmuster verstetigen sich in der Ausdifferenzierung von Rollen und sind an solchen erkennbar[28].

Nach Luhmann sind soziale Systeme ein Geflecht von Kommunikation. Erst durch Kommunikation wird soziales Handeln möglich. Damit wird die Kommunikation zum Grundelement aus dem alle sozialen Systeme bestehen. Luhmann definiert Kommunikation als einen Prozess der dreifachen Selektionsleistung. Kommunikation ist *„hier nicht einfach ein Mitteilungshandeln, das Informationen überträgt, sondern eine eigenständige autopoietische Operation, die drei verschiedene Selektionen, nämlich Information, Miteilung und Verstehen zu einer emergenten Einheit verknüpft, an die weitere Kommunikationen anschließen können"* (Luhmann 1988a, S. 267).

(1) Information: Die erste Leistung besteht darin, aus einer Fülle von Möglichen bestimmte Informationen zu selektieren. *„Du könntest über vieles reden; lege (dich) fest, worüber du sprichst!"* (Neuberger 2002, S. 621).

(2) Mitteilung / Übermittlung: Die zweite Leistung besteht darin, zwischen verschiedenen Ausdrucksmöglichkeiten zu wählen und die Informationen mitzuteilen. Die Mitteilung stellt den Zusammenhang zwischen den Kommunikationspartnern her. *Du könntest, was du mitteilen willst, auf sehr verschiedene Weise zum Ausdruck bringen, lege dich fest wie du deinem Gesprächspartner deine Mitteilung überreichen willst!* (abgewandelt nach Neuberger 2002, S. 622).

---

[28] Die Erörterung zu rollentheoretischen Konzepten erfolgt in Kapitel 3.

(3) Verstehen: Die dritte Selektionsleistung ist es, die Mitteilung entsprechend zu rekonstruieren und in den entsprechenden Kontext[29] einzuordnen. Jedoch kann der Gesprächspartner (in der vermittelnden Rolle) nicht eindeutig bestimmen, ob der Gesprächspartner in der Rolle des Empfängers (aufnehmende Rolle) die Mitteilung so versteht, wie der Vermittler sie gemeint hat. *„Du kannst nicht sicher sein, dass der Adressat deine Mitteilung so versteht, wie du sie gemeint hast; er hat die Wahl zwischen unendlich vielen Möglichkeiten Sinn zu machen!"* (Neuberger 2002, S. 622).

Anders als im Sender-Empfänger-Modell (vgl. z.b. Shannon & Weaver 1949), bei dem ein Sender eine Information an einen Empfänger transportiert, fehlt der systemtheoretischen Konzeption nach Luhmann die *„dingliche Gewissheit"*, weil sie von der *„kontingenten Konstruktion"*, der Kommunikation als dreifache Selektionsleistung ausgeht (Neuberger 2002, 622). Im Sender-Empfänger-Modell ist Kommunikation der reine Austausch von Informationen und der Prozess wird als faktische Informationsübertragung angesehen, bei dem Daten von A nach B vermittelt werden. Kommunikation ist im Sender-Empfänger-Modell kein interpretativer Vorgang.

Der Kommunikationsbegriff nach Luhmann grenzt sich auch von dem Verständnis von Watzlawick et al. (1969) ab. Kommunikation und Verhalten sind aus ihrer Sicht praktisch gleichbedeutend. D.h. Kommunikation ist nicht nur die verbale Sprache, sondern auch das nonverbale Verhalten (Watzlawick et al. 1969, S. 23). Diese sehr weitreichende Definition führt dazu, dass alles als Kommunikation angesehen werden kann. Jeder kommuniziert zu jeder Zeit und es ist unmöglich, es ist nicht zu tun. Daher kommt Watzlawick zu der Aussage: *„Man kann nicht nicht kommunizieren"* (Watzlawick et al. 1969, S. 53). Für die Konzeption des Wissensaustauschs in Organisationen sind beide Modelle ungeeignet. Das Sender-Empfänger-Modell ist zu eng und das Watzlawicksche Axiom zu breit gefasst.

Annäherungspunkte sind im „kontextorientierten Kommunikationsmodell" bei Herrmann & Misch (1999) zu finden. In diesem Modell wird Kommunikation verstanden als eine „durch Zeichen vermittelte Interaktion, wobei auf gemeinsamen Kontext Bezug genommen wird" (Kienle 2003, S. 24). In diesem Modell erhält der

---

[29] „Kontext" bezieht sich hier auf den inhaltlichen Gedanken- bzw. Sinn-Zusammenhang, in dem eine Äußerung steht und auf den Sach- und Situationszusammenhang, aus dem heraus die Äußerung verstanden werden muss.

innere und äußere **Kontext** einen wesentlichen Stellenwert. Die Annäherung an Luhmann findet sich in allen seinen drei Selektionsleistungen wieder. Allerdings werden dafür andere Begrifflichkeiten verwendet. Die drei Selektionsleistungen sind bei Herrmann & Kienle (2004b, S. 60) das mitteilende Handeln, welche aus „Vorstellung entwickeln", „Mitteilung konzipieren" und „Ausdruck erzeugen" besteht (1), der erzeugte „Ausdruck" selbst (2) und das „aufnehmende Handeln" (3) (Kienle 2003, S. 28).

Ein weiterer neuer Aspekt des kontextorientierten Modells ist neben dem Einbezug des Kontexts auch das **extra-kommunikative Verhalten oder Handeln.** Hierbei wird unterschieden zwischen extra-kommunikativen Verhalten und Kommunikation. Extra-kommunikativ bedeutet, dass Akteure ohne kommunikative Mitteilung handeln können (vgl. Kienle 2003, S. 27 f.). Beispielsweise beinhaltet das Gähnen von Studierenden in einem Hörsaal nicht prinzipiell die kommunikative Mitteilung an den Dozenten, dass die Vorlesung zum Einschlafen langweilig ist und der Dozent schlecht vorträgt. Es könnte durchaus sein, dass in dem Hörsaal die Luft schlecht ist und es an Sauerstoff mangelt, weil die Klima-Anlage ausgefallen ist. Handlungen beinhalten also nicht per se Botschaften.

Das kontextorientierte Kommunikationsmodell nach Herrmann & Kienle (2004b) stellt den „*Kontext als Kernaufgabe der Wissenskommunikation*" insbesondere für die computervermittelte Kommunikation heraus, die nur Gelingen kann, wenn der Kontext nachvollziehbar ist, auf den sich die Mitteilungen beziehen. Abbildung 2b verdeutlicht den Kommunikationsbegriff, so wie er in der vorliegenden Arbeit verstanden wird.

Für diese Arbeit ist festzuhalten, dass die Aufnahme eines Ausdrucks (vgl. vorherige Seite), bspw. in Form von Daten, und eine gelingende Kommunikation kontextgebunden sind, welches einen entscheidenden Faktor für den Wissensaustausch darstellt. Wissensaustausch muss demzufolge kontextualisiert und kontextgebunden erfolgen[30].

Wissenskommunikation und Wissensaustausch, so zeigt die empirische Untersuchung der vorliegenden Arbeit (vgl. Kap. 7), hängt eng mit Kooperations- und Koordinationsprozessen zusammen. Daher wird im Folgenden auf diese Prozesse und ihr Verhältnis zu Kommunikation eingegangen.

---

[30] Die Begriffe Daten, Informationen und Wissen werden in Kapitel 4 erläutert.

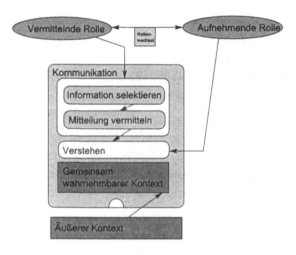

Abb. 2b: Kommunikation als interpretativer Vorgang

Auf der Basis von Kommunikation, die eine Form der symbolischen Interaktion ist (bspw. Sprache), entsteht soziale Interaktion bzw. soziales Handeln, das in koordinierende, kooperierende und konkurrierende Interaktionsformen differenziert werden kann. Handeln beinhaltet aber nicht nur soziales Handeln, sondern auch die Mensch-Maschine-Interaktion. Abbildung 2c gibt einen ersten Überblick zum Verhältnis der Grundbegriffe, welches in Anlehnung an Herrmann (2001, S. 43) entstanden ist.

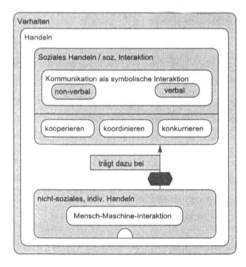

Abb. 2c: Übersicht der Grundbegriffe

Verhalten bezeichnet jede Aktivität oder Reaktion eines Organismus und schließt das instinktive Verhalten ein. Ebenso sind damit das Denken, die Gefühle und die Wahrnehmung verbunden, gleichgültig ob das Individuum damit einen subjektiv gemeinten Sinn (Absicht oder Zweck) verbindet (vgl. Klima 1988, S. 823). Verhalten umfasst Handeln, soziales Handeln und die Mensch-Maschine-Interaktion.

Im Gegensatz zu Verhalten ist **Handeln** nach Max Weber (1981, S. 19) „ein menschliches Verhalten (einerlei ob äußeres oder inneres Tun, Unterlassen oder Dulden) [...], wenn und insofern als der oder die Handelnden mit ihm einen subjektiven Sinn verbinden." Es ist somit eine Zustandsveränderung der Beziehung zwischen dem Akteur und der Situation. Handeln ist im Gegensatz zu Verhalten intentional.

Von **sozialem Handeln** spricht Weber dann, wenn das Handeln auf das vergangene, gegenwärtige oder künftige Verhalten konkreter oder verallgemeinerter Anderer (z.B. Gesprächspartner, Briefpartner, möglicher Kunde, Verkehrsteilnehmer, Professor in der Lehrveranstaltung, Prüfungsamt in der Universität) bezogen und daran in seinem Ablauf orientiert ist (Weber 1981, S. 19). Personen interagieren sozial, wenn ihr Handeln wechselseitig aneinander orientiert ist. In dieser Definition wird die Wechselwirkung, d.h. die wechselseitige Beeinflussung des Verhaltens von Individuen oder Gruppen betont (Gukenbiehl 1992, S. 121 ff.). Soziales Handeln schließt Kooperations-, Koordinations- aber auch konkurrierende Interaktion ein.

Für soziotechnische Systeme ist neben der sozialen Kommunikation auch die so genannte Mensch-Maschine-Interaktion bzw. **Mensch-Computer-Interaktion** zu berücksichtigen (vgl. Jacko & Sears 2002). Die Mensch-Maschine-Interaktion bezieht sich nicht auf den Austausch zwischen Personen, sondern auf den Umgang und die Nutzung technischer Systeme. Indem wir dem Computer unsere Befehle mittels der Tastatur eingeben, welches als individuelles, nicht-soziales Handeln beschrieben wird, erzeugen wir eine **Interaktion zwischen Mensch und Computer**. Dieses zunächst individuelle Handeln kann unter bestimmten Bedingungen dazu beitragen, dass ein soziales Handeln folgt. Bspw. ist das Eintippen eines Textes in das Email-Programm eines Computers zunächst individuelles, technisches Handeln. Da sich der Eintippende bereits beim Tippen d.h. bei der Auswahl der Wörter und beim Schreibstil, seinen Gegenüber und seinen Wissenstand (Vorkenntnisse, Erfahrungen, etc.). vorstellt, kann bereits beim Verfassen einer E-Mail von einer sozialen Handlung gesprochen werden. Spätestens mit dem

Absenden der E-Mail an die andere Person wird eine Kommunikation angestoßen, allerdings unter der Bedingung, dass die E-Mail die andere Person erreicht.

Bevor in Kapitel 2.2 eine Definition zum soziotechnischen System gegeben werden kann, muss zunächst die Theorie sozialer Systeme erörtert werden. Daher werden in den nachfolgenden Abschnitten die wichtigsten Charakteristika sozialer Systeme beschrieben.

2.1.3.2. Merkmale sozialer Systeme: Organisation als Systemtyp[31]

Soziale Systeme bestehen aus Elementen, die nichts anderes sind als Ereignisse von sehr kurzer Dauer, etwa Kommunikationen, Zahlungen, Entscheidungen etc., die sich von einer Umwelt nicht dazugehöriger Kommunikation unterscheiden lassen (vgl. Luhmann 1987). Indem Akteure aus einer Fülle von Möglichen nur das eine selektieren, um in Kommunikation mit anderen zu treten, entstehen soziale Systeme. Die Selektion führt also zu einer ersten **System/Umwelt-Differenzierung**, die in Folge dessen ein soziales System erzeugt.

Soziale Systeme sind doppelt kontingent. Das bedeutet, dass nicht vorhersehbar ist, wie *ego* auf *alter* reagieren wird. Es ist nur zu vermuten, wie der eine auf den anderen reagieren mag. Allerdings werden so genannte „*Erwartungssicherheiten*" erzeugt, die sich als personengebundene oder rollengebundene Erwartungen konstituieren (Luhmann 1987, S. 431).

In dieser Arbeit kann nicht auf die gesamte Systemtheorie Luhmanns eingegangen werden, jedoch werden im Folgenden die wesentlichen Merkmale sozialer Systeme und die Organisation als besonderer Systemtyp erläutert:

(1) Soziale Systeme **beobachten und thematisieren sich selbst.** Sie können Bezug auf sich selbst nehmen und sich selbst reflektieren. Es bedeutet auch, dass sie sich als Umwelt anderer Systeme wahrnehmen (Luhmann 1987, S. 31).

(2) Soziale Systeme sind autopoietisch. **Autopoiesis**[32] bezeichnet das Selbst-Hervorbringen und die Selbst-Reproduktion eines Systems. Der Begriff bezieht sich auf die Operation eines Systems, durch welche alle Elemente eines Systems durch

---

[31] Ich erhebe keinen Anspruch auf Vollständigkeit der Charakteristika sozialer Systeme. Ich führe lediglich die wesentlichen an, die zum Verständnis der Luhmannschen Systemtheorie mir als notwendig erscheinen.

[32] Luhmann bezieht sich insbesondere auf Maturana & Varela (1975).

die selektive Verknüpfung der Elemente selbst erzeugt werden. Durch ausgewählte Kommunikation wird wiederum neue Kommunikation ermöglicht. Dies wird Anschlussfähigkeit genannt (Luhmann 1987, S. 57f.).

(3) Soziale Systeme sind **geschlossene und offene Systeme** zugleich (Luhmann 1987, S. 63). Sie sind offen für Inputs, die an das soziale System herangetragen werden, und Outputs, die das soziale System an seine Umwelten heraus trägt. Dennoch sind soziale Systeme in ihrer Tiefenstruktur, d.h. in ihrer Selbstreferenz[33] geschlossen. Dies wird auch *„operative Geschlossenheit der Tiefenstruktur"* genannt (vgl. Willke 1991). Und daraus folgt das Neue in der Luhmannschen Systemtheorie (gegenüber der älteren Systemtheorie): Selbstreferentielle Systeme erscheinen entgegen dem systemtheoretischen Grundpostulat der prinzipiellen Offenheit komplexer Systeme in ihrem Operationsmodus und in ihrer internen Steuerungsstruktur als geschlossene Systeme. Nur Kommunikationen können an Kommunikationen anschließen. In diesem Operationsmodus sind soziale Systeme gänzlich unabhängig und unbeeinflussbar von ihrer Umwelt (vgl. Görlitz 1987, S. 536). Um die Offenheit sozialer Systeme zu erklären, wählt Luhmann den Begriff der Information und zitiert Bateson (1972), der schreibt: *„a bit of information is definable as a difference which makes a difference"* (zitiert nach Luhmann 1987, S. 68; Bateson 1972, S. 315). Die Differenz zwischen System und Umwelt beginnt, sobald Daten – elektronisch oder nicht-elektronisch verarbeitete Zeichenträger – als Information selektiert und interpretiert werden.[34] Soziale Systeme sind nicht für Informationen offen, weil sie bereits eine Selektion und kontextualisierte Interpretation von Daten darstellen. Daher bezeichnet Krieger die operative Geschlossenheit als *„informationelle Geschlossenheit"* (Krieger 1996, S. 38). Soziale Systeme können demzufolge nur für Daten offen sein.

(4) Die System/Umwelt-Differenz führt zu einer Identität des sozialen Systems, die sich *„in Differenz zu anderem"* unterscheidet (Luhmann 1987, S. 38).

(5) Soziale Systeme sind nach Luhmann in **drei Systemtypen** unterscheidbar (Luhmann 1987, S. 16). Soziale Systeme können erstens flüchtige kurzartige Kommunikationen sein, die oftmals als nicht-dauerhafte soziale Interaktion erkennbar sind. Solche einfachen Sozialsysteme – Interaktionssysteme (Mikro-Ebene) – wie z.B.

---

[33] sich selbst reproduzieren zu können
[34] Der Unterschied zwischen Daten, Information und Wissen ist in Kapitel 4 nachzulesen. Vgl. auch Abschnitt 2.1.3.1, die dreifache Selektionsleistung der Kommunikation.

Vorlesungen an einer Universität, grenzen ihre Kommunikation durch Anwesenheit ein. Das komplexeste Sozialsystem stellt die Gesellschaft (Makro-Ebene) dar. Hier sind die kommunikative Erreichbarkeit und die Zugehörigkeit entscheidend, wobei die Zugehörigkeit durch kulturelle Muster bzw. soziale Praktiken erkennbar ist.

Der dritte soziale Systemtyp ist bei Luhmann die **Organisation** (Meso-Ebene). Organisationen fassen Kommunikationen durch die Grenzziehung der Mitgliedschaft bzw. Nicht-Mitgliedschaft zusammen. Die Universität vollzieht dies durch die Einschreibung von Studierenden oder per Angestellten-Vertrag. Im Gegensatz zu den anderen Systemtypen besteht die Organisation operativ aus der Kommunikation von *„Entscheidungen"* (Luhmann 2000, S. 9; S. 123). Damit meint Luhmann nicht, dass eine Entscheidung im Kopf eines Individuums stattfindet, sondern als kommunikatives soziales Ereignis vollzogen wird (Luhmann 2000, S. 141f.). Eine Entscheidung ist eine Auswahl bei bestehenden Alternativen.

Entscheidender ist jedoch das Abgrenzungsmerkmal der Mitgliedschaftsrollen, die die Zulassung zur Teilnahme regulieren. Mit dem Begriff der Mitgliedschaftsrollen bezeichnet Luhmann vor allen solche Rollen, die in Organisationen vorhanden sind bzw. auftreten und vernachlässigt damit, dass es auch Rollen in der Gesellschaft gibt[35]. *„Es gibt daher Systeme, und sie haben als formale Organisation in der modernen Gesellschaft eine nichtwegdenkbare Bedeutung gewonnen, die ihre Grenzen primär an Mitgliedschaftsrollen und Zulassung zur Mitgliedschaft regulieren und Themen als etwas behandeln, was den Mitgliedern des Systems aufgrund der Mitgliedschaft zugemutet werden kann"* (Luhmann 1987, S. 268). Die Mitgliedschaftsrolle *„erinnert außerdem an die Positionierung der Rolle im Stellenkonnex des Systems, also daran, zu welcher Abteilung sie gehört"* (Luhmann 2000, S. 113).

Der Rollen-Begriff wird in Kapitel 3 näher erörtert. Die drei genannten Systemtypen, die Luhmann herausstellte, sind jedoch aus Sicht der Autorin keine abschließende Aufzählung. Es sei vorweg genommen, dass in Kapitel 5 gezeigt wird, dass auch Communities soziale Systemtypen sind. Dies erfolgt in Abgrenzung zu Organisationssysteme und zu Netzwerken, die keine Systeme sind. Im Gegensatz zu Communities haben Organisationen eine eher formalisierte Sozialstruktur und

---

[35] Hierbei ist zu berücksichtigen, dass es auch Rollen in der Gesellschaft gibt, bspw. zugeschriebene und biologische Rollen, bspw. Mutter, Sohn, Deutscher. Die Differenzierung zwischen biologischen, zugeschriebenen und erworbenen Rollen wird in Kapitel 3 erläutert.

eine ausdifferenzierte Arbeitsteilung, die sich anhand ihrer formalen Rollen erkennen lässt. Eine Organisation besteht aus der Kommunikation von Entscheidungen, die für eine Aufgabenerledigung in der Organisation notwendig sind, dagegen besteht eine soziotechnische Community eher aus informellen Beziehungen und aus der Kommunikation von Wissen. Die genaue Unterscheidung zwischen formalen Organisationen und informellen Communities wird in Kapitel 5 vorgenommen. Zunächst werden die Strukturen – Erwartungen und Rollen – sozialer (Organisations-)Systeme erläutert.

2.1.3.3. Strukturen sozialer Systeme: Erwartungen

Der Vorteil des Systembegriffs liegt darin, die Außen- und Innenstruktur sozialer Phänomene im Kontext ihrer sozialen Umwelt sichtbar machen zu können. In der Außenstruktur wurde im vorherigen Abschnitt auf die Input-Output-Relation eingegangen. Hieran zeigt sich, welche Einflussfaktoren auf das soziale System einwirken und wie es mit den Umwelteinflüssen umgeht. In diesem Kapitel wird auf die Innenorganisation eingegangen.

Soziale Systeme entstehen auf der Basis ihrer Reduktion von Komplexität durch Sinn, d.h. aus der Überfülle des Möglichen wird selektiert (Luhmann 1987, S. 384). *„Sinn meint dabei nicht mehr als eine bestimmte Form der Verknüpfung von Möglichkeiten"* (Schneider 2002, S. 254). Daher werden soziale Systeme auch sinnverarbeitende Systeme genannt, im Gegensatz zu technische Systeme, die nicht auf Überraschungen aus der Umwelt reagieren können. Technische Systeme können nur auf solche Zustände reagieren, für die sie programmiert wurden und die ihre interne Struktur vorgibt.

Die inneren Strukturen sinnverarbeitender Systeme sind Erwartungen. Erwartungen ermöglichen es, dass soziale Systeme bestimmte Möglichkeiten aus der Überfülle der Möglichkeiten auswählen (Luhmann 1987, S. 392). Da soziale Systeme doppelt kontingent sind, reichen einfache Erwartungen nicht aus. Als Strukturen zur Bewältigung doppelter Kontingenz werden daher Erwartungserwartungen benötigt (Schneider 2002, S. 259 f.). Erwartungserwartungen werden in sozialen Systemen zur Verknüpfung von Kommunikationen benutzt. Soziale Systeme (bspw. Organisationen) können nur dauerhaft existieren, *„wenn sie in der Lage sind, ihre Strukturen gegen Abweichungen zu stabilisieren. Damit dies gelingt, müssen die Erwartungserwartungen normiert werden"* (Schneider 2002, S. 264). Das bedeutet, sie werden institutionalisiert. Nach Luhmann hat die Komplexität der Gesellschaft zur

Folge, dass sich auch der *„Modus der Institutionalisierung von Erwartungen"* ändert (Luhmann 1987a, S. 85 ff.). Erwartungen werden nicht mehr nur auf der Ebene von Personen und Rollen normiert, sondern in der heutigen komplexen Gesellschaft auch auf Programme und Werte bezogen (Luhmann 1987, S. 429). *„Verhaltenserwartungen können auf eine konkrete Person, auf eine bestimmte Rolle, auf bestimmte Programme* (von gesellschaftlichen Teilsysteme, z.b. *Forschungsvorhaben, Planungsvorhaben, Investitionsvorhaben) oder auf bestimmte Werte* (berufliche Schlüsselkompetenzen von Hochschulabsolventen) *bezogen werden"* (Luhmann 1987a, S. 85; Ergänzung in Klammern durch die Verfasserin). Diese zunehmende Entkopplung von Erwartungsstrukturen – Person, Rolle, Programme, Werte – kann als **Abstraktionsleiter** bezeichnet werden (vgl. Schneider 2002, S. 271).

In Rollen, Programme oder Werte abgebildete Erwartungsstrukturen treten den Akteuren **quasi verobjektiviert** gegenüber. Rollen besitzen also eine Dualität: sie sind einerseits von Akteuren kommunikativ und interaktiv ausgehandelt, aber gleichzeitig auch als störendes Objekt in der Gesellschaft vorhanden, als *„ärgerliche Tatsache, die den Einzelnen in dem sie ihn Profil und Bestimmtheit gibt, aus seiner Einzelheit heraus in ein allgemeines und Fremdes hebt"* (Dahrendorf 1958, S. 26).

Für die vorliegende Arbeit ist festzuhalten, dass Verhaltenserwartungen einerseits an konkrete Personen gestellt werden, die personalisiert bzw. **personengebunden** sind, andererseits auch Rollen zugewiesen werden, die als **rollengebundene Erwartungen** bezeichnet werden (vgl. Luhmann 1987a, S. 85 u. S. 87). Die zunehmende Entkopplung von Erwartungsstrukturen in einem sozialen System, d.h. die Austauschbarkeit von Personen durch rollengebundene Erwartungen, geht mit gleichzeitig steigender struktureller Komplexität einher. Das bedeutet, dass die strukturelle Komplexitätserhöhung nur durch eine Entkopplung von Erwartungsstrukturen möglich ist (vgl. These 3 in Kapitel 7.2).

Erwartungen, die an Rollen gerichtet sind, zeichnen sich dadurch aus, dass sie persönliche oder private Gesichtspunkte der Akteure systematisch ausblenden. Die Bindung von Erwartungen an Rollen ist eine wichtige Voraussetzung für formale Organisationen (Betriebe, Verwaltungen, Universitäten etc.), da sie das eigenständige und dauerhafte Bestehen und Funktionieren als soziales System ermöglicht. Rollen haben hier die Funktion, Erwartungen unabhängig von den Akteuren festzulegen, d.h. bei wechselnden Akteuren existiert die Organisation weiterhin. Der jeweils neue Akteur muss die bereits existierenden Erwartungen zu einem bestimmten Grad übernehmen. *„Rollen können dann, von der individuellen Person unterschieden, als eigene schon abstraktere Gesichtspunkte der Identifikation der Erwartungszusammenhängen dienen"* (Luhmann 1987, S. 430). Luhmann definiert Rollen als bestimmte Muster von Kommunikation. Aus immer wiederkehrenden Kommunikationsmuster werden schließlich Rollen hervorgebracht: *„Rollen sind Erwartungsbündel (...) Durch Identität der Rolle werden Erwartungen von Person zu Person übertragbar"* (Luhmann 1987a, S. 86).

Der Begriff der Rolle wird in Kapitel 3 näher erörtert. Zunächst aber wird der soziotechnische Ansatz beschrieben, der die Grundlage dieser Arbeit bildet.

2.2. Soziotechnische Systeme

In Organisationen werden in der Regel informationstechnische Systeme zur Kommunikationsunterstützung eingesetzt (wie z.b. E-Mail, Diskussionsforen, Chat-Räume, technische Plattformen wie BSCW[36], etc.), d.h. ihre Kommunikation wird computerunterstützt vermittelt. Insofern haben technische Systeme einen erheblichen Einfluss auf die Organisation, ihre Rollen und den Wissensaustauschprozess. Der Einsatz von Computern prägt das soziale System. *„Dass sie dadurch die Kommunikationswege und die Entscheidungskompetenzen ändern, liegt auf der Hand"*, so Luhmann (2000, S. 365). Daher sind Organisationen in der modernen Gesellschaft und im Zeitalter der neuen Informations- und Kommunikationstechniken als soziotechnische Systeme zu betrachten und nicht als soziale Systeme, die technische Systeme zur Kommunikation nutzen. Denn durch die Vernetzung von Kommunikationen über den Computer und durch die medial vermittelte Kommunikation entsteht ein neuer gesellschaftlicher Wirk- und Erfahrungsraum (Rammert 2000, S. 115). Anders als Rammert, der den neuen Erfahrungsraum als virtuelle Realität bezeichnet, die *„technisch erzeugte Sonderwelten"* seien, wird in dieser Arbeit der Standpunkt vertreten, dass technisch erzeugte soziale Systeme mittlerweile normal sind und nicht als (Kommunikations-)Störung aufgefasst werden. Als Beispiele können hier das Online-Auktionshaus *Ebay*, *WIKIpedia.de*[37] und die *Linux-*

---

[36] BSCW bedeutet Basic Support for Cooperative Work (http://www.bscw.de). Es ermöglicht eine zentrale webbasierte Dokumentenablage und unterstützt Kooperations- und Koordinationsprozesse.

[37] WIKI ist ein Online-Lexikon, in dem jede/r(!) relativ einfach Texte verändern oder neu verfassen kann, ohne sich anmelden oder registrieren zu müssen.

Community[38] genannt werden. Hinzu kommt das *chatten* im Internet, per Mobiltelefon oder im TV[39], welche bei Jugendlichen ein Teil des Alltags sind. Als weiteres Beispiel sind Wissenschaftler/innen zu nennen, die sich über Mailinglisten austauschen.

Über die Techniken konstituieren sich neue technisch-vermittelte Kommunikationen und es entstehen soziotechnische Systeme. Fast jede Organisation hat einen Webauftritt; E-Mails sind eine Selbstverständlichkeit; häufig werden Online-Diskussionsforen oder WIKI-Formate angeboten, die es den Nutzern und Nutzerinnen ermöglichen, aktiv am Wissensaustausch teilzuhaben oder es werden webbasierte Kooperationsplattformen, wie bspw. BSCW zur Verfügung gestellt, etc. Umgekehrt ist die Frage zu stellen, ob es heutzutage Organisationen gibt, die ihre Kommunikationsprozesse nicht mittels den neuen IuK-Techniken unterstützen.[40] Damit ist ein neuer Typ von System entstanden: das soziotechnische System. Sobald Kommunikationsprozesse (und Wissensaustausch) in Organisationen technisch unterstützt werden, ist es notwendig, die Kommunikation und ihre Strukturen aus soziotechnischer Perspektive zu verstehen, zu gestalten und zu entwickeln (Döring 2003, S. 503).

Ein soziotechnisches System ist vereinfacht formuliert ein Geflecht von sozialen Strukturen und technischen Systemen. Die Elemente ursprünglich zweier Systeme sind miteinander verwoben und beeinflussen sich gegenseitig. Es ist demnach eine Kombination aus sozialen, organisatorischen, technischen und kulturellen Strukturen und Interaktionen (vgl. Herrmann 2003, S. 60). Ursprünglich wurde der Begriff des soziotechnischen Systems in den fünfziger Jahren im Tavistock Institute London kreiert, um die Interdependenzen zwischen technischen und sozialen Systemen zu erfassen. Dies wurde anhand empirischer Studien im englischen Kohlebergbau und in der indischen Textilindustrie verdeutlicht. Später bezog Mumford (1987) den Begriff auch auf die Entwicklung von Computersystemen.[41]

---

[38] Die Linux-Community ist eine Software-Entwicklungsgruppe für das Open-Source-Produkt des *Linux-Computer-Betriebssystems.*

[39] Derzeit boomt *Chatten* über die Musiksender ViVa und MTV, die während der Musikvideos angezeigt werden.

[40] in der westlichen, ersten Welt

[41] Eine ausführliche Herleitung des Begriffes „socio-technical system" findet sich in Kunau (2006). Kunau erstellt ein integratives Konzept, welches die Prozesse der Software- und Organisationsentwicklung miteinander verbindet.

Der soziotechnische Ansatz betont insbesondere die wechselseitige Abhängigkeit und die **gegenseitige Prägung** zwischen dem sozialen System und den technischen Komponenten. Technik wird genutzt, aber die Technik prägt auch das soziale System. Dies bedeutet, dass der Vorgang der Techniknutzung als auch die Aneignung der Technik untersucht werden muss[42]. Dies wird mit dem Oberbegriff „Umgang mit dem technischen System" bezeichnet.

Ein soziotechnisches System wird in der vorliegenden Arbeit folgendermaßen definiert: Ein soziotechnisches System ist ein wechselseitig voneinander abhängiges Geflecht von anschlussfähigen Kommunikationen und kontrollierenden Handlungen (Mensch-Maschine-Interaktion), die sich von einer Umwelt nicht-dazugehöriger Kommunikationen abgrenzen lassen. Ein wesentliches Merkmal ist, dass ihre Kommunikation zum Teil computervermittelt ist, d.h. die Kommunikation wird durch kontrollierende Handlungen ausgeführt. Abbildung 2d verdeutlicht das soziotechnische Handeln, dass aus Kommunikation und Mensch-Maschine-Interaktion besteht.

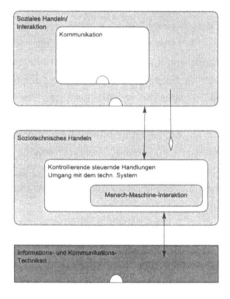

Abb. 2d: Soziotechnisches Handeln

---

[42] Eine empirische Untersuchung zur Adoption, d.h. wie sich soziale Systeme Technik aneignen, hat Loser (2005) am Beispiel von kommerzieller Standardsoftware durch grafische Diagramme vorgenommen.

Die Kommunikation ist das Basiselement. Sie ist in zwei verschiedenen Ausprägungen vorhanden: Es gibt die **Mensch-zu-Mensch-Kommunikation**[43] und die Mensch-Maschine-Kommunikation, diejenige Kommunikationsart, wenn ein Mensch mit technischen Systemen interagiert, d.h. in einer besonderen Form kommuniziert, um dem technischen System Befehle eingeben zu können. Da es aber keine Kommunikation im Sinne der Definition dieser Arbeit ist, wird hier von Mensch-Maschine-Interaktion bzw. **Mensch-Computer-Interaktion** gesprochen.

2.2.1. Organisation als soziotechnisches System

Das vorliegende Kapitel gibt zunächst eine kurze Zusammenfassung zum Abschnitt der sozialen und soziotechnischen Systeme, um dann die Organisation als soziotechnisches System zu klassifizieren.

Wie bereits o.a. geht die soziologische Systemtheorie Luhmanns von der Annahme aus, dass die Komplexität und Unüberschaubarkeit der Welt die Bildung sozialer Systeme veranlasst. Das Ergebnis der Reduktion der Komplexität sind soziale Systeme. Soziale Systeme ermöglichen es dem Einzelnen handlungsfähig zu bleiben, allerdings unter der Bedingung der Selektivität. Nach Luhmann gibt es soziale Systeme in Form von Interaktionen, Organisationen und Gesellschaften (Luhmann 1987, S. 16). Organisationen entstehen aus einer besonderen Art von Kommunikation, wenn sie rekursiv vernetzt sind und sich selbst reproduzieren. Diese Operation nennt er die Kommunikation von Entscheidungen (vgl. Luhmann 2000, S. 123). Eine Entscheidung ist eine rationale Auswahl bei bestehenden Alternativen und somit ein kommunizierendes Ereignis, welches die ausgeschlossene Möglichkeit mitkommuniziert. Zur Zieleereichung einer Organisation sind bspw. Aufgaben zu bearbeiten und Probleme zu lösen. Es sind somit eine Vielzahl von Entscheidungen zu treffen.

Ein weiteres Merkmal von Organisationen ist, dass sie sogenannte Mitgliedschaftsrollen besitzen (vgl. Kapitel 2.1.3.3). Luhmann betont den hohen Stellenwert dieser Rollen in der formalen Organisation, weil sie die Grenzen und die Zulassung zur Teilnahme regulieren (vgl. Luhmann 1987, S. 268). Die Mitgliedschaftsrolle ver-

---

[43] Es ist zu beachten, dass Luhmann sagt, dass nicht der Mensch kommuniziert, sondern die Kommunikation kommuniziert; siehe hierzu Kap.2.1.3.1. Der Begriff wird genutzt, um ihn von der Mensch-Maschine-Interaktion abzugrenzen.

weist auch auf die Positionierung der Rolle im Kontext des Systems, d.h. zu welcher Abteilung sie gehört (vgl. Luhmann 2000, S. 113).

Rollen sind die Strukturen sozialer als auch soziotechnischer Systeme. Sie bilden sich auf der Basis von wiederholten Erwartungen, die bei einer Verfestigung der Erwartungen zu Rollen werden. Soziale Systeme bringen demnach aus Erwartungsbündeln Rollen hervor, die wiederum das soziale System beeinflussen.

Wenn in dieser Arbeit von soziotechnischen Systemen die Rede ist, dann liegt im Fokus der Betrachtung die Organisation. Organisationen sind soziotechnische Systeme, die aus besonderen Kommunikationsgeflechten bestehen: Kommunikationen von Entscheidungen und kontrollierende Handlungen, die miteinander verwoben und somit aufeinander angewiesen sind. Ein zentrales Merkmal von Organisationssystemen sind die Rollen, denn durch sie wird entschieden, wer (welche Kommunikation) dazu gehört und welche Kommunikation nicht anschlussfähig ist. Abbildung 2e verdeutlicht die Grundelemente soziotechnischer Systeme und fügt die bereits gezeigten Abbildungen 2b und 2d in einen größeren Gesamtzusammenhang zusammen.

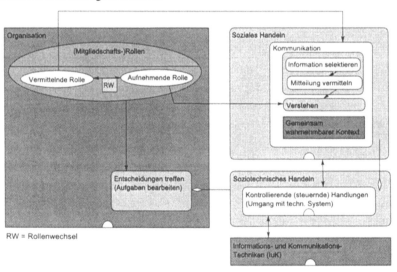

Abb. 2e: Grundelemente einer soziotechnischen formalen Organisation

In der vorliegenden Arbeit wurde die Organisation bisher als soziotechnisches System beschrieben, welches insbesondere durch handlungsanleitende **formale** Kommunikation von Entscheidungen geprägt ist. Die formale Kommunikation ist ein wichtiger Bestandteil von Organisationen, um die Ziele und Aufgaben einer Organisation erfüllen zu können. Der Begriff „formal" bezeichnet in diesem Sinne diejenige Kommunikation, die primär zur Aufgabenbearbeitung und Zielerfüllung der Organisation beitragen.

Bspw. hat das Prüfungsamt an einer Universität die Haupt-Aufgabe, die Prüfungsanmeldungen von Studierenden zu organisieren und zu überprüfen, wer sich vorzeitig wieder abgemeldet hat oder wer krankheitsbedingt ausgefallen ist. Zudem werden auch die Noten der Prüfungen im Prüfungsamt verwaltet.

Die nicht-formale Kommunikation wird **informelle Kommunikation** genannt. Ein Beispiel für eine informelle Kommunikation ist die eher informelle Zusammenarbeit von vereinzelten Mitarbeiter/innen des Prüfungsamtes mit der Studienfachberatung und dem Dekanat des Fachbereiches Informatik an der Universität Dortmund. Bei Anfragen von Studierenden an die Studienfachberatung ist es möglich, denjenigen bspw. direkt telefonisch zu kontaktieren. Dies ist unkompliziert und in der Regel hilft es, das Problem schnell und einfach zu lösen. Wenn der/die Mitarbeiter/in des Prüfungsamtes den Arbeitsbereich wechselt, kann auf diese informelle Kommunikation nicht mehr zugegriffen werden. Dann werden offizielle, formale Anfragen an das Prüfungsamt notwendig, die einen zeitlich längeren Prozess mit sich bringen und die teils nur mit Einbeziehung des Vorgesetzten „richtig" beantwortet werden, weil die neue Person auf die informellen Anfragen nicht reagiert und eine Abstimmung mit dem Vorgesetzten für notwendig erachtet. Das Beispiel zeigt, dass die informelle Kommunikation einen großen Einfluss auf Wissensaustauschprozesse in Organisationen hat.

Es kann geschlussfolgert werden, dass neben der formalen Kommunkation in einer Organisation auch die informelle Kommunikation, die sich bspw. zu Formen sozialer Netzwerke und Communities entwickelt haben, zu berücksichtigen ist. Die Arbeit geht davon aus, dass die informelle Kommunikation die Organisation(skultur) in erheblichen Maße formt und prägt. Daher müssen bei der Analyse von Wissensauschtausch beide Kommunikationsformen beachtet werden.

Im folgenden Kapitel 3 wird zunächst der Rollen-Begriff erläutert, bevor die Wissensaustauschprozesse in Kapitel 4, und anschließend die informelle Kommunikation und die informellen Beziehungen in Kapitel 5 erklärt werden.

3. Formale und informelle Rollen in Organisationen

In Kapitel 2 wurde gezeigt, dass ein wesentliches Merkmal von Organisationen die sogenannten formalen (Organisations-)Rollen sind. Im folgenden Kapitel wird der Rollenbegriff aus soziologischer Perspektive erklärt und eine Arbeitsdefinition festgelegt. Es erfolgt eine Abgrenzung zum Rollenbegriff der Software-Entwicklung (Informatik). Des Weiteren ist zu erklären, wie Rollen von Personen übernommen werden, wie Rollen verändert werden und wie neue Rollen entstehen können. Diese Rollen-Mechanismen werden in Unterkapitel 3.3. erläutert. Eine Rollenübernahme erfolgt abhängig von dem Rollen-Typ. Daher wird in 3.4. eine Klassifizierung von formalen und informellen Rollen-Typen vorgenommen.

Wie in den Abschnitten zuvor erläutert, bestehen soziotechnische Organisationen aus Kommunikationen, kontrollierenden Handlungen[44] und aus Mitgliedschafts-Rollen. Rollen(heraus)bildungen sind zur Aufrechterhaltung der Handlungsfähigkeit von Organisationen notwendig, denn durch sie wird die Erfüllung der Anforderungen der Organisation an ihre Akteure relativ erwartungssicher. Im Sinne der Systemtheorie bedeutet dies, dass die Anschlussfähigkeit der Kommunikation in Organisationssystemen durch Erwartungsstrukturen, Rollenerwartungen und Verhaltenszumutungen sichergestellt wird (vgl. Luhmann 1987, S. 392).

Oft steht der Begriff der Rolle in Konkurrenz mit anderen Begrifflichkeiten, beispielsweise mit den Begriffen Stelle oder Job, den ein Akteur einnimmt oder eine Funktion, die jemand ausfüllt. Dies rührt daher, dass der Rollen-Begriff in unterschiedlichen Kontexten benutzt wird: z.B. im Alltag (Mutter-,Vaterrolle etc.), Rollen im Theater und Film, Stellen bzw. (Führungs-)Rollen in Unternehmen, oder im Kontext von Rollenspiele. Der Rollenbegriff wird auch in verschiedenen Wissenschaftsdisziplinen verwendet, bspw. in Soziologie und Organisationspsychologie oder in der Software-Entwicklung (z.B. bei der Programmierung und Administration von technischen Groupwaresystemen in der Informatik). Die Abgrenzungen sind oft unklar. Daher ist es notwendig, den Rollenbegriff näher zu erläutern.

Erste Diskussionen zum Rollenbegriff begannen um 1930 insbesondere in der amerikanischen Soziologie. Mead (1967, Erstausgabe 1934) und Linton (1936) beschäftigen sich aus unterschiedlicher Sicht mit dem Gegenstand der Rolle. Mead betrachtete es eher aus interaktionistischer Sichtweise und Linton aus strukturell-

---

[44] Umgang mit technischen Systemen im Sinne einer Mensch-Maschine-Interaktion (vgl. Kapitel 2.2)

funktionalistischer Perspektive. Erst Ende der 50er Jahre entstand durch Dahrendorf (1958) eine deutsche Sicht zur Rollentheorie. Sein Werk „*Homo sociologicus*" ist im Wesentlichen eine Übersetzung der amerikanischen Arbeiten. Zu Beginn der 70er wurde der Rollenbegriff erneut aufgegriffen[45] und erfuhr mit der sehr kritischen Haltung von Frigga Haug (1994, Erstausgabe 1972) eine Erweiterung. In den 70er Jahren kritisierte Krappmann (1972), dass der Akteur in der Rollentheorie zu sehr in der passiven Haltung wahrgenommen wird. Es stellt sich daher die Frage, inwiefern das Individuum die Rollenübernahmen und das Rollenhandeln aktiv selbst gestalten kann. Begriffe wie „*Selbstmanagement in Rollen*" betonen diesen Ansatz (z.B. Krappmann 1972; Sievers & Auer-Hinzinger 1991).

In der kritischen Auseinandersetzung wurde aber auch deutlich, dass das Konzept der Rolle die Komplexität von Gesellschaften und sozialen Systemen alleine nicht erklären kann. Der Rollenbegriff ist nicht bzw. nur wenig „*dazu geeignet, soziales Verhalten, im engeren Sinne soziale Regelmäßigkeiten, zu erklären*" (Reimann 1984, S. 165). Vielmehr ist die Rolle in der Lage, **die sozialen Strukturen transparent** zu machen. Dies führte dazu, dass heutzutage nicht mehr von einer so genannten ganzheitlichen Rollen-Theorie ausgegangen wird. Jedoch wurde der Rollenbegriff zu einem wesentlichen Bestandteil sozialwissenschaftlicher Theorien (bspw. in der Handlungs- und Systemtheorie). Er ist beispielsweise auch bei Luhmann (1987, S. 430 ff.) wieder zu finden. Insbesondere die Organisationssoziologie (vgl. z.B. Abraham & Büschges 2004, Erstauflage 1983) verwendet den Rollenbegriff zur Erklärung von Aufbau-, Ablauf- und „*Prozessorganisationen*" (Schreyögg 2003, S. 203). Ebenso gibt es neuere Arbeiten, die sozialen Phänomene mittels des Rollenbegriffs zu erklären versuchen (vgl. bspw. Montgomery 1998, 2000, Ashforth 2001). Ein im November 2005 stattfindendes Symposium in Arlington, Virgina (USA)[46] beschäftigt sich aus interdisziplinärer Perspektive mit dem Rollen-Begriff. Thema dieses Symposiums ist die Nutzung des Rollenbegriffs für die „Künstliche Intelligenzforschung" (Artificial Intelligence) und deren Brauchbarkeit zur technischen Systementwicklung in der Informatik.

---

[45] Historische Sammlung von kontrovers diskutierten Rollenkonzepten in Biddle & Thomas (1966)

[46] Fall Symposium 2005, Konferenz Webseite: „http://www.aaai.org/Press/Reports/Symposia/Fall/fallreports.php#FS05" (24.08.2005)

3.1. Rollenkonzepte in der Soziologie und in der Software-Entwicklung

Um eine Rollendefinition herleiten zu können und damit die Basis für eine Rollen-Analyse zu schaffen, müssen zunächst die beiden teils widersprüchlichen Rollenkonzepte, der interaktionistische und der strukturell-funktionalistische Ansatz, erläutert werden. Dies folgt in den Abschnitten 3.2.1 und 3.2.2. Danach wird der Rollenbegriff von der Software-Entwicklung (Informatik) abgegrenzt.

3.1.1. Der interaktionistische Rollenansatz der Soziologie

Der Begriff Rolle hat eine lange Tradition und findet sich in seinen Anfängen vor allem in den Arbeiten von George Herbert Mead (1967) wieder. Er geht von der Annahme aus, dass die Gesellschaft aus Interaktionen besteht und dass – erst durch diese Interaktionen – Rollenstrukturen entstehen. Mead selber hat nichts veröffentlicht, aber seine Ausführungen wurden nach seinem Tode von seinem Schüler Blumer (1973) veröffentlicht, und zur Theorie des *„symbolischen Interaktionismus"* weiterentwickelt. Diese Theorie geht von den folgenden drei Prämissen aus:

(1) Menschen handeln den Dingen gegenüber auf der Grundlage der Bedeutungen, die diese Dinge für sie haben.

(2) Die Bedeutung dieser Dinge entsteht aus der sozialen Interaktion mit anderen bzw. ist durch sie entstanden.

(3) Diese Bedeutungen werden in einem **interpretativen Prozess** in Auseinandersetzung mit den Dingen benutzt, gehandhabt und abgeändert.

Ein weiterer Vertreter des symbolischen Interaktionismus ist Erving Goffman (1974). Er versteht die soziale Interaktion als einen Prozess wechselseitiger Wahrnehmung, Typisierung und Rollenübernahmen. Daher kann die soziale Interaktion auch als Rollenhandeln bezeichnet werden.

Diese Theorie-Tradition des interaktionistischen Ansatzes wird in Deutschland von Krappmann (1977) unterstützt und gibt der Dimension der Individualität im Rollen-Aushandlungsprozess eine stärkere Bedeutung. Krappmann postuliert, dass die Interaktionspartner sozialer Interaktionen auch jeweils die Rolle des anderen *„mit übernehmen"*. Umgekehrt muss „alter" auch den Standpunkt von „ego" berücksichtigen, um dessen Absicht erfassen zu können. Dazu müssen die Interagierenden fähig sein, auf abweichende Bedürfnisse des Anderen einzugehen, also gegebenenfalls eine nur teilweise Befriedigung der eigenen Bedürfnisse zu akzeptieren, um den Fortgang der Interaktion zu gewährleisten (Krappmann 1977, S. 315).

Krappmann bezieht sich damit auf Nadel (1969, S. 2[47], Erstausgabe 1957), Dreitzel (1972, S. 230[48], Originalausgabe 1968) und Gerhardt (1971, S. 37[49]), für die der Rollen-Begriff für die Deutung und das Verstehen alltäglichen sozialen Handelns notwendig ist. Der Begriff Rolle sei nur in Verbindung mit dem Handlungsbegriff sinnvoll. Das Gemeinsame dieser Charakterisierungen ist, dass der Rollenbegriff für eine Analyse sozialer Phänomene nicht ausreicht, sondern mit dem Handlungs- und Kommunikationsbegriff zusammen betrachtet werden muss. In Tab. 1 werden die genannten Wissenschaftler/innen und ihre Konzepte stichwortartig aufgeführt.

Soziologen	Beschreibung
George H. Mead 1967 (1863-1931)	Gesellschaft besteht aus Interaktionen. Interaktionen bilden (Rollen-)Strukturen hervor.
Herbert Blumer 1973 (1900-1987)	Drei Prämissen des symbolischen Interaktionismus: Bedeutungen der Dinge in sozialer Interaktion als interpretativer Prozess.
Erving Goffman 1974 (1922-1982)	Soziale Interaktion wird als Prozess wechselseitiger Wahrnehmung, Typisierung und Rollenübernahmen aufgefasst. Es kann mit dem Begriff des Rollenhandelns zusammengefasst werden.
Lothar Krappmann 1977 (deutscher Vertreter)	Krappmann gibt der Dimension der Individualität im Aushandlungsprozess stärkere Bedeutung.

Tab. 1: Interaktionistische Rollenkonzepte (interpretativer Ansatz)

Die Interaktionisten gehen nicht primär davon aus, dass die institutionellen Rahmenbedingungen das System maßgeblich beeinflussen, sondern dass die Beziehungen der Individuen und Rollen zu untersuchen sind, d.h. wie die Rollenhandelnden die sozialen Strukturen beeinflussen.

Aus den bisherigen Ausführungen wird auch deutlich, dass der interaktionistische Ansatz die menschliche Gesellschaft als eine Zusammenfassung von Individuen versteht, die in sozialer Interaktion die alltäglichen Dinge aushandeln. Die soziale

---

[47] *„Social structure is the web of interacting"*, wobei Nadel (1969) die soziale Struktur als *„role system"* bezeichnet (S. 63).

[48] Dreitzel betont, dass die Identifikation sozialer Rollen mit der Ich-Identitätsbildung gekoppelt ist.

[49] Nach Gerhardt ist „Rolle" keine analytische sondern eine Wirklichkeitskategorie. Sie wird *„als eine Sozialform aufgefasst"* (Gerhardt 1971, S. 37).

Interaktion ist aus dieser Sicht ein Prozess fortwährender Aktivität, in welchem die Individuen in den unterschiedlichen Situationen ihre Handlungsmuster entwickeln. In einem Interaktionsprozess müssen sie ihre sich entwickelnden Handlungen aufeinander abstimmen. (Bspw. zeigt *ego alter* an, was *alter* tun soll, *alter* interpretiert dies und *ego* interpretiert umgekehrt das von *alter* angezeigte Handeln usw.) Das Handeln von Personen zu verstehen, ist damit nur möglich, wenn es gelingt, ihre Sicht der Dinge einzunehmen und ihre Bedeutungszuschreibungen zu verstehen. Ohne die Berücksichtigung des jeweiligen Kontextes wird dies jedoch nur schwer gelingen. Die Relevanz des „Kontextes" wird insbesondere bei Herrmann & Kienle (2004b) und Kienle (2003) erörtert.

3.1.2. Strukturell-funktionalistische soziologische Rollenkonzepte

Neben dem interaktionistischen Ansatz steht das normative Rollenkonzept. Dies wird oft als die klassische Rollentheorie und als herkömmliches Rollenkonzept bzw. *konventionelles Rollenkonzept* bezeichnet. In der strukturell-funktionalistischen Sicht hat sich eine Tradition durchgesetzt, der es in erster Linie nicht um die lebensweltliche Realisierung von Rolle geht, sondern um die Verdeutlichung grundlegender sozialer Strukturen, die das Handeln mittels Rollen prägen und steuern (Balog 1989). Vertreter wie Linton (1936), Merton (1957), Parsons (1976) und Dahrendorf (1958) verbindet die Idee, das Rollen aufgrund von normativen Erwartungen definiert werden (Bündel von Rollennormen). Soziales Handeln bedeutet demnach normkonformes Handeln innerhalb bestimmter sozialer Kontexte.

Die ersten wissenschaftlichen Untersuchungen zum rollenkonformen Handeln führte Linton durch, die er in seiner Studie „*The Study of Man*" (1936) veröffentlichte. Er versteht eine Rolle als die „*Gesamtheit aller kulturellen Muster (Einstellungen, Wertvorstellungen, Verhalten), die mit einem bestimmten sozialen Status verbunden sind*" (Linton 1936, nach Miebach 1991, S. 32). Dabei wird der Begriff Status als soziale Position begriffen. Das Verhalten steht bei Linton im Mittelpunkt, daher bezeichnet Miebach (1991) es als den „*dynamischer Aspekt*", den dynamischen Teil der Rolle. Der Rollenbegriff ist aber sehr allgemein gehalten. Auch die Definition von Reimann (1984, S. 165) bleibt sehr allgemein: „*Verhaltenserwartungen, die mit einer bestimmten gesellschaftlichen Aufgabe verbunden sind*". Schäfers versucht es enger zu fassen: Er definiert die Rolle als „*ein Bündel normativer Verhaltenserwartungen von einer oder mehreren Bezugspersonen an den Inhaber bestimmter sozialer Positionen*" (Schäfers 1992, 252).

47

Normativ bedeutet, dass eine Rolle aus vereinheitlichten Verhaltenserwartungen besteht und die Bezugsgruppe bestimmte relative Sanktionsmöglichkeiten hat, diese Verhaltenserwartungen durchzusetzen. So stellt ein soziales System sicher, dass verschiedene Personen die gleichen Verhaltenserwartungen relativ ähnlich ausführen.

Es scheint, dass die Rollendefinition der strukturell-funktionalistischen Ansätze häufig zu einseitig ist: Sie gibt insbesondere die Sicht der Bezugsgruppe wieder, aber nicht die Sicht des Rolleninhabers oder der Rolleninhaberin. Der/die Rolleninhaber/in ist demnach auf die Bezugsgruppe angewiesen und hat keine anderen Handlungsalternativen, als das was die Gruppe vorgibt. Die Frage, wie Innovation oder gar Evolution möglich ist, bleibt aus der funktionalistischen Sicht ungelöst. Ein weiterer Kritikpunkt ist, dass die Rolle mit Begriffen definiert wird, denen selbst wiederum größere Konzepte hinterlegt sind. Beispielsweise ist mit dem Begriff „*soziale Position*" (von Linton eingeführt, nach Miebach 1991, S. 31) der „*Platz eines Individuum zu einer bestimmten Zeit an einem bestimmten Ort*" verbunden. Hinzu kommt, dass die Begriffe Position und Rolle nicht deutlich voneinander abgegrenzt werden.

Miebach (1991, 31) sieht die Grundidee des Rollenkonzepts nach Linton darin, „*dass an die Gesellschaftsmitglieder in bestimmten sozialen Situationen Verhaltenserwartungen gerichtet werden, die jeder Rolleninhaber in etwa gleicher Weise erfüllt*" (Miebach 1991, 31). Der Rollenbegriff bezieht sich auf regelmäßig ablaufendes Verhalten, dass in bestimmten Situationen von Akteuren in einer bestimmten Position in der Organisation erwartet wird. Ein Beispiel ist die Lehrerrolle an der Schule. Jede/r Rolleninhaber/in hat die gleiche Aufgabe zu lehren und den Schülern/innen Wissen zu vermitteln. Die Bezugsrollen haben bei Fehl-Verhalten die Möglichkeit, die Rolleninhaber/innen zu sanktionieren, bspw. sie an eine andere Schule zu versetzen. Die konkreten Erwartungen der Bezugsrollen an die Lehrerrolle sind gesellschafts- und kulturabhängig, und somit veränderbar.

Parsons hat 1951 die Theorie der sozialen Systeme ausgeführt. Er ging davon aus, dass eine Struktur der sozialen Systeme existiere, die diese maßgeblich beeinflussen. Aus dieser Sicht sind die institutionellen Rahmenbedingungen zur Verbesserung der Strukturen zu untersuchen, und nicht das Rollenhandeln und die Beziehung von Individuen untereinander, wie es die Interaktionisten verstehen.

Parsons untersucht die Struktur der sozialen Systeme daraufhin, ob und inwiefern die jeweiligen vier Sub-Systeme (AGIL[50]) zur Stabilität des System beitragen (oder eben nicht beitragen). Nach Parsons ist die Stabilität sozialer Systeme eine notwendige Grundbedingung, die insbesondere durch die Integration der Wertmaßstäbe aller Beteiligten erfolgt. Die Verbindung zwischen einem gemeinsamen, verbindlichen Wertsystem der Organisation und dem Verhalten der einzelnen Individuen stellt die Rolle dar. Die Rolle ist, wie Parsons betont, die Grundeinheit der Analyse sozialer Systeme. Über die Rolle werden Erwartungen in Bezug auf angemessenes, d. h. „richtiges" Verhalten definiert und an den Akteur vermittelt.

In der eher neuen Rollentheorie, insbesondere in der Zeit zu Beginn der 70er, werden die Individuen stärker als bislang betrachtet (vgl. Krappmann 1972). Tab. 2 gibt einen Überblick zu den struktur-funktionalistischen Rollenkonzepten.

Soziologen	Beschreibung
Ralph Linton 1936	Trennung von Status und Rolle; beide existieren unabhängig vom Individuum.
Talcott Parsons 1951	Strukturtheorie: Die Struktur der Gesellschaft beeinflusst die sozialen Systeme, daher werden die institutionellen Rahmenbedingungen untersucht, ob u. inwiefern sie zur Verbesserung beitragen (können).
Ralf Dahrendorf 1958	Soziales Handeln bedeutet normkonformes Rollen-Handeln in der Gesellschaft, das mittels Sanktionen aufrechterhalten wird (Unterscheidung Kann-, Soll- und Muss-Erwartungen).

Tab. 2: Entwicklungshistor. Abriss strukturell-funktionalist. Rollenkonzepte

Popitz (1967, S. 6) kritisiert die Strukturfunktionalisten, die den Standpunkt vertreten, dass der Mensch *„selbst willens und fähig wird, sich in seine Rolle zu fügen"* und fragt angesichts dessen *„wie die ärgerliche Tatsache Gesellschaft für das Individuum erträglich sei, - bzw. die ärgerliche Tatsache Individuum für die Gesellschaft"* (S. 6). Diese ironische Zuspitzung von Popitz zeigt, dass er den Rollenbegriff der Strukturfunktionalisten stark kritisiert. Dagegen sieht er den Rollenbegriff als *„analytisches Mittel zur Erfassung sozialer Handlungs-*

---

[50] AGIL steht für Anpassung (Adaptation), Zielereichung (G=Goal), Integration (I) und Strukturerhaltung (L=Latent Pattern Maintenance).

zusammenhänge" (Popitz 1967, S. 7) und versucht den Rollenbegriff als Element einer soziologischen Theorie zu etablieren.

Obwohl die zwei Rollenansätze unterschiedlich sind, sind sie dennoch beide zum Verständnis des Rollenbegriffes relevant. Rollen bilden sich aufgrund komplexer sozialer Interaktionen, die nicht statische, sondern dynamische, veränderbare soziale Phänomene sind, wie es im interpretativen Paradigma erläutert wird. Daher sind die Rollen-Interaktionen in einem sozialen oder soziotechnischen System zu untersuchen. Allerdings sind auch einige Aspekte des konventionellen Rollenansatzes zu berücksichtigen. Bspw. erklärt der strukturalistische Rollenansatz das rollenkonforme Handeln als Funktionserfüllung und Aufgabenbearbeitung von Rolleninhaber/innen, die in Bezug zur Sanktionsmacht der Bezugsrollen in der Organisation stehen. Aus dieser Sicht sind die institutionellen Bedingungen zu untersuchen, d.h. die Strukturen, die eine Funktionserfüllung ermöglichen oder nicht ermöglichen.

Es wird daher ein Rollenbegriff definiert, der in Anlehnung an die früheren Rollenansätze, aber insbesondere vor dem Hintergrund heutiger dynamischer Organisationen und ihrer institutionellen Rahmenbedingungen in der Lage ist, das Rollenhandeln von Akteuren, die Rollenstrukturen und das Veränderungspotential zu erfassen.

Der Rollenbegriff der vorliegenden Arbeit wird in Kapitel 3.2 erläutert und definiert. Zunächst erfolgt eine Abgrenzung des Rollenbegriffs, den die Software-Entwicklung nutzt.

3.1.3. Der Rollenbegriff in der Software-Entwicklung (Informatik)

In der Software-Entwicklung, die in der Regel als Teil der Informatik verstanden wird, wird im Kontext von technischen Wissensmanagementsystemen oder bei Workflowmanagementsystemen (WfMS) eine zentrale Verwaltung von Zugriffsrechten auf Daten ermöglicht. Dies wird als Rechtevergabe oder rollenbasiertes Berechtigungskonzept bezeichnet. In Anlehnung an die Rolle, die ein Nutzer nach seinem Login zugewiesen bekommt, werden die technischen Zugriffsrechte zugewiesen. Diese Rollen-Rechte werden an autorisierte Benutzer vergeben, um den Zugriff auf spezielle Daten oder die Aktivierung ausgewählter Funktionen zu organisieren (vgl. Matthes 2002). Softwareentwickler nutzen solche Rollenkonzepte, um Zugangsrechte für Personen zu technischen Systemen zu administrieren und zu verwalten (Sandhu et al. 1996).

Bekanntester Vertreter des technischen Rollenmodells ist Sandhu et al. (1996). Er entwickelte das *"rollenbasierte Zugangskontroll-Modell"* (*rolebased access control, RBAC*), welches auch berechtigungsorientiertes Rollenkonzept genannt wird, um die Verwaltung der Zugriffsrechte zu vereinfachen und somit zu verbessern. Durch diese rollenbasierte Administration von Rechten und Pflichten ist es einfacher zu entscheiden, welcher Nutzer wie auf welche Daten zugreifen kann. Beispielsweise ist zu entscheiden, ob die Nutzer nur ihre eigenen Dokumente im technischen System löschen dürfen oder auch die Dokumente Dritter einsehen können und möglicherweise sogar löschen könnten. Vielleicht aber ist es in bestimmten Kontexten sinnvoll, dass bestimmte Nutzer nur Leserechte erhalten und keine eigenen Dokumente einstellen können. Im Wissensmanagement ist gerade bei einer großen Anzahl von Nutzern das Rollenkonzept geeignet, solche Zugriffsrechte nicht für jeden einzelnen, sondern für eine Gruppe von Nutzer/innen einzurichten.

Die (Wirtschafts-)Informatik, die ihre Aufmerksamkeit auf die Unterstützung der Prozessoptimierung legt, prägte den Begriff des Workflowmanagement. Um Wissensaustausch oder Arbeitsprozesse (Workflows) computer-technisch zu unterstützen, bedarf es *„ein (re-)aktives Basissoftwaresystem zur Steuerung des Arbeitsflusses (Workflows) zwischen beteiligten Stellen nach den Vorgaben einer Ablaufspezifikation (Workflow-Schema)"* (Jablonski et al. 1997, S. 491). So sollen einzelne Mitarbeiter bei der Zusammenarbeit mit anderen unterstützt werden. Dazu muss sowohl die Ablauforganisation (Prozesse) als auch die Aufbauorganisation berücksichtigt werden. Die Zuordnung von Tätigkeiten zu Prozessen erfolgt über die Stelle bzw. Rolle und nicht über die Person (vgl. Galler 1997, S. 52 ff).

Problematisch an dem Rollenbegriff, so wie er im Kontext des Workflowmanagements genutzt wird, ist, dass er oftmals mit dem Begriff der Stelle („*job*") gleichgesetzt und somit stark vereinfacht wird. Ihm liegt ein **hoher Formalisierungsgrad** und **geringe** individuelle **Flexibilität** zugrunde. Eine Rolle beinhaltet jedoch mehr als nur die Zuweisung von Tätigkeiten, bspw. werden mit der Rolle auch Erwartungen kommuniziert (vgl. Rollen-Definition in Kap. 3.2).

Zu einem neuen Verständnis des Rollenbegriffs in der Informatik könnte Ritterskamp (2003) beitragen. Er betrachtet den Rollenbegriff weitaus komplexer und versucht in den technischen rollenbasierten Zugriffskonzepten bspw. auch die Erwartungen der Beteiligten mit einzubeziehen und Aushandlungskonzepte zu unterstützen; bspw. die Aushandlung von Schreibrechten von Lesern zur Rolle Mit-Eigentümer, um an den Veränderungen von Inhalten mitwirken zu können.

51

3.2. Rollen-Dimensionen in Organisationen (Rollendefinition)

In der Soziologie wird davon ausgegangen, dass Akteure auf der Grundlage von Rollen handeln und nur so wahrnehmen können, in welchen sozialen Systemen sie sich befinden. *„Mit Hilfe des Rollenbegriffs können umfassendere Bereiche typischer sozialer Beziehungen aufgezeigt werden als dies durch den Handlungsbegriff allein möglich ist. (...) Die Kategorien der Rollenanalyse ermöglichen es, die vorausgesetzten sozialen Zusammenhänge differenzierter zu erfassen"* (Balog 1989, S. 123). Der Begriff Rolle beinhaltet *„mehrstufige Handlungen"* (Balog 1989) innerhalb eines bestimmten sozialen Kontextes. Es muss für Akteure erkennbar sein, ob sie sich bspw. im Kontext einer Familie oder in einer Lehrveranstaltung innerhalb der Universität bewegen. Dies geschieht laut Balog (1989, S. 109) durch Handlungen und Einstellungen und wird von Begriffen wie Rolle oder Mitglied geleistet: *„Erst indem die Familie in Rollenhandlungen realisiert wird, ist sie als soziales Phänomen präsent. (...) Sie liefert den Hinweis, welche Handlungen welcher Personen als zur Familie gehörig identifizierbar sind und auf welche Weise das Bestehen von Familien im gesellschaftlichen Alltag erkannt werden kann"* (Balog 1989, S. 13). Demnach verweisen Handlungen und Handlungsmuster auf bestimmte Rollen.

Luhmann bricht die Handlung auf das Element der Kommunikation herab. Er geht davon aus, dass bestimmte immer wiederkehrende Kommunikationsmuster Rollen erzeugen. Die Strukturen sozialer Systeme sind demnach Erwartungsstrukturen, die personen- oder rollengebunden sind. *„Rollen sind Erwartungsbündel (...) Durch Identität der Rolle werden Erwartungen von Person zu Person übertragbar"* (Luhmann 1987a, S. 86).

Rollen sind abhängig vom Kontext (vgl. Balog 1989, S. 141) und somit **systemrelativ.** Das bedeutet, dass Rollen erstens nur im jeweiligen System-Kontext als Rollen x oder y identifiziert werden können und zweitens, dass nicht jedes Verhaltensmuster zu einer Rolle führt.[51] Mit dem Begriff der Rolle kann das soziale Handeln innerhalb sozialer Systeme verdeutlicht werden. Beispielsweise weist die Vielfalt von Rollen in einer Organisation auf ihre Handlungs- und Strukturkomplexität hin.

---

[51] Hierzu ausführlich: siehe weiter unten in diesem Kapitel.

Ilgen & Hollenbeck (1991) untersuchen das Verhältnis zwischen Rolle und „*job*" in Organisationen. Hierzu muss erwähnt werden, dass der Begriff der Stelle („*job*") vor allem in der Organisationssoziologie (z.b. Abraham & Büschges 2004) mit dem Begriff der Position gleichgesetzt wird. Es ist dementsprechend von dem Positionsinhaber oder der Stelleninhaberin die Rede. Die vorliegende Arbeit verwendet diese Begriffe synonym.

Nach Ilgen & Hollenbeck (1991) ist der Zusammenhang zwischen Position und Rolle derart, dass die Position der feststehendere und eher unveränderliche Part von beiden ist, d.h. dass die Position relativ starr ist und sich lediglich in geringem Maße ändert. Dagegen ist die Rolle eher flexibel und davon abhängig, welche Akteure die Position inne haben und wie diese ihre Rollen auf dieser Position verstehen. Zudem ist die Ausübung der Rolle von den Erwartungen der Bezugsgruppe, der Erwartungsvermittlung und ihren Kommunikationswegen abhängig.

Eine Position in einer Organisation ist verknüpft mit einer Funktion und den zugrunde liegenden Aufgaben. Eine Position ist zunächst unabhängig von Personen und somit eher statisch. Das entscheidende ist, dass eine Position dann zu einer Rolle wird, wenn eine oder mehrere Personen die Position und die damit verbundenen Aufgaben erfüllen. Eine Rolle ist im Gegensatz zu einer Position dynamisch, weil die Ausgestaltung den Positionsinhabern überlassen ist.

Ein Beispiel soll das Verhältnis zwischen Stelle (Position) und Rolle verdeutlichen. In der Regel existiert in jedem Fachbereich an einer Universität eine Studienfachberatung, die die Aufgabe hat, Studierenden zu helfen, wenn sie Fragen zum oder Probleme im Studium haben. Im Fachbereich Informatik an der Universität Dortmund gab es 2003 sechs wissenschaftliche Mitarbeiter/innen, die die Rolle des Studienfachberaters übernommen haben. Jede/r füllte die gleiche Stelle des Studienfachberaters anders aus. Die eine antwortet regelmäßig auf E-Mails und bot eine telefonische Beratung an, der andere vergab Termine für Besprechungen, die dritte nahm sich stark zurück und versuchte so wenig wie möglich zu machen, der vierte war sehr aktiv, koordinierte und versuchte aus den Personen ein Team zu formen.[52]

Obwohl die Positionsinhaber/innen die gleiche Position in der Organisation innehaben, werden die Aufgaben, die mit der Position verbunden sind, unterschiedlich ausgefüllt. Solange die Positionsinhaber/innen keine negativen Konsequenzen oder

---

[52] In Kapitel 3.4. wird geklärt, wann eine Tätigkeit oder eine Eigenschaft zu einer Rolle wird.

positive Verstärkung zu erwarten haben, werden sie ihre Rollen-Ausgestaltung nicht ändern.

Es ist festzuhalten, dass Rollen in Organisationssystemen aus folgenden Dimensionen bestehen:

- aus der Position (Stelle), die ein Akteur in einem sozialen System inne hat und

- wie diese Position zu anderen Positionen im System verankert ist. Die Position verweist auf das Verhältnis zu anderen Bezugspositionen.

Aus einer Position wird eine Rolle in Verbindung mit der Vielzahl von Erwartungen, spezifische Sanktionsmuster (positiv und negativ), die an diese Position geknüpft werden und die beschreiben, wie ein Akteur die Position „richtig" auszufüllen hat. Das bedeutet, dass durch die Rolle die Handlungsmöglichkeiten eingeschränkt werden, in dem Positionsinhabern/innen bestimmte Handlungsalternativen durch die Organisationsstruktur und die damit verbundenen Ressourcen und Informationen nicht zur Verfügung stehen (Abraham & Büschges 2004, S. 160). Beispielsweise sind in der Position Studienfachberater andere Informationen zugänglich als für die zentrale Studienberatung oder für das Dezernat für Studienangelegenheiten als Verwaltungsorgan der Universität. Hiermit wird auch die Funktion von Rollen in Organisationen deutlich. *„Sie helfen die Probleme der Koordination und Information zu lösen, indem den Akteuren auf bestimmten Positionen Routinen an die Hand gegeben werden"* (Abraham & Büschges 2004, S. 161). Routinen sind bspw. zu erfüllende Aufgaben, Funktionen und Erwartungsbündel, die helfen Komplexität zu reduzieren. Rollen sorgen also für ein regelmäßiges und vorhersagbares Verhalten, dass die Voraussetzung für kontinuierlich planbare Interaktion ist, und somit eine allgemeine soziale Orientierungsfunktion erfüllt (Schäfers 1992, S. 252). Auch Turner (1962) ging bereits davon aus, dass das Wissen um die Rolle die Orientierung im Alltag erleichtere.

Probleme ergeben sich aber daraus, dass sich die Funktionen und Aufgaben, die mit der Position verbunden sind, ändern können, dass Akteure in Organisationen nicht nur eine Rolle inne haben, sondern viele, dass sie Rollen wechseln und dass in komplexen Organisationssystemen die Rollenerwartungen der Bezugsgruppen divergieren (können). Weiterhin muss betrachtet werden, dass sich Rollen im Laufe der Zeit verändern und auch neue Rollen entstehen. Die Anforderungen, aber auch Erwartungen, in Bezug zur Rolle entwickeln sich (weiter).

Und, wie bereits oben erwähnt, muss berücksichtigt werden, dass in Abhängigkeit des Akteurs und seinem Verständnis über die Ausgestaltung seiner Rolle, die gleiche Rolle immer ein wenig anders ausgefüllt wird. Dies zeigt, dass Rollen nicht statisch, sondern mit ständigen **Lern-, Aushandlungs- und Definitionsprozessen** durch Rolleninhaber/innen und ihrer Bezugsgruppe verknüpft sind.

Eine Rolle ist somit ein Bündel von normativen, formalen und informellen Verhaltenserwartungen von Bezugsrollen an den Rolleninhaber, der sich in einer bestimmten Position mit bestimmten Funktionen und Aufgaben befindet, und die der Rolleninhaber auf seine persönliche Art und Weise in Abhängigkeit von der Sanktionsmacht der Bezugsrollen erfüllt. Die einzelnen, vier Aspekte der komplexen Definition werden nun erläutert:

Einer sozialen Rolle liegt immer eine Position in einer Organisation zugrunde (vgl. Ullrich & Claessens 1981 mit Bezug zu Linton 1936). Die **Position** verdeutlicht die Beziehung und Abhängigkeiten zu anderen Positionen im sozialen System. Die Bezugsrollen (Bezugsgruppe, Bezugssystem) sind diejenigen Rollen, die in primärem oder sekundärem Verhältnis zum Rolleninhaber stehen und als Kontrollinstanz in verschiedenen Ausprägungen wahrgenommen werden. Diese Dimension bezieht sich auf den Strukturaspekt von Rollen (vgl. Ullrich & Claessens 1981, S. 23). Der Begriff normativ bezieht sich einerseits auf vereinheitlichte Erwartungsmuster, die sicherstellen, dass sich verschiedene Personen in den gleichen Rollen auf den gleichen Positionen sehr ähnlich verhalten, und andererseits auf die potentielle Durchsetzungsfähigkeit und relative Sanktionsmacht der Bezugsrollen, die die Einhaltung der Verhaltenserwartungen kontrollieren.

An die Position sind spezifische **Funktionen** geknüpft, die aus Sicht des sozialen Systems erfüllt werden sollen. Diese werden durch konkrete **Aufgaben**, meist in Form von externalisierten, explizierbaren, dokumentierten Erwartungen (z.B. Tätigkeitsbeschreibungen) umgesetzt. Dies sind zunächst **formale Erwartungen**. Hierunter fallen auch Rechte und Pflichten der Positionsinhaber/innen, die das soziale System an die Positionsinhaber/innen richtet.

Darüber hinaus umfasst der Rollenbegriff mehr als nur die reine Tätigkeits- bzw. Stellenbeschreibung. An eine Rolle werden auch nicht-explizite Erwartungen gerichtet, die so genannten **informellen Erwartungen**: Sie beinhalten informelle Vorstellungen, Übereinkünfte und Abmachungen (Harrison 1972, 1977). Beide Erwartungsformen, formelle und informelle Erwartungen, sind relativ durchsetzbare Verhaltenserwartungen seitens des sozialen Systems an die Rolleninhaber/innen. Das bedeutet, dass das soziale System Sanktionsmöglichkeiten zur Durchsetzung der Erwartungen hat.

Schließlich muss bedacht werden, dass die Rolle **kein objektives** und kein nur von außen bestehendes oder gesteuertes Phänomen ist, sondern in der sozialen Interaktion ausgehandelt wird (vgl. Sievers & Auer-Hinzinger 1991). Es ist *„ein dynamischer Vorgang, in dessen Gefolge die (...) formellen und informellen Erwartungen modifiziert werden"* (Büschges & Lütke-Bornefeld 1977, S. 61). Rollen sind veränderbar und unterliegen einem **ständigen Lernprozess** (Handlungsaspekt). Der Rolleninhaber muss die vielfältigen Rollenerwartungen in konkretes Verhalten umsetzen (Rollenhandeln, Rollenverhalten). Das erklärt, warum jeder Akteur die gleiche Rolle ein wenig anders ausfüllt. Der Akteur hat die Möglichkeit in Abhängigkeit von der Sanktionsmacht der Bezugsrollen, auf die eingenommene Rolle einzuwirken, sie aktiv auszufüllen und zu gestalten (*role making*) (vgl. Goffman 1963). Bei unterschiedlichen und ggf. widersprüchlichen Erwartungen ist zu untersuchen, was die Rolleninhaber/innen aus den verschiedenen Erwartungen machen, die an ihre Rolle gestellt werden und wie sie mit den potentiellen Konflikten umgehen (vgl. Miebach 1991, S. 43).

Rollen-Dimensionen	Beschreibung
Position (Strukturaspekt)	Sozialer Ort in einem sozialen System – relative Stellung eines Akteurs in einem System in Relation zu anderen Rollen (Bezugsrollen) (nicht: Status)
Funktion, Aufgaben	Zweck der Rolle – explizite Aufgaben, z.B. in Form von Tätigkeitsbeschreibungen
Erwartungen (formell und informell)	Formelle Rechte und Pflichten, normative, vereinheitlichte Verhaltenserwartungen, die an die Inhaber/innen einer Position gerichtet, die potentiell durchsetzbar, an Sanktionsformen gebunden sind (Kann-Muss-Soll-Erwartungen) Nicht-explizite Form: informelle Erwartungen
Interaktionsprozess (Handlungsaspekt)	Umsetzung in konkretes Verhalten im Rahmen der Aushandlungsmöglichkeiten, die mit dem Sanktionsrahmen der Organisation zusammenhängen

Tab. 3: Die vier Dimensionen einer Rolle (Zusammenfassung)

Es ist wichtig nochmals zu erwähnen, dass eine Rolle nicht nur einfach eine Stelle oder ein Job, sondern mehr als das ist. Tabelle 3 fasst daher die vier Rollen-Dimensionen zusammen und Abbildung 3 verdeutlicht diese grafisch.

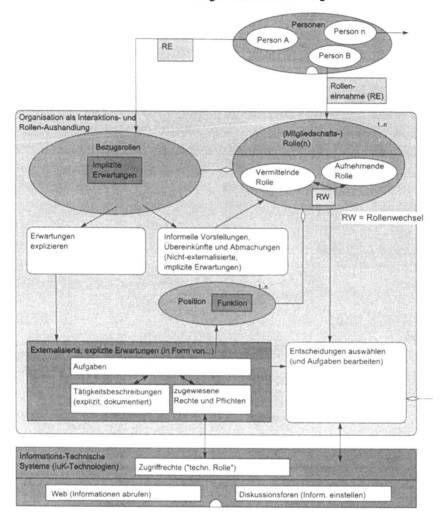

Abb. 3: Die vier Rollendimensionen in der Organisation

Neben den Rollen-Dimensionen und mehreren Rollen, die in einer Organisation vorhanden sind, sind auch Organisationen oder soziale Gruppen als eine Rolle zu betrachten.

Ein soziales System als auch eine Organisation ist beides: sie ist System und Rolle zugleich, die jedoch mit verschiedenen Betrachterperspektiven einhergeht. Dies ist angelehnt an Herrmann et al. (1999) die in ihrer Beschreibung zur Notationsbeschreibung *„SeeMe"* (vgl. Kapitel 1) auch von solchen Rollen sprechen, die bspw. von Gruppen, Unternehmen oder Fachbereiche etc. eingenommen werden. Dies ist auch ableitbar in Anlehnung an Schimank (2005)[53], der die Institution der Hochschule als *Gussform, Arena und Akteur* beschreibt.

Mit der **Systemperspektive** wird die Außen- und die Binnendifferenzierung von Kommunikation in sozialen Systemen erklärt. Die Systemsicht beschreibt, wie sich die Grenzen einer Organisation nach außen erhalten (Umwelt/System-Differenz, vgl. Luhmann 1987, S. 35f.), destabilisieren und ggf. wieder stabilisieren, wie interne Strukturen (bspw. Subsysteme, Arbeitsteilungen) differenziert und autopoietisch aus sich selbst heraus erneuert werden.

Dagegen erklärt die **Rollenperspektive**, welches Verhalten die Bezugssysteme (Bezugsrollen) von dem zu betrachtendem System (Organisation, Gruppe etc.) erwarten. Die Erwartungen, die an soziale Systeme – in der Rolle einer Rolle – gestellt werden, können je nach Bezugsrolle unterschiedlich und ggf. widersprüchlich sein und sind in Abhängigkeit von der Sanktionsmacht der Bezugssysteme mehr oder weniger durchsetzbar. Bspw. erwarten Politiker von den Unternehmen, dass sie mehr Ausbildungsplätze in Deutschland schaffen, von der Universität erwarten Studierende ein bestimmtes Maß an Kundenfreundlichkeit und Unternehmen erwarten von Universitäten, dass sie Studierende ausbilden, die nach Abschluss praxistauglich sind.

Aus einer bestimmten Betrachterperspektive beinhaltet die Rolle dann nicht nur einen Rolleninhaber oder eine Rolleninhaberin, der bzw. die in Erscheinung einer natürlichen Person auftritt, sondern mehrere Personen, die in Form einer Gruppe oder Organisation etc. in Erscheinung treten. Eine Rolle und ihre Erwartungsstrukturen sind demnach nicht nur auf eine/n einzige/n Rolleninhaber/in[54] zu beziehen, sondern auch auf soziale Systeme (bspw. Gruppen, Organisationen und

---

[53] Prof. Dr. Uwe Schimank präsentierte seine Thesen zur Hochschulforschung auf dem Symposium „Hochschule im Dialog der Geschlechter und Generationen" am 21./22.7.2005 im Hochschuldidaktischen Zentrum der Universität Dortmund, online verfügbar 17.08.2005: „http://www.hdz.unidortmund.de/fileadmin/SymposionMG05/Symposion_Programm.pdf".

[54] Die Begriffe der Rollenträger/innen und Rolleninhaber/innen werden synonym verwendet, und bezeichnet eine oder mehrere Personen, die eine Rolle einnehmen.

Institutionen etc.), die als Super-Rolle bezeichnet werden können. Die darin eingebetteten Rollen sind dann Subrollen (vgl. Herrmann et al. 1999).

Beispielsweise sind das Dekanat des Fachbereichs Informatik, das Prüfungsamt, das Rektorat der Universität Dortmund, oder auch das Hochschuldidaktische Zentrum als auch Studierende jeweils eine Rolle, die in einem Rollen-Set in bestimmter Erwartungsrelation zu einander stehen, die aber von **mehreren Rolleninhabern/innen** ausgefüllt werden.

3.3. Rollen-Mechanismen

Rollen entstehen in dem sich das Verhalten von Personen hinsichtlich bestimmter Aufgaben, mit denen bestimmte Positionen verbunden sind, verfestigt. Bspw. wird das soziale Handeln „lehren" geübt und man erhält das Etikett „Lehrer" oder ein Akteur „moderiert" regelmäßig eine Sitzung und er/sie wird in der Rolle des „Moderators" gesehen. Damit jede Person diese Rolle übernehmen, und die mit der Rolle verbundenen Aufgaben erfüllen kann, sind diese mit vereinheitlichten Erwartungsbündel, Pflichten und Rechten verknüpft. Die Rolleninhaber/innen können sanktioniert werden, wenn den Erwartungen der Bezugsrollen nicht entsprochen wird. Dies wird als Normierung und Sanktionierung von Aufgabenverhalten in einem sozialen System bezeichnet. In einem sozialen System wird mit dem/der Rollenträger/in die Rolle in einem kommunikativen Prozess konstruiert und ausgehandelt („*strukturelle Neudefinition*" Miebach 1991, S. 43).

Aus den bisherigen Ausführungen und der Begriffsbestimmung zur Rolle wird deutlich, dass Rollen in Organisationen demnach Mechanismen sind, durch die die Kommunikation und das soziale Handeln in einer Organisation abgestimmt wird. Rollen ermöglichen eine „*Erwartungssicherheit*" (Luhmann 1987a, S. 86). In dem wir unserem Gegenüber eine Rolle zuweisen oder beobachten, welche Rolle er in der Organisation inne hat, wissen wir, wie er sich in der Regel verhalten wird[55]. Eine Rolle fasst mehrere Erwartungen zu einem Erwartungsbündel zusammen, „*die dem Umfang nach dadurch begrenzt sind, dass ein Mensch sie ausführen kann, die aber nicht auf bestimmte Menschen festgelegt sind, sondern durch verschiedene*

---

[55] Wir können mit relativ hoher Wahrscheinlichkeit vorhersagen, wie sich ein/e Dozent/in vor Studierenden in einem Hörsaal verhalten wird und was er/sie nicht machen wird, allerdings in Abhängigkeit von dem Kulturkreis, in dem wir selber leben.

wechselnde Rollenträger übernommen werden können" (Luhmann 1987a, S. 86). Es besteht bei Rollenzuweisungen also durchaus das Problem, dass ein Akteur durch die eingenommene Rolle stark eingeschränkt wird, weil nur bestimmtes Verhalten erwartet wird. Vorurteile und Stereotype erhalten hier ihren Nährboden. Die Reduzierung auf bestimmte Verhaltenserwartungen ist aber auch notwendig, um soziale Systeme stabil zu halten. Es ist also eine Sache, Rollen in Organisationen zu analysieren, aber eine weitere, die Rollenzuweisungen an die Akteure zu betrachten, d.h. wie Personen Rollen übernehmen bzw. zugewiesen bekommen.

Neben den bereits vier erwähnten Dimensionen einer Rolle (siehe Abschnitt zuvor), sind also weitere Betrachtungen notwendig, die im Folgenden als Rollen-Mechanismen bezeichnet werden (vgl. Herrmann et al. 2004a). Die Rollen-Mechanismen sind in drei Cluster zu unterteilen. Diese sind Rollenübernahme/-zuweisung, Rollenentwicklung und Entstehung neuer Rollen. Sie werden im Folgenden näher erläutert:

(1) Rollenübernahme/-zuweisung

Eine Person nimmt eine Rolle aktiv ein und die Bezugsrollen akzeptieren die Rollenübernahme. (Der Aushandlungsprozess der Rollenübernahme[56] wird auch als *„role taking"* bezeichnet; vgl. Turner 1958 u.1962, S. 20 ff.). Bei der Ablehnung der Rollenübernahme durch die Bezugsrollen ist diese misslungen. Ein Beispiel: Eine Person erkennt die Zeit-Problematiken einer Veranstaltung, an der sie teilnimmt und übernimmt von sich aus die Moderation der Veranstaltung und schlägt damit implizit vor, Moderator/in zu werden. Die anderen akzeptieren die Rollenübernahme oder nicht.

Die Bezugsrollen weisen einer Person eine Rolle zu und die Person akzeptiert die Rollenzuweisung *(role assignment)*. Ein Beispiel: Die Studienfachberater/innen benötigen eine Person, die für die Beratung der Nebenfächer im Fach Informatik eine Verantwortung übernimmt und Studierende helfen kann. Ein Tipp eines Kollegen macht sie auf Frau X aufmerksam, da sie diese Tätigkeit bereits informell durchführt und wesentliche Kenntnisse dazu aufweist. Daher wird sie gefragt, ob sie Studienfachberaterin für die Nebenfächer werden möchte. Sie übernimmt die formale Rolle.

---

[56] Die Begriffe Rollenübernahme und Rolleneinnahme werden synonym verwendet.

Eine Rolle wird gewechselt, wenn eine Rolle abgegeben und gleichzeitig eine andere neue Rolle übernommen wird (*role change*). Ein Rollenwechsel ist eine bestimmte Art der Rollenübernahme bzw. -zuweisung. Beispiel: Zwei Personen können ihre Rolle tauschen. Die eine wird Studienfachberaterin für Nebenfächer in der Soziologie, und gibt die Rolle der allgemeinen Beratung für Soziologie ab, die andere wird Beraterin für die allgemeine Soziologie und gibt die Rolle der Beratung für die Nebenfächer ab.

Die Rollenübernahme und der Rollenwechsel betont, wie eine Person eine Rolle einnimmt bzw. wie Bezugsrollen einer anderen Person eine Rolle zuweisen. Dieser Rollen-Mechanismus verdeutlicht, dass nicht jede Rolle in Interaktionen entsteht, sondern dass es bereits Rollen in Systemen gibt. *„Werden diese Rollen von anderen übernommen, ohne dass sie selbst entwickelt hätten, so treten diese ihnen quasi objektiv gegenüber"* (Buer 2001, S. 167). Buer spricht dann von institutionalisierten Rollen. Rollen unterliegen also einem Dualismus. Einerseits werden sie interaktiv ausgehandelt, andererseits stehen sie den Akteuren als quasi verobjektivierte Strukturen gegenüber (vgl. Giddens 1997, S. 77, zur Dualität der Struktur). Dennoch hat eine Person in einem bestimmten Bezugsrahmen die Möglichkeit, auf die Rollen-Erwartungen einzuwirken und diese zu ändern. Dieser Bezugsrahmen wird unter anderem durch die Sanktionsmacht der Bezugsrollen eingeschränkt, kann aber bspw. durch Verhandlungsgeschicklichkeit der Person erweitert bzw. verändert werden.

(2) Rollenentwicklung

Rollen können durch die Rolleninhaber/innen in Interaktion mit den Bezugsrollen teilweise oder ganz (ver-)ändert werden (*role making*). Ein Beispiel: Aufgrund zunehmender modularisierter Studiengänge (Bachelor, Master) sind die Verwaltungsaufgaben des Prüfungsamtes an einer Universität (bspw. Verwaltung von Prüfungen) durch Beratungsaufgaben zu ergänzen (bspw. welche Prüfungen mit welchen Veranstaltungen abzudecken sind).

Bestehende Rollen können in Interaktionen von Bezugsrollen und Rolleninhaber/innen (völlig) neu definiert werden (*role definition*). Ein Beispiel: Die Studienfachberatung der Informatik besteht aus Berater/innen, die zur allgemeinen und angewandten Informatik informieren. Es gab drei Studienberater/innen für die allgemeine und eine/n für die angewandte Informatik. Da der Beratungsbedarf zum Nebenfach-Informatik durch die Einführung von Bachelor-Studiengängen angestiegen ist, wurde eine der drei Beratungsrollen für die allgemeine Informatik in die Nebenfach-Beratung geändert.

Bezugsrollen erwarten unterschiedliches ggf. widersprüchliches Verhalten und der Rolleninhaber muss lernen, evt. auftretende Rollen-Konflikte zu lösen. Dies können Intra- oder Inter-Konflikte sein. Eine Person hat zwei oder mehr Rollen eingenommen oder zugewiesen bekommen, die unterschiedliche oder widersprüchliche Verhaltenserwartungen erzeugen (Inter-Rollenkonflikt: *inter role conflict*). Eine Person hat eine Rolle übernommen, und es gibt zwei oder mehr Bezugsrollen, die unterschiedliches oder widersprüchliches Verhalten erwarten. Ein Beispiel: Ein Studienfachberater ist in einer Selbstverwaltungsrolle, die einerseits mit wenigen Arbeitsstunden ausgestattet ist, andererseits aber für Studierende einen zentralen Ansprechpartner darstellt. Die Arbeitsstunden sind zu gering, um die Anfragen von Studierenden angemessen beantworten zu können. Der Rolleninhaber muss sich zwischen Überstunden und verkürzter Beratungszeit entscheiden.

Diese genannten Rollen-Mechanismen zur Rollenentwicklung beziehen sich auf bereits eingenommene Rollen und auf den Aspekt wie eine Rolle in unterschiedlichem Maße geändert und wie Erwartungen und Verhalten angepasst oder verändert werden kann.

(3) Entstehung neuer Rollen

Durch soziale Interaktion und in Aushandlungsprozessen von sozialen dynamischen Systemen entstehen neue Rollen (*new roles*). Ein Beispiel: Die Studienfachberatung hat die neue zentrale Rolle des Studienfachberatungskoordinators geschaffen. Sie hat die Aufgaben die Studienfachberatung zu koordinieren und den Wissensaustausch vor allem zwischen Studienfachberatung, Dekanat und Fachschaft zu organisieren.

Die vier Dimensionen einer Rolle (vgl. Tab. 3) – Position gestalten, Aufgaben ändern, Erwartungen analysieren und soziale Interaktion – und die beschriebenen drei genannten Rollen-Mechanismen sind Faktoren, die bei der Untersuchung zu berücksichtigen sind.

Bei den o.g. Faktoren der Rollen-Entwicklung muss beachtet werden, dass es sich nicht bei jeder Änderung von Verhalten oder Eigenschaften um eine Rollenveränderung handelt. Es ist demnach zu unterscheiden zwischen Verhaltens- und Rollenveränderung. Tabelle 4 beschreibt die Unterschiede zwischen Verhaltens- und Rollenveränderung und grenzt diese voneinander ab.

Rollen-*Formen*	Beschreibung	Beispiele
Verhaltensveränderung	Person a in Rolle x lebt diese Rolle anders aus als Person b in Rolle x	Dozent a ist autoritärer als Dozent b
Veränderung von Rollen	Rolle x wird zu Rolle xi	Die Rolle des Dozenten an einer „Notebook-University" statt an Präsenz-Universität
Rollenwechsel	Person a in Rolle x wechselt in Rolle y	Person a wechselt vom Lernenden in die Rolle des Lehrenden
Entstehung neuer Rollen (relativ zu einem System)	Rolle z entsteht im System a neu	An der Universität werden Systemadministratoren gebraucht
Neue Rollen in der Welt	*Es bilden sich neue Rollen q,r,s*	*Datenschutzbeauftragte*

Tab. 4: Unterschiede zw. Verhaltens-, Rollenveränderung und Rollenwechsel

3.4. Rollentypen

Folgt man den bisherigen Ausführungen, dann stellt sich die Frage, wie Rollen empirisch zu *erfassen* sind. Ist der Geschäftsführer eine Rollenbezeichnung? Ist ein Moderator in einer Rolle? Kann man den aktiven Teilnehmer in einem Workshop als eine Rolle bezeichnen? Ist der Kollege oder Freund eine Rolle? Kann der Lernende als Rolle aufgefasst werden? Ist Vorbild zu sein, eine Rolle?

Die Frage, die sich also stellt ist, wann ein Verhalten, eine Erwartung, eine Aktivität und/oder eine Eigenschaft zu einer Rolle wird und mit einem Rollen-Namen versehen wird. Um dies zu klären, müssen zunächst die verschiedenen Rollen-Typen untersucht werden.

Linton (1936, S. 115) differenziert Rollen in erworbenen (*ascribed*) und zugeschriebenen Rollen (*achieved*). Zugeschriebene Rollen sind solche, die Personen aufgrund ihrer biologischen Eigenschaften (Alter, Geschlecht) oder aufgrund ihrer Herkunft und Nationalität von den Bezugsrollen zugeschrieben werden und die von den Rolleninhabern/innen nur schwer oder gar nicht abzulegen sind. Beispiele für solche Rollen sind Mutter, deutscher Mann, Frau aus der Unterschicht oder Jugendliche. Demgegenüber sind erworbene Rollen solche Rollen, die eine

Person selbst erworben hat und die sie relativ leicht selbst ablegen kann, bspw. den Beruf, den jemand ausübt. Banton (1968, S. 33) unterstützt die Unterscheidung, nennt es jedoch *basic roles*, die von Alter und Geschlecht einer Person abhängen, *general roles*, bspw. Berufsrollen und **unabhängige Rollen** (*independent roles*), die unabhängig von den biologischen Eigenschaften sind und tituliert diese als Freizeitrollen. Gerhardt (1971, S. 226 ff.) fügte den unabhängigen Rollen, die Unterscheidung in Situations-, Positions- und Statusrollen hinzu. Dahrendorf (1958) wiederum unterscheidet Berufs- und Freizeitrollen (erworbene Rollen) und unterscheidet zwischen erworbenen und zugeschriebenen Rollen.

Das Rollen-Set von Merton (1957), bezeichnet die Kombination von Rollen-Beziehungen, dass die Rolleninhaber/innen in ein Geflecht von Bezugsrollen stellt, die teilweise unterschiedliches oder ggf. widersprüchliches Verhalten von den Rolleninhaber/innen erwarten. Die Rolleninhaber/innen müssen lernen, mit diesen Konflikten umzugehen und sie so gut es geht zu lösen. Auch Gross et al. (1966) verdeutlichen, dass Rollen in unterschiedlichem Maße miteinander verknüpft sind. Sie gehen davon aus, dass die Strukturen des Rollen-Sets die Rollen-Handelnden beeinflussen, daher sind aus ihrer Sicht die strukturellen Bedingungen zu untersuchen. Dagegen untersuchen die Interaktionisten wie Rollen-Handelnde die strukturellen Bedingungen beeinflussen und verändern.

Ein Rollen-Set beschreibt, welche Rollen ein Rolleninhaber einnimmt und welche Bezugsrollen dazu gehören. Bspw. ist Frau X ist 24 Jahre (biologische zugefallene Rolle), Deutsche (zugeschriebene Rolle) und Studentin der Mathematik (erworbene Rolle). Sie ist im Fachbereichsrat die Vertreterin der Fachschaft, sie ist die Freundin von Catherine, sie ist im Karate-Verein und Trainerin für Kinder von 8-13 Jahre (erworbene Rollen). Sie ist Tochter (biologische Rolle) etc. Zu diesen Rollen sind Komplementär-Rollen bzw. Bezugsrollen vorhanden. Bspw. sind Mutter und Vater die Bezugsrollen zur Tochterrolle. Die Bezugsrollen zur Studierenden-Rolle sind bspw. Kommilitonen, Professoren/innen, Dozenten/innen, Fachschaft. Tabelle 5 erfasst die relevanten deskriptiven Aspekte der Rollenanalyse.

Soziologen/in	Deskriptive Kategorien der Rollenanalyse (in Anlehnung an Balog 1989)
Linton 1936	Unterscheidung: erworbene und zugeschriebene Rollen
Dahrendorf 1958	Unterschied zw. Berufs- und Freizeitrollen, Unterschied zw. zugeschriebenen und erworbenen Rollen
Merton 1957	„Role-set": Komplexität des Rollenhandelns
Gross et al. 1966	Rollen sind in unterschiedl. Ausmaß miteinander verknüpft
Banton 1968	Basisrollen, allgemeine und unabhängige Rollen
Ute Gerhardt 1971	Unterteilung der unabhängigen Rollen in Situations-, Positions- und Statusrollen

Tab. 5: Deskriptive Aspekte der Rolle

In dieser Arbeit werden Rollen in Anlehnung an Linton, Dahrendorf und Banton in **biologische, zugeschriebene und erworbene Rollen** unterschieden (vgl. Dahrendorf 1958, S. 55). Tab. 6 listet die biologischen und zugeschriebenen Rollen auf.

Rollen-Typen 1	Beschreibung
Bio-soziale Rollen (zugefallene, natürliche Rollen)	• Biologisches Geschlecht (Mann, Frau) • Rollen nach Alter (Jugendlicher, Erwachsener, …) • Mutter, Vater, Tochter, Sohn => Diese Rollen sind nicht abzulegen.
Zugeschriebene, kulturelle Rollen	Rollen-Zuschreibung durch • soziale Lage: Person der unteren Mittelschicht, … • Nationalität: Deutscher, US-Amerikanerin, Türkin, … • Gender: gesellschaftlich, sozial und kulturell geprägte, erlernte Geschlechtsrollen von Frauen und Männern => Diese Rollen sind eher schwer abzulegen.

Tab. 6: Rollen-Typen 1 mit Beispielen

Eine Studie von Bales (1950) zeigt, dass im Gegensatz zu formalen Berufsrollen auch Rollen und Rollenentwicklungen in Kleingruppen zu beobachten sind, die den Akteuren in der Kleingruppe helfen, die Kommunikationsstruktur zu erfassen.

Bales untersuchte Kleingruppen empirisch und konnte zwölf Verhaltensmuster analysieren (Bales 1950, S. 9), die als gruppendynamische Interaktionsmuster bezeichnet werden. Diese Rollen sind von den formalen Rollen der Soziologie zu unterscheiden. Daher wird im weiteren Verlauf der Arbeit unterschieden zwischen erworbenen **formalen** Rollen, die per Vertrag bzw. Auftrag entstanden sind und erworbenen **informellen Rollen**, die sich im Interaktionsgeschehen eher spontan und flexibel entwickeln. Tabelle 7 zeigt diese Rollen-Typen mit Beispielen.

Rollen-Typen 2	Beschreibung
Erworbene, **formale** Rollen (per Vertrag/Auftrag)	• Berufsrollen / institutionalisierte Rollen (wissenschaftliche Angestellte, Studierende, Prüfungsamt der Universität, Taxi-Fahrer/in, professioneller Coach, ...) • Zugriffsrechte-Rollen / Workflow-Rollen (Zugriffsrechte auf Dokumente im technischen System: Leser, Mitglied, Manager, ...) • Statusrollen (Manager, Königin, ...) • Tätigkeits- / Handlungsrollen / Situationsrollen / Funktionsrollen (Lehrende, Tutor, Mentor, Moderator, Prüfling, Gast, ...)
Erworbene, **informelle** Rollen (ohne formalen Auftrag, eher spontan, flexibel)	• Kommunikations-/ Konversationsrollen (Sprecher/in und Zuhörer/in) • Psychische Rollen (der/die Beleidigte, der/die Dominante,...) • Gruppendynamische Rollen/ Interaktionsrollen (passive/r oder aktive/r Teilnehmer/in, Wortführer/in...) • Freizeitrollen (Skatspieler/in, Fußballfan,...) • Tätigkeits- bzw. Handlungsrollen / Situationsrollen / Funktionsrollen (Wissensvermittler/in, Strukturgeber, Bereitsteller von Inhalten im Wissensmanagementsystem, Lurker, Autofahrer/in, ...)

Tab. 7: Rollen-Typen 2 mit Beispielen

Die o.g. informellen und formellen Rollen können auf einer **Zeitdimension** angeordnet werden. Diese Skala reicht von einem eher *kurzzeitigen, schnellen Rollenwechsel* bis hin zu solchen *Rollen, die über einen längeren Zeitraum bestehen (andauernde Rolleneinnahme)*. Die Kommunikationsrollen wechseln in Abhängigkeit vom System relativ schnell: Zwei Personen, die sich in einem Gesprächsdialog befinden, wechseln sehr häufig zwischen den Rollen Sprecherin und Zuhörerin. Dies verhält sich in einer Vorlesung an einer Universität anders. Die

Lehrende ist ungefähr 90 Minuten in der Sprecher-Rolle, falls sie keine Zwischen-Fragen zulässt. Dagegen ist die Berufsrolle in der Regel über mehrere Stunden am Tag bis hin zu mehreren Jahren beständig.

Die Rollen-Typen verdeutlichen, dass eine Person niemals nur eine einzelne Rolle einnimmt. Jede Person hat immer eine biologisch-soziale, zugeschriebene und erworbene Rolle gleichzeitig eingenommen bzw. zugewiesen bekommen. Hinzu kommt, dass jede Person in einer Situation immer gleichzeitig eine formale und eine (oder mehrere) informelle erworbene Rolle(n) hat. Die Rollenvielfalt macht eine Analyse von Rollen und deren Einfluss auf Wissensaustausch umso komplexer. Daher fokussiere ich den Untersuchungsgegenstand der vorliegenden Arbeit auf die erworbenen (formalen und informellen) Rollen.

Die Vielzahl der Rollentypen ist nicht eindeutig voneinander abzugrenzen. Eine institutionalisierte Rolle kann gleichzeitig eine Statusrolle sein. Hiermit sollte lediglich ein Bild davon gegeben werden, in welchen unterschiedlichen Kontexten welche unterschiedlichen Rollen-Begrifflichkeiten genutzt werden, obwohl das gleiche dahinter verborgen liegt. Abhängig davon, in welcher Rolle sich die Rolleninhaber/innen befinden, werden Rollen unterschiedlich wahrgenommen. So kann bspw. die Rolle der Studienberaterin aus Sicht von Studierenden eine Statusrolle sein, aber aus Sicht von Professoren und Professorinnen wird sie nicht als solche wahrgenommen.

Neben der Rollenvielfalt, die aufzeigt, welche Rollen eine Person eingenommen hat, zeigt die Rollenkomplexität die Anzahl der Rollen im Verhältnis zu den Personen in einer Organisation. D.h. sie setzt sich zusammen aus der Anzahl der Rollen, die im Verhältnis zur Anzahl der Rolleninhaber/innen und deren Rollen-Prioritätensetzung in der Organisation stehen. Eine geringe Rollenkomplexität ist vorhanden, wenn wenige Rollen im Verhältnis zu einer bestimmten Anzahl von Rolleninhaber/innen stehen, bspw. eine Rolle zu 600 Rolleninhaber/innen (Erst-semester/innen am Fachbereich Informatik der Universität Dortmund) oder drei Rollen bei 30 Akteuren (Beispiel: Professor/in, wissenschaftliche und studentische Mitarbeiter/innen). Eine hohe Rollenkomplexität besteht bei vielen Rollen, d.h. viele Rollen bei einer hohen Anzahl von Rolleninhaber/innen, bspw. 30 Rollen bei 30 Akteuren; 100 Rollen bei 1000 Akteuren.

Es ist zu berücksichtigen, dass eine Rollen-Bezeichnung je nach Kontext und Perspektive in das Rollen-Klassifikations-Schema (vgl. Tab. 7) unterschiedlich ein-zuordnen ist. Die Rolle des Moderators kann einerseits formal erworben werden, in dem eine Person für die Moderation der nächsten Arbeitssitzung formal bestimmt oder ausgehandelt wird. Andererseits kann die Rolle während einer Arbeitssitzung von einer anderen Person informell eingenommen werden, in dem diese Person moderierende Tätigkeiten übernimmt, bspw. weil der formale Moderator nicht genügend (gut) moderiert.

Abschließend ist die Frage zu klären, **wie ein Verhalten oder eine Eigenschaft zu einer Rolle** wird. Hierbei ist zwischen formal- und informell-erworbenen Rollen zu differenzieren.

Rollen entstehen, (1) wenn ein soziales Organisationssystem neue Funktionen und Aufgaben zu erfüllen hat, diese klassifiziert und es als Rolle bezeichnet. Nun muss „nur" noch ein oder mehrere Rolleninhaber/innen akquiriert werden, die diese ausfüllen (bspw. die neue Rolle des Datenschutzbeauftragten, ein/e Evaluator/in, etc). Oder Rollen entstehen in einem System, (2) wenn sich im Kommunikations-geschehen neue Erwartungsstrukturen bilden bzw. gebildet haben, um ein bestimmtes Verhalten auch zukünftig relativ erwartungssicher zu machen. Bspw. können moderierende, koordinierende Tätigkeiten zu einer formalen Koordinator-Rolle weiterentwickelt werden.

Ein soziales Phänomen, bspw. ein Verhalten oder eine Eigenschaft einer Person wird zu einer Rolle, wenn dem Verhalten eine Funktion im sozialen System zuge-wiesen wird, die Bezugsrollen dieses Phänomen als Verhaltensmuster normieren[57] und darüber hinaus (Verhaltens-) Erwartungen erzeugt werden, die potentiell durchsetzbar sind und positiv oder negativ sanktioniert werden.

Das Weiterentwickeln von Verhaltensmustern oder Personeneigenschaften zu **informellen Rollen** hängt von folgenden drei Kriterien ab:

- Beobachtbare Wiederholungen von Verhaltensmustern oder Eigenschaften

- Ausprägung der sozialen Beziehungen: Bekanntheits- und Kompetenzgrad, Durchsetzungsfähigkeit

- Idealisiertes Meta-Rollenbild

Die Entwicklung zu informellen Rollen wird am Beispiel erläutert, unter welchen Bedingungen eine Gruppe bei einer Gruppensitzung nicht mehr nur von struktur-

---

[57] vereinheitlichen, einheitlich festlegen, regeln

gebenden Tätigkeiten einer Person spricht, sondern ihr die Rolle der „Koordinatorin" zuweisen.

Eigenschaften oder Verhaltensaktionen entwickeln sich zu einer Rolle weiter, wenn die Bezugsgruppe Erwartungsbündel erzeugen konnte und sie davon ausgehen kann, dass die Person diese typisierten Verhaltenserwartungen wiederholt. Dies setzt voraus, dass das Bezugssystem beobachten kann bzw. konnte, dass die Person die Tätigkeiten mehrfach wiederholt. **Verhaltens-Wiederholungen** hängen zum einen von der Zeitdauer der Verhaltensbeobachtungen und zum anderen von den **sozialen Beziehungen** des Bezugssystems zur Person ab, d.h. ihrem *Bekanntheits- und Kompetenzgrad*. Es ist zu unterscheiden, ob es sich um ein erstmaliges Treffen handelt und ob die Person weniger gut bekannt ist oder ob die Person als seriös, fachlich kompetent oder autoritär eingeschätzt wird.

Entscheidend ist auch die *Durchsetzungsfähigkeit* der Person, die eine (neue) Rolle übernehmen möchte, sowie die Durchsetzungsfähigkeit anderer Personen des Bezugssystems (*Macht*). d.h. ob sich andere, machtvolle Personen dafür einsetzen, dass die wiederholten Tätigkeiten als Rolle etabliert und der potentiellen Rolleninhaberin zugeschrieben werden, oder ob sich keiner für die potentielle Rolleninhaberin stark macht.

Das Bezugssystem wägt nach den o.g. Kriterien ab und wird bei positiver Entscheidung die Rolle des Koordinators akzeptieren. Hierbei handelt es sich **nicht** um einen expliziten Hergang „*wir setzen uns jetzt gemeinsam an den Tisch und entscheiden, ob die wiederholten beobachteten Tätigkeiten eine Rolle sind*". Vielmehr wird dies in gruppendynamischen interaktiven Aushandlungsprozessen eher implizit geschehen. Jedoch können Rollenzuweisungen des Bezugssystems, Rollenübernahme und Rollenakzeptanz der Rolleninhaberin auch explizit vollzogen werden. „*Das dauert mir alles zu lange, so sitzen wir noch morgen hier. In nehme das (die Moderation) jetzt mal in die Hand.*" Wenn ein Chef diese Aussage bei einer Teamsitzung tätigt, wird er vermutlich diese Rolle bekommen. Eine Person, die dafür bekannt ist, schlecht zu moderieren, möglicherweise nicht.

Neben dem Kriterium der wiederholten Handlungen und der sozialen Beziehungen ist auch das Kriterium des **idealisierten Meta-Rollenbildes** entscheidend. Das Meta-Rollenbild bezeichnet das Bild einer Rolle und wie die Rolle in idealer, optimaler Form ausgefüllt werden sollte. Das Meta-Rollenbild einer guten und schlechten Rolle ist sozial-(re)konstruierte Wirklichkeit. Eine gute Rolle ist objektiv nicht vorhanden. Es ist ein gesellschaftlicher Aushandlungsprozess, der kulturabhängig ist. Dennoch werden alltagssprachlich das Bild eines „guten Vaters" und das Bild einer „guten Chefin" verobjektiviert dargestellt. In Abgrenzung zum idealisierten Meta-Rollenbild gibt es die Rollen-Selbstbilder, d.h. wie sich eine Person in einer Rolle selbst wahrnimmt und Rollen-Fremdbilder, d.h. wie das Bezugssystem die Rolle, die einer Person ausfüllt, wahrnimmt.

Die Bezugsgruppe wägt schließlich ab, ob die Person dem Meta-Rollenbild, in dem Fall „gute Koordinatorin" entspricht und angemessen erfüllen wird.

Anders als bei informell-erworbenen Rollen, ist die Entwicklung oder der Übergang von Tätigkeiten bzw. Eigenschaften zu **formalen Rollen**. Eine Tätigkeit oder Eigenschaft einer Person wird zu einer formal erworbenen Rolle der Person, wenn ein Vertrag eingegangen bzw. abgeschlossen wird.

Eine ältere Frau oder ein älterer Mann werden aufgrund der Eigenschaft „alt zu sein" in die Rolle Ältestenrat-Mitglied aufgenommen. Das Bezugsystem „Ältestenrat" entscheidet, dass die beiden die Rolle „Mitglied" bekommen können, weil sie neben ihren biologisch-sozialen Rollen „alt", sich auch mit viel Wissen auszeichnen. Durch eine formale Aufnahme in den Rat werden sie in die Mitgliedschaft der Organisation aufgenommen. In der Regel werden solche Mitgliedschaften in Organisationen oder Vereine durch eine Art *Mitgliedschaftsvertrag* fixiert.

Ein Vater, der sich aktiv für die Schule einsetzt, in die seine Tochter zur Schule geht, erhält die formale Rolle des Eltern-Schulsprechers, weil er von den Bezugsrollen formal gewählt wurde.

Eine Person wird Studierender, wenn er sich eingeschrieben hat. Die Rolle „Studierende/r" ist zunächst eine formal erworbene Rolle. Ein Student wird formal zum Diplom-Prüfling, wenn er sich dazu beim Prüfungsamt angemeldet hat.

Mit neu-erworbenen Rollen geht jedoch nicht einher, dass die Person sich automatisch rollengemäß und erwartungskonform verhält. Rollenübernahme und Rollenausübung (Role-Making) sind Lernprozesse. Es wird festgehalten, dass Verhaltens- bzw. Kommunikationsmuster nicht per se zu einer Rolle werden, sondern dass die **Rollen-Werdung** systemrelativ ist. Daher kann man nicht per se davon sprechen, ob eine Person, die eine bestimmte Eigenschaft hat, bspw. stottert, auch in der Rolle des „Stotterers" ist. Dies hängt von oben genannten Kriterien ab.

In diesem Abschnitt wurde geklärt, was formale und informelle Rollen sind, welche Dimensionen sie beinhalten und wie Rollen übernommen und zugewiesen werden. Im nächsten Abschnitt wird auf die Unterstützung von Rollen und deren Rollenentwicklung eingegangen, bevor in Kapitel 4 der Wissensaustausch in Organisationen erläutert wird.

3.5. Aktivierung des Rollen-Veränderungspotentials in Organisationen

Soziotechnische Systeme (bspw. Organisationen) reproduzieren sich vor allem über Rollen. Kommunikation ist als Basiselement identifiziert worden und immer wiederkehrende Kommunikationsmuster werden in Form von Rollen sichtbar. Bereits herausgebildete Rollen sind somit die sozialen Strukturen soziotechnischer Systeme. Anhand der Rollen kann beispielsweise die Struktur der Universität transparent gemacht werden. Dabei sind in Organisationen zunächst formale Rollen zu betrachten. Diese gehen einher mit den Funktionen, Zielen und Aufgaben, die erfüllt und ausgeführt werden sollen.

Neben den formalen Strukturen bilden sich informelle Strukturen heraus. Den Studien von Brown & Duguid (1991, S. 43f. bei Xerox) als auch Henschel (2001, S. 234 ff. bei Anderson Consulting) zufolge ist es für Organisationen sogar von Vorteil, wenn die Bildung solch abteilungsübergreifender informeller Kommunikation unterstützt wird. Wenn sich informelle Strukturen ausweiten, kann im optimalen Fall von Community-Entstehung gesprochen werden. Communities fördern die Leistungsfähigkeit der gesamten Organisation (vgl. Kapitel 5).

In der vorliegenden Arbeit wird unter Veränderungspotential von Rollen verstanden, dass sich bestehende Rollen ändern und neue Rollen entstehen (können), um einen gemeinsamen Wissensaustausch und die Kooperation zu fördern bzw. positiv zu beeinflussen. Dies wird in der vorliegenden Arbeit insbesondere anhand der Kultivierung einer Community und ihrer informellen Kommunikation empirisch untersucht (vgl. Kapitel 6.1 und 7).

Die Dimensionen der Aktivierung des **Rollenveränderungspotentials** und die Rollen-Entwicklung sind angelehnt an die oben genannte Rollendefinition. Folgende vier Dimensionen können demnach unterschieden werden:

(1) Positionierung im sozialen System: Mit der Untersuchung der Positionierung wird das Verhältnis zu anderen Rollen im System geklärt, bspw. Trennung von offiziell formalen und inoffiziell informellen Haupt- und Nebenrollen.

(Möglicherweise geht damit auch die Klärung von Machtverhältnissen einher.[58])

(2) Aufgabenklärung (Funktionsklärung): Es sind die Aufgaben, die der Rolle zugewiesen sind oder die übernommen wurden, zu untersuchen. Dabei ist auch zu klären, welche Aufgaben die Rolle aus Sicht der Bezugsgruppe zu erfüllen hat.

(3) Klärung der Rollen-Erwartungen (Rollenselbst- und Rollenfremdbild): Es ist zu untersuche, welche Erwartungen die Bezugsrolleninhaber/innen an die Rolle haben (Rollenfremdbild) und welche Erwartungen die Rollenträger/innen an die eingenommene Rolle selbst stellen (Rollenselbstbild).

(4) Soziale bzw. soziotechnische Interaktionsbeziehungen (Kooperation, Koordination): Hierbei ist die Interaktion zwischen den Rolleninhabern/innen zu untersuchen, bspw. ob und wie sie kooperieren und sich koordinieren (vgl. Malone & Crowston 1990). Dazu gehört auch die Aushandlung der Verhaltenserwartungen und wie diese Erwartungen, d.h. auf welchem Wege, kommuniziert werden, bspw. formal und/oder informell.

Neben den vier Dimensionen sind des Weiteren die Rollen-Mechanismen zu untersuchen, d.h. die Art und Weise wie Personen Rollen einnehmen, wie Rollen zugewiesen und übernommen werden, wie Rollen gewechselt werden und wie mit Rollen-Konflikten umgegangen wird (vgl. Rollen-Mechanismen Kap. 3.3). Ebenso ist die Neugestaltung von bestehenden Rollen als auch die Etablierung neuer Rollen als Veränderungspotential zu betrachten.

Hierbei muss bedacht werden, dass Rollen systemrelativ sind, interaktiv ausgestaltet werden und nicht top-down erzeugt werden können. Nur Positionen in Organisationen können erzeugt werden, aber nicht die Rolle, die in sozialer Interaktion mit den Bezugsrolleninhabern/innen direkt oder indirekt, explizit oder implizit ausgehandelt wird. Die Kultivierung eines rollenübergreifenden Wissensaustauschs (vgl. Kapitel 4) ist daher nur in Partizipation mit den beteiligten Rolleninhabern/innen möglich.

Zusammenfassend ist festzuhalten, dass die soziale Rolle in den Sozialwissenschaften als Konstrukt aufgefasst, welches die Summe von Verhaltenserwartungen

---

[58] Die vorliegende Arbeit hat sich mit dem Machtaspekt nicht empirisch auseinandergesetzt. In den Fällen, in denen ich mich auf Macht beziehe, liegt folgende Definition zugrunde: Macht ist *„jede Chance innerhalb einer sozialen Beziehung den eigenen Willen auch gegen Widerstreben durchzusetzen, gleichviel worauf diese Chance beruht"* (Weber 1981, S. 89).

beschreibt. Die Rolle erklärt, warum Mitglieder einer Gesellschaft ähnliche Vorstellungen davon haben, was einen guten Vater, eine gute Professorin, eine/n gute/n Studienfachberater/in etc. ausmacht und welche Rechte und Pflichten mit der sozialen Rolle verbunden sind. Diese Vorstellungen und Werte sind kultur- und gesellschaftsabhängig und somit unterschiedlich. Auf diese Weise werden Werte, Normen, Rechte und Pflichten, unabhängig von konkreten Personen, die die Rollen ausfüllen und übernehmen, über Generationen hinweg aufrechterhalten. Bspw. kann die Organisation der Universität seit vielen Jahrzehnten existieren, ohne große strukturelle Veränderungen in Kauf nehmen zu müssen oder bei einem Generationswechsel die Organisation „neu erfinden" zu müssen. Werden die Verhaltenserwartungen von Rolleninhaber/innen nicht eingehalten, besteht die Möglichkeit der Sanktionierung durch die Bezugsgruppe, um die Rolleninhaber/innen wieder auf den „rechten" Weg zurückzuführen.

In der vorliegenden Arbeit wird das Konstrukt der sozialen Rolle genutzt und eine Rollenanalyse durchgeführt, die auf den vier Dimensionen der Rollendefinition und den Rollenmechanismen basieren. Aus diesem Blickfeld wird untersucht, wie die Wissensaustauschprozesse zur Studienorganisation an der Universität ablaufen. Dazu wurde ein Fachbereich genauer beobachtet und fachbereichsübergreifende als auch universitätsübergreifende ergänzende Interviews durchgeführt. Der Gegenstand der empirischen Untersuchung wird in Kapitel 6 und die Ergebnisse werden in Kapitel 7 erläutert. Zunächst erfolgt die Darstellung der Konzeptionen zu Wissensaustauschprozessen und Wissensmanagement.

4. Wissensaustauschprozesse und Wissensmanagement

Im folgenden Kapitel werden die Begriffe Wissensaustausch und Wissensaustauschprozesse erläutert. Hierzu werden zunächst die Begriffe Wissen und Wissensmanagement erläutert.

Die Arbeit hat im Allgemeinen den Forschungsgegenstand der *soziotechnischen* Systeme – und im Besonderen den soziotechnischen Wissensaustausch – im Blick, die aus einer Einheit sozialer und technischer Systeme bestehen. Der Begriff soziotechnisch verweist unter anderem auf die räumliche Anordnung der Akteure, *wo* (an welchem Ort) sie ihr Wissen austauschen können: Zum einen sind es face-to-face Situationen, in denen sich die Akteure gegenüberstehen, zum anderen sind es auch Situationen, in denen im virtuellen Raum bzw. online kommuniziert wird.[59] Das bekannteste und eingängigste soziotechnische System ist vermutlich das Auktionshaus „Ebay". Auktionen können dort nur im Internet durchgeführt werden. Die gesamte Kommunikation von Anbietern und Bietern findet online statt. Ebay existiert nur, weil sich Menschen im Internet treffen und dort Warenhandel betreiben. Einzig der Versand der ersteigerten Waren wird konventionell per Post durchgeführt.

Wie bereits in Kapitel 2.2.1 erwähnt, bestehen Organisationen vor allem aus der Kommunikation von Entscheidungen. Das typische für soziotechnische Wissensaustauschsysteme ist demnach die Kommunikation von Wissen. Zum Verständnis wird der Begriff des Wissens im Folgenden näher betrachtet.

4.1. Daten, Informationen, Wissen

Um den Begriff Wissen zu erklären, ist es sinnvoll diesen von den Begriffen Information und Daten abzugrenzen.

Daten sind elektronisch verarbeitete Zeichenträger (Herrmann & Kienle 2004b, S. 59), denen eine Bedeutung zugeordnet ist (Nöth 2000, S. 137). Die Bedeutung wurde bzw. wird in gesellschaftlicher, sozialer Interaktion ausgehandelt und ist somit Veränderungen unterworfen. Beispiele für Daten sind die elektronisch verar-

---

[59] In der Literatur wird dies auch als „blended learning" bezeichnet. „Unter Blended Learning (integriertes Lernen) versteht man die Kombination von eLearning mit klassischen Lernmethoden [z.B. Präsenzveranstaltungen], um die Vorteile beider Welten zu nutzen und Synergieeffekte zu schaffen" (http://www.wissensplanet.com/wissensplanet/channel/90663/ vgl. Volkmer 2002).

beiteten Zeichenträger *Baum* oder *cut*. Der Begriff Baum ist ein Zeichenträger für etwas (Bezeichnetes), das grün ist und viele Blätter hat, also für das, was bezeichnet wird (Bezeichnendem). Neben elektronisch verarbeiteten Zeichenträger gibt es auch nicht-elektronisch verarbeitete Zeichenträger wie bspw. Körperhaltungen, Mimiken und Schallschwingungen, die als nicht-elektronisch verarbeitenden Daten wahrgenommen werden.

Daten existieren unabhängig von Personen. Wenn ein Datum oder mehrere Daten von sozialen Systemen Beachtung finden, kontextualisiert, interpretiert und in einem bestimmten Sinne verstanden werden, dann sind Informationen entstanden. *„Aus Daten werden Informationen durch Einbindung in einen ersten Kontext von Relevanzen, die für ein bestimmtes System gelten"* (Willke 2001, S. 8). Das bedeutet, dass Daten unterschiedlich interpretiert und daher zu *„systemrelativen"* Information generiert werden. Das Datum *cut* bspw. interpretieren einige als einen englischen Begriff, der *Schnitt* bedeutet, wiederum andere interpretieren es als ein Friseur-Angebot zum Haare schneiden, und weitere Betrachter assoziieren die Abkürzung der Konferenz Communities und Technologien.

Wissen dagegen ist mehr als eine reine Anhäufung von Informationen. Erst durch die Vernetzung von Informationen in den (Erfahrungs-)Kontext einer Person kann sie neues Wissen generieren. Wissen kann dann als *„die Verknüpfung von Informationen, die eine Person zum Handeln einsetzt"*, definiert werden (vgl. Herrmann et al. 2001, S. 14). Das Wissen ist demzufolge an die Betrachter/innen gebunden und somit kein passiver Zustand, sondern eine Aktivität, die immer nur durch ihren Vollzug zu sich selber kommt (Luhmann 1998, S. 325). Demnach ist Wissen ein aktiver, geordneter Zugriff auf Information. Wehner & Dick definieren Wissen als ein *„an Daten und Informationen orientiertes, letztlich erfahrungsbezogenes und damit überprüfbares Modell über imaginierte, antizipierte oder bereits partiell bestätigte Wirklichkeit; Wissen ist damit die Integration von handelnd erworbener Erfahrung über Bedeutungs- und Sinngebung"* (Wehner & Dick 2001, S. 97).

Wissen wird in implizitem und explizitem Wissen unterschieden. Der Unterschied zwischen implizitem, verborgenem (*„tacit"*) und explizitem Wissen – Wissen welches formuliert, ausgedrückt bzw. dokumentiert werden kann – ist auf Polanyi (1966, S. 4 *„we can know more than we can tell"*) zurück zu führen. Nonaka (1991) und Nonaka & Takeuchi (1995, S. 62) haben es weiter verbreitet.

76

Dabei kommt es ihnen vor allem darauf an, die Übergänge zwischen implizitem und explizitem Wissen zu gestalten.[60] Implizites Wissen, also *„Wissen in den Köpfen der Menschen"*, kann ggf. explizit gemacht werden, aber nicht jedes implizite Wissen ist explizierbar. Bspw. ist das Wissen zur Verschriftlichung von Forschungsergebnissen in praxistaugliche Texte oder das Erlernen des Habitus[61] an einem Fachbereich einer Universität nicht vollständig zu explizieren. Ggf. sind Hinweise möglich, die explizierbar sind und die der Person helfen können. Die Person lernt vor allem durch Ausprobieren, Beobachtung und Nachahmung. Nonaka & Takeuchi (1997, S. 75) nennen diese Form des Wissensaustauschs *Sozialisationsprozess*. Der Prozess betont den Transfer von implizitem Wissen einer Person zu implizitem Wissen einer anderen Person.

Solches Wissen, welches vom Wissensvermittler expliziert werden kann, steht dem Wissensaneigner zunächst nur als Information zur Verfügung. Der Wissensvermittler kann eine Information systemrelativ aufnehmen und ihm seine Bedeutung zuteilen. Erst wenn er aus den kontextualisierten Informationen lernen und diese für seine Handlungen einsetzen kann, wird er neues Wissen generieren. Ein Wissensaustauschprozess ist demnach eine spezielle Art von Kommunikation. Der Unterschied zwischen explizierbaren und nicht-explizierbarem implizitem Wissen als kommunikativer und nicht-kommunikativer Akt wird in Kap. 4.3 näher betrachtet.

Wissensaustauschprozesse werden in der Regel als Lernprozesse verstanden. Beispielsweise wird in der CSCL[62]-Literatur der Begriff des Lernens oftmals gleichgesetzt mit dem oben genannten Übergang von Informationen zu Wissen. Allerdings muss dabei beachtet werden, dass es unterschiedliche Lernbegriffe gibt. So verwenden die Lerntheorien, wie z.B. die behavioristische, die kognitiven und die konstruktivistische Lerntheorien unterschiedliche Lernbegriffe. Lernen ist nach dem Behaviorismus auf *beobachtbares Verhalten* bezogen und meint dass ein bestimmter Reiz immer ein ähnliches Verhaltensschema auslöst. Man hat gelernt auf einen Reiz zu reagieren. In diesem Ansatz wird Lernen auf Verhalten reduziert, welches operativ ausführbar und beobachtbar ist. Die kognitiven Lernansätze beziehen den

---

[60] Eine weitere Differenzierung bezieht sich bspw. auf die Art des Wissens: Es wird unterschieden zwischen prozeduralem (Verfahrenswissen, know-how) und deklarativem Wissen (Faktenwissen, know-what) (vgl. Eck 1997, S. 159).

[61] Habitus bezeichnet hier die Summe der Denkstile und Handlungsmuster.

[62] CSCL ist die Abkürzung für *computer support collaborative learning* und bezeichnet computergestützten Lernens. Bekannteste Konferenz ist die gleichnamige CSCL-Konferenz.

Lernbegriff auf das mentale kognitive System. Sie definieren Lernen als einen Mechanismus, mit dessen Hilfe etwas im kognitiven System dauerhaft verankert wird (vgl. Schmid 1991, S. 110). Im Unterschied zu den verhaltenstheoretischen Ansätzen beziehen die kognitiven Ansätze auch das nicht-offene, nicht-beobachtbare Verhalten in den Lernbegriff mit ein. Vertreter der konstruktivistischen Lerntheorie verstehen unter Lernen den Prozess der Aneignung von Verhaltensformen und Wissensbeständen vor dem Hintergrund, dass die Wirklichkeit (gesellschaftlich) konstruiert ist (vgl. Berger & Luckmann 1980, S. 3). Die Aneignung von Wissen ist demnach ein Konstruktionsprozess.

In dieser Arbeit wird, angelehnt an Willke (2001, S. 39), **Lernen als Prozess und Wissen als Ergebnis** dessen verstanden. Bereits erlerntes Wissen kann dann als Basis für den Beginn für einen neuen Lernprozess dienen. Wissen ist demnach auch die Voraussetzung für weiteres Lernen. Die Unterscheidung zwischen Wissen und Lernen wird deutlich an der dauerhaften Änderung des inneren (Erfahrungs-) Kontextes einer Person (*„dauerhafte Relevanz"*, Herrmann & Kienle 2004b, S. 59).

Beispiel: Eine Studierende erhält in einer Erstsemester-Veranstaltung eine Menge neuer Informationen zur Studienplanung, z.B. wie ein Semesterplan aufgestellt wird. Sie wird diese Informationen in ihren bereits vorhandenen inneren Kontext (kognitives System) einbetten. D.h. sie stellt sich vor, dass sie nach der Veranstaltung ihren auf sich zugeschnittenen Semesterplan organisieren kann. Sie hat also das Wissen, es zu tun. Gelernt hat sie es, wenn sie dieses neue Wissen nutzt, um das Semester nun tatsächlich zu organisieren.

Auch Kienle bezeichnet den Übergang von Informationen zu Wissen als Lernvorgang (Kienle 2003, S. 41 ff. und 68). Allerdings werden nicht alle Informationen zu Wissen umgewandelt. Es gibt flüchtige Informationen, die *„sofort nach Gebrauch nicht mehr relevant sind"* (Herrmann & Kienle 2004b, S. 59). Die Einbettung von relevanten nicht-flüchtigen Informationen in den inneren Kontext einer Person ist Teil des Wissensaustauschprozesses. Dabei ist vor allem die von Luhmann bezeichnete dritte Selektionsleistung *Verstehen* von Bedeutung (siehe dazu 2.3.1.). Erst das Verstehen, die Einbindung von Informationen in einen Kontext, ermöglicht den Lernprozess. Und etwas Gelerntes kann wiederum Auslöser dafür sein, sich neues Wissen anzueignen. Wissen und Lernen bilden demnach einen Kreislauf. Aus dieser Sicht ist Wissen eine Voraussetzung für den Lernprozess und am Ende eines Lernprozesses steht wieder neues Wissen.

78

Es sei darauf hingewiesen, dass diese Arbeit nicht den Lernprozess betrachtet und was im Lernprozess geschieht. Dieser Blick würde eher die individuell psychologische Betrachtung fokussieren. Vielmehr wird der Blick auf den sozialen bzw. soziotechnischen Wissensaustausch und die zugrunde liegenden Kommunikationsprozesse gelenkt. Wie eigenen sich Akteure, die in Rollen stecken, Wissen an und wie wird es von anderen Rollen vermittelt? Insofern untersucht diese Arbeit die **sozialen Prozesse der Wissensvermittlung und -aneignung**.

4.2. Wissensmanagement

Um Wissensaustausch und seine Prozesse zu erläutern, wird zunächst ein Exkurs zum Wissensmanagement gemacht, um dies miteinander in Beziehung setzen zu können.

Wenn in dieser Arbeit von soziotechnischen Wissensaustauschprozessen und Wissensmanagement die Rede ist, dann wird nicht die rein technische Umsetzung bzw. Unterstützung verstanden. Technische Wissensmanagementsysteme sind beispielsweise BSCW[63], Livelink[64] und Lotus Notes/Domino[65]. Eine ausführliche Beschreibung zu Wissensmanagementsystemen und -konzepten befindet z.b. bei Kienle (2003) und Lehner (2000). Diese Arbeit verfolgt auch keine rein soziologische oder organisationspsychologische Sicht, in der es lediglich darum geht Wissen organisierbar zu machen. Vielmehr wird Wissensmanagement als eine Verflechtung zwischen organisatorischen Strukturen und technischen Komponenten betrachtet. Es ist ein so genanntes soziotechnisches System (vgl. Kapitel 2). Akteure und Technik sind miteinander vernetzt, sozusagen als eine Einheit miteinander verwoben. Sie bedingen sich gegenseitig und sind wechselseitig voneinander abhängig. Lehner formuliert einen integrativen Zusammenhang zwischen Mensch, Organisation, Technik und Prozesse (vgl. Lehner 2000, S. 233). Dieser Ansatz wird auch hier vertreten.

Vereinfacht kann Wissensmanagement (WM) verstanden werden als die „*Gesamtheit aller Planungen und Maßnahmen, mit Hilfe derer das Wissen und die Erfahrung einzelner Akteure gesammelt, miteinander verbunden und fortentwickelt*

---

[63] BSCW ist die Abkürzung für Basic Support für Cooperative Work. Es ist vom GMD-FIT Bonn entwickelt worden.
[64] Livelink ist ein Produkt des kanadischen börsendotierten Unternehmens Opentext.
[65] Lotus Notes ist eine Kooperationsplattform, die das Unternehmen IBM entwickelt hat.

werden sollen" (Herrmann 2001, S. 7). Wissensmanagement ist die Organisierung der Verknüpfung von strukturierter Dokumentenablage bzw. Dokumentenaustauschs im technischen System und den sozialen Prozessen der Kommunikation, Kooperation und Koordination. Im Sinne einer soziotechnischen Verflechtung kann von soziotechnischen Wissensmanagementsystemen dann gesprochen werden, wenn sie eine Einheit aus sozialen und technischen Systemen bilden (zum Begriff soziotechnisch vgl. Kapitel 2.2).

Die Wissens-Organisierung wird in der Regel als Zyklus von Aktivitäten geplant (vgl. Probst et al. 1998)[66] und beinhaltet mehrere Wissensbausteine, beispielsweise „Wissen suchen und finden", „Wissen strukturieren und ablegen" sowie „Wissen kommunizieren und Wissen darstellen". Hierbei kommt der technischen Komponente eine erhebliche Bedeutung zu. Sie unterstützt die einzelnen Wissensbausteine. Abbildung 4 verdeutlicht es grafisch.

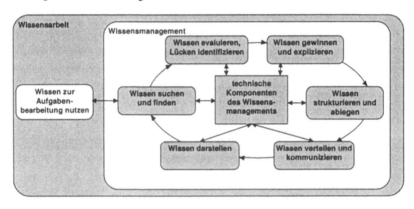

Abb. 4: Wissensbausteine, Herrmannscher Wissensmanagement-Zyklus[67]

Der Wissenszyklus, wie er in Abb. 4a dargestellt ist, beinhaltet vor allem die zugrunde liegenden Aktivitäten und Handlungen, die im Wissenskreislauf anfallen (bspw. Wissen evaluieren, Lücken identifizieren, Wissen strukturieren, darstellen und finden). Bei solchen Wissenszyklen wird allerdings unterstellt, dass das Wissen

---

[66] Abwandlungen der Zyklen bestehen entweder in der Anordnung oder Benennung der Aktivitäten, oder in der Aufteilung verschiedener „Ebenen": Probst et al. (1998) bspw. unterscheiden zwischen strategischem und operativem Wissensmanagement.
[67] Vgl. Herrmann et al. (2001)

tatsächlich von den jeweiligen Personen, „von ihren Köpfen abgetrennt werden" und unabhängig von Personen in technischen Systemen gelagert werden könnte.

Wissensmanagement bzw. Wissensmanagementsysteme sind in der Regel in Organisationen verankert. Dem Konzept liegt oftmals ein Verständnis von Management zugrunde, welches nach dem o.g. Zyklus organisiert wird. Hierbei geht es um solches Wissen, welches primär zur Aufgabenbearbeitung genutzt werden kann. Daher handelt es sich in der Regel um solches Wissen, dass zur Bearbeitung von formalen Arbeitsprozessen benötigt wird, die eine formale Organisationsrolle zu erfüllen hat. Wissensmanagement bezieht sich demnach auf das Management von Wissen zu formalen Arbeitsprozessen von Akteuren in bestimmten Rollen, die zur eigenen Aufgabenbearbeitung das Wissen Anderer benötigen und darauf zugreifen.

Wissensaustausch ist der **soziale Prozess**, der tagtäglich in Organisationen stattfindet, und **der mittels Wissensmanagement organisiert** bzw. verbessert werden soll (bspw. Wissensmanagement an einer Universität zur Studienplanung und -durchführung).

Jedoch findet Wissensaustausch in **formaler und informeller Kommunikation** statt, d.h. ein informeller Wissensaustausch grenzt sich vom o.g. Wissensmanagement des Wissens zu formalen Arbeitsprozessen dadurch ab, dass er in sozialen oder soziotechnischen informellen Beziehungen, bspw. in der Teeküche, im Gespräch in der Pause, auf dem Flur, im Chatraum etc., vollzogen wird, die zunächst nicht primär der Aufgabenbearbeitung dienen. Der informelle Wissensaustausch bezeichnet die eher informell geprägte Kommunikation, die insbesondere die Funktion hat, soziale Beziehungen zu anderen Akteuren aufzubauen, soziales Kapital zu erzeugen und implizites Wissen transferierbar zu machen. Beim Management von Wissen und den Wissenssaustauschprozessen sollte also auch die informelle Kommunikation berücksichtigt werden.

4.3. Wissensaustauschprozesse und Wissensfluss

Wie in Abschnitt 4.1 erwähnt wird Wissen definiert als eine Vernetzung von interpretierten kontextualisierten Informationen, das zum Handeln befähigt. Informationen werden je nach System spezifisch selektiert und sind somit systemrelativ. Nicht-flüchtige Informationen werden erst durch die Einbettung in den eigenen (inneren) Kontext einer Person zu dem Wissen der Person. Dieses Wissen ist zunächst implizites Wissen. Es kann ggf. explizit und ausgetauscht werden, in dem die Informationen an andere vermittelt und weitergereicht d.h. kommuniziert werden. Sobald der Wissensaneigner die Informationen in seinen eigenen inneren Kontext aufnimmt, ist Wissen ausgetauscht worden. Wissen wird also zunächst zur Information und erst wieder im Kontext einer anderen Person zu Wissen, wenn sie die Information dauerhaft aufnimmt. Dauerhaft bedeutet, dass das neu entstandene Wissen auch nach einer bestimmten Zeit wieder abrufbar ist und keine flüchtige Information ist.

In dieser Arbeit wird zwischen Wissensaustausch, welches nicht unbedingt ein kommunikativer Akt sein muss, und **Wissensaustausch als eine spezielle Art der Kommunikation** unterschieden. Hierbei ist auch die Differenzierung zwischen explizierbarem und nicht-explizierbarem Wissen wesentlich.

Nicht-explizierbares implizites Wissen kann ausgetauscht werden, auch wenn es kein kommunikativer Akt ist. Ein Beispiel ist das Lernen durch Beobachtung und Nachahmung. Dies ist dann keine Kommunikation, wenn der Beobachtende nicht weiß und sich nicht bewusst ist, dass er beobachtet wird. An der Universität bspw. ahmen Studierenden anderen Studierenden nach, wie sie ihr Studium organisieren, planen und durchführen. Wenn derjenige Akteur weiß, dass er beobachtet wird, und bspw. seinen Gegenüber explizit auffordert, von ihm durch Vorführen und Nachahmung zu lernen (bspw. Meister-Lehrling-Situation), dann ist diese Art der Wissensvermittlung eine (teils non-verbale) Kommunikation. Möglicherweise kann der Vormacher (Wissensvermittler) seinem Gegenüber (Wissensaneigner) sein Wissen verbal nicht erklären und bedient sich deshalb zusätzlich der non-verbalen Kommunikation. Ein Beispiel ist beim Autofahren, das richtige Verhältnis zwischen Gas und Kupplung, den richtigen Laufstil für ein effektives Marathontraining oder für eine Klausur-Prüfung mit Inhalten über eine drei Semester stattfindende Vorlesung zu lernen.

Wissensaustauschprozesse beinhalten demnach die Prozesse der Wissensvermittlung und der Wissensaneignung. Abgewandelt nach Nonaka & Takeuchi wird der Vorgang der Wissensaustauschprozesse erklärt. Sie unterscheiden vier Formen des Wissensaustauschs in Organisationen (Nonaka & Takeuchi 1997, S. 74 ff.). Die erste Form des Wissensaustauschs, der *„Sozialisationsprozess"*, wurde bereits weiter oben genannt. Die anderen drei Formen sind *„Externalisierung, Internalisierung und Kombination"* (Nonaka & Takeuchi 1997, S. 77 ff.), und sie werden im Folgenden anhand des Wissensaustauschprozesses erklärt.

Teil 1 - Wissensvermittlung: Falls das Wissen explizierbar ist, wird das Wissen des Wissensvermittlers herab gebrochen und als Information externalisiert[68]. Diese Phase nennen Nonaka und Takeuchi *„Externalisierung"* (1997, S. 77 f.). Das bedeutet, dass das implizite Wissen zu expliziten Wissens transformiert wurde, z.b. durch Erfahrungsberichte, Präsentation mit Folien, grafische Modelle etc. Der Wissensvermittler hat Wissen zum Thema x und muss es auf eine bestimmte Informationsdarstellung selektieren und vermitteln. Dies erfolgt durch mündliche oder schriftliche Mitteilungen (Texte, Bilder etc.). Falls das Wissen nicht explizierbar ist, ist es möglich, dass der Wissensvermittler sein Wissen vorführen kann. Diese verbalen und non-verbalen Vorführungen sind für den Wissensaneigner aneigbare und beobachtbare Informationen und kein Wissen.

Teil 2 - Wissensaneignung: Der Wissensaneigner muss die expliziten oder beobachtbaren Informationen in seinem (Erfahrungs-)Kontext ergänzen, so dass er für sich neues Wissen erzeugt[69]. Diese Phase wird *„Internalisierung"* genannt (Nonaka & Takeuchi 1997, S. 82 f.). Für den Wissensaneigner entsteht neues Wissen, wenn er die Informationen in seinen inneren (Erfahrungs-)Kontext dauerhaft aufnimmt.

Ähnlich wie bei einem Kommunikationsakt, bei dem die Gesprächspartner zwischen der mitteilenden und aufnehmenden Rolle relativ kurzfristig hin und her wechseln (bspw. beim Dialog, bei einem Vortrag, der Zwischenfragen zulässt, etc.), ist auch in einem Wissensaustauschprozess in Abhängigkeit von der Situation ein eher kurzfristiges Rollenwechselspiel zu beobachten. In Übungsgruppen lernen Studierende schnell voneinander, sie wechseln untereinander relativ häufig zwischen Wissensvermittler und Wissensaneigner. Dagegen sind Studierende im Kontext der Studienorganisation in der Regel fast immer in der Rolle des Wissensaneigners und die Studienberatung, das Prüfungsamt oder Studierendensekretariat fast immer in der Rolle des Wissensvermittlers.

Einem Wissensaustauschprozess liegt wie auch dem Kommunikationsprozess eine mehrfache Selektionsleistung zugrunde. Bei kontingenten, sozialen und soziotechnischen Systemen verringert sich die Wahrscheinlichkeit, dass die Kommunikation funktioniert. Selbst bei einer face-to-face-Diskussion, bleibt unklar, ob die Beteiligten die gleichen Begriffe auch gleich verstehen.

---

[68] Externalisierung bezeichnet etwas nach Außen zu stellen.
[69] Dies wird auch als Lernprozess bezeichnet.

Ob Wissensaustausch gelingt oder nicht ist wie bei allen anderen Kommunikations-prozessen eher ungewiss und *„unwahrscheinlich"* (vgl. Luhmann 1999, S. 56 f.).[70]

Werden beide, die Wissensvermittlung und Wissensaneignung, mittels Medien wie Dokumente, Computer und anderen Kommunikationsmittel unterstützt, sprechen Nonaka & Takeuchi (1997) von *„Kombination"*, d.h. explizite Informationen in einem bestimmten Kontext wird sogleich wieder zu expliziten Information in einem anderen Kontext, da das Wissen direkt dokumentiert weitervermittelt wird. Ein Beispiel sind Online-Diskussionen im Internet (Webforen und WIKI-Webseiten[71]). Sie fördern diese Art des Wissensaustauschs.

Ein Wissensaustausch besteht einerseits aus den Aktivitäten des Wissensvermittlers – dies beinhaltet die Wissensselektion und die Wissensexplizierung auf Informatio-nen –, andererseits aus den Aktivitäten des Wissensaneigners, der systemrelative Informationen aufnimmt und diese in seinen (Erfahrungs-)Kontext einbettet. Dem Wissensaustausch liegen demnach mehrere Aktivitäten zugrunde, die als Prozess zusammengefasst werden können. Daher werden die Begriffe Wissensaustausch und Wissensaustauschprozess in der vorliegenden Arbeit synonym verwendet. Ein rollenübergreifender Wissensaustausch(prozess) bezeichnet dann die Vermittlung und Aneignung von Wissen von Akteuren in verschiedenen Rollen.

Ein Wissensaustauschprozess kann durch unterschiedliche Faktoren **unterbrochen oder blockiert** werden: Der Wissensvermittler expliziert teils oder vollständig falsche Informationen oder er gibt keine Informationen preis. Der Wissensaneigner nimmt die falschen Informationen auf, interpretiert die richtigen Informationen falsch oder nimmt keine Informationen wahr und nimmt keine Informationen auf.

Die Ergebnisse der empirischen Untersuchung (vgl. Kapitel 7.2) zeigen, dass die Wissensvermittler als auch die Wissensaneigner neben diesen Rollen gleichzeitig auch eine formale Organisationsrolle einnehmen. Diese ggf. verschiedenen Organisationsrollen beinhalten verschiedene Verhaltenserwartungen. Wenn die Erwartungen zwischen Rollenträger/innen und Bezugsrollen voneinander ab-

---

[70] Die Unwahrscheinlichkeit bezieht Luhmann auf die drei Selektionsleistungen von Kommunikation: Es ist unwahrscheinlich, dass einer versteht, was der andere meint. Es ist unwahrscheinlich, dass die Mitteilung den/die Empfänger erreicht. Und es ist unwahrscheinlich, dass die kommunikative Mitteilung vom Empfänger angenommen wird (Luhmann 1999, S. 56 f.).

[71] WKI-Webseiten sind Webseiten, auf die jede/r Nutzer/in direkt selber, ohne aufwendiges Login, Informationen einstellen kann (Art Content-Management-System). Die bekannteste in WIKI umgesetzte Webseite ist WIKIpedia, ein Online Lexikon: „www.wikipedia.de"

weichen, kann es bei der Wissensselektion, bei der Wissensexplizierung als auch bei der Informationsaufnahme zu Problemen kommen. Bspw. werden die falschen Informationen selektiert oder Informationen werden und erst gar nicht mitgeteilt, weil der Wissensvermittler erwartet, dass dem Wissensaneigner die Informationen bereits zur Verfügung stehen. Oder der Wissensaneigner interpretiert die explizierten Informationen des Wissensvermittlers falsch oder ignoriert die Informationen, bspw. weil er nicht erwartet als Multiplikatoren-Rolle für den Wissensaustausch wichtig zu sein. Der Wissensaustausch als auch der Wissensfluss wird unterbrochen bzw. blockiert.

In einem Wissensfluss (mehrere Wissensaustauschprozesse) ist zu beobachten, von wo nach wo das Wissen fließt, d.h. von welchen Rollenträgern/innen das Wissen vermittelt und von welchen anderen Rollenträgern/innen das Wissen über einen bestimmten andauernden Zeitverlauf angeeignet und wiederum weitergegeben wird. Ein Wissensaustausch befindet sich dann in einem Wissensfluss, wenn es sich nicht um einen einmaligen Wissensaustauschprozess handelt. Bspw. diskutieren Studierende die Aufgaben von Übungszettel in Online-Webforen (zur Inpud-Community vgl. Kapitel 6.1), die in den Präsenz-Vorlesungen verteilt wurden. In der empirischen Untersuchung zur Studienorganisation an einer Universität wird deutlich, dass zwei verschiedene Wissensflüsse zu beobachten sind. Ein Wissensfluss ist unter Studierenden untereinander und ein anderer Wissensfluss ist insbesondere zwischen Studienfachberatung und Prüfungsamt vorhanden (vgl. Kapitel 7.2).

Zusammenfassend ist festzuhalten, dass Wissensaustausch in der Regel eine bestimmte Art der Kommunikation in soziotechnischen Systemen ist. Ein soziotechnisches System ist das Beziehungsgeflecht von Kommunikationen und kontrollierenden Handlungen, die sich von einer Umwelt nicht-dazugehöriger Kommunikationen abgrenzen lassen und lediglich im System anschlussfähig sind. Die Abgrenzung erfolgt über das Sinnsystem. Die Leistung eines soziotechnischen Systems ist es, nicht-explizit vorhandenes Wissen mittels des technischen Systems explizit zu machen.

Um Wissensvermittlung und Wissensaneignung zu unterstützen und den Wissensaustausch zu fördern, ist der Einsatz technischer Systeme (Internet-Technologien) als auch die Einführung organisatorischer Maßnahmen notwendig. Ein Ansatz ist die Unterstützung von **Communities** (Wissensaustausch-Gemeinschaften).

Das Potential von Communities (vgl. Definition Kapitel 5) wird in ihrer Verbindung zu Wissensmanagement und in ihrer Verankerung in Organisationen gesehen (vgl. Stewart 1996; Wenger 1998; Wenger & Snyder 2000; Henschel 2001; Schmidt 2000). Dass Communities fruchtbare Bestandteile für Wissensaustauschprozesse in Organisationen sind, wird dabei nicht in Frage gestellt. Communities *"bridge the gap between their organization`s static canonical view and the challenge of changing practice"* (Brown & Duguid 1991, S. 50).

Die Ergebnisse der empirischen Untersuchung der vorliegenden Arbeit zum Wissensaustausch an einer Universität unter Einbeziehung der Analyse einer Community an einem Fachbereich deuten daraufhin, dass eine Community-Kultivierung den Mitgliedern hilft, Wissen durch den Aufbau sozialer Nähe zu anderen Mitgliedern zu generieren (vgl. Kapitel 7). Ein Erfolgsfaktor ist, dass an der Community solche Mitglieder teilnehmen, die verschiedene formale Organisationsrollen einnehmen. Hierdurch wird Wissen über und in mehreren Rollen verteilt kommuniziert und somit sichergestellt, dass die Informationen und Auskünfte richtig und qualitativ gehaltvoll sind. Dies kann als Mechanismus der Verifikation von Informationen bezeichnet werden.

Bevor die theoretische Konzeption einer Community in Kapitel 5 ausführlich erläutert werden, werden zunächst die Rollen beim Wissensaustausch und die Kooperations- und Koordinationsprozesse betrachtet.

4.3.1. Kooperation und Koordination

Kooperation bezeichnet die Zusammenarbeit mehrerer Akteure in verschiedenen Rollen, die die Erfüllung einer oder mehrere Aufgaben verfolgen. Diese Art der Arbeitsteilung ermöglicht es, die Aufgabe in verschiedene Sub-Aufgaben zu splitten und synchron oder asychron zu bearbeiten (vgl. Dillenbourg 1999, S. 11). Es ist nicht erforderlich, dass sich die Rolleninhaber/innen untereinander persönlich kennen.[72] Allerdings ist es erforderlich, dass sich die Akteure vertrauen (vgl. Fukuyama 1995, S. 27; vgl. Kapitel 5.3.3. zu Vertrauen). Das Aufsplitten kooperativer Aufgaben in unabhängige Teil-Aufgaben, die verschiedene Akteure

---

[72] Dies steht im Gegensatz zu Kollaboration (*„collaborative learning"*), bei der die Akteure eine Aufgabe *gemeinsam* lösen (Dillenbourg 1999, S. 11).

durchführen können, erfordert aber eine gewisse Koordination der Aufgaben, die die Akteure unabhängig von den anderen lösen bzw. bearbeiten können.

Die Kooperation verschiedener Akteure erfordert also eine gewisse Koordination (Abstimmung) der Arbeiten. „(Coordination is) *the act of managing interdependencies between activities performed to achieve a goal*" (Malone & Crowston 1990, S. 361). Nach Malone & Crowston besteht die Aufgabe von Koordination darin, die Abhängigkeiten zwischen Aktivitäten, Zielen und Akteuren zu organisieren. Dabei sind folgende drei Dimensionen zu berücksichtigen (vgl. Herrmann 2001, S. 45):

- Ablauforganisation: Wozu dient die Aufgabe, welches sind die Vorbedingungen der Aufgabe? Welche Aktivitäten/Aufgaben folgen auf eine Aufgabe?

- Aufbauorganisation: Welche Rolle führt welche Aufgaben aus? In welchem (hierarchischem) Verhältnis stehen die Rollen zueinander (Weisungsbefugnis, Vertretungsmöglichkeiten, Berichtswesen)?

- Ressourcen: Welche Ressourcen werden von den Rollen gemeinsam genutzt? Wie ist der Zugriff auf die Ressourcen zu regeln? Welche logischen Abhängigkeiten gibt es? D.h. welche auf ein (Unter-)Ziel orientierten Aufgaben können parallel erbracht werden, und welche bauen aufeinander auf?

Mit Hinsicht auf die empirische Studie der vorliegenden Arbeit (vgl. Kap. 6 und 7) ist erwähnenswert, dass Kooperation und Koordination zwei Faktoren sind, die bei der Kultivierung von Wissensaustauschprozessen in Organisationen zu berücksichtigen sind.

4.4. Rollen beim Wissensaustausch

Im Kontext von Wissensmanagement wird häufig die Bezeichnung der Wissensarbeit genutzt. In diesem Kontext wird auch von der Rolle des Wissensarbeiters gesprochen. Damit werden Akteure bezeichnet, die zur Aufgabenbearbeitung Wissen suchen bzw. brauchen, um ihre Aufgaben erfüllen und erledigen zu können (vgl. Hoffmann et al. 2001, S. 7).

Bereits 1974 führte Drucker die Rolle „*knowledge worker*" ein (vgl. Drucker 1974, S. 30; 170 ff.), die später von Davenport (1998, S. 109) sowie Nonaka & Takeuchi in abgewandelter Form übernommen wurde.

Bei der Schaffung von Wissen und im Prozess des Wissensaustauschs beschreiben Nonaka und Takeuchi (1995) die Rolle des *knowledge officers*", der auf der höheren Managementebene für die gesamte Organisation des Wissensaustauschprozesses innerhalb eines Unternehmens verantwortlich ist (Nonaka & Takeuchi 1995, S. 156). Daran angelehnt differenziert Thomas Davenport (1996) weitere Wissensrollen. Er führt die Bezeichnungen *Chief Knowledge Officer* (CKO)", *Chief Learning Officer* (CLO)" und *knowledge initiate manager*" (KIM) ein sowie einige weitere Rollen (vgl. Davenport 1996, S. 24 ff.). Millen & Muller (2001) untersuchten diese daraufhin, ob sie kategorisiert werden können und ob es allgemein anerkannte so genannte "universale" Rollen gibt. Sie konnten diese zu drei Rollen clustern: *mediator-authority, experts und user.*

Zwar sind alle diese neuen Rollenbezeichnungen und Rollen auf das Management von Wissensaustausch angelegt, jedoch führt die Einführung neuer Rollen-Bezeichnungen noch nicht automatisch dazu, dass die Akteure ihr Rollenverhalten auch tatsächlich ändern. *For example, if you claim to the title Chief Knowledge Officer in your organization, do you automatically own a critical corporate function and draw power and prestige from your title?*" (Murray, o. J., o. S.). Es darf nicht bei der Einführung neuer Rollen-Bezeichnungen belassen bleiben. Daher spricht Murray auch von formalen Job-Titeln, die nur leere Worthülsen sind, und nicht von Rollen. Welche Rollen tatsächlich für ein Wissensmanagement hilfreich sind, und wie ihr Veränderungspotential unterstützt werden kann, bleibt unbeantwortet.

Seit 2002 gibt es ein gefördertes BMBF-Projekt[73] zur Rolle des "Wissensmanagers" (Laufzeit bis 09/2005) beim Wissensmanagement in klein-/mittelständischen Unternehmen: *Dienstleitung Wissensmanager, der Dienstleistungsmanager im Netzwerk der Zukunft*". Das Forschungsinstitut für Rationalisierung (FIR) in Aachen untersucht allerdings nicht die Wissensmanager-Rolle, sondern versteht das Konzept als Dienstleistung. *Es ist daher sinnvoll, einen externen Dienstleister als neutrale Instanz mit einer derartigen Aufgabe zu betrauen. Im Rahmen dieser Dienstleistung müssen alle entscheidenden Leistungen des Wissensmanagements von der Konzeptions- über die Implementierungsphase bis hin zum Betrieb angeboten werden*" (Projekt-Kurzbeschreibung[74]). Erste Veröffentlichungen (bspw. Forzi et al. 2003) zeigen, dass es sich bei diesem Projekt um die Konzeption von Wissens-

---

[73] Bundesministerium für Bildung und Forschung
[74] Online verfügbar: "http://www.fir.rwth-aachen.de/cgi-bin/webdyn/extern.cgi?target=1_1_8_152"

management in verteilten Unternehmensnetzwerken handelt, welches Wissensmanagement als externe Dienstleistung und „neutrale Instanz" analysiert. Ein Projekt zu Rollen im Wissensmanagement steht daher noch aus.

1997 führte Rudy Ruggles eine Studie mit 431 Organisationen in den USA und Europa durch, die zeigte, dass die Etablierung von neuen „Wissensrollen" als „*Should Do*" von fast 30 % der Beteiligten eingeschätzt wird. Dies ist eins der drei wichtigsten genannten Kriterien seiner „Top three"-Liste. Ruggles bestätigt hiermit die Rolle des *Chief Knowledge Officer (CKO)* empirisch, die bereits vorher von vielen als wichtigste Rolle erachtet wurde (Ruggles 1998, S. 85-86). Mit der Einführung dieser neuen Rolle wird der Wunsch verbunden, den Wissensaustausch in Schwung zu bringen sowie potentielle Wissenslücken sichtbar zu machen. Eine Erklärung für diesen Wunsch der befragten Organisationen nach einer zentralen CKO-Rolle hängt vermutlich mit den Problemen der Organisationen bei Einführung von Wissensmanagement zusammen. So ist eines der größten Probleme beim unterstützen Wissensaustausch, dass die Mitarbeiter ihr Verhalten nicht ändern. Das gaben 56% der befragten Unternehmen an (Ruggles 1998, S. 86 f.). Ein weiteres Ergebnis der Studie von Ruggles ist, dass 30 % der Befragten der Meinung sind, dass der Aufbau von Wissens-Netzwerken für sehr sinnvoll gehalten wird. Dies wird auch als ein wichtiges „Should do" genannt (vgl. Ruggles 1998, S. 86 f.). Die Studie macht deutlich, dass ein **aktiver Wissensaustausch kein Selbstläufer** ist.

Die Studie von Ruggles zeigt auch, dass der Wunsch nach zentralen Rollen und insbesondere nach Verantwortlichen im Wissensmanagement groß ist. Allerdings bleibt offen, ob es tatsächlich völlig neue Rollen geben muss oder ob existierende Akteure diese neuen Rollen oder nur neue Aufgaben übernehmen sollten bzw. dies bereits tun. Bei all diesen Fragen ist zudem weiterhin offen, wie die Organisation und die Unternehmen neue Rollen einführen und wie neue Rollen übernommen werden sollten. Es ist zu untersuchen, wie sich Rollen entwickeln und wie ihr Veränderungspotential zu unterstützen ist, um einen gemeinsamen Wissensaustausch kultivieren zu können.

4.5. Weitere relevante Einflussfaktoren auf den Wissensaustausch

Diese Arbeit betrachtet den Wissensaustausch in einer Organisation aus der Sicht der Rollen. In vorangegangen Kapiteln wurde Wissensaustausch in soziotechnischen Systemen wie folgt hergeleitet:

Wissensvermittlung und Wissensaneignungsprozesse sind eine besondere Art von Kommunikationsprozessen, die eingebunden sind in einem Netzwerk von kontingenten Kommunikationen und Kommunikation kontrollierenden Handlungen (Techniknutzung).

Basierend auf einer Literaturstudie konnten Adelsberger et al. (2002, S. 536) drei Barrieren ermitteln, die den Wissensaustausch beeinflussen. Dies sind individuelle, organisatorische und technisch-bedingte Barrieren. Tab. 8 zeigt die Barrieren bzw. Erfolgsfaktoren, die den Wissensaustausch beeinflussen (abgewandelt nach Schmidt 2000, S. 26 f. und Henschel 2001, S. 213ff.).

(1) Individuelle Erfolgsfaktoren	Beschreibung
Motivation der am Wissensaustausch beteiligten Personen	Warum, aus welchen Gründen, ist das Wissen für andere relevant?
Anschlussfähigkeit der Kommunikation	Ist die Kommunikation verständlich bzw. anschlussfähig?

(2) Organisatorische Erfolgsfaktoren	Beschreibung
Wissensgebiet	Gibt es ein gemeinsames Wissensgebiet, liegt ein Minimum an gleicher Wissensbasis vor?
Problembewusstsein	Welches Wissen wird von wem gebraucht?
Vertrauen	Kann der Antwort vertraut werden? Ist das Wissen vertrauenswürdig?
Organisationsstruktur	Wie wird die entsprechende Rolle gefunden, die das Wissen hat, und wie ist sie im Wissensaustausch eingebunden?
Organisationskultur	Wie wird mit dem Wissen anderer umgegangen? Wie ist Macht verteilt?
Besondere Rollen	In welchem Maße ist eine Unterstützung durch das Management und/oder von Personen in besonderen Rollen (bspw. „Knowledge Activists)" vorhanden?

Tab. 8a: Einflussfaktoren auf Wissensaustausch

Nach einer Studie von Bullinger et al. (1997, S. 31 ff.) sind die Hauptbarrieren beim Wissensaustausch vor allem „*fehlendes Bewusstsein, Wissen zu verteilen* (67,7 %)" und die „*fehlende Transparenz der Prozesse* (34,5%). Ausgangsannahme der vorliegenden Arbeit ist, dass diese Barrieren mittels einer Unterstützung des Rollen-Veränderungspotentials überwunden werden können. Die empirische Studie der vorliegenden Arbeit zeigt (vgl. Ergebnisse in Kap. 6 und 7), wie die Unterstützung der Rollen dazu beitragen kann, dass ein rollenübergreifender Wissensaustausch kultiviert werden kann und wie diese Barrieren überwunden werden können.

(3) **Technisch-bedingte Erfolgsfaktoren**	**Beschreibung**
Technische Unterstützung	Welche technischen Möglichkeiten zur Unterstützung des Wissensaustauschs sind vorhanden und wird die effizienteste genutzt?
Technischer Interaktionskanal	Ist eine genügende Brandbreite für einen Datentransfers vorhanden? Sind bei den potentiellen Nutzer/innen die technischen Voraussetzungen erfüllt, um Wissen austauschen zu können?
Barrierefreier Zugang	Wie wird der Zugang zum Wissensaustausch realisiert? Können alle teilnehmen, die teilnehmen wollen, oder sind Barrieren durch das technische System vorhanden?

Tab. 8b: Technisch-bedingte Einflussfaktoren auf Wissensaustausch (Forts.)

Das fehlende Bewusstsein, Wissen zu verteilen und der kulturelle, soziale Umgang mit Wissen hängt eng mit dem Bewusstsein zusammen, was im technischen System geschieht. Dies wird derzeit unter dem Aspekt der „*Awareness*" untersucht. **Awareness-Mechanismen** sind solche Funktionen in einem technisches System, die es dem/r Nutzer/in ermöglicht, zu sehen, was im System passiert, bspw. wer welche Informationen wann liest, neu anlegt, ändert oder löscht. Diese Gruppen-wahrnehmung wurde insbesondere von Dourish & Belotti (1992, S. 107) untersucht. Sie definieren „Awareness" wie folgt: „*awareness is an understanding of the activities of the others, which provides a context for your own activities*". Hoffmann (2004, S. 17) benutzt dazu den Begriff der „*Gewärtigkeit*" und unterscheidet diesen von den Gewärtigkeits-Anzeigen, die in technischen Systemen installiert sind. Diese sind in Form von grafischen Elementen zu sehen, wie bspw. Balkendiagramme, Symbole als Hinweis für neue Elemente oder werden als automatisierte Benachrichtigungen per E-Mail verschickt. Awareness-Anzeigen geben den beteiligten Akteuren Informationen über andere Mitglieder im soziotechnischen System zur Unterstützung einer effizienten Koordination und Kooperation. Es gibt einerseits solche Daten, die die aktuelle bzw. vergangene Präsenz, Verfügbarkeit und Tätigkeiten von Mitgliedern anzeigen und andererseits solchen Daten zum gemeinsamen technischen System, d.h. welche Akteure welche gemeinsame Dokumente und/oder Anwendungen verfügen.[75]

In o.g. Studie von Bullinger et al. (1997) wird auch deutlich, dass beim Wissensaustausch und Wissensmanagement nicht das Problem des Informationsdefizits zugrunde liegt. Die Erfolgsfaktoren beim Wissensaustausch sind vielmehr im sozialen und kulturellen Umgang zu finden (vgl. Krücken 2002). So zeigen auch Schmidt (2000, S. 34) und Fukuyama (1995, S. 26), dass **Vertrauen** eine **wichtige Grundlage** beim Wissensaustausch ist. Vertrauen stellt als Kommunikationsmedium (vgl. Luhmann 1973, S. 50 ff.) einen wesentlicher Faktor dar, der auch den Wissensaustausch soziotechnischer Systeme beeinflusst (vgl. Kapitel 5).

In der gegenwärtigen sozialwissenschaftlichen Forschung wird der Begriff Vertrauen vor allem mit informellen Strukturen, Netzwerken und Communities und mit den Konzepten des sozialen Kapitals in Verbindung gesetzt. Daher werden die Phänomene der Communities und des sozialen Kapitals in den nachfolgenden Kapiteln näher betrachtet.

---

[75] Eine empirische Untersuchung zu Gewärtigkeitsanzeigen bzw. Awareness-Mechanismen hat Hoffmann (2004, Dissertation) durchgeführt.

5. Organisation und informelle Strukturen: Communities und ihre Relevanz für den Wissensaustausch

Communities werden häufig als ein Teilaspekt von Wissensmanagement hervorgehoben, da sie als ein innovatives Organisationskonzept den Wissensaustausch in besonderem Maße fördern sollen (vgl. Schön 2001, S. 190). Unternehmensinterne als auch -übergreifende Wissensgemeinschaften sind für ein Wissensmanagement deshalb relevant, weil sie den Wissensaustausch emotional binden und dadurch die Bereitschaft verstärkt wird, Wissen auszutauschen. Nach Wenger (1998) ist nicht die Frage entscheidend, ob Communities in Organisationen existieren. Sie existieren seiner Meinung nach in einer Vielzahl und in unterschiedlichen Formen. Vielmehr ist die Frage, wie Communities unterstützt und kultiviert werden können.

Dies ist nicht leicht zu beantworten, denn Communities sind im Idealfall selbstorganisiert und von außen nicht steuerbar (vgl. bspw. Reinmann-Rothmeier 2002, S. 725 f.). Reinmann-Rothmeier bezeichnet das Idealbild der Selbststeuerung einer Community als *„Wildblume"* (Wildwuchs). Die Akteure einer Community können demnach nicht verpflichtet und gelenkt, sondern nur in ihrer gemeinsamen Entwicklung unterstützt werden. Dies bezeichnet sie als *„Kulturpflanze"*. Es ist also eher die Frage zu stellen, wie eine selbstgesteuerte Community zu einer Kulturpflanze wird.

In Anlehnung an Wenger et al. (2002), die in ihrem Buch den Titel *„Cultivating Communities of Practice"* gegeben haben, wird in der vorliegenden Arbeit der Begriff der **Kultivierung** verwendet. Kultivierung bezeichnet die Aktivitäten und Unterstützungshilfen, die die Lebensphasen von Communities, d.h. ihre Bildung, Pflege, Förderung, Nachhaltigkeit und (Weiter-)Entwicklung unterstützt und fördert[76]. Die Frage lautet daher, wie eine Community zu kultivieren ist, um größtmöglichen Nutzen für eine soziotechnische Organisation als auch ihre Rolleninhaber/innen zu erzielen. Im Gegensatz zum Wissens-**Management**, das die formale Organisierung von Wissen betont, ist Kultivierung eher ein Bündel von Unterstützungshilfen, die vor allem auch informelle Kommunikation berücksichtigt.

Die vorliegende Arbeit geht davon aus, dass eine Community-Kultivierung den Wissensaustausch von Organisationsmitgliedern positiv fördert und dazu beiträgt,

---

[76] Die fünf Community-Lebensphasen sind nach Wenger et al. (2002, S. 69): der Beginn (*„Potential"*), die Vereinigung (*„Coalescing"*), das Reifen (*„Maturing"*), die Verantwortungsübernahme bzw. Verwaltung (*„Stewardship"*) und die Umwandlung in neue Formen (*„Transformation"*).

dass die Mitglieder in ihrer Aufgabenbewältigung zur Erfüllung von Arbeitsprozessen zunehmend erfolgreicher werden.

In diesem Kapitel wird zunächst der Unterschied zwischen Netzwerken und Communities erklärt, bevor der Community-Begriff zu dem sozialen Phänomen der Gruppe abgegrenzt wird. Anschließend erfolgt eine Begriffsdefinition.

5.1. Der Unterschied zwischen sozialem Netzwerk und System

„In jeder Organisation existieren neben den formellen sich in Organigramme widerspiegelnden Netzwerken informelle Netzwerke, die sich z.B. in privaten Kontakten mit Kollegen oder Gesprächen in der Kantine mit Mitarbeitern anderer Abteilungen äußern" (Abraham & Büschges 2004, S. 158). Der Kaffeetratsch in der Teeküche und die Entstehung von Gerüchten in Organisationen sind einige Beispiele für informelle soziale Beziehungen. Nahapiet und Ghoshal (1998, S. 243) zeigen, dass der Wissensaustausch, d.h. die Fähigkeit von Organisationen, gemeinsam Wissen zu schaffen und auszutauschen, vom **Netzwerk der Beteiligten** und vom **Vertrauen** abhängt. Auch Klimecke und Thomae (2000) beschreiben, wie interne Netzwerke als besonderes Instrument des Wissensmanagement zur Entwicklung von organisationalem Wissen geeignet sind. Diese Netzwerke spielen vor allen bei der Explizierung von Wissen, bei der Mitteilung von Informationen und dem Wissensaustausch eine bedeutende Rolle. Solche informellen Netzwerke können sich zu Communities weiterentwickeln. Was dies genau bedeutet, wird im vorliegenden Kapitel erörtert.

Um die Frage zu beantworten, inwiefern sich Communities als Systemtypen von Netzwerken abgrenzen, wird zunächst die Systemtheorie kurz zusammengefasst erläutert (vgl. Kapitel 2).

Soziale Systeme entstehen, weil sich Akteure entscheiden, in eine bestimmte Kommunikationsleistung zu treten[77] und dabei gleichzeitig alle anderen Möglichkeiten der Kommunikation nicht wahrnehmen (können). Die Akteure selektieren aus allem Möglichen nur das eine und konstituieren somit eine Differenz zwischen ihrer Kommunikation und dem Rest der Möglichkeiten. Dies bezeichnet Luhmann als „*System/Umwelt-Differenz*" (Luhmann 1987, S. 35f.). Die Selektion konstituiert

---

[77] Die Entscheidung ist nicht bewusstseinspflichtig.

eine Grenze, die die Kommunikation der Akteure von denen der nicht-beteiligten Kommunikation abgrenzt. Ein Beispiel soll es verdeutlichen: Treten wir auf der Straße jemanden entgehen, der uns nach der Uhrzeit fragt, haben wir eine Fülle unterschiedlicher Möglichkeiten zu reagieren oder uns dem zu entziehen. Wenn wir reagieren und diese Kommunikation anschlussfähig ist, hat sich für kurze Zeit ein Interaktionssystem gebildet. Ähnlich verhält es sich mit E-Mail-Anfragen. (Dagegen wird Organisationssystemen diese Kommunikations-Grenze über die Mitgliedschaftsrollen gezogen.) Jede anschlussfähige Kommunikation ist demzufolge ein soziales Interaktionssystem. Jede anschlussfähige Kommunikation über das Internet, bspw. in Online-Foren oder E-Mails ist ein soziotechnisches Interaktionssystem.

Im Gegensatz zur Theorie sozialer Systeme sind neuere Theorien wie z.B. die Actor-Network-Theory („*ANT*"; Begründer der Theorie ist Latour 1987) der Auffassung, dass es in der Welt keine System-Einheiten gibt. Die Bildung von System-Einheiten würde der Dynamik von Organisationen nicht gerecht. Ciborra et al. gehen daher von einer Theorie der „*Information Infrastructure*" aus, d.h. von soziotechnischen Netzwerke („*socio-technical networks*") anstatt von soziotechnischen Systemen (Ciborra et al. 2000, S. 74-75, 77). Einzelne Elemente bilden keine einheitlichen Systeme, sondern bestehen aus dieser Sicht aus **technischen und nicht-technischen Infrastrukturen** (IT-Komponenten[78], Personen und ihre Fähigkeiten, geteilte IT-Anwendungen etc.) welche als Netzwerk verstanden wird. Dieses Netzwerk beinhalte Elemente, wie technische Elemente und soziale Prozesse, aber es seien keine geschlossenen Einheiten und Systeme, da nicht abgrenzt werden könne, was zu diesem Netzwerk gehöre und jeder mit jedem in Kontakt treten könne. Da es keine Grenzen gäbe, gäbe es auch keine Systeme, sondern lediglich Netzwerke. Bspw. kann in einem offenen Internet-Diskussionsforum zum Thema Mathematik als auch im Online-Auktionshaus *Ebay* jeder teilnehmen, der möchte.

Dennoch sind Grenzen vorhanden. Diese sind jedoch flexibel veränderbar. In einem offenen Mathematikforum kann zwar theoretisch jeder teilnehmen, dennoch entscheiden sich nicht alle Akteure für eine Teilnahme (*Selektionsleistung*, vgl. Kapitel 2.1.3 zu Kommunikation). Sie wählen aus einer unendlichen Vielzahl und Überfülle von Möglichem aus. Daher sind nur diejenigen Personen anwesend, die es aus bestimmten Gründen dafür entscheiden haben. In solchen Web-Foren gibt es

---

[78] IT = Informationstechnik

95

die so genannten Lurker, die lesen, und kurz ein- oder mehrmals hineinschauen, sich an der Kommunikation aber nicht beteiligen, sondern nur beobachten. Sie sind für das System nicht existent und gehören nicht dazu.

Es gibt auch offensichtliche oder versteckte Kommunikations- bzw. Verhaltensregeln und Werte, die dazu führen können, dass Akteure bei Nicht-Beachtung dieser Regeln aus dem System ausgeschlossen werden. Im Online-Auktionshaus *Ebay* werden die Verhaltensweisen der Verkäufer/innen durch die Käufer/innen hinsichtlich der Kriterien „gute Ware" und „schnell geliefert" bewertet. Hiermit wird kommuniziert von wem sich die Käufer/innen besser fern halten sollten. Bei Betrugsverdacht wird den Verkäufern oder Käufern der Zugang sofort entzogen. Nicht den Regeln entsprechendes Verhalten wird somit negativ sanktioniert.

Das Entscheidende ist, dass die Systemgrenze durch die Kommunikation der Akteure und ihrem Kommunikationsverhalten selbst konstituiert wird. Sobald sich ein Akteur entscheidet mit den anderen in Kommunikation zu treten, bilden diese ein soziales oder bei Online-Foren ein soziotechnisches System unter der Bedingung, dass die Kommunikation anschlussfähig ist. Die Erwartungen an Personen auf der Interaktionsebene oder Rollen auf der Organisationsebene beeinflussen und regeln die Struktur eines Systems. Der Begriff der **System-Einheit** ist demzufolge **nicht mit statischen, festgelegten Grenzen** gleichzusetzen. Vielmehr haben soziale und soziotechnische Systeme offene Systemgrenzen, die sich dynamisch verändern, obwohl sie geschlossene Systeme sind[79].

Ein wesentlicher **Unterschied zwischen Systemen und Netzwerken** besteht in der Art und Weise, wie ihre Elemente in Beziehung zueinander stehen. Ein soziales System ist ein Kommunikationsgeflecht, welches (kommunikative) Anwesenheit von (virtuellen) Personen oder Rollen voraussetzt. Dagegen bestehen soziale Netzwerke aus *„lockeren, indirekten und unüberschaubaren Beziehungsgefügen"* (vgl. Wegmann 1992, S. 214), die vor allem durch ihre **Kommunikationsabwesenheit** gekennzeichnet sind.[80] Kommunikationsabwesenheit meint, dass ein Wissen über bestimmte soziale Beziehungen, die auf gegenseitige Kenntnis

---

[79] Geschlossen sind soziale und soziotechnische Systeme nur in ihrer Operation der Selbstreproduktion, da ihre Kommunikationen auf sich selbst Bezug nehmen. Die ständige Reproduktion kann jedoch emergentes neues Wissen zur Folge haben (Evolution), in dem sie für Zeichenträger aus der Umwelt offen ist (vgl. Kapitel 2).

[80] Soziale informelle Netzwerke können dennoch Einfluss auf Organisationen nehmen, bspw. durch die Verbreitung von Gerüchten oder schwer zugänglichen Informationen.

beruhen, existiert. Ein Netzwerk ist vor allem das Wissen der Personen über die Beziehungen, d.h. ein **Geflecht gegenseitiger Kenntnis**, das im Bewusstsein einer Person verankert ist. Ein Netzwerk besteht aus dem Wissen, dass es den oder die anderen gibt, und die dem Akteur in den Fällen a und/oder x weiterhelfen können „*It´s not what you know, it´s who you know*" (Cross & Prusak 2002, S. 105).

Für den Aufbau, die Initiierung und zur Pflege sozialer Beziehungen sind soziale Interaktionen d.h. soziale oder soziotechnische Systeme notwendig. Aber die Kommunikation in einem Netzwerk wird, im Gegensatz zu Systemen, in eher unregelmäßigen Zeitabständen aktiviert, bspw. in speziellen Fällen, in denen die Expertise anderer hilfreich erscheint. Ein soziales als auch soziotechnisches Netzwerk existiert auf der Basis von Vertrauen und ist daher eine Grundlage für soziales Kapital.[81] „*Netzwerke bilden sich auf der Basis von konditionierter Vertrauenswürdigkeit*" (Luhmann 2000, S. 408). Auch Fukuyama (1995, S. 26) betont die Wichtigkeit von Vertrauen (vgl. Kapitel 5.3.2). Sobald sich aus dem Geflecht gegenseitiger Kenntnis eine Projektgruppe, eine Organisation oder ein neues Team etc. entwickelt, hat sich aus einem Netzwerk ein System gebildet. Luhmann betont: „*Sie können sich zu eigenen sozialen Systemen verdichten, wenn sie klare Grenzen (...) erzeugen (...)*" (Luhmann 2000, S. 408).

Folgt man Luhmann, dass es drei soziale System-Typen gibt (Luhmann 1987, S. 16), dann kann abgeleitet werden, dass in Interaktionssystemen Anwesenheit und in Organisationen die Mitgliedschaft von Akteuren auf der Basis von Mitgliedschaftsrollen eine Voraussetzung ist. Beides – Anwesenheit und formale Mitgliedschaft – trifft auf Netzwerke nicht zu. Netzwerke setzen keine Anwesenheit von Personen voraus. Im Gegenteil, Netzwerke können über eine bestimmte Zeitdauer inaktiv sein. Netzwerke haben auch keine Mitgliedschaftsrollen, die mit einem formalen Vertrag geregelt sind. Und Netzwerke haben auch kein bestimmtes Themengebiet, wie es Communities haben.[82] Im dritten System-Typ Luhmanns erfolgt die Systemzugehörigkeit zur Gesellschaft insbesondere durch kulturelle Muster und Werthaltungen (gleiche Grundwerte, Normen, Handlungsweisen, ...). Auch dies ist kein Kriterium, welches auf Netzwerke zutrifft. Soziale Netzwerke können aus sehr unterschiedlichen Kulturen und Werten bestehen und weisen keine gemeinsame soziale Praxis auf.

---

[81]   Vgl. Kapitel 5.4 zu Vertrauen und sozialem Kapital
[82]   Ausführlich siehe Kapitel 5.3

Ein weiteres Abgrenzungsmerkmal sind Ziele. Organisationssysteme bestehen nicht zum Selbstzweck, sondern verfolgen ein oder mehrere spezifische (Organisations-) Ziele, die nicht mit den Zielen der Rolleninhaber/innen übereinstimmen müssen. Dagegen wird ein Netzwerk als ein soziales Phänomen begriffen, welches mehrere Akteure, die in eher indirekter sozialer Beziehung zueinander stehen, umfasst und welches **keine übergeordneten Ziele** verfolgt. Ein Netzwerk besteht demnach nur zeitweilig aus sozialen oder soziotechnischen Interaktionen, hauptsächlich vor allem aus der Kenntnis des jeweils anderen, bei dem die **individuellen Interessen** der Akteure im Vordergrund steht.

Zwar bestehen soziale Netzwerke auch aus sozialen Interaktionen, aber eine Interaktion ist kein Netzwerk, sondern hilft nur bei der Entstehung und der Pflege eines Netzwerkes. Hierbei ist das Merkmal der **Beziehungsnähe** bzw. Beziehungs- oder Bindungsstärke [83] ebenso wie das Maß der **zeitlichen Stabilität** entscheidend. *„So sind Interaktionssysteme (...) durch die Kürze und Instabilität der sozialen Beziehungen, sowie eine nur geringe Emotionalität der Beiträge und Beziehungsmuster gekennzeichnet"* (Thiedecke 2003, S. 39 f.). Netzwerke sind durch eine zeitlich längere Stabilität geprägt. Die Funktion eines Netzwerkes liegt vor allem in den Zugriffsmöglichkeiten auf und in der Bildung von sozialem Kapital[84], auf das in unregelmäßigen Zeitabständen zugegriffen wird.

Die vorliegende Arbeit geht also davon aus, dass es Systeme und Netzwerke gibt.[85] Organisationen sind demnach soziotechnische Systeme und keine Netzwerke. Jedoch können in (Organisations-)Systemen als auch systemübergreifend soziale oder soziotechnische Netzwerke entstehen, die sich unter bestimmten Bedingungen zu Communities weiterentwickeln können.[86]

Im weiteren Verlauf der Arbeit wird gezeigt, dass eine Community als ein Systemtyp dennoch einige, aber nicht alle Merkmale eines Netzwerkes aufweist. Dies wird im Folgenden erklärt.

---

[83] Starke soziale Beziehungen („strong ties") werden als persönliche Verbundenheit („emotional intensity") und Vertrautheit („intimacy") erhoben (vgl. Granovetter 1973, S. 1361).

[84] Der Begriff des sozialen Kapitals wird in Unterkapitel 5.3.2. erläutert.

[85] Diese Arbeit befasst sich mit informellen und nicht mit formalen Netzwerken.

[86] Wenn das Verständnis der vorliegenden Arbeit zu sozialen und soziotechnischen Netzwerken zugrunde gelegt wird, dann sind viele Phänomene, die als soziale Netzwerke oder als Communities tituliert werden, kritisch zu betrachten. Oftmals werden die Begriffe unreflektiert genutzt.

5.2. Soziotechnische Communities als neuer Systemtyp

Im vorherigen Abschnitt wurde erläutert, dass Systeme und Netzwerke unterschieden werden können. In diesem Kapitel wird nun die Community als ein Systemtyp definiert.

Die Untersuchung sozialer Gemeinschaften begann mit Tönnies (1887). Er hat sich in seinem Werk *„Gemeinschaft und Gesellschaft"* mit dem Konzept der Gemeinschaft auseinandergesetzt. Gemeinschaften sind, so Tönnies, durch traditionelle Verhaltensmuster gekennzeichnet. Laut Tönnies gibt es drei Arten von Gemeinschaften: die Gemeinschaft des Blutes: Verwandtschaft; die Gemeinschaft des Ortes: Nachbarschaft und die Gemeinschaft des Geistes: Freundschaft.

Weber griff diese Unterscheidung Anfang 1920 auf, erweiterte sie jedoch in dem Maße, dass er von einer Vielfalt sozialer Beziehungsformen ausgeht, die schwerpunktmäßig als Vergesellschaftungsform oder Vergemeinschaftungsform auftreten. Nach Weber (1981, S. 69) ist eine soziale Beziehung dann eine Vergesellschaftungsform, wenn sie auf wert- oder zweckrationalen Interessensausgleich bzw. so motiviertem sozialen Handeln basiert. Dagegen ist es eine Vergemeinschaftungsform, wenn sie *„auf subjektiv gefühlter (affektuell oder traditioneller) Zusammengehörigkeit der Beteiligten beruht"* (Weber 1981, S. 69). Eine wesentliche Abgrenzung zwischen sozialen Organisationen und Gemeinschaften ist also, dass der Gemeinschaftsbegriff mehr als der Organisationsbegriff subjektiv-affektuelle, **persönliche Verbundenheit** impliziert, wie bspw. Wärme und Geborgenheit (vgl. Döring 2003, S. 493).

Mit dem Konzept der Communities sind zunächst soziale Beziehungen gemeint, die sich von einer sozialen Organisation insofern abgrenzen, dass ihre Personen und Akteure informell, d.h. eher **lose gekoppelt sind, und nicht formal,** z.B. per Arbeitsvertrag der Organisation verpflichtet sind. Das Potential von Communities wird darin gesehen, dass sich die Beteiligten gegenseitig unterstützen und helfen, weil die emotionale Gebundenheit und persönliche Verbundenheit in Communities deutlich höher ist, als in anderen sozialen Gruppen und Organisationen (z.B. Döring 2003, S. 492f.). Entscheidend ist, dass ähnliche Problemlagen von Akteuren und eine Wissens-Intransparenz dazu beitragen, dass Akteure ihr Wissen austauschen bzw. das Bedürfnis entwickeln, eine Lösung für ihr Problem zu finden.

Lave & Wenger (1991, S. 98) prägten einen neuen Begriff in der Gemeinschaftsforschung: die *„Community of Practice",* die die informelle Kommunikation in Organisationen betont.

Sie untersuchten wie ein Neuling zu einem gleichwertig anerkannten Mitglied in dieser „Praktiker"-Gemeinschaft[87] wird. Hieraus entwickelte sich eine neue Forschungsrichtung zu „Communities"[88] (z.B. Lave & Wenger 1991, Wellman 1997, Brown & Duguid 1991, Lesser & Prusak 1999, u.v.m.). Lave & Wenger betonen die Beziehungsgeflechte von Communities: *„A Community of practice is a set of relations among persons, activity, and world, over time"* (Lave & Wenger 1991, S. 98). Und ergänzten später: *„who share a concern, a set of problems, or a passion about a topic, and who deepen their knowledge and expertise in this area by interacting on an ongoing basis"* (Wenger et al. 2002, S. 4).

Soziotechnische Communities sind demnach eher informelle Kommunikationsbeziehungen, die darauf basieren, dass ihre Akteure ein ähnliches Anliegen, ähnliche Probleme oder eine Leidenschaft zu einem Themengebiet teilen und ihr Wissen und ihre Expertise auf diesem Gebiet vergrößern (wollen), in dem sie mehr oder weniger regelmäßig miteinander (teilweise computergestützt) interagieren, ohne formal gebunden zu sein, jedoch eine persönliche Verbundenheit entwickeln. Eine Community wird in der vorliegenden Arbeit somit als ein neuer Systemtyp verstanden, der sich von den anderen Systemtypen – Interaktion, Organisation und Gesellschaft – unterscheidet.

Ein wesentlicher Unterschied zu Netzwerken als auch zu den anderen Systemen (Interaktion, Organisation und Gesellschaft) ist, dass in Communities ein ähnliches Anliegen, ein Problem oder ein bestimmtes Themengebiet zugrunde liegen, die in einer Community Beachtung finden und in diesem Sinne interaktiv und gemeinsam bearbeitet werden. Die gemeinsame Problemlage oder Thema entwickelt sich aus dem Bedürfnis der potentiell Beteiligten und wird nicht von außen vorgegeben.

Eine Seminargruppe an einer Universität hat zwar ein spezielles Themengebiet zugrunde liegen, aber es wird nicht von den Beteiligten entwickelt, sondern es wird durch die Dozenten/innen vorgegeben. Ähnlich verhält es sich mit einer Organisation. Die zu erledigenden Projektaufgaben in einer Organisation werden von oben (top down) gereicht und/oder sind an den Bedürfnissen der Kunden ausgerichtet.

---

[87] Der Begriff Communities of Practice ist schwierig zu übersetzen, ohne den Begriff nicht zu verzerren. Praxis- oder Praktikergemeinschaft meint, dass die Akteure an einer geteilten Handlungspraxis beteiligt sind. Sie bilden gemeinsame Tätigkeiten heraus und entwickeln gleiche Werte. Hiermit ist **nicht** die Arztgemeinschaft gemeint, bei der sich mehrere Ärzte eine Praxis teilen.

[88] Im Jahr 2003 fand dazu die erste internationale Konferenz statt: *Communities & Technologies 2003* (Amsterdam).

Aus soziologischer Sicht ergeben sich drei analytische Betrachtungsebenen auf ein soziales Phänomen: die strukturtheoretische, die handlungstheoretische und systemtheoretische Sichtweise (vgl. Müller 2002, S. 355). Folgt man diesen, dann sind folgende weitere Merkmale für die Definition von Communities entscheidend (vgl. Wenger 1998a):

- Handlungs-Aspekt: Eine der wesentlichsten Aspekte einer Community ist die gemeinsame Zusammenarbeit (Kollaboration) der Mitglieder (vgl. Boland & Tenkasi 1995). Dies bedeutet, dass die Mitglieder inhaltlich durch gemeinsame Tätigkeiten und gemeinsame Werte verbunden sind (*shared repertoire*, Wenger 1998) und eine gemeinsame soziale Lern- bzw. Wissensaustauschkultur entwickeln. Die Akteure können so Wissens-Ressourcen und soziales Kapital bündeln. Im Zentrum einer solchen Community steht der Austausch von Ideen und Erkenntnissen sowie die gegenseitige Hilfe und Unterstützung zu einem **gemeinsamen Themengebiet** (vgl. Henschel 2001, S. 48).

- System-Aspekt: Eine Community ist charakterisiert durch die Vernetzung von Interessierten (*„mutual engagement"*, Wenger 1998), die eine **gemeinsame Identität** herausbilden. Die Herausbildung einer gemeinsamen Identität ist bei flüchtigen Interaktionen als auch bei Netzwerken nicht vorhanden.

- Struktur-Aspekt: Communities sind im Gegensatz zu Organisationen **informell strukturiert**. Organisationen (bspw. Unternehmen) haben eine stärkere formalisierte Sozialstruktur und eine Arbeitsteilung sowie ausdifferenzierte vordefinierte Rollen und organisationsspezifische Ziele (vgl. Abraham & Büschges 2004). Communities haben demgegenüber eine eher schwach ausgeprägte soziale Struktur und verfolgen keine systemspezifischen Ziele. Das individuelle Interesse der Akteure steht im Vordergrund. *„Communities are defined as collections of individuals bound by informal relationships that share similar work roles and a common context"* (Snyder 1997, in: Lesser & Prusak 1999).

Im Zeitalter des Internets sind vermehrt solche Communities zu beobachten, deren **Kommunikationsprozesse mittels Computer-Technik** unterstützt sind, wie z.B. *Linux-Communities* oder die Community zum Online-Lexikon von *WIKIpedia.de*. In der Literatur wird dann von Online-Communities, Internet-Communities oder auch webbasierten, virtuellen Communities gesprochen.

Sie unterscheiden sich von Communities of Practice, die insbesondere face-to-face kommunizieren, dadurch, dass sie *„sich an bestimmten Treffpunkten im Netz* *dadurch bilden, dass Internet-Teilnehmer dort miteinander kommunizieren und sich wieder erkennen können*" (Schmidt 2000, S. 35). So hat sich eine eigenständige *„virtuelle Form der Vergemeinschaftung* (bspw. Online-Communities) *und Vergesellschaft* (soziotechnische Organisationen) *als eigenständige Sozialform*" etabliert (vgl. Thiedecke 2003, S. 19). Diese System-Typen sind erst mit den neuen, webbasierten Informations- und Kommunikationstechnologien entstanden und sind ein zentrales Merkmal des Internet-Zeitalters[89]. Die vorliegende Arbeit geht daher von soziotechnischen Communities aus, die sich als neue Vergemeinschaftungsform gebildet haben, deren Akteure face-to-face als auch computerunterstützt online kommunizieren. Hiermit grenze ich mich von Wenger (1998a) ab, der Communities of Practice in Organisationen vor allem als face-to-face Lernpraktiker-Gemeinschaften begreift.

In Ergänzung zu Luhmann, der lediglich drei Systemtypen benennt, das Interaktions-, Organisations- und Gesellschaftssystem, ist die Community als vierter Systemtyp zu beobachten.[90] Im Gegensatz zu flüchtigen Interaktionssystemen ist eine Community **relativ dauerhaft**, dagegen ist eine Organisation eher zeitüberdauernd, d.h. *„dauerhaft statisch*[91]"(Thiedecke 2003, S. 41).

Tabelle 9 zeigt in Anlehnung an Thiedecke (2003, S. 60) die Unterscheidungsmerkmale zwischen Communities und den anderen Systemtypen – Interaktionssystem, Organisation – als auch zu Netzwerken.

Für die weitere Arbeit sind vor allem zwei Sozialformen relevant. Beide, Organisation als vergesellschafteter Systemtyp und Communities als vergemeinschafteter Systemtyp, sind für einen Wissensaustausch zu berücksichtigen. Die Hypothese der vorliegenden Arbeit ist, dass eine Verknüpfung beider Systeme den effektivsten Wissensaustausch und damit die effektivste Form der Organisations- und Wissensaustauschentwicklung bewirkt. Sie werden in einem Grundmodell zum Abschluss

---

[89] Das gilt allerdings nur für die westlichen, 1.-Welt-Länder. Der Zugang zum Internet ist in vielen Gesellschaften noch immer problematisch, sei es aus Geld- oder Technologie-Mangel oder weil es durch den Staat verboten ist (bspw. China, Nord-Korea).

[90] Hieran schließt sich die Diskussion an, inwiefern auch die Gruppe ein Systemtyp ist (vgl. Neidhardt 1979, S. 641 und Thiedecke 2003, S. 39). Dies ist aber nicht Gegenstand der vorliegenden Arbeit.

[91] Der Begriff „statisch" bezieht sich auf Organisationen, die sich über mehrere Jahre, Jahrzehnte oder Jahrhunderte selbst erhält, bspw. die Universität, das Großunternehmen Thyssen, die Kirche. Dies bedeutet nicht, dass sie Strukturen der Organisation statisch sind – im Gegenteil, sie sind dynamisch.

des Theorieteils (vgl. Abschnitt 5.4) zusammengeführt. In den folgenden Abschnitten wird auf die unterschiedlichen Typen von Communities näher eingegangen.

Interaktion	Organisation	(Wissensaustausch-) Community	Netzwerk
Kein Themengebiet	Ein Themengebiet, aber von außen vorgegeben	Bearbeitung eines gemeinsamen Themengebiets	Kein gemeinsames Themengebiet
Keine Identitäts-bildung	Identitäts-bildung	Identitäts-bildung	Keine Identitäts-bildung
Flüchtige Beziehung	Formalisierte Sozialstruktur: **Arbeitsteilung**	Informelle Beziehung	Informelle Beziehung
zeitlich kurzfristige Stabilität	zeitlich überdauernde Stabilität	zeitlich relativ dauerhafte Stabilität	zeitlich relativ dauerhafte Stabilität

Tab. 9: Interaktionssystem, Organisation, Community und Netzwerk

5.2.1. Unterschiedliche Typen von Communities

Die neuen Community-Konzepte weichen von dem Gemeinschaftsbegriff von Tönnies insofern ab, als dass sie sich stärker auf den gemeinsamen Wissensaustausch beziehen. In der Literatur findet man viele unterschiedliche Community-Bezeichnungen. Neben Communities of Practice (Wenger 1998a), wird auch von Learning Communities, Online-, Virtual- und Knowledge-Communities gesprochen. Diese werden in der Regel von Zweck- bzw. homogenen Interessensgemeinschaften (Community of Interests) abgegrenzt. Die verschiedenen Communities unterscheiden sich unter anderem hinsichtlich der Nutzung unterschiedlicher Kommunikationsmedien und technischer Systeme. Das vorliegende Kapitel greift die englischen und deutschen Bezeichnungen auf und beschreibt die unterschiedlichen Community-Typen.

Eine Community of Practice lässt sich – so Wenger (1998) – nicht durch das Vorhandensein gemeinsamer Ziele der Akteure kennzeichnen, und auch nicht durch die Abgrenzung aus formal-organisatorischer Sicht. Eine Community ist ein soziotechnisches System, welches aus informellen (Kommunikations-)Beziehungen besteht. Es ist die Art und Weise, wie sie gemeinsam lernen und an der Community teilnehmen: „*It crucially involves participation as a way of learning (...) the culture of practice*" (Lave & Wenger 1991, S. 95).

Der Unterschied von (1) Praxis-, Online-, Wissensgemeinschaften und lernenden Gemeinschaften zu (2) homogenen Zweck- bzw. Interessensgemeinschaften („*Community of Interests*") liegt darin, dass die erst genannten ihre **Gemeinschaftsbildung durch Teilnahme** etablieren (vgl. Wenger 1998) und nicht durch gleiche Interessen. Wenger (1998) geht davon aus, dass die Akteure innerhalb einer Community eine ähnliche (Lern-)Kultur verbindet und zusammenhält („*shared practice*"). Nicht das Interesse der Akteure macht aus diesen eine Community, sondern das gemeinsame Vorgehen zu einem Themengebiet.

Das Kennzeichen von solchen Communities, siehe Tabelle 10, ist eine gemeinsame Beteiligung aller Akteure an der Reproduktion und Tradierung eines Tätigkeits- bzw. Aktivitätssystems (vgl. Engeström 1987). Anders als bei *Communities of Interests*, bspw. Briefmarkensammler, Kegelgruppe, etc. bei denen ebenso das gemeinsame Interesse im Vordergrund steht, besteht das Interesse der anderen Community-Mitglieder zusätzlich an der **Beteiligung an einem gemeinsamen Prozess**, obwohl sie individuell unterschiedliche Ziele verfolgen (können).

Englische Bezeichnung	Deutsche Bezeichnung	Beschreibung
Communities of Practice	„Lernpraktiker"- Gemeinschaften im Arbeitskontext (Gemeinschaften mit gleicher Lernkultur, eher face-to-face)	(1) Gemeinsames Themengebiet der Mitglieder, gemeinsames Handeln, geteilter sozialer Prozess, individuell unterschiedliche Ziele, Herausbildung ähnlicher Werte, Normen u. Identität
Learning Communities	Lernende Gemeinschaften im Bildungskontext	
Online- Communities	Virtuelle oder Internet- Communities (solche, die nur im Internet existieren)	
Knowledge- Communities	Wissens-Gemeinschaften	
Communities of Interests	Homogene Interessens-/ Zweckgemeinschaften	(2) Mitglieder haben gleiche Interessen, gemeinsamer Lernprozess fehlt

Tab. 10: Unterschiedliche Typen von Communities

Für die vorliegende Arbeit ist der Community-Typ der *Knowledge Community* (Wissens- oder Wissensaustausch-Gemeinschaft) relevant. In der empirischen Untersuchung werden die Wissensaustauschprozesse zur Studienorganisation an einer Universität und die beteiligten Rollen analysiert (vgl. Kap. 6). Da es sich in der vorliegenden Arbeit bei dem Untersuchungsgegenstand der *Inpud*-Community um face-to-face-Kommunikation als auch um Online-Kommunikation handelt, wird hier der Begriff der soziotechnischen Community verwendet. Dieser grenzt sich von der reinen Online-Community ab, deren Akteure nur über das Internet bzw. nur mittels Computer kommunizieren.

5.3. Communities und soziales Kapital

Wie bereits in den vorherigen Kapiteln erwähnt hängt der Wissensaustausch, d.h. die Fähigkeit von Organisationen, Wissen zu schaffen und auszutauschen, von der Kultivierung der Community sowie vom Vertrauen der Beteiligten ab. Denn in Abgrenzung zu Arbeitsorganisationen und Abteilungen zeichnen sich Communities vor allem durch ihre besonderen **informellen Beziehungen** und persönliche Verbundenheit aus (Snyder 1997, in: Lesser & Prusak 1999). So sind sie in besonderem Maße in der Lage, implizites Wissen explizierbar zu machen und zu transferieren.

Eine Community entsteht, wenn sich das systemimmanente Sachinteresse (bspw. Studierende planen ihr Studium) in ein persönliches Interesse wandelt: Beispielsweise lernen Studierende im Laufe des ersten Semesters, dass die Studienplanung komplex ist. Sie entwickeln das Bedürfnis, sich auszutauschen und von erfahrenen Studierenden oder Studienberater/innen Feedback einzuholen. Es steht dann nicht mehr ein sachlich-instrumentelles Ziel (die Studienorganisation und Studiendurchführung) im Vordergrund, sondern der Austausch mit anderen, die ähnliche Probleme meistern müssen. Durch den sozio-emotionalen Bezug, der dem Gemeinschaftsgedanken zu Grunde liegt, können Motivationspotenziale genutzt sowie die aktive Beteiligung und gegenseitige Unterstützung und gemeinsames Lernen der Personen gefördert werden (vgl. z.B. Döring 2003; Koch 2002), z.B. durch Feedbackprozesse, Annotationen, Ideenaustausch, Antworten auf Fragen, Review und Reflexionsunterstützung. In der Fachsprache wird dies auch die **Aktivierung des sozialen Kapitals** genannt (vgl. Putnam 2001). Das durch die Community-Bildung entstehende soziale Kapital ermöglicht es den Einzelnen, ihre Aufgaben gut oder sogar besser zu bewältigen. *„Ich tue das für dich, auch wenn ich keine unmittelbare Gegenleistung erhalte, weil du oder jemand anders irgendwann meinen guten*

Willen erwidern wirst" (Putnam 2001, S. 21). Eine Community unterstützt die Bildung von sozialem Kapitel, da sich die Beteiligten als ein Gemeinschaftsunternehmen (*„joint enterprise"*, Wenger 1998) wahrnehmen und sich selbst dann vertrauensvoll verhalten, wenn sie sich sonst nicht so verhalten würden. Einer Studie von Wellman et al. (2001) zufolge werden Mitglieder mit zunehmendem Maße an Sozialkapital in ihrer eigenen Aufgabenbewältigung erfolgreicher.

Hanifan versuchte zu Beginn des 20. Jahrhundert die Wiederbelebung des Gemeinschafts-Engagements zu erklären und prägte dazu den Begriff des sozialen Kapitals. Hanifan verwendete den Begriff des soziales Kapitals erstmalig 1916 (nach: Putnam 2001, S. 16). Dann verschwand der Begriff und tauchte erst wieder um 1950 durch den kanadischen Soziologen John Seeley auf (in: Putnam 2001, S. 17). In den 60er bis heute folgten viele weitere Autoren[92].

Woolcock und Narayan (in: Putnam 2001, S. 18) fassen einen Großteil der Literatur zusammen und kommen zu folgender Erkenntnis: *„Die Grundidee des Sozialkapitals besteht darin, dass Familien, Freunde und Bekannte einer Person einen wichtigen Wert darstellen, auf die man in Krisensituationen zurückgreifen kann, den man um seiner selbst Willen genießen und zum materiellen Vorteil nutzen kann."* Soziales Kapital ist umgangssprachlich das sprichwörtliche „Vitamin B"[93], welches informelle soziale Beziehungen umfasst. Der Begriff des sozialen Kapitals wurde mit den Möglichkeiten der neuen IuK-Technologien wieder aktuell. Nach Bourdieu (1996, S. 151f.) ist das soziale Kapital, *die Summe der aktuellen oder potentiellen Ressourcen, die einem Individuum oder einer Gruppe aufgrund der Tatsache zukommen, daß sie über ein dauerhaftes Netz von Beziehungen, einer (...) wechselseitigen Kenntnis und Anerkenntnis verfügen; es ist also die Summe allen Kapitals und aller Macht, die über ein solches Netz mobilisierbar sind."*

Als Ressourcen werden im Allgemeinen die Mittel bezeichnet, die benötigt werden, um eine bestimmte Aufgabe zu lösen. Ressourcen im Sinne von sozialem Kapital sind bspw. das Wissen der **Akteure, die am sozialen Netzwerk beteiligt sind** und ihre möglichen Beziehungen zu anderen Akteuren, die nicht primär am Netzwerk beteiligt sind. In älteren Veröffentlichungen wurde das Netzwerk der sozialen

---

[92] Einige bekannte sind: Jane Jacobs (1961), Pierre Bourdieu (1983), James S. Coleman (1988) und Robert D. Putnam (1995).

[93] Vitamin B steht für „Beziehung" und bezeichnet, dass eine Person durch Beziehung zu relevanten Akteuren ihr Interesse oder ihr Anliegen mit Hilfe der Akteure relativ leicht umsetzen kann.

Beziehungen, die unter dem formellen Organigramm einer Organisation verborgen sind, als informelle Strukturen bezeichnet. Putnam bringt es auf den Punkt: "*Social capital refers features of social organization, such as networks, norms and social trust that facilitate coordination and cooperation for mutual benefit*" (Putnam 1995, S. 67). Hierbei handelt es sich um ein Konzept, dass die Bedeutung von sozialen Beziehungen als **Ressource** für soziales Handeln (Kooperation und Koordination) herausstellt (Bourdieu 1983, S. 190 f.).

In dieser Arbeit wird auch von Rollen-Ressourcen gesprochen. Als Rollen-Ressourcen werden die Gesamtheit der vorhandenen Hilfsmittel (bspw. Geldmittel, Personal, Zeit, Macht im Sinne von Weisungsbefugnis, übrige Hilfsmittel) bezeichnet, die einer Rolle zugewiesen werden, um ihre Aufgabe zu erfüllen. Dazu gehören auch die **sozialen Beziehungsressourcen** (soziales Kapital) und der damit verbundene Zugriff auf Wissen (Wissensquellen), die aber im Unterschied zum erst genannten Hilfsmittel (Rollen-Ressourcen) nicht extern zugewiesen werden können, sondern sich erst durch die Bereitschaft von Personen, miteinander zu kooperieren, entwickeln. Die Bildung von sozialem Kapital bzw. sozialen Ressourcen benötigt eine Vertrauensbasis, auf der sich Kooperation und gegenseitige Unterstützung entwickeln können (vgl. Putnam 1995, S. 67). Die empirische Untersuchung zeigt (vgl. Kapitel 7.2.6.2), dass der Begriff der Rollen-Ressourcen besser als andere Begriffe geeignet ist, die Wirklichkeit des Wissensaustauschs in Organisationen zu erfassen.

Soziales Kapital ist nach Nahapiet & Goshal (1998, S. 244) in drei Dimensionen zu differenzieren. Sie unterscheiden zwischen struktureller, relationaler und kognitiver Dimension.

- Die Struktur-Dimension beschreibt die Verbindungsmuster zwischen den Kommunikationsakteuren, d.h. welche Personen, wie und wann erreicht werden (*„patterns of connections between actors"*, Nahapiet & Goshal 1998, S. 244). Dies wird in der vorliegenden Arbeit als Dimension der **sozialen Präsenz** bzw. Rollen-Präsenz bezeichnet und ist für die Initiierung von Communities relevant. Es wird daher im nachfolgenden Kapitel ausführlicher erläutert.

- Die relationale bzw. Beziehungs-Dimension beschreibt das persönliche und emotionale Verhältnis von Personen in Systemen, bspw. in Organisationen oder Communities. Hierbei spielt **Vertrauen und Vertrauenswürdigkeit** eine wesentliche Rolle. Soziales Kapital – so Fukuyama (1995, S. 26) – ist eine soziale Fähigkeit, die entstehen kann, weil Vertrauen in einem sozialen System vorherrscht.

- Die kognitive Dimension beschreibt das gemeinsame geteilte Verständnis auf die Dinge der Akteure (bspw. die gemeinsame Sprache, die Verwendung gleicher Symbole, gleiche Werte und/oder Interessen).

Ohne ein gemeinsames Themengebiet von Akteuren, ohne soziale (Online-) Präsenz und ohne Vertrauen bildet sich keine Community. Diese Aussage wird im nachfolgenden Kapitel näher erläutert.

5.3.1. Vertrauen, soziale Präsenz u. Nähe: Indikatoren sozialen Kapitals

In diesem Kapitel werden die Begriffe Vertrauen, soziale Präsenz und soziale Nähe als Elemente für die Bildung von sozialem Kapital herausgestellt.

Wie bereits Putnam (1995, S. 67) und Fukuyama (1995, S. 26) Vertrauen als relevanten Aspekt für soziales Kapital erwähnen, so hängt auch nach Schmidt (2000, S. 37 ff.) die Leistungsfähigkeit einer Community von Vertrauen ab. Er fügt hinzu, dass auch die Attraktivität des technischen Systems entscheidend ist. Bevor auf diese eingegangen wird, wird zunächst Vertrauen definiert.

Für Fukuyma (1995, S. 26) ist **Vertrauen** eine entstehende Verhaltenserwartung innerhalb eines sozialen Systems, die auf gemeinsame Normen basiert und die von allen Mitgliedern respektiert werden. Als Beispiel führt er den Arztbesuch an. Es besteht ein grundsätzliches Vertrauen zu einem Arzt, und es wird erwartet, dass er die Normen des ärztlichen Berufsethos erfüllt. Aus Sicht der vorliegenden Arbeit wird damit auch in die Rolle vertraut. Vertrauen wird hier verstanden als *„die optimistische Erwartung einer Person oder einer Gruppe betreffend das Verhalten einer anderer Person oder Gruppe während einer gemeinsamen Aufgabe, in der die vertrauende Partei verletzbar ist und keine Kontrollmöglichkeiten gegenüber der anderen Partei hat"* (von Krogh 1998, S. 250) bzw. keine Kontrolle ausüben will. Vertrauen wird nur allmählich gebildet, kann aber durch negative Vorkommnisse schnell zerstört werden. Vertrauen ist demnach eine notwendige Grundlage für das Eingehen von Kooperationen und für einen gemeinsamen Wissensaustausch. Wenn jedoch Vertrauen fehlt, ist eine Kooperation nur mittels formaler Regeln und Vorschriften möglich, die dann mit Macht durchgesetzt werden müssen (vgl. Fukuyama 1995, S. 27).

Schmidt (2000) nennt weitere Vertrauens-Faktoren, die hier zu drei Faktoren zusammengefasst werden:

- Vertrauen in die **Identität** des Gegenübers: Wer steht hinter dem Namen, den ich auf meinen Bildschirm sehe?

- Vertrauen in die **Interessen** des Gegenübers: Welche Interessen verfolgt mein Gegenüber? Warum möchte er mit mir kommunizieren? Handelt mein Gegenüber vertrauensvoll und sind seine Aussagen (auf-)richtig?

- Vertrauen in die **Kompetenz** des Gegenübers: Weiß mein Gegenüber genug, um mir helfen zu können?

Die Ergebnisse der empirischen Untersuchung zeigen (vgl. Kapitel 7), dass das **Vertrauen in die Rolle** des unbekannten Gegenübers als **vierter Faktor** ergänzt werden muss. Wenn die Identität des Gesprächspartners in einem Online-Diskussionsforum unbekannt, aber die Rolle (bspw. formaler Moderator oder Studienfachberater/in) bekannt ist, dann wird demjenigen aufgrund seiner Rolle Vertrauen zugewiesen – insbesondere dann, wenn den Beteiligten die Rollen-Mechanismen deutlich sind, d.h. wie formale Rollen zugewiesen werden. Bspw. ist den Beteiligten der Inpud-Community bekannt, dass nur bestimmte Akteure die Rolle des Moderators übernehmen können. Einerseits weil die jeweiligen Moderatoren/innen in der Beschreibung zu den Foren ausgewiesen werden, andererseits weil den Nutzern/innen bei ihren Registrierungen keine Funktion für Moderation zur Verfügung stehen. In den Inpudforen wird die Rolle der Studienfachberatung angezeigt. Die Rolle des/r Studienfachberaters/in kann in diesem Fall nur von wissenschaftlichen Mitarbeitern/innen, aber nicht von Studierenden, übernommen werden.

Vertrauen in eine Rolle, welches ein Akteur bei einer (Online-)Kommunikation zu der Rolle seines/r Gesprächspartners/in hat bzw. aufbaut, hängt davon ab, ob der Akteur seinem unbekannten Gegenüber in einer Rolle wahrnehmen kann. Wie ein Gesprächspartner bei der Kommunikation über elektronische Medien als natürliche Person in einer bestimmten Rolle wahrgenommen wird, wird als **Ausmaß der sozialen Rollen-Präsenz** bezeichnet. Beispielsweise benötigen Studierende in virtuellen E-Learning-Seminaren ein bestimmtes Ausmaß an sozialer Rollen-Präsenz des/r Dozenten/in und ihrer Mitstudierenden, um selbst aktiv zu werden.

Die soziale Präsenz wurde als *social presence theory* von Short et al. (1976) begründet. Sie bezeichnen mit sozialer Präsenz das Bewusstsein und das Hervorheben („*salience*") von Akteuren während der sozialen Interaktion. „*Social presence is the degree of salience of the other person in the interaction and the consequent salience of the interpersonal relationships"* (Short et al. 1976, S. 65).

Sie untersuchten die Qualitäten von unterschiedlichen Telekommunikationsmedien (Telefon, Video,...) im Kontrast zu face-to-face-Kommunikation empirisch. Eine zunehmende soziale Präsenz von Akteuren führt zu einer verbesserten Wahrnehmung der jeweiligen Person, d.h. dass die Person besser eingeschätzt werden kann, wer sie ist und welche Interessen sie verfolgt.

Übertragen auf Online-Settings bedeutet es, dass die Häufigkeit und Qualität der Aussagen (soziale Präsenz) entscheidet, wie Akteure die Person subjektiv wahrnehmen und ob soziale Nähe und Vertrauen aufgebaut oder abgebaut wird. In der vorliegenden Arbeit wird die soziale Präsenz zusätzlich auf die soziale Rollen-Präsenz übertragen und betont damit, dass nicht nur die Personen, sondern auch die eingenommenen Rollen für einen soziotechnischen Wissensaustausch in Organisationen entscheidend für den Aufbau sozialer Nähe und Vertrauensbildung sind. Die empirischen Ergebnisse in Kapitel 7 belegen diese Aussage.

Mit der sozialen Präsenz geht die soziale Nähe einher. Soziale Nähe kann trotz räumlicher bzw. geografischer Nähe abwesend sein. Dies wird häufig in Großstädten beobachtet. Obwohl viele Menschen in unmittelbarer räumlicher Nähe zu einander wohnen, sind sie dennoch untereinander anonym.[94] Es ist davon auszugehen, dass in virtuellen Settings soziale Nähe hilfreich ist, um einen Wissensaustausch zu kultivieren. Das Maß der **sozialen Nähe** bezeichnet die **Qualität der sozialen Beziehung von Akteuren** (ggf. in unterschiedlichen Rollen) durch soziotechnische Interaktion und Kommunikation. Die soziale Nähe bezieht sich auf die relative Nähe von Personen untereinander, d.h. wie sozial nah sie sich sind und fühlen und in welchem Verhältnis sie zueinander stehen. Die Beziehungsnähe ist umso höher, je mehr eine persönliche Verbundenheit (*„emotional intensity"*) und Vertrautheit (*„intimacy"*) der Akteure zu beobachten ist (vgl. Granovetter 1973, S. 1361).

Auf virtuelle Settings bezogen bedeutet es, dass die soziale Nähe der Akteure sich über die persönliche Verbundenheit zur Rolle und über die Vertrautheit manifestiert; wobei Vertrautheit ein höheres Vertrauen bewirken kann. Einige Akteure sind

---

[94] Dass die Welt klein ist und viele Akteure sich schneller erreichen, als sie denken, konnte Milgram (1967) zeigen. Demzufolge ist jeder Mensch mit jedem anderen über eine kurze Beziehungskette von Bekanntschaften verbunden: Durchschnittlich werden dafür nur 6 Kontakt-Stufen benötigt.

sich aufgrund ihrer Rolle und ihrer Vertrautheit in der Organisation näher, als andere Akteure, und stehen in einer eher engen sozialen Beziehung zueinander. Eine soziale (Rollen-)Präsenz von Akteuren in Online-Settings kann zur Bildung von Vertrauen führen und/oder unterstützt den Aufbau sozialer Nähe positiv. Soziale Nähe und Vertrauen beeinflussen sich gegenseitig (vgl. Abb. 5a).

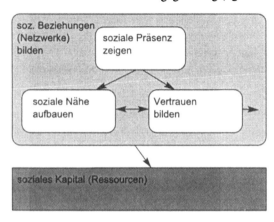

Abb. 5a: Soziales Kapital

Der Pfeil der Aktivität „Vertrauen bilden" geht nicht ins Leere, sondern bezeichnet, dass das darauf folgende Element irgendeines der im Modell angezeigten Elemente ist. Eine Vertrauensbildung führt also zur positiven Beeinflussung von weiterer sozialer Präsenz, und/oder unterstützt den weiteren Aufbau sozialer Nähe und/oder fördert somit die sozialen Beziehungen (Netzwerke). Die Pflege sozialer Beziehungen und Netzwerke führt zu sozialem Kapital, und infolgedessen steht den Beteiligten ein Zugriff auf mehr Beziehungsressourcen zur Verfügung. Unter bestimmten Bedingungen entwickeln sich soziale Beziehungen oder soziale Netzwerke zu (soziotechnischen) Communities weiter. Die Ergebnisse der empirischen Studie zum Wissensaustausch soziotechnischer Systeme geben erste Hinweise darauf (vgl. Kap. 7). Sie zeigen, dass die soziale (Rollen-)Präsenz und soziale Nähe Erfolgsfaktoren für die Kultivierung von soziotechnischen Communities in Organisationen sind.

5.3.2. Attraktivität des soziotechnischen Systems

Es ist heutzutage illusorisch anzunehmen, dass Wissensaustausch in Organisationen ohne technische Unterstützung vollzogen werden kann. Die Vielzahl der Informationen die tagtäglich verbreitet werden, und die Notwendigkeit in kurzer Zeit miteinander zu kooperieren und sich zu koordinieren, machen es notwendig technische Hilfsmittel zu nutzen. Terminabstimmungen funktionieren meist nur über technische Kalendertools, die im PC oder auf Handhelds abgelegt sind. Dokumente, wie bspw. Protokolle, werden in der Regel auf einen zentralen Server gespeichert und so für andere Ausgewählte zur Verfügung gestellt. Kooperationsverträge werden mittels E-Mail an die Verwaltungen und Rechtsabteilungen gesendet. Die Studienberatung des Fachbereiches Informatik wurde vor der Kultivierung der Inpud-Community in der überwiegenden Zahl durch E-Mails angefragt (vgl. Darstellung zur Inpud-Community in Kapitel 6.1).

Allerdings ist zu beachten, dass die technischen Systeme nicht deshalb genutzt werden, weil sie per se technisch sind und die Kommunikation beim Wissensaustausch erleichtern. Vielmehr gibt es Erfolgsfaktoren zu berücksichtigen, wie technische Systeme funktionieren bzw. wie sie „aussehen" sollten. Hierzu gibt es unter anderem auch im Bereich der Software-Ergonomie[95] Normen zu beachten (bspw. ISO/TC159/SC4/WG5, 1993), auf die hier nicht näher eingegangen wird. Weiterführende Literatur ist bspw. Jacko & Sears (2002).

Worauf hier jedoch eingegangen wird, ist die „Attraktivität" der „Umgebung" (Schmidt 2000, S. 39). Schmidt verwendet zwar den Begriff des soziotechnischen Systems nicht, dennoch weist seine Kriterienliste darauf hin, dass sich die Attraktivität eines soziotechnischen Systems nicht nur auf den technischen, sondern auch auf den sozialen Anteil, bezieht. Die wichtigsten Kriterien zur Attraktivität eines soziotechnischen Systems sind folgende:

(1) Ein soziotechnisches System braucht eine genügend große Anzahl von Akteuren, die das technische System zur Kommunikation nutzen. Markus & Connolly (1990) bezeichnen dies als Problem der **kritischen Masse**, das auch Kalt-Start-Problem genannt wird. Markus & Connolly zeigen, dass in kooperativen Medien der Nutzen mit der Zahl der Nutzer/innen wächst, wobei die individuellen Kosten für die Nutzung im Wesentlichen stabil bleiben. Bei zu wenigen Nutzern/innen fällt die Kosten/Nutzen-Bilanz negativ aus, d.h. die Kosten sind für den einzelnen im Verhältnis zum Nutzen zu hoch.

---

[95] Forschungsobjekt der Software-Ergonomie ist das Zusammenspiel von Mensch und Computer mit dem Ziel, die Technik so zu gestalten und in organisatorische (Arbeits-)Zusammenhänge einzubetten, dass menschengerechte und effiziente Arbeit ermöglicht wird (Friedrich et al. 1995, S. 237).

(2) Ein soziotechnisches System braucht ein bestimmte **Dynamik**: Gibt es regelmäßig etwas Neues zu lesen (bspw. News, Aktuelles) und werden meine Anfragen beantwortet?

(3) Ein soziotechnisches System braucht die Unterstützung von Interaktions- und **Kommunikationsmöglichkeiten**: Wird mein eigener Beitrag aufgenommen? Kann ich auf andere Beiträge reagieren, in welcher Form? Wird die Interaktion durch was erschwert?

(4) Ein soziotechnisches System braucht **qualitativ gute Inhalte**: Welche Informationen gibt es zu meinem Thema? Aus welchen Akteuren besteht die Community?

(5) Ein soziotechnisches System braucht die Unterstützung für eine eigene Fortentwicklung: Gibt es Möglichkeiten der persönlichen Weiterentwicklung, z.B. höherer Status, wenn ich häufig aktiv bin, der mehr Vertrauen und Prestige schenkt? Ein soziotechnisches System braucht **Fortentwicklungs-Möglichkeiten**: Ist es möglich, Einfluss auf die Struktur zu nehmen?

(6) Ein soziotechnisches System braucht **Integrations-Möglichkeiten**: Können Inhalten zwischen verschiedenen Communities ausgetauscht werden? Gibt es durch die Teilnahme an der einen Community einen Vertrauensvorschuss für andere?

Die Faktoren 1 bis 4 werden in der empirischen Untersuchung mitbedacht und konnten bestätigt werden. Zu den Faktoren 5 bis 6 zur Fortentwicklung und Integrationsmöglichkeit sind keine direkten empirischen Daten vorhanden, daher können diese nicht bestätigt und nicht widerlegt werden. Möglicherweise spiegelt sich bei der Inpud-Community die eigene Fortentwicklung darin wieder, dass ein sehr aktiver Nutzer sich durch eine hohe Präsenz und qualitative gute Inhalte auszeichnet und dadurch implizit einen höheren Status von den Akteuren erhält. Dies zeigt sich dann in positiven Aussagen, wie bspw. Lob und Anerkennung. Auf die soziotechnische Struktur der Inpud-Community Einfluss zu nehmen, ist nur eingeschränkt möglich, bspw. durch Anfragen an die Moderatoren, ein neues Forum zu einer neuen Veranstaltung aufzunehmen. Es ist also durchaus möglich, dass eine Analyse der Inpud-Community zu den Faktoren 5 und 6 diese zu bestätigen vermag.

5.3.3. Elemente einer Community-Kultivierung (Community-Modell)

Aus den vorherigen Kapiteln wird nun ein zusammenhängendes Community-Modell skizziert.

Eine Community besteht aus technischen und sozialen Elemente, die miteinander verwoben sind. Eine Community entsteht aus der Kultivierung von sozialen Beziehungen, deren Akteure unter bestimmten Bedingungen ein gemeinsames Wissens- bzw. Themengebiet entwickeln oder entdecken, was wiederum zu gemeinsamen sozialen Praktiken (Handlungsweisen, Werte etc.) führt bzw. führen kann.

Diese gemeinsamen sozialen Handlungsweisen beeinflussen wiederum die sozialen Beziehungen. Der Aufbau sozialer Beziehungen hängt in soziotechnischen Communities von der sozialen Präsenz ab, die die Herausbildung von sozialer Nähe und/oder die Bildung von Vertrauen beeinflusst, und führt zu mehr sozialem Kapital, welches wiederum den Akteuren der Community zur Verfügung steht (vgl. Kapitel 7.2). Abbildung 5b zeigt das Modell grafisch. Eine Community wird in diesem Modell als ein von der Technik abhängiges soziales und daher soziotechnisches Phänomen begriffen. Sie entsteht nur, weil es die IT-Technik gibt.

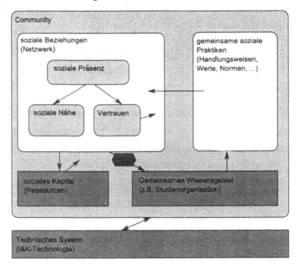

Abb. 5b: Die Elemente einer Community

5.4. Wissensaustausch und Rollenveränderungspotential – ein Modell

Wissen zu managen heißt, das Wissen der Menschen, die interagieren, zu managen. *„Voraussetzung dafür ist jedoch, dass die zugrunde liegenden Interaktionsmuster und Bedarfe zunächst erkannt werden"* (Hoffmann et al. 2001, S. 10). Bei der Analyse um Wissensaustauschprozesse geht es also immer auch um die Analyse von Interaktionsprozessen. Auf der Ebene von sozialen Systemen, die sich aus Kommunikationen konstituieren, handelt es sich um die Analyse von Handlungszusammenhängen. Die Arbeit geht von der Grundannahme aus, dass sich die Handlungszusammenhänge – die innere (Arbeits-)Organisation in Systemen – in den Rollen widerspiegeln, weil die Akteure auf der Basis der eingenommenen Rollen handeln (vgl. Balog 1989, S. 109).

Allerdings haben Rollen zwei zum Teil gegensätzliche Funktionen:

1. Zum einen strukturieren sich soziale Systeme, in dem sie (Verhaltens-) Erwartungen bündeln, und diese als soziale Rollen in Erscheinung treten. Das bedeutet, dass Rollen fokussierend und strukturierend wirken, um Kommunikation einzuschränken, Anschlussfähigkeit zu gewährleisten und nicht-dazugehörige Kommunikation auszugrenzen. Dadurch wird die Kommunikation der Akteure und ihr Handeln für sie selber, als auch für andere Akteure in den Bezugsrollen, erwartungssicher (**Orientierungs- / Koordinationsfunktion**).

2. Zum anderen wird die Handlungsmöglichkeit des Akteurs eingeschränkt, weil der Zugang zu bestimmten Informationen nicht zur Verfügung steht. Ein Akteur hat innerhalb einer Organisation keine Möglichkeit, sein Gelerntes über seine Rolle hinaus in konkretes Handeln umzusetzen, weil er keinen Zugang zu den Aktivitäten und Ressourcen anderer Rollen innerhalb der Organisation hat. Zudem verhindern enge Rollendefinitionen und Normprozesse mögliche Verhaltensänderungen (Müller & Hurter 1999, S. 17). Rollen beschränken die Wissensvermittlung als auch die Wissensaneignung der Mitarbeiter/innen (Funktion der **Einschränkung der Handlungsmöglichkeit**). Beispielsweise kann ein Studienfachberater nicht die Vorlesung der Professoren/innen bestimmen oder die Diplom-Prüfungsordnung eines Fachbereiches abändern. Er kann nur Einfluss nehmen. Um Einfluss auf Änderungen zur Diplom-Prüfungsordnung zu nehmen, muss er einen Rollenwechsel vornehmen. D.h. er muss dem Fachbereichsrat oder anderen Gremien beitreten, um die Informationen zur Veränderung der Prüfungsordnung zu erhalten. Eine andere Handlungsalternative ist, dass er möglicherweise auf ein Netzwerk von Personen zugreifen kann und einen Akteur aus den Gremien kennt, der ihm die Informationen weiterleitet.

Es wird angenommen, dass die Kultivierung von Communities dazu beitragen kann, rollenbeschränktes Lernen zu minimieren, rollenübergreifend zu handeln und Wissensaustausch zu fördern, bei gleichzeitiger Aufrechterhaltung bzw. Weiterentwicklung der Organisationsstrukturen. Dabei muss berücksichtigt werden, dass sich auch in Communities Rollen entwickeln, die intern strukturierend und kommunikationsorientierend wirken.

Bei einer Community wird es neben den formalen Rollen (bspw. offizielle Moderatoren), insbesondere informelle Rollen geben, wie bspw. aktive oder passive Teilnehmer/innen, Meinungsmacher, Stimmungsmacher, Ja-Sager etc.

Beim Beobachten des Online-Diskussionsforums der Inpud-Community über längere Zeit (vgl. Kapitel 6.1) hat sich gezeigt, dass sich einige Nutzer stark beteiligen, andere weniger; es gibt formale und informelle (inoffizielle) Moderatoren, und einige Akteure sind eher nur in der Gastrolle, Zuschauer oder Lurker. In einer Untersuchung fanden Stegbauer & Rausch (2001) heraus, dass passive Teilnehmer/innen (Lurker) in der Regel die Mehrheit der Community-Mitglieder bilden. Lurker in einem Online-Diskussionsforum zu sein, bedeutet aber nicht – so Stegbauer & Rausch –, dass sie auch in anderen Foren diese Position einnehmen. Aufgrund ihrer quantitativen Bedeutung innerhalb der Foren können diese zunächst passiven Akteure bedeutsam sein, um den Informationsaustausch zwischen verschiedenen Foren zu ermöglichen. Lurker tragen also das Wissen einer Community in die Welt hinaus und haben daher eine wichtige Rolle inne: Sie verbinden verschiedene soziale bzw. soziotechnische Systeme.

Diese Erkenntnis, dass Rollen (neue) Strukturen erzeugen und diese gleichzeitig das Handeln einschränken, ist nicht neu. Neu daran ist aber, das Veränderungspotential von Rollen und deren Einfluss auf bestehende Strukturen zu untersuchen. Diese Herausforderung stellt sich die vorliegende Arbeit. Allerdings geht es dabei nicht um die Untersuchung aller möglichen Rollen in allen erdenkbaren Communities. Vielmehr ist zu untersuchen, inwiefern eine Rollen-Analyse und eine Aktivierung des Veränderungspotentials von Rollen dazu beitragen können, Wissensaustauschprozesse zu fördern und zu kultivieren.

Die Forschungs-Fragestellung, die sich daraus ergibt, und die in den nachfolgenden Kapiteln empirisch nachgegangen wird, ist folgende:

- Unter welchen Bedingungen findet ein Wissensaustausch unter Rollen (-inhaber/innen) statt?

- Und inwiefern, in welchem qualitativen Maße, ist das Veränderungspotential von Rollen organisatorisch und technisch zu unterstützen, um einen gemeinsamen Wissensaustausch (und eine Zusammenarbeit) zu fördern?

Zusammenfassend gesagt, will die Arbeit Antworten geben, wie die (Weiter-)-Entwicklung von dynamischen Rollenstrukturen in soziotechnischen Systemen zu unterstützen ist, um einen gemeinsamen rollenübergreifenden Wissensaustauschprozess zu kultivieren.

Abbildung 5c (siehe nächste Seite) zeichnet das Grundmodell der vorliegenden Arbeit und führt die theoretischen Abhandlungen der vorherigen Kapitel zusammen: **Ein soziotechnisches System ist eine formal-strukturierte Organisation** (in der Abbildung 5c links als Rechteck gezeichnet), die ihre Wissensaustauschprozesse durch informelle Strukturen, die als **Communities** bezeichnet werden, kultivieren kann (in der Abb. 5c rechts als Rechteck gezeichnet). Eine detaillierte Herleitung ist in den Kapitel 2 bis 5 nachzulesen.

Soziales Handeln ist nicht immer Teil des soziotechnischen Handelns. Es gibt natürlich weiterhin soziales Handeln, welches nicht immer technisch unterstützt ist. Entscheidend ist, dass soziales und soziotechnisches Handeln Teil der Aktivität *Entscheidungen treffen und Aufgaben bearbeiten* in der Organisation sind. (Die Pfeile symbolisieren eine Aggregation.) Im Modell ist nicht explizit zu ersehen, dass nur bestimmte Rollen bestimmte Aufgaben übernehmen. Nicht jede Rolle kann oder ist dafür geeignet, jede Aufgabe zu erfüllen. Für den Wissensaustausch soziotechnischer Systeme ist es hilfreich, wenn dies den Beteiligten bewusst und transparent ist. Wissensaustauschprozesse zu kultivieren bedeutet demnach das Rollenveränderungspotential zu aktivieren.

In den nachfolgenden Kapiteln zur empirischen Untersuchung werden die Rollen im Kontext von Wissensaustauschprozessen am Beispiel der Studienorganisation einer Universität analysiert. Die empirische Untersuchung umfasste eine teilnehmende Beobachtung, die Initiierung und Kultivierung einer Community zum Thema *Studienorganisation im Fachbereich Informatik* als auch ergänzende qualitative Experten/innen-Interviews zum Wissensaustausch. Im folgenden Kapitel wird die oben genannte theoretisch-abgeleitete Forschungsfrage mittels empirischer Untersuchungen zu beantworten versucht.

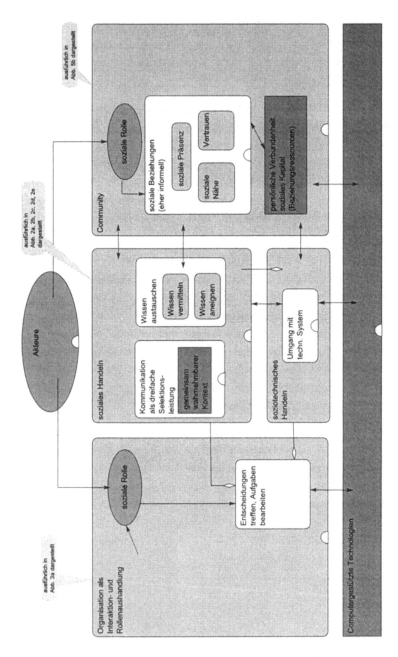

Abb. 5c: Wissensaustausch in Organisationen durch Community-Bildung

6. Empirische Untersuchung: Wissensaustausch zur Studienorganisation an einer Universität

Im folgenden Kapitel wird die empirische Untersuchung zum Wissensaustausch dargestellt. Am Beispiel der Studienorganisation (Studienplanung und Studiendurchführung) an einer Universität (Non-Profit-Organisation) wird der Wissensaustausch zu diesem Themengebiet analysiert. Hierbei ist die Frage, welche Rollen am Wissensaustausch teilnehmen und in welchem qualitativen Maße Rollen unterstützt werden können, um am Wissensaustausch teilzunehmen.

6.1. Anlass, Gegenstand und Ziel der empirischen Untersuchung

Im Rahmen des WIS-Projektes[96] an der Universität Dortmund, wurde im Fachbereich Informatik der Frage nachgegangen, warum, gemessen an den Anfängerzahlen, nur relativ wenige der eingeschriebenen Studierenden im Grundstudium das Vordiplom absolvieren[97]. Hinzu kommt, dass sie für das Grundstudium eine relativ lange Zeit von durchschnittlich 8 Semestern benötigen, während die Regelstudienzeit 4 Semester beträgt. Im Projekt wurde von der Hypothese ausgegangen, dass Studierende nicht nur fachlich-inhaltliche Probleme im und mit dem Studium haben. Für den Studienerfolg, der sich im formalen Abschluss des Grundstudiums anhand des Vordiploms zeigt, ist die Art und Weise der **Studienorganisation** entscheidend. D.h.

- wie sich Studierende auf das Studium einstellen,

- wie sie es planen und organisieren,

- wie sie mit anderen Studierenden und Lehrenden kooperieren,

- wie sie ihre Prüfungen vorbereiten und

- wie sie ihre Berufstätigkeit und Freizeit mit dem Studium koordinieren.

---

[96] WIS ist die Abkürzung für Weiterentwicklung des InformatikStudiums. Das Projekt bestand aus mehreren Teilprojekten und wurde vom Land NRW (MSWF) gefördert. Ein Teilprojekt wurde von Prof. Dr.-Ing. Thomas Herrmann geleitet.

[97] Die Erfolgsquote liegt bei ca. 40 Prozent. Informatikstudierende benötigen durchschnittlich 14,5 Semester (Fachstudiendauer für Diplomprüfungen 1998) - Quelle: MSWF NRW / Ref. 211, Foliensatz vom 3. April 2001, S. 8, S. 17.

Ein Teilprojekt innerhalb des WIS-Projektes lautete *Wissensmanagement des Studienverlaufs* und untersuchte, welche Erfolgsfaktoren und Barrieren dem Studium am Fachbereich Informatik aus der Sicht von Studierenden zugrunde lagen. Dazu wurde ermittelt, welche Faktoren aus Sicht von Studierenden im Grundstudium zur erfolgreichen Studienorganisation wichtig sind.

Die Faktoren, die das Studium aus Sicht von Studierenden beeinflussen, wurden mittels einer explorativen Studie erfasst. Dazu wurden in einer ersten Phase vierzehn mündliche Intensivinterviews mit acht Studierenden und sechs Lehrenden durchgeführt. Auf dieser Basis wurde in der zweiten Phase ein schriftlicher, teil-standardisierter Fragebogen entwickelt, der im Februar 2002 von 384 Studierenden ausgefüllt zurückgegeben wurde.[98]

Als ein Ergebnis konnte festgehalten werden, dass es vielfältige Gründe gibt, warum Studierende nicht in der Regelstudienzeit bleiben (vgl. Jahnke, Mattick, Herrmann 2005); z.B.

- sich zeitlich überschneidende Aktivitäten zwischen ihrem Studium und ihrer Erwerbstätigkeit (die Erwerbstätigkeit nimmt mehr Zeit in Anspruch, und es wird mehr Geld für die Lebenshaltung benötigt als kalkuliert),

- andere Prioritäten-Setzung (bei sonnigem Wetter ist es schöner frei zu nehmen, als für die Prüfung zu lernen) und

- falsche Lernstrategien (kurz vor der Prüfung zu lernen, reiche aus).

Das wesentliche Ergebnis der Befragung ist jedoch, dass den Studierenden nicht alle Informationen zur Verfügung stehen, um ihr Studium angemessen planen und durchführen zu können. Es zeigte sich, dass es Defizite in der Bereitstellung und Verfügbarkeit von Informationen gibt, bspw. wie die Inhalte aufbereitet sind, und dass Unklarheiten im „Rollenverständnis" bestehen, d.h. welche Rolle für welche Aufgaben zuständig und welche Rollen für welches Themengebiet ansprechbar ist. Damit eng verbunden sind auch die Erwartungszusammenhänge, d.h. was Studienorganisations-Beteiligte in ihren verschiedenen Rollen an der Universität von Studierenden erwarten und was Studierende vom Fachbereich und von der Studienberatung erwarten. Dies ist jedoch hilfreich, um bspw. mögliche

---

[98] Zum 15.11.2001 waren ca. 1.700 Studierende im Informatik-Grundstudium eingeschrieben (Quelle: Dekanat Informatik), d.h. es wurden fast 20 Prozent der Studierenden im Grundstudium erreicht.

Erwartungsdiskrepanzen zwischen Studierenden und Studienorganisations-Beteiligten zu klären. Relevante Rollen sind hierbei bspw. die zentrale Studienberatung, die Studienfachberatung in den einzelnen Fachbereichen, die Fachschaftsvertretungen der einzelnen Fachbereiche, das Prüfungsamt, das Studierendensekretariat sowie das Dezernat, das für Studienangelegenheiten der gesamten Universität zuständig ist.

Die Ergebnisse des WIS-Projektes zeigten, dass davon auszugehen ist, dass es Defizite in der Zusammenarbeit und im gemeinsamen Wissensaustausch zur Studienorganisation gibt. Demnach ist die Bereitstellung von Informationen, als auch die rollenübergreifende Zusammenarbeit und der Wissensaustausch zur Studienorganisation genauer zu betrachten.

Bereits im Rahmen des WIS-Projektes wurde eine webbasierte Plattform erstellt, die die Bereitstellung von Informationen zur Studienorganisation übersichtlich darstellte. Damit ging gleichzeitig die Initiierung eines Online-Wissensaustauschs insbesondere für Studierende einher, bei der die Studienfachberatung miteinbezogen wurde. Diese Plattform und die dazugehörigen Online-Webforen wurde **Inpud-Community** genannt, die ausführlich in Kapitel 6.1.1 beschrieben wird.

Der Gegenstand der Untersuchung ist somit der rollenübergreifende Wissensaustausch zur Studienorganisation an einer Universität, die die o.g. Inpud-Community, als eine Form des Wissensaustauschs, einbezieht. Unter welchen Bedingungen und inwiefern das Veränderungspotential von Rollen unterstützt werden kann, um einen gemeinsamen rollenübergreifenden Wissensaustausch zur Studienorganisation zu kultivieren, wird in der vorliegenden Arbeit untersucht.

Für den Untersuchungsgegenstand der vorliegenden Arbeit wurde der Wissensaustausch zur Studienorganisation an einer Universität ausgewählt, weil eine Universität eine große Organisation mit eher unübersichtlichen, dezentralen Strukturen ist und viele verschiedene Rollen ausdifferenziert hat. Eine Universität hat eine eher netzwerkartige Struktur, und ist nicht so starr hierarchisch organisiert, wie bspw. Unternehmen. Dies hat Vorteile, die sich bspw. in Handlungsfreiräumen von Forschung und Lehre ausdrücken, aber auch Nachteile, bspw. wenn es um die Rollenübernahme von ungeliebten nicht gewollten Rollen geht – ggf. die Übernahme von Selbstverwaltungsaufgaben (vgl. Kapitel 7.1) – die nicht top-down zugewiesen werden können wie bspw. in Profit-Unternehmen, da die Sanktionsmöglichkeiten andere sind. Das Thema der Studienorganisation an einer Universität wurde auch deshalb ausgewählt, weil es als Thema über die gesamte Organisation verteilt ist und verschiedene soziale Systeme in der Universität verbindet.

Wenn eine Community den Wissensaustausch in besonderem Maße fördert (wie in Kapitel 5 gezeigt), dann ist also die Frage zu stellen, inwiefern, in welchem Maße eine große eher unübersichtliche Organisation mit hoher Rollenkomplexität zu einer Community zur Studienorganisation kultiviert werden kann. Das Ziel der Untersuchung ist zu verdeutlichen (1) wie welche Rollen beim Wissensaustausch zur Studienorganisation miteinander interagieren, unter welchen Bedingungen sie kooperieren und (2) wie eine gemeinsame Wissensaustausch-Praxis durch das Veränderungspotential von Rollen kultiviert werden kann. Die empirische Untersuchung wurde mit qualitativ-explorativen Methoden durchgeführt.

Bevor die Untersuchungsmethode erläutert wird, erfolgt eine Beschreibung der Inpud-Community.

6.1.1. Inpud-Community

Die Initiierung einer soziotechnischen Community zur Studienorganisation wurde in Kontext empirischer Befunde des WIS-Projektes gestützt. Studierenden fehlen zum Zeitpunkt ihrer Studienplanung notwendige Informationen (vgl. Jahnke, Mattick, Herrmann 2005). Aufgrund dieser Ergebnisse, die zeigten, dass es sowohl Defizite in der Bereitstellung von Informationen als auch beim Wissensaustausch zur Studienorganisation gibt, wurde eine webbasierte Plattform erstellt, die die Bereitstellung von Informationen zur Studienorganisation übersichtlich darstellte. Damit ging gleichzeitig die Initiierung eines Wissensaustauschs insbesondere für Studierende einher. Diese Plattform mit den dazugehörigen Online-Webforen wurde *Inpud-Community* genannt.[99]

Mit der Initiierung einer soziotechnischen Community wird das Ziel verfolgt, die Situation für Studierende zur Studienplanung zu verbessern, in dem ein gemeinsamer Wissensaustausch zur Studienorganisation kultiviert werden sollte. Die Zielgruppe war zum derzeitigen Zeitpunkt **Studierende im Grundstudium** des

---

[99] INPUD=**I**nformatik**P**ortal der Universität Dortmund. Die technische Entwicklung von INPUD ist insbesondere Volker Mattick zu verdanken. Die Inpud-Community ist frei zugänglich und erreichbar unter „http://inpud.cs.uni-dortmund.de" oder „www.inpud.de" (Stand: 17.08.2005).

Fachbereiches Informatik an der Universität Dortmund. Die *Inpud-Community*[100] sollte es ermöglichen, dass sich Studierenden mit Gleichgesinnten, aber auch mit Mitarbeiter/innen des Fachbereichs, bspw. Studienfachberater/innen, austauschen können. Fast drei Jahre nach Initiierung der Community ist zu beobachten, dass neben Studierenden und Studienfachberatung (teils in der Moderatoren-Rolle) auch andere universitäre Rolleninhaber/innen an der Inpud-Community aktiv beteiligt sind, bspw. Lehrende (Professoren, wissenschaftliche Mitarbeiter/innen).

Die Inpud-Community stellt einerseits aus Studierendensicht zielgruppen-spezifische, kontextualisierte Informationen übersichtlich dar (a). Andererseits gibt es differenzierte Möglichkeiten zur asynchronen Kommunikation (b).

(a) Kontextualisierte Informationsaufbereitung (statische Webseiten): Mit der Aufbereitung kontextualisierter Informationen soll es Studierenden ermöglicht werden, einen guten Einblick in die Studienstruktur des Faches zu erhalten. Dazu müssen die Studieninhalte für die Zielgruppe angemessen aufbereitet werden, d.h. nicht-relevante Informationen sind auszufiltern, relevante aber derzeit nicht vorhandene Informationen sind hinzu zufügen. Die Inhalte sind für die Zielgruppe entsprechend zu kontextualisieren und zu strukturieren.

Um dies zu gewährleisten, wurden auf der Inhaltsebene die Bereiche *Lehrver-anstaltungen* und *Studieninformation* (Studienberatung) eingerichtet.[101] Die Lehrveranstaltungen sind derzeit im Wesentlichen für das Grundstudium im Fachbereich Informatik aufgelistet. Sie werden einerseits nach Semester aufgelistet, andererseits grafisch in Form einer Tabelle übersichtlich auf einer Seite aufgeführt. Diese Tabelle beinhaltet das gesamte Grundstudium, und empfiehlt, wann welche Veranstaltungen besucht werden sollten. Die Informationen zu den Lehr-veranstaltungen beinhalten Vorlesung, Übungen, Materialien, Prüfungen, Kontakte und in der Regel ein Online-Diskussionsforum. Dieser Teil von Inpud ist im Mai 2002 frei geschaltet worden. Die Webforen (vgl. Punkt b) wurden aus technischen Gründen erst vier Monate später zur Verfügung gestellt.

Die Studieninformationen beinhalten Hinweise zur Studienfachberatung (Aufgaben und Kontaktdaten teilweise mit Fotos), relevante Links, einen Dokumenten-

---

[100] Das technische System besteht aus einer webbasierten Hypertext-Applikation und aus Webforen, die als Open-Source-Produkt frei verfügbar sind und somit keine Anschaffungskosten verursachen.

[101] Zusätzlich existiert neben den News auch eine Suchfunktion.

download und insbesondere mehrere Webforen zu drei verschiedenen Studiengängen am Fachbereich. Abb. 6a zeigt es (vgl. http://www.inpud.de).

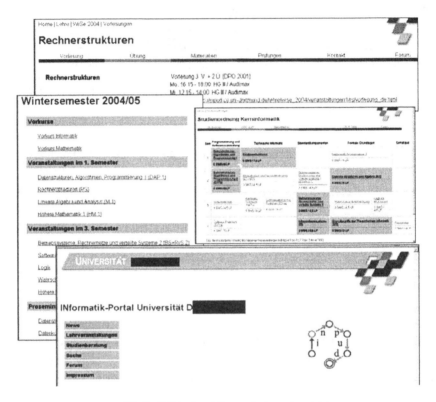

Abb. 6a: Teil 1 - Inpud-Community (www.inpud.de)

(b) Asynchrone Kommunikation (Online-Webforen): Im Rahmen des WIS-Projektes wurden Befragungen unter Studierenden durchgeführt, die auch die Notwendigkeit der Unterstützung asynchroner Kommunikation aufzeigte. Bspw. wurde von einigen Studierenden gefordert, eine bessere inhaltliche Abstimmung zwischen Vorlesung und Übung zu unterstützen. Dies kann einerseits durch die Ergänzung von Inhalten geschehen, andererseits durch die Möglichkeit, sich asynchron mit anderen Studierenden oder Lehrenden über Inhalte von Vorlesung und Übungen auszutauschen. Da die Universität Dortmund als Pendler-Universität gilt, d.h. viele Studierende nicht in Dortmund wohnen, sondern weiter außerhalb, und somit weniger an der Universität präsent sind, sollte es auch für sie möglich werden, sich mit anderen auszutauschen und gemeinsam zu lernen.

Das inpudforum existiert seit dem 17.9.2002. Es besteht aus mehreren Foren, die nach Grundstudiums- (14 Foren) und Hauptstudiumsveranstaltungen (4 Foren) unterteilt sind. Außerdem gibt es Foren zur Studienorganisation (4 Foren), ein Forum zum Auslandsstudium, ein Forum zu Frauen in der Informatik und ein sonstiges Forum (bspw. Wohnheimplätze und Lernpartnerbörse). Das sind insgesamt **25 Inpudforen** (Stand: 25.08.2005). Abb. 6b zeigt einen Ausschnitt der Inpud-Community.

Abb. 6b: Teil 2 - Inpud-Community

Im Juli 2005 gab es mehrere technische Störungen, was dazu führte, dass das technische System nicht jederzeit einwandfrei funktionierte. Dazu schrieb ein/e

Nutzer/in „*Nutze das Forum um Probleme bei den Übungszetteln zu lösen oder den Stoff zu vertiefen, nur wenn ich es nicht nutzen kann - bringt es nicht viel!*"[102].

Eine Auswertung der Nutzungsentwicklung zeigt, dass seit Einführung im Jahr 2002 die Nutzung kontinuierlich steigt und zu Beginn der jeweiligen Wintersemester die Zugriffsrate deutlich höher ist als im übrigen Semester. Im Oktober 2002 waren es nur 171.408 Seitenanfragen je Monat, im Oktober 2003 bereits 292.155 Seitenanfragen – fast doppelt so viele (vgl. Abb. 6c). Diese Entwicklung hält bis heute an.

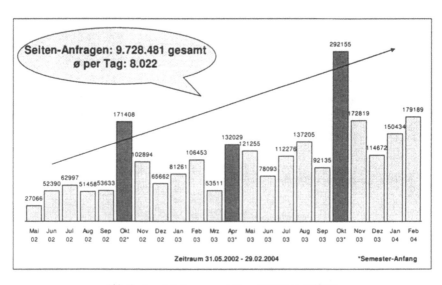

Abb. 6c: Inpud-Nutzungsentwicklung (6/2002 bis 2/2004)

In der Inpud-Community gibt es mehr als 1.000 registrierte Benutzer, die mehr als 21.000 Beiträge verfasst haben, wobei das Lesen von Beiträgen keine gesonderte Registrierung erfordert. Jeder kann alles lesen. Eine Auswertung des Inpudforums zeigt, dass ca. 190 Personen (überwiegend Studierende) jeweils zwischen 26 und 391 Einzelbeiträge geliefert haben. Davon haben 108 Personen jeweils(!) über 50-mal geantwortet. 14 Studierende haben sogar mehr als jeweils 200 Beiträge geschrieben (Stand: Dez .2006). Abbildung 6d verdeutlicht es.

---

[102] Quelle: Inpud-Forum „Studieren, studieren und leben", Topic „Forum am We oft OFFLINE!!!" am 05.06.2005, Nutzer Jarsi.

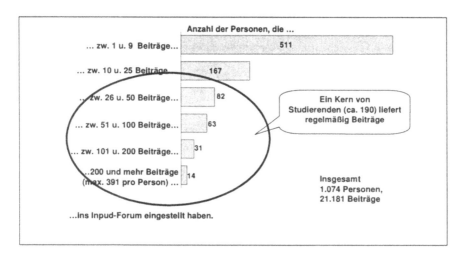

Abb. 6d: *Beiträge je Nutzer/in im Inpudforum (25.08.2005)*

Es beteiligen sich demnach heutzutage mehr als fast 50 Prozent aller Studierende am Fachbereich Informatik an der Universität Dortmund aktiv mit Beiträgen. Eine repräsentative Umfrage am Fachbereich im Februar 2003, also ca. ein Jahr nach der Initiierung der Inpud-Community, ergab, dass bereits über 96 Prozent (n=186), der Studierenden im Grundstudium Inpud kannten. Davon hatten über 80 Prozent mindestens einmal Inpud genutzt. Die hohe Nutzeranzahl zeigt, dass viele Studierende diese Form des Wissensaustauschs nutzen. Sie fragen und antworten, helfen sich gegenseitig, und geben Anregungen.

6.1.2. Untersuchungsmethode zur empirischen Datenerhebung

Nach dem der Untersuchungsgegenstand – Wissensaustauschprozesse zur Studienorganisation unter Berücksichtigung der Inpud-Community geklärt wurde, ist nun die Untersuchungsmethode zu erläutern.

Die verschiedenen Methoden der empirischen Sozialforschung sind unter dem Aspekt der wissenschaftlichen Leistungsfähigkeit von sozialwissenschaftlichen Erkenntnissen nicht unumstritten. Dies wurde und wird in der Kontroverse zwischen quantitativen und qualitativen Methoden diskutiert. Filstead (1979) kritisiert insbesondere die soziologisch-quantitativen Methoden, die einen immensen Abstand vom Gegenstandsbereich einhalten und den Wissenschafts-Elfenbeinturm von der empirischen Welt trennt. *„Wenn sie menschliches Verhalten besser verstehen wollen, müssen die Soziologen, statt einen immer größeren*

Abstand von den Phänomenen der empirischen sozialen Welt herzustellen, in direkten Kontakt mit ihnen treten" (Filestead 1979, S. 30).

Mit dem Ansatz der *„verstehenden"* Soziologie versucht Weber (1972, S. 3, Original 1921) in einen direkten Kontakt mit dem Gegenstand der Sozialwissenschaften zu treten. Den Gegenstand der Soziologie definiert Weber als soziales Handeln, der durch Luhmann (1987) um soziale Systeme, die sich aus Kommunikationen und Handeln konstituieren, erweitert wurde. Den Vorgang der Bedeutungszuschreibung (vgl. Mead 1967, Blumer 1973) von Akteuren an Symbole, Zeichenträger, Daten und Informationen hat der beobachtende Wissenschaftler (wie auch der Handelnde) **aktiv nachzuvollziehen**, um das Handlungs- bzw. Kommunikationssystem *„verstehend deuten"* zu können (Girtler 1988, S. 17), wobei die Deutung als Interpretation zu einer Erklärung führen kann.

Die Methode des Verstehens ist bspw. durch **direkte Teilnahme am Prozess** und/oder durch Interviews möglich und erlaubt es, menschliches Handeln und Kommunikationsprozesse genauer wahrzunehmen und wirklichkeitsnaher zu interpretieren als es die äußere Perspektive bspw. durch quantitative geschlossene Fragebögen zuließe. Die ausschließliche äußere Perspektive kann nur beschreiben, aber nicht nachvollziehend verstehend deuten oder erklären, warum sich Akteure wie verhalten. Allerdings mag es bei einigen Untersuchungsgegenständen hilfreich sein, qualitative als auch quantitative Methoden miteinander zu koppeln. Ein Beispiel für die Verkopplung ist die Triangulation, die es ermöglicht, den Gegenstand von verschiedenen Seiten aus zu betrachten, d.h. mit verschiedenen Methoden zu untersuchen oder bei der Untersuchung verschiedene Datenquellen heranzuziehen (vgl. Flick 2004).

Eine Methode, die den direkten Kontakt zum Gegenstand findet, ist die *„teilnehmende Beobachtung"* (Girtler 1988, S. 13). Ein Vorteil dieser qualitativen Methode besteht in der *„Offenheit"*, sich dem Forschungsgegenstand unaufgezwungen zu nähern (Girtler 1988, S. 34; 38) und in einen Kommunikationsprozess einzutreten, sozusagen Teil des sozialen Systems, welches Gegenstand der Forschung ist, zu werden. Die teilnehmende Beobachtung ist eine Methode der empirischen Sozialforschung, die **das Verhalten von Akteuren in bestimmten Situationen** untersucht. Die teilnehmende Beobachtung wird dann gewählt, wenn keine Möglichkeit besteht, den Gegenstand mit anderen Methoden wie bspw. Befragungsinstrumenten oder Experimenten zu untersuchen, um brauchbare Erkenntnisse zu gewinnen.

Bei der teilnehmenden Beobachtung ist der Forscher selbst im Untersuchungsfeld. Hierbei muss sich der/die Wissenschaftler/in darüber bewusst sein, dass er/sie in der Rolle Forscher/in und Teilnehmende/r zugleich ist. Dieses scheinbare Dilemma hat sich die Aktionsforschung[103] zu Nutzen gemacht. Durch einen gemeinsamen Lernprozess von Forscher/innen und Betroffenen werden nicht nur neue wissenschaftliche Erkenntnisse produziert, sondern die Betroffenen lernen, Handlungskompetenzen zur Verbesserung ihrer Situation zu entwickeln (vgl. Avison et al. 1999, S. 94). Daher ist der typische Zyklus im Ablauf einer Aktionsforschung die Informationssammlung, das Erarbeiten von Handlungsorientierungen, das Handeln im sozialen Feld (Intervention) und die neue Informationssammlung über die veränderte Situation (vgl. Moser 1975, S. 146). Diese Zyklen können beliebig of wiederholt werden. Die vorliegende Untersuchung des Wissensaustausch von verschiedenen Rollen in der Inpud-Community kann insofern auch als Aktionsforschung verstanden werden, da die Verfasserin nicht nur Forscher war, sondern auch als Studienfachberaterin fast 2 Jahre in der Studienorganisation tätig war und die Initiierung der Inpud-Community mit verfolgen als auch gestalten konnte. Die Initiierung der Inpud-Community ist demzufolge auch als Intervention zu verstehen, die es ermöglichen sollte, die Faktoren für einen rollenübergreifenden gemeinsamen Wissensaustausch zu analysieren. Unter welchen Bedingungen und inwiefern das Veränderungspotential von Rollen unterstützt werden kann, um einen gemeinsamen Wissensaustausch zur Studienorganisation zu kultivieren, ist Gegenstand der vorliegenden Untersuchung.

Die Durchführung der empirischen Untersuchung in der vorliegenden Arbeit basiert auf den Annahmen der qualitativen Sozialforschung (vgl. bspw. Flick el al. 2000). Hierbei ist nicht Ziel, Hypothesen kontrolliert zu überprüfen, sondern Daten entdeckend, explorativ zu erheben. *„Explorative bzw. erkundende Untersuchungen werden in erster Linie mit dem Ziel durchgeführt, in einem relativ unerforschten Untersuchungsbereich neue Hypothesen zu entwickeln oder theoretische bzw. begriffliche Voraussetzungen zu schaffen, um erste Hypothesen formulieren zu können"* (Bortz & Döring 2003, S. 54).

Die empirisch qualitativ-explorative Untersuchung der vorliegenden Arbeit umfasste:

---

[103] Pioniere der Aktionsforschung sind Jahoda & Lazarsfeld (1933),„Die Arbeitslosen von Marienthal" sowie Kurt Lewin (1946).

- eine **teilnehmende Feldbeobachtung** der Inpud-Community, im Zeitraum von Juni 2002 bis September 2004 aus der Sicht der Studienfachberatung im Fachbereich Informatik an der Universität Dortmund. Die Nutzungsentwicklung der Inpud-Community wurde quantitativ erhoben und die Diskussionsbeiträge mittels einer qualitativen Inhaltsanalyse ausgewertet und unterstützend hinzugezogen. Die Feldbeobachtung ermöglichte es, Erkenntnisse zu den Bedingungen der Rollen und ihrem Veränderungspotential anhand existierender Wissensaustauschprozesse abzuleiten.

- **acht** qualitativ-explorative **leitfadengestützte Intensiv-Interviews**, die im Oktober bis Dezember 2003 durchgeführt wurden. Der Ist-Zustand zum Wissensaustausch zur Studienorganisation wurde mittels Experten/innen- und Expertinnen-Interviews über den Fachbereich Informatik hinaus und universitätsübergreifend erhoben. Die Experten/innen-Auswahl ist weiter unten erläutert.

Auf Basis dieser explorativen Untersuchung, die eine teilnehmende Feldbeobachtung mit Aktionsforscherischen Elementen und leitfaden-gestützten Experten/-Expertinnen-Interviews beinhaltet, werden empirisch-basierte Thesen abgeleitet, in welchem Maße Rollen und deren Veränderungspotential zu unterstützen sind, um einen gemeinsamen Wissensaustausch von relevanten Rollen zu einem bestimmten Themengebiet zu kultivieren.

Diese Thesen ermöglichen es zwar, Konsequenzen und erste Anregungen für die Unterstützung von gemeinsamen Wissensaustauschprozessen zur Studienorganisation im Besonderen und zur Kultivierung von Communities in Organisationen im Allgemeinen abzuleiten, jedoch nur mit der Einschränkung, dass diese Thesen nur Hypothesen sind, die in einer weitere Untersuchung wissenschaftlich geprüft werden müssen.

Weitere Daten für die Untersuchung lieferte

- das bereits oben genannte WIS-Projekt, in dem Interviews mit Studierenden (n=6) und Lehrenden (n=7) geführt wurden. Hier wird vor allem die Rolle der Studierenden eingenommen und ein Bild der Universität aus deren Sicht gezeichnet. Die explorativen Interviews sind zum Verständnis der Ist-Situation von Studierenden notwendig.

- Auch die Ergebnisse der schriftlich-geschlossenen Befragung des WIS-Projektes fließen in die empirische Untersuchung ein. Dies ist eine Informationsquelle, um die Wissensaustauschprozesse innerhalb des Systems Universität zu verstehen und ein Bild über die Wissensaustauschprozesse zu zeichnen. Die letztgenannten eher sekundären Daten dienten als Ergänzungsmaterial zum Verstehen der Wissensaustauschprozesse.

6.1.3. Auswahl der Experten und Expertinnen

Ziel der Experten/innen-Interviews ist es, Thesen abzuleiten, die auf eine Unterstützung der Rollen hinweisen und ihr Veränderungspotential für eine Kultivierung von Wissensaustauschprozessen aufzeigen. Da die Wissensaustauschprozesse am Beispiel der Studienorganisation (Studienplanung und Studiendurchführung) von Studierenden in einer Universität beobachtet wurden, sind die Interviewten so genannte Experten/innen zum Thema *rund um die Studienberatung und Studienorganisation.*

Um die Bedingungen verstehen zu können, in welchem Maße Rollen sich am Wissensaustausch beteiligen oder nicht beteiligen und an welchen Stellen im Wissensaustauschprozess potentielle Probleme oder Blockaden auftreten, ist es notwendig, Rolleninhaber/innen in möglichst unterschiedlichen Rollen zu befragen (Rollenmix). Der **Rollenmix der Experten und Expertinnen** ist notwendig, um Ähnlichkeiten und Unterschiede in den Wissensaustauschsprozessen fachbereichs- und universitätsübergreifend sichtbar zu machen und nachvollziehen zu können.

Da der Ist-Zustand zum Wissensaustausch zur Studienorganisation erhoben werden sollte, wurde als ein weiteres wesentliches Kriterium die *Erfahrung zur Studienberatung* festgelegt. Um den Studienorganisationsprozess fachbereichsübergreifend und nicht nur aus der Sicht der Studienfachberatung zu verstehen, wurde des Weiteren festgelegt, dass jeweils aus den Kategorien *Studierende, Mittelbau und Hochschulverwaltung* Personen befragt werden sollten.

Daher wurden die Experten und Expertinnen auf der Grundlage von folgenden drei Kategorien ausgewählt:

- Unterschiedliche Rollen im Kontext Studienberatung/Studienorganisation

- Fachbereichs- und universitätsübergreifende Experten und Expertinnen

- Studierende, Mittelbau und Hochschulverwaltung

Aus der Kategorie *Studierende, Mittelbau und Hochschulverwaltung* wurden jeweils zwei Experten/innen der **Universität Dortmund, im Folgenden als**

Universität A bezeichnet, ausgewählt. Um einen Einblick in die soziale Praxis anderer Universitäten zu erhalten, wurden aus der Kategorie der Hochschulverwaltung zusätzlich zwei weitere Hochschulen befragt, die Universität B in der Schweiz und die Universität C in Deutschland. Die Universität B gilt als Vorreiter für Veränderungen in der Studienorganisation (zumindest im deutschsprachigen Raum) und kann daher auf viele Erfahrungen zu diesem Gebiet zurückgreifen. Die Universität C kann auf mehr Erfahrungen im Umgang mit soziotechnischen Systemen zur Studienorganisation zurückgreifen als andere Universitäten.

Studierende	**Mittelbau**	**Hochschulverwaltung**	**Hochschulverwaltung**
Universität A (Deutschland)	**Studienfachberatung Universität A (Deutschland)**	**Zentrale Studienangelegenheiten Universität A (Deutschland)**	**Zentrale Studienangelegenheiten Universitäten B und C**
Name: *Smith*	Name: *Hunt*	Name: *Walker*	Name: *McTravish*
Hauptstudium, Fachschaft	Studienfachberatung, Lehrender	Leitung Dezernat für Studienangelegenheiten	Leitung der Studienangelegenheiten, Universität B (Schweiz)
befragt am 07.10.03	befragt am 30.09.03	befragt am 06.11.03	befragt am 21.11.03
Name: *Miller*	Name: *White*	Name: *Burton*	Name: *Cooper*
Grundstudium, Studienberatung	Leitung Dekanat	Leitung der zentralen Studienberatung	Leitung der Studienberatung, Universität C (Deutschland)
befragt am 04.11.03	befragt am 14.10.03	befragt am 10.11.03	befragt am 02.12.03

Tab. 11: Liste der Experten und Expertinnen (anonymisiert)

Den ausgewählten Experten/innen ist gemeinsam, dass sie Erfahrungen mit soziotechnischen Systemen (bspw. Webforen, Chat, etc.) im Kontext der Studienberatung aufweisen.

Folgende Experten und Expertinnen waren bei der Befragung vertreten:

- Ein/e Studierende/r im Grundstudium

- Ein/e Studierende/r im Hauptstudium, Fachschaftsvertretung

- Ein/e wissenschaftliche/r Mitarbeiter/in, Studienfachberatung, Lehrender

- Ein/e Leiter/in des Dekanats, langjährige Erfahrung in der Studienfachberatung

- 2 Leiter/innen der zentralen Studienberatung (Universität A, C)

- 2 Leiter/innen des Dezernats für Studienangelegenheiten (Universität A, B)

Von den acht Experten/innen sind vier selbst aktiv an der Inpud-Community beteiligt. Tabelle 11 führt die befragten Experten und Expertinnen anonymisiert auf. Es sind sowohl Name als auch das Geschlecht anonymisiert: es werden englische Nachnamen verwendet.

6.2. Vorgehensweise bei der Auswertung

Empirisch-qualitative Explorationsstrategien nutzen qualitative Daten, um daraus Hypothesen und ggf. Theorien zu gewinnen. Aufgrund der offenen Form erhöhen sie die Wahrscheinlichkeit, in dem detailreichen Material auf neue Aspekte eines Themas zu stoßen (vgl. Bortz & Döring 2003, S. 385).

Die Auswertung des Datenmaterials umfasst im Wesentlichen zwei Schritte.

(1) Zum einen wurde das empirische Material kategorisiert und

(2) zum anderen wurden die Kategorien in Anlehnung an die Bedingungsmatrix der Grounded-Theory (Strauss & Corbin 1991) in Bezug zueinander gestellt. Dies war notwendig, um die Zusammenhänge und Abhängigkeiten innerhalb der Kategorien zu erkennen und ein Gesamtbild der Ergebnisse zu erhalten.

Bevor diese Schritte in den folgenden Unterkapiteln näher beschrieben werden, erfolgt zunächst eine Erläuterung zu den Gütekriterien.

In der empirisch-qualitativen Feldforschung, bspw. bei der teilnehmenden Beobachtung oder bei der Durchführung von Methoden der Aktionsforschung, werden die Gütekriterien qualitativ-wissenschaftlicher Forschung oftmals mit denen der quantitativen Forschung verglichen und kritisch durchleuchtet.

In diesem Vergleich wird aufgezeigt, dass sich hinter den Gütekriterien der quantitativen Forschungsmethode nur scheinbar gute Kriterien verbergen (vgl. Moser 1975, S. 118 f. und Girtler 1988). Hierauf kann im Einzelnen nicht eingegangen werden. Jedoch zeigt sich zusammenfassend, dass Gütekriterien nicht per se für alle Methoden in gleicher Weise angemessen sind, nur weil sie als Gütekriterien bezeichnet werden. Die Übertragung von Gütekriterien quantitativer Forschungsmethoden auf qualitative ist daher problematisch. Andererseits sind bestimmte Anforderungen und Standards notwendig, um forscherische Handlungen als wissenschaftliches Handeln begreifen und nachvollziehen zu können.

Daher werde ich in Anlehnung an Moser (1975, S. 123 f.) vier Gütekriterien nennen, die aus Sicht der vorliegenden Arbeit die relevanten Gütekriterien für eine qualitative Forschung sind und denen im Rahmen der vorliegenden empirischen Untersuchung nachgegangen wurde:

Es ist darauf zu achten, dass das *Forschungsziel und die eingesetzte Methodik vereinbar ist und zueinander passt:* Da das Ziel der vorliegenden Arbeit eine explorative Untersuchung ist und daraus Thesen abgeleitet werden sollen, wurde die Methodik der teilnehmenden Beobachtung gewählt. Zusätzlich wurden Experten/innen-Interviews durchgeführt und die Auswertung der Inpud-Community herangezogen, um die Beobachtungsdaten mit weiteren Daten stützen zu können.

Keine bewusste Verzerrung bei der Datenerhebung durch die Forscher/innen: Bei der teilnehmenden Beobachtung wurde in der Rolle der Studienfachberatung aktiv gestaltet, jedoch sind dies Elemente der Aktionsforschung, die zur Kultivierung des Wissensaustausch relevant waren und in vorliegenden Arbeit ausgewertet werden.

Transparenz der Datenerhebung und Datenauswertung: Im nachfolgendem Kapitel (vgl. 6.2.1) wird erläutert, wie bei der Datenerhebung und Datenauswertung (Auswertungsschritte) vorgegangen wurde.

Zuverlässigkeit der Ergebnisse: Die Offenlegung der Auswertungsschritte (vgl. dritten Punkt) führt zur Nachvollziehbarkeit für andere Forscher/innen und somit zur Zuverlässigkeit.

6.2.1. Bildung der Kategorien

Die Experten/innen-Interviews wurden transkripiert und nach Kategorien geclustert. Die Einteilung der Experten/innen-Aussagen in Kategorien wurde empirie-textnah aus den Interviews entwickelt. Die Einteilung in die Kategorien ist notwendig, um

das Material handhabbar zu machen, sie systematisch auszuwerten sowie aussagge-
kräftige Thesen ableiten zu können. Diese Vorgehensweise wird hier erläutert.

Die Auswertungsstrategie basiert auf der Grundlage der Erkenntnisse von Meuser
& Nagel (1991). Sie erstellen Anforderungen und Strategien für die Auswertung
von ExpertInnen-Interviews, die sie aus zahlreichem empirischen Material ableiten
konnten. Nach Meuser & Nagel (1991) gibt es drei wesentliche Grundannahmen,
die einen Vergleich der Experten und Expertinnen ermöglichen.

(1) Die erste Grundannahme ist, dass Experten/innen Wissensträger für ihr eigenes
Handlungsfeld (das soziale System) sind, in dem sie sich bewegen und aufhalten.
Im Fall der vorliegenden empirischen Studie sind es Personen an einer Universität,
die sich mit der Studienberatung und mit der Studienorganisation auseinandersetzen. Ihr Arbeitsfeld ist im Kontext der Studienorganisation eingebunden. Dies
wird nach Meuser & Nagel (1991) als *„Betriebs- und Kontextwissen"* bezeichnet.

(2) Die zweite Annahme, bezieht sich auf die *„Gemeinsamkeit der Experten und
Expertinnen"*. Sie haben durch ihren gemeinsamen Kontext, ähnlich institutionell-
organisatorische Handlungsbedingungen.

(3) Die Vergleichbarkeit der Aussagen der Experten/innen untereinander ist zudem
durch eine leitfadenorientierte Interviewführung gesichert. Dies bedeutet, dass ein
anderer Interviewer oder eine andere Interviewerin mit dem gleichen Leitfaden, der
hierfür entwickelt wurde, die gleichen Aussagen der Experten/innen erhalten hätte.

Das Ziel bei der Durchführung und Auswertung von Experten/innen-Interviews ist
das Herausarbeiten des *„Überindividuell-Gemeinsamen"* (Meuser & Nagel 1991).
Es werden Aussagen über gemeinsam geteilte Wissensbestände und Wirklichkeits-
konstruktionen erhoben, und so werden Deutungsmuster erkannt.

Bei der Auswertung der Experten/innen -Interviews bin ich in Anlehnung an
Meuser & Nagel (1991) wie folgt vorgegangen: Zunächst wurden die transkribierten Texte in Kategorien aufgeteilt, d.h. dass die Interviewpassagen innerhalb
eines Interviews geclustert und geordnet wurden (siehe Schritt 1 bis 5, Tab. 12).
Diese Schritte wurden in jedem Interview durchgegangen. Erst dann erfolgte die
thematische Zuordnung der Kategorien über alle Interviews (Schritt 6 bis 7, Teil II).
Im dritten Teil (Schritt 8 bis 9) erfolgte die Übersetzung ins Soziologische, d.h. die
theoretische Verallgemeinerung der Thesen zum rollenübergreifenden Wissensaustausch und ihren zugrunde liegenden Bedingungen. Diese dreiteilige Vorgehensweise ist in der folgenden Tabelle 12 detailliert aufgeführt:

Teil I

1. **Transkription** (keine aufwendigen Notationssysteme, d.h. Pausen, Stimmlagen, nonverbale Elemente nicht notwendig)

2. **Paraphrase**: verdichten, zusammenfassen des Textmaterials, die Wiedergabe von Textpassagen (nach thematischen Einheiten) textgetreu, aber eigene Worte

3. **Überschriften** an die paraphrasierten Passagen, textnahes Vorgehen, Terminologie der Interviewten aufgreifen, eine oder mehrere Überschriften, das "Zerreißen der Sequenzialität" ist gültig

4. **Zusammenstellung** von Passagen, die gleiche oder ähnliche Themen haben, sie werden zusammengestellt (innerhalb eines Interviews!) und

5. eine **Hauptüberschrift** zu mehreren Passagen „finden": Vereinheitlichung der Überschriften, (begründete Wahl) (innerhalb eines Interviews!)

Teil II

6. **Thematischer Vergleich**: Auswertung über Texteinheit (über ein Interview) hinaus, d.h. verschiedene Interviews. Es wird nach thematisch vergleichbaren Textpassagen aus verschiedenen Interviews „gefahndet"; Überschriften werden vereinheitlicht, aber textnahe Kategorienbildung!

7. Schleife: **Überprüfung** und ggf. Revision der Zuordnungen notwendig: die thematischen Zuordnungen sind kontinuierlich an den Textpassagen zu prüfen.

Teil III

8. **Übersetzung**: Ablösung von den Texten und von der Terminologie der Befragten. Die Kategorien werden ins „Soziologische" übersetzt, empirische Generalisierung

9. **Theoretische Verallgemeinerung**: Interpretation der empirischen Tatbestände, rekonstruktives Vorgehen, Sinnzusammenhänge werden zu Typologien und Theorien „verknüpft"

Tab. 12: Schritte bei der Auswertung des empirischen Materials

6.2.2. Die Bedingungsmatrix nach der *grounded theory*

Die Kategorisierung des empirischen Materials ermöglicht eine Ableitung von Thesen, Empfehlungen und Erkenntnissen. Jedoch vermischen sich diese sehr stark. Um systematisch auszuwerten und so intersubjektiv nachvollziehbare Erkenntnisse und Einblicke in die konstruierte Wirklichkeit der Studienorganisation zu erhalten, wurde die „Bedingungsmatrix" der „*Grounded Theory Methodology*" (Strauss & Corbin 1996) verwendet. Die Grounded Theory wurde von Glaser & Strauss (1967) entwickelt und später von Strauss (1987) weiterausgeführt. Die Grounded Theory arbeitet eng am empirischen Material und leitet Thesen ab, die empirisch begründet bzw. verankert sind (*grounded*). Im Unterschied zu anderen qualitativen Auswertungsverfahren (bspw. Mayring 1993), die im Ergebnis nur lose verbundene Kategorien durch Zusammenfassung beschreibt, ist Ziel der Grounded Theory Methode die empirisch-basierten Kategorien untereinander zu vernetzen.

Die Vernetzung der Thesen wird mit Hilfe der „*Bedingungsmatrix*" vorgenommen (Strauss & Corbin 1996, S. 132). Die Matrix beinhaltet die Dimensionen „*Bedingungen*", „*Handlungen bzw Interaktionen*" und „*Konsequenzen*" und ermöglicht es, die verschiedenen Kategorien mit ihren vielen Subkategorien und Thesen in Abhängigkeit zu stellen (Strauss & Corbin 1996, S. 135). So wird ein ganzheitliches und vor allem zusammenhängendes Bild sichtbar. Auf den Gegenstand der vorliegenden Arbeit bezogen bedeutet es, zu verstehen, wie der Wissensaustausch zur Studienorganisation derzeit von den Akteuren wahrgenommen und gelebt wird und unter welchen Bedingungen einige Rollen teilnehmen, andere nicht.

1. Ausgangslage (Bedingung)	2. Interaktion bzw. Handlung	3. Konsequenzen (Folgen / Fazit)	4. Empfehlungen	5. Weiterführende Forschungsfragen

Tab. 13: Bedingungsmatrix (abgewandelt nach Strauss & Corbin 1996)

Ein weiterer Anspruch ist es, auch Forschern/innen und Praktikern/innen Thesen und Anregungen mit an die Hand zu geben, wie der Rollenentwicklungsansatz genutzt werden kann, um Wissensmanagement in Organisationen zu unterstützen und zu fördern. Daher wurde die Bedingungsmatrix abgewandelt, und um die Dimenison Empfehlungen (in Form von Thesen) und weiterführende Forschungsfragen ergänzt (siehe Tabelle 13).

6.2.3. Rollen-Analyse als Auswertungsmethode

Bisher wurde die Vorgehensweise der empirischen Datenerhebung und Datenanalyse beschrieben. Es handelt sich dabei um eine qualitativ-explorative Untersuchung, die insbesondere eine teilnehmende Beobachtung und leitfadengestützte Interviews mit Experten/innen zur Grundlage hat. Die Auswertung ist eine Kombination zweier qualitativen Methoden: sie basiert in den Grundzügen auf Meuser & Nagel – Kategorisieren und Clustern – und schließt an Strauss & Corbin´s Bedingungsmatrix an. Das vorliegenden Kapitel gibt nun eine kurze Übersicht zur besonderen Auswertung der qualitativen Rollenanalyse.

Die empirische Rollenanalyse in Kleingruppen wurde durch Bales (1950) bekannt. Er untersuchte als erster Forscher mögliche Interaktionsmuster in Kleingruppen und konnte dort Regelmäßigkeiten feststellen, die als Rollen bezeichnet werden können: der *„Aufgaben-Führer"*, der Aktivitäten zur Problemlösung anregt, koordiniert, und zur Ausführung drängt sowie der *„emotionale Führer"*, der für gute Stimmung sorgt und versucht, alle Mitglieder miteinzubeziehen (vgl. Becker & Langosch 1990, S. 143). Bales legte mit seiner Interaktionsanalyse den Grundstein für eine Rollenanalyse, die sich mittlerweile vor allem in den Aspekten *„Status, Funktion, Verantwortung und Autorität"* wiederfindet (vgl. Becker & Langosch 1990, S. 142).

Die vorliegende Arbeit weicht von der traditionellen Rollenanalyse der Kleingruppen ab und untersucht die soziotechnische Organisation und den Wissensaustausch aus der Sicht und aus der Logik der vier Rollen-Dimensionen, die in Kapitel 3.2 (vgl. Tabelle 3) eingeführt wurden. Dies ist eine besondere Methodik bei der Auswertung und bedeutet, dass bei der empirischen Untersuchung und Auswertung die vier Rollendimensionen *Positon, Funktion/Aufgaben, Erwartungen* und *Interaktion* stets präsent waren und ein explizites Auswertungsschema darstellten. Neu hieran ist insbesondere die Interaktions-Dimension, die den dynamischen Charakter der Rollenstrukturen hervor hebt.

Die Annahme der vorliegenden Arbeit ist, dass erst durch Berücksichtigung dieser vier Rollendimensionen die Wissensaustausch-Beziehungen in sozialen als auch in soziotechnischen Systemen transparent und nachvollziehbar werden, um die Wissensaustauschprozesse *verstehend deuten* zu können. Daher kann diese Art der Auswertung auch als eine erweiterte und in diesem Sinne neue Form der Rollen-Analyse bezeichnet werden.

7. Ergebnisse: Rollenübergreifender Wissensaustausch

Im vorliegenden Kapitel werden die Ergebnisse der empirischen Untersuchung zum Wissensaustausch zur Studienorganisation an einer Universität beschrieben und erläutert. Dies erfolgt in Anlehnung an die empirisch vorgefundenen Kategorien. Die Kategorien wurden auf Basis der transkribierten Interviews erstellt. Die Methode der Kategorien-Bildung wurde in Kapitel 6.2.1. erläutert.

Die Studienorganisation umfasst die komplexe Aufgabe, ein Studium zu planen und durchzuführen. Die Untersuchung hat zum Ziel, Thesen für einen an der Universität gemeinsamen rollenübergreifenden Wissensaustausch für die Studienorganisation im Sinne eines Wissensmanagements abzuleiten. Dabei geht es um den Studienverlauf von Studierenden und wie die Studienorganisation seitens der Universität unterstützt wird bzw. unterstützt werden sollte. Bei der Untersuchung stehen diejenigen Rollen im Vordergrund, die am Wissensaustausch zur Studienorganisation beteiligt sind bzw. sein sollten. Das bedeutet, dass die Perspektive vor allem auf die beteiligten Rollen und deren gemeinsame Handlungspraxis gerichtet ist. Hierunter ist die Rolle der Studierenden ebenso zu fassen wie andere universitäre Rollen, bspw. die Studienfachberatung, das Prüfungsamt und das Studierendensekretariat. Dabei werden auch Verbesserungsmöglichkeiten betrachtet. Welche Rollen dies genau sind und welche derzeitigen Aufgaben sie übernehmen, ist in Kapitel 7.2 erläutet. Dort werden die relevanten studienorganisatorischen, universitären Haupt- als auch Nebenrollen differenziert aufgeführt.

7.1. Wissensaustausch zur Studienorganisation aus der Rollen-Perspektive

Im Folgenden wird die Untersuchung zum Wissensaustausch zur Studienorganisation beschrieben. Dies betrifft den Untersuchungszeitraum von Juni 2002 bis September 2004. Die zweijährige teilnehmende Beobachtung zum existierenden Wissensaustausch zur Studienorganisation fand an der Universität A am Fachbereich Informatik statt. Aus dieser Sicht wird beschrieben, welche Rollen daran teilnehmen bzw. nicht teilnehmen und in welcher Form und Ausprägung sie teilnehmen. Zusätzlich wurden Experten/innen aus den zwei weiteren Universitäten B und C hinzugezogen. Dabei wird die Universität als soziotechnische Organisation betrachtet, die aus der Kommunikation von Entscheidungen besteht, die jedoch nicht nur face-to-face abläuft, sondern auch computer-technisch unterstützt ist.

Technische Systeme sind bspw. das Internet, Email-Systeme und verschiedene Datenbanken. Die Universität ist durch eine Vielzahl formaler Mitgliedschaftsrollen gekennzeichnet, die die Grenze des Organisationssystems regulieren. Dies wird im weiteren Verlauf konkretisiert.

Eine Besonderheit der Universität als Organisation sind ihre dezentralen Strukturen und ihre Vielzahl von Abteilungen, Mitarbeiter/innen und Rollen, die einem Großunternehmen ähnlich sind. Aber anders als in hierarchisch-strukturierten Großunternehmen gibt es in den einzelnen Fachbereichen nicht den einen Chef oder der einen Chefin, sondern einen Dekan bzw. einen Rektor, der jedoch nicht die gleichen Machtressourcen und Sanktionsmöglichkeiten wie ein/e Unternehmenschef/in besitzt. In den Fachbereichen wiederum gibt es Professoren und Professorinnen, die Chef oder Chefin für ihre wissenschaftlichen Mitarbeiter/innen sind. Ein zentrales Merkmal einer Universität ist, dass Professoren und Professorinnen nicht kündbar, sondern in der Regel lebenslang mit der Universität verbunden sind. Der Mittelbau der Universität unterliegt jedoch Abhängigkeitsverhältnissen, die sich in der Regel durch einen Zwei-Jahres-Vertrag ausdrücken, der je nach Bedarf verlängert werden kann. Eine Universität ist im Gegensatz zu einem Profit-Unternehmen eine Non-Profit-Organisation, die nicht danach strebt, Gewinne zu erzielen. Jedoch wird auch eine Universität dazu angehalten kostendeckend zu wirtschaften. Dies wird bspw. mit dem neuen Gesetz zur Weiterbildung belegt, das besagt, dass die Weiterbildung kostendeckend sein muss. Darin zeigt sich, dass auch die Universität nicht einfach irgendwie ihre Einnahmen, die insbesondere aus Steuern und demnächst in Form von Studiengebühren eingenommen werden, ausgeben kann. Diese Rahmenbedingungen sind für ein Verständnis der Abläufe zum Wissensaustausch relevant und sollten daher in den Erklärungen der Beobachtungen mitbedacht werden.

Gegenstand der empirischen Untersuchung ist nicht die gesamte Universität und ihre institutionellen Rahmenbedingungen. Vielmehr wurde in den zwei Jahren der teilnehmenden Beobachtung ein Ausschnitt der Universität betrachtet, der sich insbesondere auf den Wissensaustausch zur Studienorganisation bezieht. Dies wird im Folgenden anhand der beteiligten Rollen erläutet.

Die **Studienfachberatung** existiert in der Regel in jedem Fachbereich an einer Universität. Ihre Hauptaufgabe ist die Beratung von Studierenden, bspw. face-to-face, telefonisch oder per E-Mail. Die E-Mail-Liste der Berater/innen des untersuchten Fachbereiches ist auf den Webseiten der Studienfachberatung präsent. Studierende senden ihre Anfragen entweder direkt an einen Berater/in persönlich

140

oder per zentralem E-Mail-Verteiler an alle. Es kommt auch vor, dass Studierende mehrere Studienfachberater/innen direkt persönlich anmailen, ohne es den Beratern bewusst zu machen, dass sie die E-Mail an mehrere gleichzeitig gesendet habe. Bei größeren Anfragen werden mündliche Gesprächstermine vereinbart. Neben Anfragen zum Studienwechsel – innerhalb des Fachbereiches bspw. von angewandter Informatik (Ingenieur-Informatik) zu allgemeiner (Kern-)Informatik oder außerhalb bspw. zu anderen Fachbereiche wie der Mathematik oder zur Fachhochschule – werden auch Fragen zu Leistungsnachweisen und zu Prüfungen gestellt. Die Anfragen häufen sich zu Beginn des Wintersemesters, wenn neue Studierende beginnen. Das Beratungsverhältnis ist 6 zu 3.000, d.h. dass es sechs Studienfachberater/innen bei fast 3.000 Studierenden am Fachbereich Informatik gibt.[104]

Die Studienfachberatung Informatik an der Universität A ist als ein Selbstverwaltungsjob am Fachbereich konzipiert, das bedeutet, dass in der Regel wissenschaftliche Mitarbeiter/innen neben ihren anderen Aufgaben per Vertrag verpflichtet sind, eine Aufgabe in der Selbstverwaltung zu übernehmen. Darunter fallen Aufgaben wie bspw. die Teilnahme an Berufungskommissionen, Mitglied in Kommissionen wie „Lehre und Studium", Fachbereichsrat oder „Haushalt", die Organisation und Sitzungsleitung des Mittelbaus. Am Fachbereich Informatik der Universität A gab es in der Zeit zwischen 6/2002 und 9/2004[105] sechs Personen, die als Studienfachberater und Studienfachberaterinnen zuständig waren. Darunter eine Person, die als Koordinator die Gruppe der Studienfachberatung organisiert (Studienfachberatungs-Koordinatorin), bspw. zu regelmäßigen Treffen einlädt, Protokolle verfasst und Messe-Veranstaltungen koordiniert. Die Personen wechselten in dieser Zeit mehrfach, d.h. das erfahrene Personen die Rolle der Studienfachberatung abgaben und neue Personen die Rolle übernahmen.

Die Studienfachberatung ist nicht die einzige Möglichkeit für Studierende sich zu informieren. Der Studierenden-**Fachschaftsrat** der Informatik, der aus gewählten Studierenden des Fachbereiches Informatik besteht, ist ein weiterer bzw. sogar der zentrale Ansprechparter für Studierende, zumindest wenn sie den Weg bis dahin gefunden haben. Dies ist häufig problematisch, da das **Studierendensekretariat** den neuen Studierenden bei ihrer Einschreibung nicht die Informationen

---

[104] Im Juni 2005 gab es insgesamt 2.899 Studierende am Fachbereich Informatik (Grund- und Hauptstudium). Quelle: Ausländerbeauftragte, in Kooperation mit dem Akademischen Auslandsamt.

[105] Das ist der Zeitraum der teilnehmenden Beobachtung der Verfasserin, in der Rolle der Forscherin. Es wird im Folgenden als Beobachtungs- oder Untersuchungszeitraum bezeichnet.

weiterleitet, dass die Fachschaft und nicht der Fachbereich eine Einführungs-veranstaltung („*O-Phase*"[106]) genannt durchführt und in welchem Zeitraum diese stattfindet. Hinzu kommt, dass Einschreibungen bis zu mehreren Wochen nach Semesterbeginn möglich sind, und die neuen Studierenden ggf. die Einführungs-veranstaltung verpassen und dann eher unkoordiniert nach Hilfe suchen. Dies betrifft nicht nur vereinzelte, sondern viele Studierende.[107] Der Wissensaustausch zwischen Fachschaft und Studienfachberatung wurde unter anderem auch aus diesem Grunde intensiviert, d.h. dass an den Studienfachberatungstreffen auch Vertreter/innen der Fachschaft teilnehmen.

Neben der Studienfachberatung und der Fachschaft fragen Studierende auch im **Dekanat des Fachbereiches** zu verschiedenen Themenbereichen nach. Ein gemeinsamer Wissensaustausch ist daher unablässlich, um Mehrarbeit und Mehr-aufwand zu vermeiden und um sich untereinander weiterhelfen zu können, bspw. bei schwierigen Fragen von Studierenden oder bei schwierigen, unfreundlichen Umgangs- bzw. Verhaltensweisen von Studierenden (Anschreien des Beraters, etc.). Ebenso wie die Fachschaftsvertretung nimmt auch das Dekanat an den Sitzungen der Studienfachberatung teil.

Nicht nur Studierende, die im Fachschaftsrat tätig sind, sind hilfreich beim Wissensaustausch zur Studienorganisation. Auch **Mit-Studierende** (Kommilitonen) können Studierenden, die Fragen zum Studium haben, helfen. Jedoch sind die Fragen, die sich Studierenden gegenseitig stellen, keine formalen Anfragen, sondern werden eher nebenbei und informell gelöst, bspw. in der Vorlesungspause oder in der Mensa.

Die Anfragen von Studierenden zu Einschreibungsfristen und Prüfungen bringt es mit sich, dass die Studienfachberatung in einem **Kontakt zum Prüfungsamt** steht. Einige Fragen sind so speziell, dass sie nur das Prüfungsamt bentworten kann. Problematisch ist es, wenn die Ansprechpartner/innen im Prüfungsamt wechseln und sich erst neu einarbeiten müssen, wie es im Beobachtungszeitraum geschehen ist. Denn dann bricht der direkte Zugang zum Wissen des Prüfungsamtes ab und die informelle Beziehung muss neu aufgebaut werden.

---

[106] O-Phase ist die Abkürzung für Orientierungsphase und bezeichnet die Einführungsveranstaltung für neue Studierende im ersten Semester am Fachbereich Informatik der Universität A. Es wird von der Fachschaft Informatik durchgeführt.

[107] Zu Spitzenzeiten (bspw. Wintersemester 2001/2002) haben sich ca. 600 neue Studierende am Fachbereich Informatik eingeschrieben.

142

Bei Anfragen von Studierenden zur Anerkennung von Prüfungen oder Leistungsnachweisen, die sie an anderen Fachbereichen oder Universitäten gemacht haben, wird nicht das Prüfungsamt, sondern in der Regel der/die **Vorsitzende des Prüfungsausschusses** beauftragt. Diese Rolle ist nicht Teil des Prüfungsamtes, sondern ein Selbstverwaltungsaufgabe, die von Professoren ausgeführt wird. Der/die Vorsitzende entscheidet mit dem Prüfungsausschuss gemeinsam und nach bestimmten Regeln, ob eine Prüfung oder ein Leistungsnachweis ganz, in Teilen oder gar nicht anerkannt wird.

Neben den Anfragen von Studierenden müssen sich die Studienfachberater/innen bei Änderungen von Prüfungs- und Studienordnungen selbst erst einlesen, um ggf. richtig zu beraten. Aufgrund vieler Änderungen von der alten auf eine neue Diplomprüfungsordnung im Jahr 2001 und der Verzögerung der Änderung der dazugehörigen Studienordnung wussten sogar die Studienfachberater/innen nicht, was zu empfehlen war. Eine Koordination zwischen den beteiligten Gremien der „Kommission für Lehre und Studium", die empfiehlt wie eine Studienordnung auszusehen hat, dem Fachbereichsrat, der letztendlich darüber entscheidet, und der Studienfachberatung wäre für den Beratungsprozess hilfreich gewesen.

Im Beobachtungszeitraum wurde eine erste Veranstaltung zu einem gemeinsamen Wissensaustausch aller Studienfachberater/innen an der Universität A von der **zentralen Studienberatung** (ZIB) initiiert (Qualitätszirkel). Denn eine ihrer Hauptaufgabe sieht sie darin, eine gute Qualität der Studienfachberatung zu gewährleisten. Aus ihren Beobachtungen heraus funktioniert das an einigen Fachbereichen gut, an anderen weniger gut. Daher initiierte sie diesen Qualitätszirkel. Außerdem ist sie als zentrale Einrichtung oftmals die erste Anlaufstelle für neue Studierende. In der Regel leitet sie die inhaltlichen Anfragen von Studierenden an die Fachbereiche weiter und führt eine Beratung zu fachbereichsübergreifenden Inhalten bspw. Studienkonten durch.

Ein Wissensaustausch zur Studienorganisation betrifft somit nicht nur die Studienfachberatung und Studierenden, Erstsemester als auch ältere Semester, sondern benötigt neben der Fachschaft und dem Dekanat der Informatik auch weitere Rollen: das Prüfungsamt, die zentrale Studienberatung, das Studierendensekretariat und ggf. Kommissionen, die Prüfungs- oder Studienordnungen ändern.

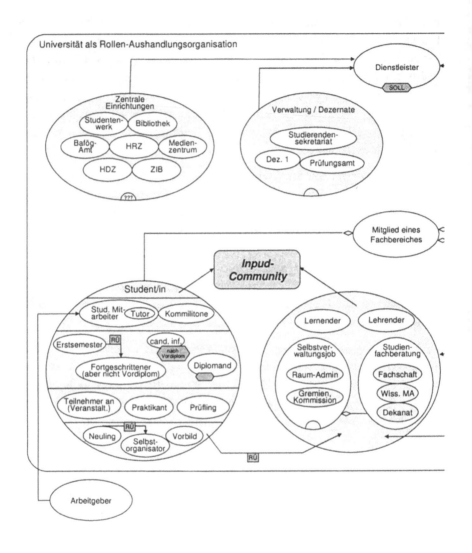

Abb. 7: Rollogramm einer Universität[108] (1/2)

---

[108] Das „I" in der Abb. 7 markiert diejenigen Rollen der Experten/innen, die interviewt wurden. Da die Experten/innen mehr als eine Rolle einnehmen, sind in der Grafik mehr als acht „I" zu finden.

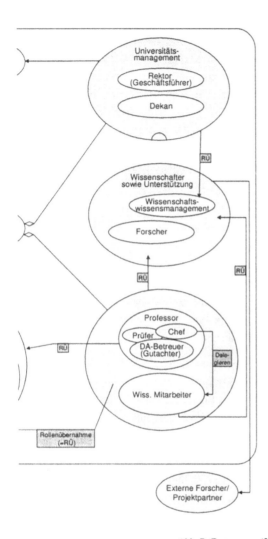

Abb. 7: Fortsetzung (2/2)

Die vielen Anfragen von Studierenden insbesondere an die Studienfachberatung, an das Dekanat und an die Fachschaft führten unter anderem dazu, dass die Studienfachberatung über andere Kommunikationswege nachdachte (vgl. Kapitel 6.1). Schließlich wurden im Fachbereich die ersten webbasierten Diskussionsforen zur Verfügung gestellt (Sept. 2002). Damit ging die Idee einher, die vielen verschiedenen Anfragen der Studierenden, die im EMailVerkehr der Beratung untergingen, transparent darzustellen. Möglicherweise würden dadurch doppelte Anfragen wegfallen. Im Untersuchungszeitraum wurde die Entwicklung beobachtet, dass viele Studierende diese Art des Wissensaustausch nutzten. Es entstand die **Inpud-Community**, die die informelle Kommunikation unter Studierenden unterstützt (vgl. Kapitel 6.1.1).

Neben den oben genannten Rollen werden nun die weiteren *Rollen an der Universität zur Studienorganisation* in einem Rollogramm[109] grafisch abgebildet[110]. Dieses Bild wird vor dem Hintergrund von *„Lernenden, Lehrenden und Studienfachberatung"* erstellt, welches die Perspektive von Studierenden und der Studienfachberatung veranschaulicht. Daher stehen diese im Mittelpunkt des Rollogramms in Abbildung 7a/b. Weitere Rollen sind links und rechts in der Abbildung, sowie oberhalb der Lernenden und Lehrenden skizziert.

In Abb. 7a links unten befindet sich die Rolle Student/in in ihren verschiedenen Ausprägungen und rechts unten ist die Rolle der Professoren/innen und wissenschaftlichen Mitarbeiter/innen aufgeführt. Beide letzt genannten Rollen übernehmen weitere Rollen (Rollenübernahme=RÜ). So sind sie einerseits Forscher/innen, andererseits sind sie auch Wissenschafts-Manager/innen, die in der Universitätsverwaltung relevant sind, bspw. Rektor/in und Dekan/in.

Sekretariate werden auf dieser Ebene nicht betrachtet, obwohl sie in der Rolle als Gatekeeper[111] eine potentielle Kontaktaufnahme von Studierenden zum/r Pro-

---

[109] Ein Rollogramm zeigt in Anlehnung an ein Organigramm die Rollenstruktur und deren Beziehungen grafisch auf, allerdings nicht in hierarchischer Form. Ein Organigramm zeigt die formalen Positionen in einer Organisation, ein Rollogramm zeigt vor allem die Erwartungsrelationen.

[110] Das Rollogramm ist auf Basis der teilnehmenden Beobachtung, der Experten/innen-Interviews und der Analyse des Organigramms der Universität A sowie des Webauftrittes entstanden. Es zeigt ein Bild der wesentlichen Rollen, die an einer Universität zur Studienorganisation tätig sind.

[111] Gatekeeper sind „Türöffner", die aus organisationsinternen und -externen Quellen Informationen aufnehmen, verarbeiten und an bestimmte Personen weiterleiten oder nicht (Allen 1970, S. 15 f.), d.h. die in einer Organisation die Position innehaben, in denen sie über die Aufnahme bzw. Ablehnung von Informationen, Personen etc. entscheiden können.

fessor/in forcieren oder verhindern. Da sie aber vornehmlich als Zuarbeiter/in fungieren und in der Regel selber nicht direkt auf den Studienberatungsprozess einwirken können, werden sie in der vorliegenden Untersuchung ausgeklammert.

Die Ergebnisse der empirischen Untersuchung (vgl. Kapitel 7.2.) zeigen am Beispiel zweier Universitätsverwaltungen zur Studienorganisation (Prüfungsamt und Studierendensekretariat), dass sie sich eher als Dienstleister für Studierende betrachten und dementsprechend auftreten und handeln sollten. Daher ist dies in der folgenden Abbildung mit dem Symbol der *Bedingung Soll* gekennzeichnet. Die Experten/innen-Interviews zeigen, dass dies derzeit nicht für jede Verwaltungsrolle der Fall ist und es an einigen Stellen Handlungsbedarf gibt.

Es kann in den Ergebnissen der Interviews festgehalten werden, dass bei einigen Rollen das eigene Rollenverständnis von dem Rollenfremdbild der Bezugsrollen abweicht, was zu negativen Auswirkungen auf die Beratungspraxis der Studienorganisation führt und einen gemeinsamen Wissensaustausch eher blockiert als fördert (vgl. dazu ausführlich Kapitel 7.2).

In der Abbildung 7a links oben sind vor allem die zentralen Einrichtungen und die Verwaltung sowie das Dezernat für Studienangelegenheiten (Dezernat 1, an der Universität A) aufgeführt. ZIB ist die Abkürzung für die zentrale Studienberatung an der Universität A. HRZ steht für das Hochschulrechenzentrum und HDZ für das Hochschuldidaktische Zentrum. Bei den zentralen Einrichtungen sind die Bildungszentren (bspw. Zentrum für Weiterbildung und Sprachenzentrum nicht aufgelistet. Sie werden anhand der drei Punkte im Halbkreis (Mauseloch) symbolisiert, das bedeutet, dass es weitere Rollen gibt, die aber hier nicht relevant sind.

Die Durchführung der empirischen Untersuchung soll dazu beitragen, zu verstehen, warum einige Rollen bzw. Rolleninhaber/innen am Wissensaustausch zur Studienorganisation teilnehmen und andere sich nicht beteiligen. Die Frage ist zu beantworten, inwiefern Rollen und ihr Veränderungspotential organisatorisch und technisch unterstützt werden können, um einen rollenübergreifenden gemeinsamen Wissensaustausch zur Studienorganisation zu kultivieren. Es stehen daher die dynamischen Rollenstrukturen im Vordergrund der Betrachtung.

Die empirische Untersuchung hat hinsichtlich der vielen Rollen an der Universität A zunächst zu klären, welches die wesentlichen Rollen zur Studienorganisation sind (vgl. Kategorie 1 in Kapitel 7.2.1.), wie Studierende untereinander vernetzt sind (vgl. Kategorie 2 in Kapitel 7.2.2) und wie die studienorganisatorischen Rollen der

Universität vernetzt sind, wie sie kooperieren und sich koordinieren (vgl. Kategorie 3 in Kapitel 7.2.3).

In der Kategorie 4 in Kapitel 7.2.4. wird die Transparenz bzw. die problematische Nicht-Transparenz von Rollen und deren Aufgaben erläutert. Hiermit ist gemeint, dass nicht allen Studierenden aber auch nicht allen Rolleninhaber/innen der Universität deutlich ist, welche Rolle für welche Aufgaben zuständig ist. Ein Wissensaustausch kann aber nur funktionieren, wenn die Beteiligten relativ genau wissen, wen sie ansprechen können. Dies wird unter anderem am Beispiel der Anerkennung von Prüfungsleistungen und der Rolle des Raumadministrators, den die Studierenden in der Regel nicht kennen, aber zur Reservierung von Räumlichkeiten für informelle Lerngruppen benötigen[112], beschrieben.

Kategorie 5 erläutert die Rollen-Erwartungen und ihre Kommunikationswege (vgl. Kapitel 7.2.5). Die Erwartungen werden oftmals nur rein formal kommuniziert, was zu Problemen beim Wissensaustausch führt.

In Kategorie 6 (vgl. Kapitel 7.2.6) werden die unterschiedlichen Erwartungen an die Studierenden-Rolle läutert. Es stellt sich heraus, dass es unterschiedliche und teils widersprüchliche Rollenbilder gibt. Insbesondere in der Studienanfangsphase werden Studierende eher als Kunden der Universität angesehen, aber sobald die Einführungsveranstaltungen vorbei sind, werden sie als Selbstorganisatoren betrachtet. Dies bedeutet für Studierende ein Erwartungsbruch. Sie sind in ihrem Wissensaustausch zur Studienorganisation umso unsicherer, da sie zunächst eine Menge Informationen und plötzlich keine weitere Unterstützung erhalten.

Obwohl es bereits eine Vielzahl von Rollen an der Universität gibt, ist es dennoch bei einigen Rollen sinnvoll, diese differenzierter zu betrachten. Die Studierenden-Rolle bspw. wird häufig nur als eine Rolle wahrgenommen. Tatsächlich verbergen sich aber hinter der Rolle mehrere „Subrollen", bspw. Erstsemester, fortgeschrittener Student im Hauptstudium, Praktikant, Prüfling, Diplomand. Diese Differenzierung ist wichtig, da an diese Rollen verschiedene Erwartungen gerichtet werden und dementsprechend unterschiedliche kontextualisierte Informationen für

---

[112] Seminarräume sind i.d.R. abgeschlossen, um die darin enthaltende Technik wie bspw. fest installierte Beamer zu schützen, und müssen zur Nutzung angemeldet und aufgeschlossen werden. Daher weichen Studierende oftmals auf die Cafeteria aus. Es ist fraglich, ob das der richtige Ort zum Lernen ist. Solange Studierenden keine anderen Räume zur Verfügung stehen, gibt es kaum eine Alternative.

Personen in diesen Subrollen im Wissensaustausch aufbereitet werden müssen (vgl. Kategorie 7 in Kapitel 7.2.7). Abschließend werden auch technische Unterstützungsmöglichkeiten zur Aktivierung des Rollenveränderungspotentials erläutert (vgl. Kategorie 8 in Kapitel 7.2.8).

7.2. Thesen zum Wissensaustausch zur Studienorganisation

Im vorliegendem Kapitel werden die Ergebnisse der empirischen Analyse und die **empirisch-basierten Thesen** erläutert. Die Gliederung ist an den empirisch hergeleiteten Kategorien ausgerichtet. Diese wurden auf Basis der transkribierten Interviews erstellt. Die Methode der Auswertung und die Kategorien-Bildung wurden in Kapitel 6.2. ausführlich erläutert.

Die befragten **Experten und Expertinnen** wurden in Kapitel 6 ausführlich beschrieben (vgl. S. 132). Es werden englischen Nachnamen für die anonymisierten Experten/innen verwendet: *Smith und Miller (Studierende), Hunt (Studienfachberatung), White (Dekanatsleitung), Walker (Leitung Dezernat für Studienangelegenheiten), Burton (Leitung der zentralen Studienberatung), McTravish (Leitung der Studienangelegenheiten, Uni B), Cooper (Leitung der Studienberatung, Uni C).*[113]

Die Kategorisierung der Interviews ergibt acht Haupt-Kategorien, die jeweils mehrere Unterpunkte beinhalten. Die Haupt-Kategorien sind:

1. Identifikation der Haupt- und Nebenrollen

2. Vernetzung der Studierenden untereinander

3. Vernetzung der universitären Rollen, Kooperation u. Koordination

4. Transparenz von Rollen und deren Aufgaben

5. Rollen-Erwartungen und ihre Kommunikationswege

6. Unterschiedliche Rollenbilder zur Studierenden-Rolle

7. Neue Rollen und neue Aufgaben

8. Technische Unterstützung

---

[113] Nicht extra-gekennzeichnete Experten/innen gehören der Universität A an.

Diese acht Kategorien geben einen Überblick und Einblick zum derzeitigen Ablauf des Wissensaustauschs zur Studienorganisation an den drei untersuchten Universitäten A, B und C. Im folgenden werden die Ergebnisse der kategorialen Auswertung vorgestellt. Innerhalb einer Kategorie wird in der Regel ein Zwischenbefund und anschließend eine oder mehrere Thesen zum Wissensaustausch zur Studienorganisation abgeleitet.

Es sei an dieser Stelle ein wichtiger Hinweis zum Rollen-Begriff und seiner Verwendung in dieser Arbeit genannt: Wenn im weiteren von der Studienfachberatung, dem Studierendensekretariat oder dem Dekanat etc. die Rede ist, dann ist hiermit nicht die Institution, sondern die Rolle Studienfachberatung, die Rolle Studierendensekretariat und die Rolle Dekanat etc. gemeint (vgl. ausführliche Erläuterung zum Rollenbegriff in Kapitel 3).

7.2.1. Kategorie 1: Identifikation der Haupt- und Nebenrollen

Die Kategorie 1 beschreibt diejenigen Rollen, die für eine gemeinsame Praxis und Zusammenarbeit und für den Wissensaustausch zur Studienorganisation relevant sind. Die von den Experten/innen benannten Rollen können in Haupt- und Nebenrollen differenziert werden. Zunächst werden die Rollen genannt und dann die Unterscheidung in Haupt- und Nebenrollen beschrieben.

Für eine stärkere Vernetzung von Wissensaustauschprozessen zur Studienorganisation werden von den acht Experten und Expertinnen so genannte formale, hauptverantwortliche Rollen genannt, die am Wissensaustausch teilhaben sollten. Es werden nicht von allen Experten und Expertinnen die gleichen Rollen genannt. Dennoch können die wesentlichen Rollen eingegrenzt werden. Die Rollen sind

- das Studierendensekretariat,

- die zentrale, allgemeine Studienberatung,

- die Studienfachberatung des jeweiligen Fachbereiches und

- das Prüfungsamt.

Die Rollen werden wie folgt beschrieben:

(1) Das **Studierendensekretariat** ist relevant, weil sie eine erste Anlaufstelle für Studieninteressierte ist. Wenn sich Studieninteressierte für ein Studium entscheiden,

suchen sie in der Regel zunächst das Studierendensekretariat auf. Sie werden meist hier zum ersten Mal das Gebäude der Universität betreten, ihren ersten Kontakt mit der Universität haben und sich in einen Studiengang einschreiben wollen. Hier werden die Formulare zum Einschreiben herausgegeben und in der Regel persönlich abgegeben. Bei Abgabe der Einschreibungsunterlagen sollten sie in der Regel eine Informationsbroschüre für ihr ausgewähltes Fach erhalten.

Es sind bspw. die Termine für die Einführungsveranstaltungen aufgelistet. Problematisch ist allerdings, dass diese Broschüren, die von der Fachschaft angefertigt werden, nicht an neue Studierende ausgehändigt werden. Experte/in Smith wies daraufhin, dass nicht einmal der Hinweis, dass es solche Broschüren gibt, gegeben wird. Auch Experte/inBurton erwähnt die unzureichende Zusammenarbeit zwischen der Fachschaft und dem Studierendensekretariat.

(2) Die **zentrale allgemeine Studienberatung** ist an der Universität Ansprechpartner/in für allgemeine Fragen zum Studium. An der Universität A wird es *„Zentrum für Studierendenservice, Information und Beratung"*, kurz *ZIB*, genannt. Sie bietet keine konkrete fachliche Beratung zu speziellen Studienfächern an, sondern gibt eher allgemeine Hinweise und Tipps zum „Start in das Studium". Hierzu werden Informationen und Broschüren von ihr herausgegeben und teils auf ihrer Website elektronisch zur Verfügung gestellt. Des Weiteren ist ein Chat-Raum vorhanden, in dem zu speziellen Zeiten Experten/innen zur Verfügung stehen. Insbesondere Burton und Walker verstehen die allgemeine Studienberatung auch als Ansprechpartner/in für die dezentrale Studienfachberatung der jeweiligen Fachbereiche. Die Aufgabe dieser Institution sei es, diese zu schulen und die Qualität der Beratung zu verbessern. Es ist hier zu berücksichtigen, dass einige Experten/innen (Smith, Hunt, Miller, White) die allgemeine Studienberatung nicht als wichtig erachten, zumindest nicht, was die Studienorganisation im jeweiligen Fach angeht. Allerdings sind die Akteure der allgemeinen Studienberatung oftmals die erste Anlaufstelle für Studieninteressierte und Erstsemester, da die Universität die zentrale Studienberatung als zentrale Anlaufstelle kommuniziert (bspw. auf den Webseiten, in Broschüren, beim Arbeitsamt, etc.). Da es an der Universität A vierzehn Fachbereiche mit teils mehreren Studiengängen gibt, wird eine Zusammenarbeit zwischen allgemeiner und fachbereichspezifischer Studienberatung notwendig, um die richtigen Informationen zum Studiengang über die allgemeine Studienberatung (als Mittler) an die Studierenden weitergeben zu können. Bei speziellen Anfragen werden Studierende direkt an die Fachbereiche verwiesen.

(3) Die **Studienfachberatung** ist eine dritte offiziell etikettierte Hauptrolle. Die Aufgabe der Studienfachberatung besteht in der Beratung zum jeweiligen Studienfach. Jeder Fachbereich hat in der Regel eigene Studienfachberater/innen. Die fachbereichspezifische Studienfachberatung ist eine wichtige Anlaufstelle für neue Studierende, wenn es um inhaltliche Fragen zum Studium geht. Die meisten Experten/innen benannten ausdrücklich die Wichtigkeit dieser Rolle (bspw. Smith, White, Burton). Die Studienfachberatung besteht aus Berater/innen die zu den drei Studiengängen – (Kern-)Informatik (2 Berater/innen), Angewandte Informatik (1 Berater/in) und Informatik auf Lehramt (1 Berater/in) – beratend tätig sind sowie ein/e weitere/r Berater/in für schriftliche Anfragen und ein/e Organisator/in, der/die insbesondere die Aufgabe hat, die Treffen der Studienfachberatung zu organisieren, also insgesamt 6 Personen in 5 Sub-Rollen. Mit der Kultivierung der Inpud-Community ging eine Umstrukturierung der Rollen einher. Die Rolle des schriftlichen Beraters wurde in „Beratung zu Nebenfächern" abgeändert und die Organisator-Rolle wurde zur „Studienfach-beratungskoordinator/in" erweitert, die als eine zentrale Rolle für die technische Umsetzung zur Kultivierung (Enstehung als auch Weiterführung) der Community verantwortlich ist.

(4) Das **Prüfungsamt** wird als wichtige Rolle erachtet, weil nur das Prüfungsamt spezifisches Wissen zu den formalen Regelungen und Abläufen zu den Fach-Prüfungen hat. Es regelt bspw. die Anmeldungen für die schriftlichen Prüfungen und entscheidet in Fällen, in denen die formalen Richtlinien nicht eingehalten wurden, auf Basis von rechtlichen Gesetzesgrundlagen, entsprechend ausgelegt und angewendet werden. Insbesondere Smith betont, dass eine stärkere Vernetzung zwischen Studienfachberatung und Prüfungsamt angestrebt werden sollte. Die Kommunikation zwischen diesen Rollen sollte ihrer/seiner Meinung nach verbessert werden, da die Studienfachberatung auf die gleiche Frage manchmal andere Auskünfte als das Prüfungsamt gibt. Dagegen sieht Burton die Verbindung zum Prüfungsamt als nicht relevant an. Jedoch betont auch er, dass die Studienfachberatung aktiver agieren sollte. Sie sollte nicht nur auf Anfragen von den Studierenden warten, sondern aktiv eingreifen und beraten. Hierzu zählt auch die Verbesserung der Zusammenarbeit zu anderen universitäre Rollen.

Diese vier genannten Rollen werden als offizielle universitäre Hauptrollen von den Experten/innen als auch von Studierenden selbst wahrgenommen, weil die Hauptrollen als solche von der Organisation der Universität so etikettiert („gelabelt") sind. Studierende nehmen diese Rollen als Hauptrollen wahr, weil sie zu ihnen selbst „hin müssen", bspw. um sich einzuschreiben. Neue Studierende lernen an einer Universität zunächst diese vier Rollen kennen und haben ersten Kontakt zum Studierendensekretariat, ggf. zur zentralen Studienberatung, die bei inhaltlichen Fragen in der Regel an die jeweilige Studienfachberatung weitervermittelt.

Im Laufe der ersten Semester ist – aus der Sicht der Studierenden – eine Veränderung der offiziell etikettierten Hauptrollen zu beobachten. Die offiziell etikettierten Hauptrollen (Studierendensekretariat, zentrale Studienberatung etc.) werden von den Studierenden nun als Nebenrollen wahrgenommen anstatt als Hauptrollen, weil sie sich am Wissensaustausch zur Studienorganisation nicht mehr beteiligen.

These 1: Es gibt in der Organisation der Universität offiziell etikettierte formale Hauptrollen und inoffiziell agierende Hauptrollen. *Je mehr sich die Studierenden mit der Studienorganisation befassen, desto mehr nehmen sie die offiziellen Hauptrollen (Studierendensekretariat, zentrale Studienberatung etc.) als Nebenrollen und bisher nicht-wahrgenommene Rollen als neue Hauptrollen wahr*, die sich zunehmend für sie als inoffizielle Hauptrollen etablieren (Fachschaft etc.).

Diese aus Sicht der Studierenden neu wahrgenommenen informellen inoffiziellen Hauptrollen sind folgende:

- die Studierenden-Rolle (Mit-Studierende)

- die Fachschaft

Sie werden wie folgt beschrieben:

(1) **Studierende** haben durch Vorlesungen und Lerngruppen einen eher regelmäßigen Kontakt zu Mitstudierenden (Kommilitonen). Die sozialen Beziehungen helfen, die eigenen Aufgaben effizienter zu bewältigen. Ein Wissensaustausch zur Studienorganisation unter den Akteuren in unterschiedlichen Rollen an der Universität ist vor allem mit Blick auf den Informationsbedarf Studierender zu untersuchen. Daher wird in der vorliegenden Arbeit die Studierenden-Rolle auch als **Zielgruppen-Rolle** bezeichnet.

(2) Die **Fachschaft** besteht aus Studierenden des jeweiligen Fachbereiches, und im Fachschaftsrat werden die Vertreter der Studierenden gewählt. Dies sind in der Regel zwischen 10 und 20 Studierende. Die Anzahl variiert je nach Semester und hängt unter anderem von dem Engagement der Studierenden ab. Die Fachschaft übernimmt insbesondere die Aufgabe, die Einführungsveranstaltungen für neue Studierende durchzuführen. Die Einführungsveranstaltung ist für Studierende im

Erstsemester gedacht, um sie in das Studium und in die Struktur der Studienorganisation der Universität einzuführen. Daher wird diese Rolle von allen Experten und Expertinnen als sehr wichtige Rolle bezeichnet. *„Die Erstsemester-Veranstaltung hilft den Studierenden in der ersten Semesterwoche sich schneller zurecht zu finden (...) es braucht den direkten Kontakt"* (McTravish). Die Experten/innen sind der Meinung, dass ohne die Fachschaft die Studieneinführung schlechter organisiert wäre. Allerdings ist dies auch ein Dilemma.

Denn Studierende übernehmen die Aufgaben, die eigentlich die Universität verstärkt übernehmen müsste (vgl. Burton). Mit der jetzigen Praxis lehnt sich die Universität eher zurück und ändert nichts an der Situation. Auch an der Universität C ist die Fachschaft im Wesentlichen für die Organisation der Einführungsveranstaltungen zuständig (vgl. McTravish). Die Universität C zog daraus aber andere Schlüsse. Die Einführungsveranstaltungen wurden *„professionalisiert"*, d.h. eine Woche vor Studienbeginn wird eine zentral durchgeführte Einführungsveranstaltung über 3 Tage von Studierenden höheren Semesters (Tutoren-Rolle) durchgeführt, die dafür ein Honorar erhalten. Der Zeitpunkt dieser 3-Tages-Veranstaltung ist so gewählt, dass diese aus dem normalen Studienbetrieb ausgegliedert ist und somit dann stattfindet, wenn noch genügend Zeit für die Erstsemester/innen vorhanden ist und sie nicht im Pulk der anderen Studierenden untergehen (vgl. McTravish). Die Einführungsveranstaltung wird in Zusammenarbeit mit der Studienfachberatung, den Studiendekanen und der Leitung des Studierendensekretariats durchgeführt. *„Der Übergang ins eher unstrukturierte Unileben soll so erleichtert werden"* (McTravish). Der Hinweis auf diese Erstsemester/innen-Veranstaltung wird nach der Einschreibung in einen Studiengang und nach Erhalt der Verwaltungsgebühren per Post zugesendet, so dass alle Studien-Neulinge darüber informiert werden (vgl. McTravish). Zusammenfassend lässt sich festhalten, dass die Fachschaft bei den Einführungsveranstaltungen nicht wegzudenken ist. Sie hat eine wichtige Rolle inne. So sind die Studierenden (Smith und Miller) auch der Meinung, dass einige Aspekte zur Studienorganisation nur von der Fachschaft oder erfahrenen Studierenden an neue Studierende weitergegeben werden können. Beispielsweise fragen Studierende bei welchen Professoren/innen die Prüfungen leicht oder schwer sind. Diese und weitere Auskünfte können nur Studierende geben, da nur sie dieses Erfahrungswissen besitzen.

Im Gegensatz zur zentralen Studienberatung, Studierendensekretariat und Prüfungsamt, welche von Angestellten und Verwaltungsmitarbeiter/innen ausgeführt werden, ist die Studienfachberatung eine **Selbstverwaltungstätigkeit**, die von Professoren/innen und/oder wissenschaftlichen Mitarbeiter/innen ausgeführt wird. Die fachbereichspezifische, dezentrale Studienfachberatung wird somit von Akteuren ausgefüllt, die bereits eine formale Rolle an der Universität eingenommen haben. Sie sehen sich in erster Linie als Wissenschaftler/innen und Lehrende. Die Selbstverwaltungsrolle wie bspw. die Studienfachberatung ist daher für viele Rolleninhaber/innen nur eine nebensächliche Rolle. Auch Studierende, die im Fachschaftsrat tätig sind, haben zwei formale Rollen gleichzeitig eingenomen. Sie sind Studierende und gleichzeitig sind sie als Vertreter/innen der Studierenden tätig. Diese Rahmenbedingungen werden im Laufe der Arbeit nochmals aufgegriffen.

Diese Veränderungen sind von „offiziellen Hauptrollen zu Nebenrollen" und „neuwahrgenommenen Rollen zu informellen Hauptrollen" zu beobachten. **Formale Nebenrollen** sind bspw. folgende:

- das Dekanat (fachbereichsspezifisch),

- der Prüfungsausschuss (fachbereichsspezifisch) und

- die Kommission für „*Lehre und Studium*" (fachbereichsspezifisch).

Jedoch ist zu berücksichtigen, dass nicht alle Experten/innen diese als wichtige Rollen für die Studienorganisation identifizieren. Dies liegt vermutlich auch daran, weil die Studierenden selbst als auch die wissenschaftlichen Angestellten eher nur wenig Kontakt mit diesen Nebenrollen haben. Diese werden daher als formale sekundäre Nebenrollen bezeichnet. Die sekundären Nebenrollen sind für eine stärkere Vernetzung und für einen gemeinsamen Wissensaustausch nicht in erster Linie notwendig, „*es wäre aber schön, wenn sie sich* [am Wissensaustausch; Anm. der Autorin] *beteiligen würden*" (Smith).

Eine Studentin betonte die Wichtigkeit des Dekanats im Wissensaustausch zur Studienorganisation, da „*das die Punkte sind, wo die Leute hinkommen*" (Smith). Das Dekanat sollte im engen Kontakt mit den Studienfachberater/innen und der Fachschaft sein, um zu erfahren, welche Anfragen von Studierenden aktuell sind, um auf diese angemessen reagieren zu können. Bspw. kann bei ähnlichen Anfragen eine Antwort auf die entsprechende Webseite zur Verfügung gestellt werden.

Die Prüfungsausschuss-Vorsitzende sollte Studienquereinsteiger/innen mit Informationen beliefern und diese „*besser betreuen*" (Hunt). Insbesondere bei Fragen zur Anerkennung von Leistungsnachweisen und Änderungen von Prüfungsrahmenbedingungen ist es sinnvoll, die Studienfachberatung zu benachrichtigen, damit die Studienfachberatung die entsprechenden Informationen an potentiell anfragende Studierende weiterleiten kann.

Walker erwähnte die Kommission für Lehre und Studium („*LuSt*"), die bspw. Entscheidungen zu Änderung der Prüfungs- und Studienordnung trifft und neue Ordnungen verabschiedet. Eine gute Kommunikation zwischen der LuSt und den Studienfachberater/innen ist wichtig, da die Studienfachberater/innen aus ihrer Tätigkeit heraus wissen, wo Schwachstellen in der Studienordnung vorhanden sind und an welchen Stellen nachgebessert werden sollte. Die LuSt ist eigentlich auf das Wissen der Studienfachberatung angewiesen. Eine gute Zusammenarbeit zwischen den beiden Rollen wäre diesbzgl. hilfreich. Jedoch ist es häufig so, dass die LuSt ohne die Mitwirkung der Studienfachberatung agiert (vgl. Walker). An der Universität A dagegen hat die LuSt-Kommission die Studienfachberatung auf ihren E-Mail-Verteiler gesetzt, so dass die Studienfachberatung wenigstens informiert wird, was in der Kommission besprochen wird. Bei Bedarf können dann die Studienfachberater/innen in einer Gast-Rolle an den Sitzungen der LuSt-Kommission teilnehmen.

Die o.g. Rollen zur Studienorganisation stellen als Rollen-Set jeweils die **Bezugsrollen** für die anderen Rollen dar, die in Haupt- und Nebenrollen zu differenzieren sind. Im Fokus dieser Arbeit steht die Zielgruppen-Rolle der Studierende, deren informelle Hauptrollen die Fachschaft, die Mit-Studierende (Kommilitonen) und die informelle Nebenrolle die Studienfachberatung ist. Die formalen Hauptrollen sind bspw. das Studierendensekretariat und das Prüfungsamt. Formale Nebenrollen sind bspw. Fachbereichsrat, die Kommission für Lehre und Studium, etc.

Im folgenden Abschnitt werden zusammengefasste Zwischenbefunde zur Kategorie 1 aufgeführt.

An der Universität haben sich im Kontext der Studienorganisation im Laufe des Studiums Haupt- und Nebenrollen herausgebildet, die sich in der Wahrnehmung der Zielgruppen-Rolle Studierender von einst „offiziellen Hauptrollen zu Nebenrollen" und von „zunächst nicht wahrgenommenen Rollen zu inoffiziellen Hauptrollen" wandelten. Einige der Haupt- und Nebenrollen beteiligen sich an der Studienorganisation aktiver als andere. Die inoffiziellen (informellen) Hauptrollen haben für eine gemeinsame Praxis zur Studienorganisation eine stärkere Relevanz für Studierende als die offiziellen (formalen) Haupt- und Nebenrollen. Dennoch sollten die offiziellen Rollen, als Experten/innen-Rollen, die spezielle Fachkenntnisse und vertieftes Wissen auf ihrem Fachgebiet angeeignet haben, in besonderen Fällen zur Studienorganisation hinzugezogen werden.

Hauptrollen können als diejenigen relevanten Rollen bezeichnet werden, von denen die Zielgruppe-Rolle erwartet, dass sie mehr Wissen zur Studienorganisation haben als die Nebenrollen. Hauptrollen sind solche Rollen, von denen die Zielgruppen-Rolle erwartet, dass sie den gesamten Prozess und die Strukturen der Organisation kennen und im Blick haben, bspw. den Ablauf des Studiums und die für die Bezugsrollen verborgende Studienorganisation sowie die Strukturen der Universität und die beteiligten Rollen; ggf. auch die Akteure, die die Rollen eingenommen haben. Die Hauptrollen fungieren somit als zentrale Ansprechpartner/in. Es wird von den Bezugsgruppen (bspw. Studierende) erwartet, dass die Hauptrollen bei (fast) allen Fragen weiterhelfen können. Es wird sogar erwartet, dass - falls sie das Wissen selbst nicht haben - dass sie zumindest wissen, welche anderen Rolle die fehlende Informationen besitzt.

Nebenrollen sind solche Rollen, von denen die Zielgruppen-Rolle erwartet, dass sie nur einen (Teil-) Ausschnitt der Organisation kennen und nicht den gesamten Prozess im Blick haben. Es wird jedoch erwartet, dass sie den speziellen Ausschnitt vertiefter kennen und mehr Wissen dazu haben als die Hauptrollen. Daher können die Nebenrollen hinsichtlich ihres Wissensgebietes auch als Fach-Experten/innen-Rollen bezeichnet werden.

Die abstrakte Relation zwischen Haupt- und Nebenrollen spiegelt sich im Verhältnis zum Studienorganisations- und Beratungsprozess wider. Es wird von den Bezugsrollen erwartet, dass Hauptrollen zu jederzeit im Prozess ihr Wissen beisteuern können. Das ist eine ihrer wesentlichen Funktionen und Aufgaben. Dagegen wird von Nebenrollen erwartet, dass sie nur zu speziellen Punkten und Tätigkeiten im Prozess ihr Wissen beitragen (können).

These 2: Hauptrollen und Nebenrollen unterscheiden sich durch ihre soziale Nähe: *Informelle Hauptrollen zeichnen sich nicht durch ihre offizielle Funktion, sondern durch ihre höhere Präsenz* (Anwesenheit bei den Einführungsveranstaltungen etc.) *und größere soziale Nähe* (persönliche Verbundenheit etc.) *zur Zielgruppenrolle der Studierenden aus, wodurch Vertrauen und Kontaktbereitschaft entsteht.*

Dagegen werden – von der Zielgruppen-Rolle betrachtete – offiziell etikettierte Hauptrollen als Nebenrollen wahrgenommen, gegenüber denen mehr Vorbehalt besteht, weil sie bspw. in ihrem Antwortverhalten weniger gut einschätzbar sind.

Erklärt werden kann diese These mit der fehlenden Beteiligung der Rollen an den Einführungsveranstaltungen. Diese werden in der Regel nur von der Fachschaft durchgeführt, die universitären (Haupt-)Rollen[114] sind in den Einführungsveranstaltungen und in der Orientierungsphase abwesend.

Neben der Erwartung der Zielgruppenrolle der Studierenden, dass die Hauptrollen den Überblick zur Studienorganisation besitzen, ist des Weiteren das Vertrauen in die Identität des Gegenübers, **in seine Kompetenzen und das Vertrauen in die Rolle** entscheidend.

These 3: *Studierende kontaktieren zunächst ihnen vertraute Personen und dann vertraute Rollen.* D.h. sie folgen einer Abstraktionsleiter, die mit zunehmender Entkopplung von Erwartungsstrukturen einhergeht.[115]

In komplexen Organisationen werden Personen durch rollengebundene Erwartungen austauschbar. Studierende wenden sich bei Fragen zunächst an die ihnen vertraute Person und wenn sie keine Personen kennen, wenden sie sich an die ihnen vertraute Rolle, der sie sozial nah sind und aufgrund dessen sie ihr eine bestimmte Kompetenz zuweisen. Mit anderen Worten ausgedrückt, besagt es, dass sich Studierende zunächst an Gleichgesinnte bzw. die Fachschaftsvertreter/innen wenden und falls ihnen aus diesen Rollen kein Akteur weiterhelfen kann, wenden sie sich an die ihnen sozial näheren Rollen. Dies sind in der Regel die Studienfachberater/innen. Dagegen werden Professoren/innen eher in einer Statusrolle gesehen und Studierende als auch andere Bezugsrollen (bspw. wissenschaftliche Mitarbeiter/innen oder nicht-wissenschaftliche Angestellte) erwarten, dass eine eher offizielle Ansprache nötig ist. Beobachtungen von Studierenden, die anderen Studierenden zusehen, wie sie am Ende einer Vorlesung den Professor/innen einige Fragen stellen wollen und die dabei teils auf Ablehnung stoßen, bestätigen die Professoren/innen-Rollen als Statusrolle. Die Studienfachberatung wird im Vergleich dazu eher informeller eingeschätzt, was bspw. durch das Auftreten der Studienfachberater/innen (vgl. Webseite der Studienfachberatung Informatik) und durch die Fachschafts-Experten/innen bestätigt wird.

Um für die Zielgruppen-Rolle der Studierenden wahrgenommen zu werden, müssen sich vor allem die wichtigen Rollen (offizielle und inoffizielle Hauptrollen)

---

[114] Mit dem Begriff „universitären Rollen" werden die Rollen an der Universität außer der Studierenden-Rolle bezeichnet.

[115] vgl. Kapitel 2.1.3.3

präsentieren (bspw. in den Einführungsveranstaltungen). Dadurch können Erwartungen und Vertrauen an einzelne Personen oder an Rollen gekoppelt werden.

Die Praxis an der Universität C bestätigt, dass ein guter Einstieg in die Studienorganisation von der Beteiligung der universitären Rollen abhängt. Dort wird die Einführungsveranstaltung mit den wichtigsten universitären Hauptrollen gemeinsam durchgeführt. Damit wird das Ziel verfolgt, Neulinge in die Struktur und in den Studienprozess der Universität einzuführen. So können die Neulinge bei den Einführungsveranstaltungen die Hauptrollen wie auch die relevanten Nebenrollen (ihre Funktionen und Aufgaben) kennen lernen. Dies ist sinnvoll, da sie bspw. zu einem späteren Zeitpunkt, prozessbegleitend die jeweiligen Rollen bei Bedarf direkt ansprechen können. Hier wird der Wissensaustausch bereits face-to-face initialisiert und die Grundlage für Vertrauen und soziale Nähe gelegt.

Es stellt sich hier die Frage, warum die Einführungsveranstaltung an der Universität A nur von der Rolle der Fachschaft durchgeführt wird und warum die anderen Hauptrollen sowie die primären Nebenrollen nicht teilnehmen. Möglicherweise ist es den nicht-beteiligten Akteuren in den entsprechenden Rollen nicht wichtig, an den Einführungsveranstaltungen teilzunehmen, weil sie ggf. die Relevanz und die Vorteile der Einführungsveranstaltung nicht einschätzen können, bspw. weil sie andere Aufgaben als wichtiger einstufen – oder sie können es nicht als wichtig einstufen, weil sie bereits mir anderen Aufgaben überlastet sind.

In einer weiteren Untersuchung sind die Gründe zu analysieren, warum die universitären Hauptrollen und primäre Nebenrollen an der Einführungsveranstaltung nicht teilnehmen (neue Forschungsfrage). Es wird vermutet, dass die Dimension der Wichtigkeit als auch die Vorteile von Einführungsveranstaltungen für die universitären Rollen kommuniziert werden müssen, um die Akzeptanz zur Teilnahme zu erhöhen. Ein wesentlicher Vorteil ist der höhere Zugriff auf soziales Kapital, d.h. dass sich die verschiedenen Rolleninhaber/innen durch die Erstsemester/innen-Einführung kennen lernen und so die informelle Kommunikation zwischen den Studierenden und den universitären Rollen positiv gefördert wird.

7.2.2. Kategorie 2: Vernetzung von Studierenden untereinander

Kategorie 2 beschreibt die empirischen Ergebnisse zur Vernetzung von Studierenden untereinander.

Die Studierenden-Experten/innen benennen die Rolle der **Mit-Studierende (Kommilitonen)** als eine wichtige Rolle, da der Kontakt zu anderen Studierenden als sehr wichtig erachtet wird. Damit sind Studierende im gleichen Semester gemeint, bspw. um gemeinsam lernen zu können und um *„sich wohl zu fühlen"* (Smith). Damit sind aber auch Studierende höheren Semesters gemeint, um bspw. bei Problemen mit der Auswahl von Vorlesungen und Prüfungen Hilfestellungen zu geben. Studierende bekommen demnach zwei Rollen zugewiesen. Sie sind einerseits Studierende, die Bedarf an Informationen haben und Wissen zur Studienorganisation benötigen (Wissensaneigner). Sie sind andererseits Studierende, die sich das Wissen bereits angeeignet haben und ihren Kommilitonen helfen können (Wissensvermittler).

These 4: *Studierende sind gleichzeitig die Zielgruppenrolle (Wissensaneigner) als auch wichtigste Hauptrolle (Wissensvermittler) beim Wissensaustausch zum Thema der Studienorganisation.* Daher ist die Relevanz dieser Wissensträger/innen und die Wichtigkeit eines studentischen Netzwerkes für die Beteiligten zu kommunizieren sowie deren Wissensaustausch zu unterstützen.

Hunt bemängelt, dass der Kontakt zu Mitstudierenden oftmals nicht über eine lose soziale Beziehung hinausgeht. Dies kritisiert er aus folgenden Gründen: *„Die Vernetzung mit älteren Semestern ist hilfreich, da vieles über den persönlichen Kontakt funktioniert, da ist viel Wissen, was sich verbreitet und auch nicht so schnell verloren geht"* (Hunt). Beispielsweise wird die Information einer Raumänderung auf diesem Weg viel schneller verbreitet, *„die man sonst nicht mitkriegt oder andere banale Dinge"* (Miller). Aber auch Grundsätzliches, so genanntes Basis-Wissen, z.B. zur Struktur der Universität, wird vor allem durch andere ältere, erfahrene Studierende an jüngere Studierende weitergegeben (*„Uni-Führung"*, Mund-zu-Mund-Propaganda; vgl. Miller).

Studierenden scheint zwar die Relevanz ihrer Mitstudierenden als Wissensträger bekannt zu sein, aber die Möglichkeiten zum Kontaktaufbau zu Mitstudierenden (bspw. in Vorlesungen, in Übungsgruppen, während den Wartezeiten zwischen den Veranstaltungen) werden nur in geringem Maße wahrgenommen. Das wurde in Gesprächen mit Studierenden, die aktiv in der Fachschaft tätig sind, deutlich. *Häufig stellen diejenigen Studierenden Fragen zur Studienorganisation, die nur eine geringe soziale Nähe zu ihren Kommilitonen aufweisen.*

Die Ausprägung der eher geringen sozialen Nähe kann mit den dezentralen Strukturen der Universität, der Pendler-Situation und der hohen Anzahl

Studierender erklärt werden. Viele Studierende wohnen nicht in der Stadt, in der die Universität A angesiedelt ist, sondern weiter außerhalb, d.h. sie wohnen nicht vor Ort, sondern pendeln und sind nur an ausgewählten Tagen an der Universität. D.h. sie reisen nur für ausgewählte Vorlesungen oder Übungsstunden an. Ansonsten fehlt eine räumliche Nähe. Die Anbindung an das studentische Leben findet nur in geringem Maße statt. Aber gerade „neben" den Vorlesungen sollten Kontakte geknüpft und soziale Beziehungen aufgebaut werden (soziales Kapital, vgl. Kapitel 4). Zum Wintersemester 2003/2004 waren ca. 1.700 Studierenden im Grundstudium am Fachbereich Informatik der Universität A eingeschrieben. Bei einer Großgruppe wie dieser besteht für die Akteure kaum die Gelegenheit, die relevanten Akteure heraus zu finden, zu interagieren und soziale Nähe aufzubauen.[116] Aus der Sicht des Einzelnen wird die Großgruppe schnell zu einer anonymen Masse.

These 5: *In großen Organisationen, in denen ihre Akteure in geringer oder keiner sozialer Nähe zueinander stehen, kann eine soziotechnische Community den Aufbau von sozialer Nähe ermöglichen, und damit den Wissensaustausch unterstützen.* Erst die Technik ermöglicht es den Akteuren relativ leicht, Kontakt aufzunehmen, sich zusammen zu finden und ihr Wissen auszutauschen.

Allerdings müssen die technischen Möglichkeiten (Internetzugang) und eine Affinität zur technischen Kommunikation (Kenntnisse und Erfahrungen) vorhanden sein. Die Erhöhung der sozialen Nähe ist zudem kein Selbstläufer, sondern muss betreut werden (Aufbereitung von Informationen, ggf. Moderation etc.), bspw. durch eine Community-Kultivierung.

Faktoren, die den Aufbau sozialer Nähe negativ beeinflussen sind fehlende räumliche Nähe (Pendler-Universität), unübersichtliche Strukturen und/oder zu viele Akteure in unterschiedlichen Rollen, die unterschiedlich relevant bzw. priorisiert sind (Rollen-Komplexität). Daher sind einige Experten/innen der Meinung, dass mehr Aktivitäten zum Kontaktaufbau der Studierenden untereinander und zum Aufbau von sozialen Netzwerken unterstützt und gefördert werden müssen (bspw. Hunt).

---

[116] Man könnte meinen, dass Studierende bspw. ihre Nachbarn in der Vorlesung ansprechen und erste soziale Kontakte aufbauen. Dies wird allerdings aufgrund der sozialen Mechanismen, die in einer (Groß-)Gruppe wirken, wie bspw. soziale Normen, kulturelle Werte und sozialen Sanktionen erschwert (vgl. „Sanktionsmacht" Dahrendorf 1958).

Mit einer soziotechnischen Community (Inpud-Community) wurde an der Universität A ein erster Schritt in diese Richtung gegangen. Nutzungsverlaufsanalysen zeigen, dass ein verstärkter Wissensaustausch unter den Studierenden stattfindet (siehe Kapitel 6.1.1). Erst die technische Plattform ermöglichte es, dass Studierende, die in keiner bis geringer räumlicher Nähe zueinander stehen, und wenig face-to-face kommunizieren, dennoch soziale Nähe aufbauen und soziale Beziehungen bilden können. Allerdings wird kritisch angemerkt, dass vor allem komplexe Sachverhalte in einem Online-Diskussionsforum nicht angesprochen werden können (vgl. Miller). Komplexe Probleme inhaltlicher Art sind solche, die nicht dokumentiert werden können, bspw. wie eine Person erlernt, Studierende zu werden, die in der Regelstudienzeit das Studium schafft. Hierzu können nur Meta-Informationen vermittelt werden, wie der Prozess funktioniert und welche Rolle in welchen Fällen Ansprechpartner/in sind. Hinzu kommen die besonderen Probleme, die mit der Online-Kommunikation auftreten, bspw. Körperhaltung, Gesten, Gesichtsausdruck, Lautstärke und Tonfall der Stimme nicht zu erkennen sind (vgl. Herkner 1991, S. 278-280[117]) und der Kontext explizit werden muss (vgl. Herrmann & Kienle 2004b). Dies erfordert bestimmte Kompetenzen in der Kommunikation und beim Wissensaustausch, bspw. sich auf das Wesentliche zu konzentrieren.

Trotz dieser Schwierigkeiten unterstützt eine Community den Aufbau sozialer Nähe in einer Großgruppe, da dort Kommunikation und Wissensaustausch anschlussfähig wird (vgl. Kapitel 6.1.1), wie das Fallbeispiel der Inpud-Community zeigt. In der Inpud-Community können Studierende, die in keiner räumlichen Nähe zueinander stehen, mit anderen Studierenden relativ leicht zeit- und ortsunabhängig in Kontakt treten.

Die Experten/innen gehen jedoch davon aus, dass technische Systeme die soziale Präsenz der universitären Rollen nicht genügend unterstützen würden (vgl. Kategorie 3 zur Vernetzung der universitären Rollen). Präsenzveranstaltungen nehmen daher weiterhin einen wichtigen Stellenwert ein, insbesondere wenn es um die Initiierung erster sozialer Kontakte von Rolleninhaber/innen in **hierarchisch-unterschiedlichen** Rollen geht. Allerdings muss in Anbetracht der Inpud-Community und dem sehr hohen Zulauf an Nutzer/innen differenziert werden.

---

[117] „Oft misstraut man sogar dem Inhalt und verlässt sich eher auch andere Aspekte der Interaktion. Diese werden als nichtverbale Kommunikation bezeichnet" (Herkner 1991, S. 278).

These 6: *Durch die Initiierung von soziotechnischen Communities werden technisch-vermittelte Formen der sozialen Präsenz – und damit soziale Nähe – für eine Gruppe mit einer hohen Anzahl von Personen erzeugt.*

In Großgruppen besteht keine Möglichkeit, dass alle direkt miteinander kommunizieren können. Nur das Online-Forum ermöglicht es, mit einer Vielzahl von Nutzer/innen in Kontakt zu treten, die sich ansonsten nicht kontaktieren könnten. Der Fall der Inpud-Community zeigt, dass die Kommunikationsmöglichkeit in Inpud ohne Marketing-Aktion unter den Studierenden eine sehr schnelle Verbreitung fand. Es ist so, als hätten sie auf ein technisches Medium gewartet, um miteinander kommunizieren zu können. Das zur Verfügung stellen des technischen Systems, bewirkte den Aufbau sozialer Nähe und somit die Bildung eines neuen soziotechnischen Systems.

In der Inpud-Community gibt es zwar keine expliziten Kennenlern-Fragen, bspw. um nähere Informationen zu einer bestimmten Person zu erfahren. Diese werden aber durch die Angabe der eigenen E-Mail-Adresse und Verweise auf Websites aufgefangen, die dem eigenen Account zugeordnet werden können.[118] Dass soziale Nähe entsteht zeigt auch der folgende Beitrag: Im Februar 2005 wurde in einem Inpud-Forum ein neues Thema gepostet mit dem Titel „*Viel Erfolg*".[119] Hier wurde nicht inhaltlich diskutiert, sondern sich gegenseitig Glück und Erfolg beim Schreiben der Klausur gewünscht „*Wollte mal fix allen, die sich gleich mit mir an dem Teil versuchen viel Erfolg wünschen!*"[120] Dem haben sich 14 weitere Studierende angeschlossen. Neben dem rein sachlichen Wissensaustausch auf der Inhaltsebene, ist also auch der Aufbau von sozialen Beziehungen auf der **Beziehungsebene** zu beobachten.

Um den Aufbau sozialer Nähe durch das technische System erklären zu können, ist auch das Studium und das Alter der Studierenden heranzuziehen. Informatikstudierende weisen per se eine höhere Affinität zu technischen Computersystemen auf als andere Studierende, weil dies unter anderem ein Gegenstand ihres Studiums ist. Daher lernen sie schnell, mit der Diskussionsforen-Technik der soziotechnischen Inpud-Community umzugehen oder kennen den Umgang mit solchen technischen Systemen bereits aus anderen Foren. Auch das Alter könnte eine

---

[118] Diese Angaben sind freiwillig.
[119] Quelle: Inpudforum Lehr-Veranstaltung namens „DAP1"
[120] Nutzer/in namens „*Marohn00*"

erklärende Variable sein. Ähnlich wie heutzutage die meisten Personen das Telefon selbstverständlich benutzen, weil sie damit aufgewachsen sind und so sozialisiert wurden, so nutzen heutzutage junge Studierende die Diskussionsforen, weil sie damit aufwachsen und gelernt haben, dass Fragen und Probleme über das Internet schnell und einfach gelöst werden können.

These 7: *Wissensaustauschprozesse zu einem gemeinsamen Themengebiet – in Form von Communities – bilden sich dann, wenn den Akteuren bewusst ist, dass ihre Beteiligung am Wissensaustausch zu einem Mehr an sozialem Kapital führt.* Das Mehr an sozialem Kapital bedeutet für die Nutzer/innen einen Zugriff auf eine größere Menge von Beziehungsressourcen und in Folge dessen einen Zugriff auf eine größere Menge von Wissen.

In der Inpud-Community wird dieses *Mehr* an sozialem Kapital für Nutzer/innen bereits durch das reine Lesen von Diskussionen und Beiträgen erzeugt, ohne sich registrieren zu müssen[121]. D.h. sie können auf bestehende Beziehungsressourcen und geführte Diskussionen zurückgreifen, ohne selbst aktiv beteiligt zu sein. Das relativ leicht zu erkennende *Mehr* an sozialem Kapital der Inpud-Community als auch der Faktor, dass sich die Nutzer/innen zunächst nicht aktiv beteiligen müssen, obwohl sie bereits von der Community profitieren, führt zu einer hohen Akzeptanz der Community, die wiederum eine aktive Beteiligung positiv unterstützt.

Eine Community hat somit eine wichtige **Multiplikatoren-Funktion**, weil eine Antwort auf eine Anfrage gleichzeitig von vielen gelesen wird, und eigene Anfragen erspart bleiben. Die Multiplikatoren-Funktion wird auch anhand folgender Beispiele deutlich: Einige Studierende der Inpud-Community sind in den Vorlesungen und Übungen anzutreffen und geben dort ihr Wissen an andere Studierende weiter. Studienfachberater/innen, die an der Moderation der Inpud-Community beteiligt sind, geben ihr Wissen an die anderen Studienfach-berater/innen weiter, aber auch an Studierende in ihren Lehrveranstaltungen oder an andere Kollegen und Kolleginnen, die an der Studienorganisation beteiligt sind. Probleme, die in der Inpud-Community diskutiert werden, bspw. zur Prüfungs-situation, werden von den Studienfachberater/innen an das Prüfungsamt mittels EMail oder Telefon weitergeleitet. Die Antwort wird im Idealfall von Prüfungsamt-

---

[121] Eine Registrierung ist nur erforderlich, wenn Anfragen gestellt oder auf Anfragen geantwortet werden möchte.

164

Mitarbeiter/innen selbst eingestellt oder wie im Falle Inpuds von denjenigen Studienfachberater/innen, welche die Frage an das Prüfungsamt gerichtet hatten.

Die Inpud-Community wird somit eine zentrale Ansprechpartnerin im Informations-Dschungel der Studienorganisation, die den Studierenden aber auch der Studienfachberatung hilft, das individuell fehlende Wissen zunächst dort abzufragen und dann hinaus in andere (Sub-) Systeme zu tragen. *„Was ich jetzt mitbekommen habe im Inpud, war die Anfrage, was ist der Unterschied zwischen Schein und Fachprüfung. Und das war mir am Anfang auch nicht klar. Denn es gibt viele Begriffe wie Schein, Test, Klausuren und das ist nicht ganz deutlich. Aber das kriegt man dann mit"* (Miller). Den Unterschied der Begriffe hat ein Studienfachberater erklärt. Die **Wissensverbreitung und Wissensverteilung erreicht mit einem Online-System mehr Studierende.** Die Informationen sind an einem zentralen Ort im Web auffindbar. Früher hätte der Wissensaustausch nur als Einzelanfrage an die Studienfachberater stattgefunden. Es hätte ggf. länger gebraucht oder es wäre nach Art der „Stillen Post" nicht mehr korrekt weitergeleitet und wiedergegeben worden. Ohne ein Online-Diskussionsforum *„kriegt es nur mit, wenn man Bekannte hat, Kommilitonen, mit denen man studiert und sich darüber austauscht. (...) Wenn man erst nach der O-Phase* [Einführungsveranstaltung] *hierhin kommt* [zur Universität], *dann ist es entsprechend schwieriger"* (Miller).

These 8: *Informationen und Auskünfte in Online-Communities erreichen eine hohe Anzahl von Nutzer/innen gleichzeitig, ohne an relevantem Informationsgehalt zu verlieren.* Die Informationen können so leichter verteilt und vervielfältigt werden.

Wenn Wissensaustausch- und Wissensmanagementprozesse unterstützt werden, dann bewegt man sich in der Regel innerhalb einer Organisation, d.h. in einem System bzw. in einem Unternehmen. *„Das ist jedoch ein Irrglaube"* (vgl. Cooper), denn meist befindet man sich nicht mehr nur in einer Organisation oder in einem (Sub-)System. Wenn informelle Wissensaustauschprozesse unterstützt, tatsächlich genutzt und angemessen gestaltet und gefördert werden, dann entstehen daraus Wissensaustausch-Communities, die **zur Organisation querliegende Kommunikationen** ermöglichen sowie neue und andere Anschlussfähigkeiten aus sich heraus entwickeln. So entwickeln sich neue Systeme in Organisationen, die systemübergreifend in Form von Communities zu beobachten sind. *Communities sind dann nicht nur auf ein System und nicht nur auf eine Rolle bezogen, sondern sie ermöglichen es, dass Wissen system- sowie rollenübergreifend ausgetauscht wird* (vgl. Experte Cooper).

These 9: *Soziotechnische Communities stellen für häufig anwesende Mitglieder (Moderatoren, Studierende, etc.) eine Community dar, aber für andere, die nur ab und zu beteiligt sind (Lurker, wenige Beitragende) ein Netzwerk, welches sie bei Bedarf nutzen, aber nicht laufend besuchen und daher nicht aktiv mitgestalten.*

7.2.3. Kategorie 3: Vernetzung universitärer Haupt- u. Nebenrollen

Die Kategorie 3 beschreibt die Ergebnisse zur Vernetzung der universitären Haupt- und Nebenrollen, ihre Kooperation und Koordination. Kooperation bezeichnet in diesem Kontext die Zusammenarbeit und die aktuelle Praxis der Kooperationen zur „Studienorganisation". Im Vordergrund steht das „wie" der Kooperation. Koordination bezeichnet Abstimmungsprozesse (vgl. Kapitel 4.2.1, Definition zu Kooperation und Koordination).

7.2.3.1. Kooperation

Einige Monate nach den durchgeführten Interviews (letztes Interview im Dezember 2003), wurden an der Universität A die Rollen *Prüfungsamt* und *Studierendensekretariat* zusammengefasst zum *„Zentrum für Studienangelegenheiten"*. Damit einher ging der Umzug in ein gemeinsames Gebäude, welches in räumlicher Nähe zur *zentralen allgemeinen Studienberatung* liegt. Die Benennung und Einführung eines neuen Rollenzuschnitts führte nur in Ansätzen zu einer ersten Vernetzung und Zusammenarbeit. Ob Arbeitsprozesse verändert und inhaltliche Kooperationen eingegangen werden, ist bis jetzt nicht zu erkennen, wäre aber ein notwendiger weiterer Schritt. Die zentrale Studienberatung versucht hier aktiv mitzuwirken.

Ein Vergleich der Vernetzung zwischen der zentralen und dezentralen Studienberatung an der schweizerischen Universität C zeigt, dass dort regelmäßige Veranstaltungen (Fort- und Weiterbildungen) für die Studienfachberater/innen durchgeführt werden. So wird es ermöglicht, dass erste Kontakte zu anderen Studienberater/innen entstehen können und dies möglicherweise zu weiteren Vernetzungen führen kann. Allerdings ist auch dort die technische Unterstützung und Vernetzung gering. Hier wird derzeit geplant, ähnlich wie an der Universität A, ein so genanntes *„Studien-Support-Zentrum"*, d.h. ein gemeinsames Gebäude einzurichten, *„in dem alle Beratungsdienste angesiedelt werden sollen"* (McTravish).

These 10: *Eine Rollen-Bündelung unterstützt den Aufbau sozialer Nähe und informeller Vernetzung.* Diese Bündelung kann räumlicher Art sein (gemeinsame Büroräume an einem Ort) und/oder organisatorisch unterstützt werden (Bündelung von Personen bzw. Rolleninhaber/innen innerhalb einer Rolle; Zusammenlegung zweier oder mehrerer Rollen zu einer) (vgl. Argumentation der These 2).

Allerdings ist zu berücksichtigen, dass Präsenzveranstaltungen von der Mehrzahl der Experten/innen als wichtiger erachtet werden als eine computer-technische Unterstützung der Kommunikation unter den universitären Rollen. Die Zusammenarbeit der universitären Hauptrollen könne durch regelmäßige face-to-face Besprechungen unterstützt und initiiert werden. Dies ist nicht widersprüchlich mit der o.g. These, dass die Technik hilft, soziale Nähe aufzubauen. Dafür sind zwei Kriterien zur Erklärung heranzuziehen:

(1) Hierarchische Strukturen versus keine formale Hierarchie im Arbeitskontext

Im webbasierten Inpudforum kommunizieren vor allem Studierende. Studierende haben keine hierarchische Kommunikationsstruktur und unterliegen keiner hierarchischen Abhängigkeit im gemeinsamen Arbeitskontext. Dies ist bei den universitären Rollen anders. Sie unterliegen Abhängigkeiten im Arbeitskontext und benötigen möglicherweise, abweichend von den Studierenden, einen ersten face-to-face Kontakt, um auf einer Vertrauensbasis den weiteren Wissensaustausch technisch-unterstützt durchführen zu können.

(2) Gruppengröße

Das zweite Unterscheidungsmerkmal ist die Größe der Gruppe, d.h. die Anzahl der Mitglieder. Die Studierendengruppe ist mit ca. 2.800 so groß, dass eine direkte Kommunikation untereinander nicht möglich ist. Dagegen sind die Rolleninhaber/innen der universitären Hauptrollen und Nebenrollen eine eher übersichtliche Gruppe, die durch eine hohe Rollenkomplexität[122] gekennzeichnet ist.

Im Gegensatz zu den Studierenden, die durch technische Systeme sich sozial näher kommen und stärker miteinander kommunizieren, sind bei den universitären Rollen face-to-face-Kontakte unabdingbar, weil sie in hierarchischen Abhängigkeiten und Arbeitskontexten sowie in räumlicher Nähe zueinander stehen. Der Aufbau von

---

[122] Die Rollenkomplexität setzt sich zusammen aus der Anzahl der Rollen, die im Verhältnis zur Anzahl der Rolleninhaber/innen und deren Rollen-Prioritätensetzung stehen.

Vertrauen und gegenseitige Kenntnis kann in diesen Kontexten nur durch Präsenzmeetings erzeugt werden.

These 11: *Bei hierarchischen Abhängigkeiten im Arbeitskontext unterschiedlicher Status-Rollen, einer hohen Rollenkomplexität und räumlich-zeitlicher Nähe ist eine face-to-face-Kommunikation in Form einer rollenübergreifenden Veranstaltung der universitären Rollen wichtiger (als eine rein technische Unterstützung), um soziale Nähe zum Wissensaustausch zu initiieren.*

Informelle Kommunikation entsteht dann, wenn sich die verschiedenen Rollen-(inhaber/innen) in den Präsenzworkshops kennen lernen. Je mehr die informelle Kommunikation unterstützt wird, desto erfolgreicher ist der Wissensaustausch.

Es kann festgehalten werden, dass die Hauptrollen zur Studienorganisation an der untersuchten Universität eher wenig Kontakt untereinander haben und dass Wissensaustausch zur Studienorganisation eher selten stattfindet. Jedoch sind erste Aktivitäten zu erkennen, eine räumliche und soziale Bündelung zu initiieren und zu unterstützen (bspw. gemeinsames Gebäude aller Beratungsdienste, Einrichtung eines „*Qualitätszirkels*" der Hauptrollen, in Form von Workshops).

Ein weiteres Problem zur Kooperation unter den universitären Hauptrollen ist die Bilateralität. Dies wird am Beispiel der Kommunikation zwischen Studienfachberatung und Prüfungsausschuss erläutert: Die Kommunikation zwischen Studienfachberatung und Prüfungsausschuss wird in der Regel für gut befunden (vgl. Walker). Jedoch kann dieser „*bilaterale*" Wissensaustausch zu einem Problem werden, wenn der Fachbereichsrat und andere Gremien, wie z.B. das Gremium „Lehre und Studium" immer wiederkehrende Probleme aufgrund dieser Bilateralität nicht wahrnehmen, weil sie nicht einbezogen werden. Vor allem beim Erstellen oder Ändern von Prüfungsordnungen, die in der Regel das Gremium „Lehre und Studium" vorschlägt, sollten der Prüfungsausschuss und die Studienfachberatung integriert sein, so der Experte/die Expertin Walker.

These 12: *Entgegen der universitären Praxis zum effektiven Wissensaustausch zur Studienorganisation ist es notwendig, dass alle an einem Thema oder Problem beteiligten Rollen miteinander kommunizieren, wenn es um (weitreichende) Entscheidungen geht.* Dadurch werden Probleme wirksam gelöst und nicht immer wieder neu verhandelt.

Die stärkere Vernetzung der Hauptrollen untereinander wird von einigen Experten/innen in den Interviews angesprochen: „*...wenn man guckt, ist der Ist-*

Zustand ideal, dann ist es genau der Punkt, dass ich mir nicht vorstellen kann, dass ein Studienfachberater für einen gesamten Fachbereich diese Aufgabe übernimmt, die Studierenden in dem eigenverantwortlichen Studium zu unterstützen oder in der Studienplanung. Das kann nicht ein [einziger] Mensch machen. Kann ich mir nicht vorstellen. Und das heißt, dass man natürlich auch noch andere Personen einbeziehen muss" (Walker, Leitung des Dezernats für Studienangelegenheiten). Walker bezieht sich zwar auf konkrete Personen und keine Rollen, an dieser Stelle ist jedoch relevant, dass er/sie betont, dass weitere Akteure eingebunden werden müssen. Dies können ggf. Personen sein, die die gleiche Rolle einnehmen oder es sind Personen, die andere Rollen eingenommen haben. Es bedeutet, dass für eine Vernetzung der Hauptrollen die Studienfachberatung zu stärken ist. Walker betont, dass die Studienfachberatung mittels der Amtlichen Mitteilung „Standards in der Studienfachberatung" mehr Anerkennung zugewiesen bekommen sollte. Durch diese Mitteilung wurde die Anerkennung der Arbeit der Studienfachberatung „im Gesetz" der Universität verankert. Der Rolle soll so erhöhte Aufmerksamkeit, Wichtigkeit und einen höheren Stellenwert zugewiesen sowie im Prozess der Studienorganisation formal stärker eingebunden werden (vgl. Walker). Dies bedeutet auch, dass sie sich mit anderen Hauptrollen, bspw. zentrale Studienberatung, Fachschaftsvertreter und Studierende stärker vernetzen sollte.

These 13: *Für die Vernetzung unter den universitären Rollen ist eine formale Anerkennung der eher informelleren Rollen hilfreich, um ihre Wichtigkeit in der Organisation zu erhöhen, und damit die Handlungsmöglichkeiten beim Wissensaustausch zu verbessern.*

Darunter fällt auch die Fachschaftsrolle, vor allem um die Sicht der Zielgruppe in den Wissensaustausch einzubeziehen. Allerdings muss beachtet werden, dass eine zu starke Formalisierung der informellen Hauptrollen zur sozialen Entfernung von der Zielgruppen-Rolle Studierender führen kann. Denn mit einer höheren Formalisierung geht eine Entkopplungsgefahr von Erwartungsstrukturen einher (vgl. hierzu These 3).

7.2.3.2. Koordination und zentrale Rollen

Im Folgenden wird auf die Koordination (Abstimmung) der universitären Rollen eingegangen. Mehr als die Hälfte der Experten/innen spricht die Koordination der Hauptrollen an, ohne dass sie direkt danach gefragt wurden.

Als zentrales Ergebnis kann festgehalten werden, dass die Experten/innen der Ansicht sind, dass die Koordination der Hauptrollen gestärkt werden sollte, insbesondere durch regelmäßige face-to-face Workshops, bei denen sie physisch anwesend sein sollten. Die Wichtigkeit der „regelmäßigen Treffen" wird betont, mit der Begründung, dass *„man die Leute kennen lernt, um Kontakte aufzubauen"* (Smith). Smith betont, dass stärkere soziale Beziehungen zwischen den Hauptrollen entstehen sollten. Die soziale Nähe unterstützt die Entstehung und den Zugriff auf soziale Ressourcen und soziales Kapital der beteiligten Rollen positiv.

Die Forderung nach regelmäßigen Treffen der Studienfachberatung mit den anderen universitären Rollen zum gemeinsamen Austausch wird vor allem auch zwischen der Studienfachberatung[123] und den Professoren[124] gefordert, da es derzeit keine angemessene Kooperation zwischen diesen Rollen gibt: *„Derzeit gibt es Null-Zusammenhang"* (Burton). Er ist der Meinung, dass die derzeit nur lose Zusammenarbeit auf dem Gebiet der Lehre stark verbessert werden muss. Hierzu wird als Lösung eine *„Lehrkonferenz"* vorgeschlagen. Bei der Forderung nach mehr und stärkerer Zusammenarbeit wird von den Experten/innen aber auch darauf hingewiesen, dass es ausreichen würde, wenn vor allem die Hauptrollen mit den Studierenden stärker kooperieren würden und die Nebenrollen nicht eingebunden werden. *„Wenn man mehr als die wichtigsten Rollen zusammenbringt, dann wird es für die Kooperation zur Studienorganisation nicht einfacher und nicht besser"* (Smith).

These 14: Ein gemeinsamer Wissensaustausch zur Studienorganisation wird blockiert, wenn zu viele formale Rollen beteiligt sind. Die Anzahl der formalen Hauptrollen sowie die für den Wissensaustausch notwendigen inoffiziellen Hauptrollen ist systemrelativ: *Je geringer die Rollenkomplexität in einer Organisation (1.000 Akteure in einer Rolle anstatt 1.000 Akteure in 1.000 Rollen), desto effektiver ist der gemeinsame Wissensaustausch.*

Ein „Zuviel" an formalen Rollen führt zu erhöhtem Abstimmungsaufwand, der durch kontroverse Meinungen und verschiedene ggf. widersprüchliche Interessen ausgelöst wird. Es ist in einer weiteren Untersuchung zu klären, was „zu viele"

---

[123] Die Aufgabe der Studienberatung ist es, Studierende im Studium zu beraten, und Studienstrukturen mitzugestalten, z.B. bei Änderungen bestehender Diplomprüfungsordnung und Studienordnungen oder bei der Gestaltung der neuen Bachelor- und Masterstudiengänge mitzuwirken.

[124] Eine wesentliche Aufgabe von Professoren ist die Durchführung der Lehre.

170

Rollen sind und ob die Anzahl der zu beteiligenden Rollen benannt werden können (*neue Forschungsfrage*). D.h. es ist zu prüfen, wie viele formale Hauptrollen zu Beginn einer gemeinsamen Wissensaustausch-Kultivierung maximal beteiligt sein dürfen, um den Prozess zu fördern und nicht zu blockieren bzw. negativ zu beeinflussen.

These 15: *Bei zu hoher Rollenkomplexität ist eine formale Promotorenrolle notwendig, um eine Beziehung zwischen den verschiedenen formalen Rollen (inhaber/innen) und ihrem unterschiedlichen Status herzustellen, aber auch um die Vermittlung von Meta-Wissen über die Wissensaustauschprozesse als auch über die Rollen, die daran beteiligt sind, zu ermöglichen.* Je höher die Rollenkomplexität, desto mehr Meta-Wissen ist für einen gemeinsamen Wissensaustausch erforderlich.

Einer Studie von Herrmann et al. (2003a) zur Folge ist Meta-Wissen für den gemeinsamen Wissensaustausch differenziert zu betrachten. Ihnen zufolge ist für die Nutzer/innen ein Wissen über *Inhalte, Teilnehmer/innen, Nutzungsverlauf, Selbstwirksamkeit, Kooperation und Strukturierung* relevant, um den gemeinsamen Wissensaustausch zu fördern.

Studierende haben oftmals zu Beginn des Studiums Probleme, sich an einer Universität zurecht zu finden, und sich einen Überblick über die Studien-organisation zu verschaffen. Das wird von vielen universitären Rollen als eigenes Problem von Studierenden dargestellt. Jedoch trifft dies nun auch auf die universitären Rollen zu, denn in den Interviews wird deutlich, dass die Interviewten selbst mehr Informations-Sicherheit in den komplexen unübersichtlichen Strukturen der Universität haben wollen. Bei Anfragen von Studierenden oder auch anderen Rollen, bei denen sie selbst nicht mehr weiterwissen, wünschen sie sich eine zentrale Anlaufstelle oder einen Verantwortlichen, der die Übersicht hat und vor allem die Übersicht über die dynamische Organisationsstruktur und die Prozesse behält (bspw. „*Service unter einem Dach*", zentrale Studienbüros, etc.). Es ist hier zu vermuten, dass die Hauptrollen sich überfordert sehen und, dass auch universitäre Haupt- und Nebenrollen zunehmend Probleme haben, sich im Informations-Dschungel der Studienorganisation zurecht zu finden. Vermutlich verlangen einige Experten/innen aus Gründen der zu hohen Informations-komplexität eine zentrale koordinierende Rolle, die eine rollenübergreifende Studienorganisation unterstützen kann.

Der Wunsch, einen zentralen Verantwortlichen benennen zu wollen, weist also darauf hin, dass die Experten/innen eine stärkere Unterstützung seitens der

Organisation verlangen. Diese neue zentrale Rolle soll als zentrale Verantwortlichkeit zur Verfügung stehen und den universitären Rollen im Wirrwarr des Informationsdschungels der Universität Unterstützung bieten. Die Aussagen der Experten/innen zeigen damit aber auch, dass in heutigen dynamischen Organisationen auch die Rolleninhaber/innen der universitären Rollen mehr als bisher lernen müssen, sich selbst zu organisieren.[125]

Die Einführung einer zentralen Rolle, die für eine Vernetzung der sozialen Systeme zum Wissensaustausch zur Studienorganisation verantwortlich ist, wird zwar von einigen Experten/innen als wünschenswert betrachtet, gleichzeitig wird jedoch die Umsetzung als eher unrealistisch eingeschätzt. Eine Begründung der Experten/innen ist, dass die Universität dezentral organisiert ist.

Der Widerspruch zwischen dem Wunsch, Aufgaben und Weisungsbefugnisse an eine zentrale Rolle delegieren zu wollen, und der Realitätswahrnehmung, dass die Umsetzung unrealistisch sei, kann zumindest ein wenig aufgelöst werden. Einige Experten/innen sprechen in den Interviews von einer *zentralen Rolle*, andere dagegen von *zentralen Personen* und Verantwortlichkeiten. So sagt bspw. Walker, dass es nicht sein kann, dass eine Person für die gesamte Studienorganisation in einem Fachbereich zuständig ist (*„das kann nicht ein Mensch machen"*). Das sei organisatorisch und von den Strukturen, die eine Universität herausgebildet hat, unmöglich und möglicherweise auch nicht wünschenswert.

Es ist demnach zu differenzieren zwischen (a) einer Person, die verantwortlich ist und (b) einer zentralen Rolle, die möglicherweise von mehreren Personen ausgeführt wird oder die, mit einer Koordinationsfunktion ausgestattet, von anderen Rollen oder Personen unterstützt wird: *„...und das heißt, dass man an der Stelle natürlich auch noch andere Personen einbeziehen muss"* (vgl. Walker). Eine einzige zentrale Person ist bei dezentralen Organisationsstrukturen eher überfordert. Dagegen könnte eine zentrale Koordinationsrolle hilfreich sein (vgl. These 15).

Die neue zentrale Rolle wird von den Experten/innen als *Redakteur, Moderator* oder auch als *Studiendekan* bezeichnet. Hierbei ist zu unterscheiden, dass der Studiendekan eine eher formal befugte Rolle ist und offiziell die Aufgabe erhält, die

---

[125] Im Zuge von Bologna, bspw. die Erstellung neuer Bachelor- und Masterstudiengänge, wird auf Universitäten in den kommenden Jahren vermutlich eher mehr, statt weniger Veränderungen zu kommen und die Komplexität wird steigen. Hier wird zu untersuchen sein, wie die Organisation auf die steigende Komplexität reagieren wird und wie sich ihre Strukturen verändern.

Studienorganisation an einem Fachbereich zu managen, welche mit der Zuweisung von mehr Handlungskompetenzen einher geht (vgl. Burton). Dagegen sind die Rollen Redakteur und Moderator eher solcher Rollen, die im Wissensaustauschprozess, wie bspw. bei der Inpud-Community helfen können, die relevanten Informationen und Inhalte bspw. auf den Webseiten und in den Diskussionsforen zu strukturieren und zu selektieren. Die Redakteur- als auch die Moderator-Rolle ist in der Inpud-Community vorhanden (vgl. Kategorie 8). Die neue Rolle „Studiendekan" wurde im Untersuchungszeitraum von der zentralen Studienberatung eingefordert, aber am beobachteten Fachbereich nicht eingeführt. Diese Rolle wird im Folgenden genauer erläutert.

Im Zusammenhang mit den Studienreformen (Einführung von Bachelor- und Masterstudiengänge) wird den universitären Hauptrollen zur Studienorganisation zunehmend bewusst, dass die Aufgabe der Studienorganisation und die Zuständigkeiten für Studienfragen *„ein großes Dossier"* geworden ist, dass man eine spezielle Rolle damit beauftragen müsste, so McTravish. Daher halten die Experten/innen einen Ansprechpartner und damit eine zentrale Rolle zur Studienorganisation für jeden Fachbereich für sinnvoll (vgl. Hunt, Miller, Walker, Burton, McTravish). Diese neue Rolle soll den Zugang zu den Informationen organisieren, und zwar nicht nur für Studierende, sondern auch für die Studienorganisations-Rollen an der Universität: *„Ein großes Defizit derzeit ist, dass nicht miteinander kommuniziert wird. Vielleicht wäre es sinnvoll, eine Art Informationsausschuss zu gründen oder eine Redaktion. Das meiste ist derzeit implizit, viel zu implizit. Ich schlage vor, einen Ansprechpartner zu haben, der nur das eine macht, sich darum zu kümmern, dass Studierende Zugang zu allen wichtigen Informationen haben, dazu gehört auch die Verwaltung einer Website"* (Hunt). Unterstützt wird dies von den Experten/innen der Studierenden-Vertretung: *„Ich würde vielleicht einen zentralen Ansprechpartner haben wollen, der für so viele Studierende wie möglich zuständig ist, und der für alle Themen zuständig ist, für Baföganträge, für irgendwelche Anrechnungssachen. Und er sollte wissen, wohin er hin muss und sollte sich darum kümmern"* (Miller).

Auch Walker ist der Ansicht, dass man eine Rolle in den Fachbereichen haben sollte, die von Seiten des Fachbereichs für die Studienorganisation verantwortlich ist, diese koordiniert. Hierfür wird die Bezeichnung *„Studiendekan"* eingeführt (vgl. Burton und Walker), die als eine Hauptrolle in allen Fachbereichen verankert werden sollte, so Walker.

Diese neue Rolle „Studiendekan" wäre dann der Ansprechpartner für Studierende, die Rückmeldung zu ihrer Studienplanung erhalten möchten. In Zukunft wird es hinsichtlich der neuen Studienprogramme und Studienmodule umso wichtiger. *„Dann muss ich die Möglichkeit haben, so einen Studienplan durchzusprechen und zwar mit jemand, der mir eine Rückmeldung dazu geben kann, ob das inhaltlich vernünftig ist. Der mir dann sagt, das sieht zwar auf dem ersten Blick gut aus, aber wenn du versuchst, dieses Modul zu studieren, bevor du nicht das und das gemacht hast, dann wirst du damit nicht durch kommen"* (Walker). Mit der Einführung des Studiendekans hat die Universität A im November 2003 einen ersten Schritt in diese Richtung getan: *„Wir haben diesbezüglich auch schon Versuche unternommen, diese Rolle zu stärken. Wir haben eine Richtlinie* [Amtliche Mitteilung, Anm. der Autorin], *die ist vor 2 Wochen* [Nov. 2003, Anm. der Autorin] *in Kraft getreten. Wobei für mich das Kernstück ist, dass diese Rolle in Verantwortung mit dem Dekanat wahrgenommen wird und vom Dekanat unterstützt wird. Der Hintergrund ist, dass wir bei vielen Studienfachberatern feststellen, dass sie die Rolle aufgedrückt bekamen, gegen ihren Willen, und auch ohne die notwendige Unterstützung. Diese Unterstützung fängt an mit der Autorität, die ich vom Dekan kriegen würde. Wenn da ein wissenschaftlicher Mitarbeiter sitzt, der sagt, ich muss es vom Professor aus machen, da ist jegliche Führung schon hin"* (Burton). Allerdings hat sich diese neue Rolle bisher nicht etablieren können. Dies ist nicht verwunderlich, denn *„... es ist nicht sonderlich koordiniert, und es hat bisher auch niemand ein Anforderungsprofil definiert. Also, wir haben uns da so ein bisschen rein trudeln lassen. Es gab die Gesetzesänderung. (...) Dann gab es eine Grundordnungsdiskussion. (...) Und dann hat es einen fließenden Prozess gegeben, (...), so dass der ein oder andere Fachbereich umgestellt hat. Wir müssen uns einigen, was die Hochschule insgesamt von der Rolle Studiendekan erwartet und, wie gesagt, wenn ich einen großen Topf hätte, dann würde ich an der Stelle auch gerne investieren und die gezielt arbeitsfähig machen"* (Walker).

Die Aufgaben der neuen Rolle „Studiendekan" sind von der zentralen Studienberatung in Zusammenarbeit mit dem Dezernat für Studienangelegenheiten an der Universität A bereits sehr konkret festgeschrieben. Beide fordern, dass die neue Rolle eng mit dem Dekan und dem Dekanat zusammenarbeiten sollte, und eine Zugriffsmöglichkeit auf die Prüfungsdaten zu erhalten (vgl. Burton), um die Studierenden angemessen beraten zu können. So könnte der Studiendekan mit einem „*Leistungskanon*" in der Hand einmal im Jahr die Studierenden anschreiben, nach dem Motto *„du liegst im Rahmen der erwarteten Leistungsansprüche"* oder aber „*da liegst du nicht, ich bitte um ein Gespräch*" (vgl. Burton). Allerdings soll es keine Pflichtberatung sein, sondern als freundliche Mitteilung an die Studierenden versendet werden: „*Jch lade dich zum Gespräch über deinen Studienverlauf ein*". An Universitäten außerhalb Deutschlands ist dies bereits Realität, z.B. Utrecht, Bangkok, Zürich (vgl. Burton und McTravish).

Die Idee, die Rolle eines Studiendekans einzurichten, ist demnach nicht neu. Sie ist in anderen Ländern längst Praxis. Dort wird dieser Rolle eine starke Verantwortung zugewiesen, weil sie zwischen Universität, Fachbereich und Studierenden eine offizielle Hauptrolle darstellt. Ob sie sich als inoffizielle Hauptrolle etablieren kann ist fraglich. Um diese Rolle attraktiver zu machen, die im beobachteten Fachbereich derzeit keine Person konkret ausfüllen will, ist es notwendig, sie mit mehr Ressourcen auszustatten. Dies könnte bspw. in Form einer kleinen finanziellen Ausstattung und einer Lehre-Ermäßigung erfolgen. „*...wenn sie nicht wollen, brauchen sie keine Lehrverpflichtung wahrzunehmen*" (Walker). Dadurch könnte die Ausgestaltung und somit das Role-Making solcher Rollen attraktiver gemacht werden (bspw. Anreiz durch Rollen-Ressourcen). Dies sind aber Ideen, die aber im Untersuchungszeitraum nicht umgesetzt wurden.

Die Rolle „Studiendekan" hat neben der Studienfachberatung für Studierende auch die Aufgabe, sich aus der organisatorischen Sicht des Studiums mit dem Curriculum auseinandersetzen, so Burton. Der Studiendekan sollte demnach nicht nur in der Studienberatung tätig sein, sondern auch in der Universitätsverwaltung und so eine Schnittstelle zwischen diesen Rollen darstellen. Der Studiendekan ist Ansprechpartner und „*Entscheidungsinstanz*" bspw. bei Studienkombinationen, Anrechnungsfragen, Prüfungsfragen und Auslandsaufenthalte etc. „*Sehr wichtig! Also wir hätten es bald befohlen, dass die Fakultäten solche Funktionen bezeichnen, weil wir die Leute brauchen*" (McTravish).

Zusammenfassend ist festzuhalten, dass eine zentrale Rolle für einen gemeinsamen Wissensaustausch wünschenswert ist, die aber gleichermaßen unrealistisch erscheint, weil die dezentralen Strukturen der Universität nicht ohne Wissensverlust zentral gemanagt werden können.

Die inhärenten Strukturen der Universität – dezentral strukturierte Organisation mit vielen Sub-/ Systemen und hoher Rollenkomplexität – ermöglichen eine zentrale Koordination nur in Form einer unterstützenden Promotorenrolle (vgl. These 15). Diese Rolle ist als formale Koordinatorrolle für die Förderung eines gemeinsamen

Wissensaustauschs zuständig, in dem sie die Rollen auf der Beziehungsebene zusammenbringt.

4 von 8 Experten/innen (vgl. Hunt, Smith, Walker, Burton) halten eine bessere Koordination unter den universitären Rollen zur Studienorganisation für wichtig, die insbesondere in Form von Präsenzmeetings umgesetzt werden solle. Vor allem die stärkere organisatorische Koordination zwischen der zentralen Studienberatung und der Studienfachberatung wird für sehr wichtig erachtet (vgl. Walker). Eine Erklärung für die hohe Relevanz von Präsenzmeetings bei Abstimmungsaufgaben ist, dass die Experten/innen einen **Mangel an sozialer Präsenz** und sozialer Nähe empfinden. Die Experten/innen nehmen die sozialen Beziehungen der Studierenden untereinander wie auch zu den universitären Hauptrollen als problematisch wahr, welches sich unter anderem in der Abneigung von technischen Systemen ausgedrückt. McTravish betont: *„Lieber Begegnungen schaffen als virtuelle Räume"* (McTravish).

Das folgende Beispiel zeichnet ein Bild der Situation und zeigt, warum einige Experten/innen sich gegen virtuelle Räume und technische Systeme aussprechen: Ein halbes Jahr nach den Interviews (Anfang 2004) wurde an der Universität A der so genannte *„Qualitätszirkel"* ins Leben gerufen. Dies ist ein Treffen aller Studienfachberater/innen (aller Fachbereiche), welches von der zentralen Studienberatung organisiert wird und ca. alle 2 Monate stattfindet. Es handelt sich hierbei um eine erste organisatorische Maßnahme zur Initiierung eines gemeinsamen Wissensaustauschs zur Studienorganisation an der Universität A. Für diesen Wissensaustausch sind Möglichkeiten der technischen Unterstützung vorhanden, d.h. bspw. eine Kooperationsplattform, die das Medienzentrum der Universität A zur Verfügung stellt. Jedoch wird die Nutzung der Datenbank und Dokumentenablage nicht konsequent verfolgt, was viele Experten/innen und Teilnehmer/innen zu dem Schluss führt, dass technische Systeme für einen Wissensaustausch nicht geeignet seien. Dies ist eine falsche Schlussfolgerung, die bei genauerem Hinsehen zu erklären ist. Dass keine Nutzung initiiert werden konnte, lässt sich unter anderem darauf zurückführen, dass die Teilnehmer/innen lediglich darauf hingewiesen wurden, dass sie das technische System zur Kommunikation nutzen könnten.

Es fehlten jedoch Regeln zur Nutzung und weitere organisatorische Absprachen, um eine gemeinsame Nutzung technisch zu unterstützen. Die Teilnehmer/innen konnten demzufolge gar nicht wissen, zu welchen Zwecken sie welche Dokumente und wozu sie Wissen austauschen sollten. Ein Nutzungsvorteil konnte den beteiligten Rollen(inhaber/innen) nicht ersichtlich sein.

Dass die Experten/innen keine technische Unterstützung für eine Koordinationsunterstützung erwähnen, ist nicht darin begründet, dass sie bisher keine Erfahrungen im Umgang mit technischen Umgebungen gemacht hatten (ausführlicher in Kategorie 8, technische Unterstützung: Datenbanken). Denn die Experten/innen erwähnen, dass die Universitäten, an denen sie selbst tätig sind, mehrere technische Module nutzen und zu verbessern versuchen. Diese werden im Folgenden aufgelistet:

- Experte Smith: FachschaftsWiki

- Experte Hunt: Inpud-Community

- Experte Miller: Wissensdatenbanken, E-Mail-Verteiler

- Experte White: Fachbereichs-Webseiten, BSCW

- Experte Walker: verschiedene zentrale und dezentrale Datenbanken

- Experte Burton: *udo.edu*-Community der zentralen Studienberatung

- Experte McTravish: SAP Campus Management, Workflow-Technologie

- Experte Cooper: e-learning-Plattformen, Content-Management-Systeme

Diese technischen Systeme werden von den Experten/innen nur beiläufig genannt, aber nicht ausdrücklich hervorgehoben. Die technische Unterstützung für eine gemeinsame Nutzung zum Wissensaustausch zur Studienorganisation wird nicht durchdacht. Es kann sogar angenommen werden, dass die Rollen, die im Kontext der Studienorganisation tätig sind, **technische Komponenten relativ willkürlich nutzen.** Dies lässt vermuten, dass die technischen Systeme als etwas Nicht-Dazugehöriges und somit eher als Fremdkörper wahrgenommen werden, die nicht in der Kommunikationsstruktur integriert sind. Aus diesem Grund werden sie nicht als Unterstützungshilfe wahrgenommen, sondern eher als eine Ansammlung technischer Komponenten, die aus der Sicht der Akteure das eigene Handeln blockieren.

Hinzu kommt, dass Akteure in verschiedenen Rollen keine Informationen darüber erhalten, ob und wie andere Akteure die verschiedenen technischen Systeme nutzen. Das mangelnde Bewusstsein darüber, was im sozialen System passiert, wird auf der technischen Ebene fortgeführt. Dies führt dazu, dass die Akteure nur wenig bis keine Informationen in das technische System einstellen, weil sie unter anderem davon ausgehen, dass es keinen interessiert und dass es keiner liest. Dieses Problem der fehlenden Awareness wurde in Kapitel 4.4. näher erläutert.

Die geringe systemübergreifende Zusammenarbeit und Koordination der Rollen führte dazu, dass nicht ein gemeinsames technisches System entwickelt wurde, sondern je nach Rolle unterschiedliche technische Systeme entstanden sind. Das bedeutet historisch betrachtet, dass sich im Laufe der Zeit zu jeder Rolle an der Universität ein technisches System entwickelt hat. Es existiert derzeit nicht das eine soziotechnische System, sondern viele soziale Systeme, die technische Systeme nutzen und die sich voneinander abgrenzen. Jedes dieser technischen Systeme hat eigene Formate und unterschiedliche Datenbank-Konzepte. *„Und das sind oft komplett abgeschottete Welten"* (vgl. Walker).

These 16: *Durch die Vielfalt verschiedener technischer Systeme in einer Organisation sind nicht nur die sozialen, sondern auch die technischen Systeme konstituierend für die System/Umwelt-Differenz und an der Aufrechterhaltung ihrer Systemgrenzen beteiligt.* Diese System/Umwelt-Grenzen beeinflussen die Kooperation und Koordination zur Studienorganisation negativ.

Deshalb müssen zunächst die vielen verschiedenen technischen Systeme abgeschafft werden, um dann ein neues gemeinsames technisches System einzuführen, um es effektiv nutzen zu können. Allerdings wird dieser Vorgang sehr wahrscheinlich auf Ablehnung stoßen, mit der Begründung, dass damit zu hohe Kosten, zu hoher Zeitaufwand und aufwändige Datenmigration einhergehen, obwohl der Nutzungsvorteil eines gemeinsamen soziotechnischen Systems überwiegen würde. Folgende zwei Beispiele verdeutlichen die derzeitigen Probleme bei der Koordination der universitären offiziellen und inoffiziellen Hauptrollen:

(1) Studierendensekretariat und Fachschaftsrat

Ein Koordinationsdefizit wird zwischen Studierendensekretariat und Fachschaftsrat, d.h. Studierenden-Vertretung der einzelnen Fachbereiche, deutlich. Das Studierendensekretariat gibt die Informations-Materialien und die Termine für die Einführungsveranstaltungen, die von der Fachschaft durchgeführt werden, nicht an neu eingeschriebenen Studierenden weiter. Somit wissen die neuen Studierenden nicht, dass es eine Einführungsveranstaltung der Fachschaft gibt (vgl. Smith). *„Ich glaube nicht an Sabotage an dieser Stelle, aber Faulheit? Es ist denen egal? Es ist denen halt nicht wichtig. Die machen da ihren Job"* (Smith).

Die Folge ist, dass neue Studierende nicht teilnehmen und ihnen bereits relevantes Wissen zu Beginn ihres Studiums vorenthalten wird. An der Universität C wird dies auf eine andere Art organisiert. Hier werden nach der Einschreibung und nach der Überweisung der Studiengebühren die Einladungen zu den Einführungsveranstaltungen für neue Studierende per Post versendet und zwar gleichzeitig mit der postalischen Versendung des Studierenden-Ausweises, so dass keine zusätzlichen Gebühren anfallen (vgl. McTravish). So wird sichergestellt, dass neue Studierende über die Termine informiert werden.

(2) Neue modulartige Studiengänge

Es ist zu berücksichtigen, dass nicht nur bestehende Koordinationsdefizite zu beheben sind. Walker betont bspw., dass die Koordination zur Studienorganisation vor allem zukünftig mehr an Relevanz gewinnen wird. Sie/er geht davon aus, dass die Einführung der neuen Bachelor- und Master-Studiengänge (BA-/MA-Studierende) einen erhöhten Abstimmungsbedarf verursacht. Die Studierenden können ihr Studium nach Studien-Modulen und die Studieninhalte fachbereichsübergreifend selbst zusammenstellen. Das bedeutet, dass die „BA-/ MA-Studierenden" oftmals nicht nur einem Fachbereich angehören und somit nicht nur ein einzelner Fachbereich zuständig für sie ist. Gerade im Hinblick auf die neuen Studienmöglichkeiten im Rahmen von BA/MA wird zukünftig eine Koordination der Beteiligten Fachbereiche relevanter als bisher, um die Absprachen von Prüfungen und Leistungsnachweisen fachbereichsübergreifend sicherzustellen (vgl. Walker).

Die Ausdifferenzierung von Rollen an einer Universität hat zur Folge, dass sie nicht mehr in einem direkten Austauschprozess mit allen Rollen stehen (können). Je mehr Rollen ausdifferenziert sind, desto größer ist der Koordinationsaufwand für einen gemeinsamen Wissensaustausch. Je größer der Koordinationsaufwand, desto mehr relevante Informationen gehen verloren (Verlust von Daten). Studierende, aber auch andere Rollen erhalten wichtige, an sie adressierte Informationen nicht.

These 17: *Eine soziotechnische Community-Kultivierung ist eine Möglichkeit, um den Verlust von Informationen durch hohen Koordinationsaufwand komplexerer, ausdifferenzierter Systeme zu minimieren, da sich eine große Anzahl von Nutzern/innen in unterschiedlichen Rollen mit relativ geringem Koordinationsaufwand bei gleichzeitig hohem Nutzen beteiligen können.*

7.2.4. Kategorie 4: Transparenz von Rollen und deren Aufgaben

Das folgende Kapitel stellt die empirischen Ergebnisse der Kategorie 4 zur Rollen-Transparenz dar. Es werden die Rollen-Zuständigkeiten in Bezug auf eine gemeinsame Praxis zur Studienorganisation wie auch zugrunde liegende Rollen-Funktionen und Aufgaben thematisiert.

7.2.4.1. *Übernahme/Zuweisung von Verantwortlichkeit (Aufgaben)*

5 der 8 Experten/innen (vgl. Hunt, Smith, Miller, Walker, Burton) betonen, dass die Verantwortlichkeiten der universitären Rollen und ihre Aufgaben geklärt und explizit dargestellt werden müssen. Ein großes Problem ist, dass sich Studierende diejenigen Informationen zusammen suchen müssen, die von verschiedenen Rollen zur Verfügung gestellt werden. *„Das ist problematisch. Hier wäre es schöner, wenn die Verantwortlichkeiten besser verteilt wären"* (Hunt). Dieses Problem haben auch die universitären Hauptrollen, vor allem die, die in Selbstverwaltungsjobs tätig sind, z.B. die Studienfachberater/innen. Die Situation ist, dass keine Person an der Universität genau weiß, wer, welche Rolle, für welche Aufgabengebiete beim Wissensaustausch zur Studienorganisation zuständig und verantwortlich ist. Dies führt zu Reibungsverlusten im Wissensaustauschprozess. *„Wenn man den direkten Ansprechpartner kennt, wäre es einfacher"* (Hunt). Beispielsweise wissen Studierende nicht, wo der Bafög-Antrag abgegeben werden muss (vgl. Smith). Unklar ist auch, wer, welche Rolle die Erstsemester/innen-Broschüre und die Erstsemester/innen-CD erstellt und heraus gibt, d.h. an welche Rolle sich Studierende wenden müssen, wenn sie eine solche CD haben möchten (vgl. Smith).

Es ist nicht allen Rolleninhabern/innen der Studienorganisation ersichtlich, welche Rolle für welche Aufgaben verantwortlich ist, welche Rolle welches Wissen hat und haben sollte, und es ist unklar, welche Rollen welche Informationen benötigen.

These 18: Ein gemeinsamer Wissensaustausch zur Studienorganisation wird durch zu geringe, nicht sichtbare oder nicht vorhandene Rollen-Verantwortlichkeiten negativ beeinflusst und somit eingeschränkt. *Je eindeutiger die Rollen-Verantwortlichkeiten für die beteiligten Akteure sichtbar sind, desto effektiver verlaufen die Wissensaustauschprozesse zwischen den Akteuren in verschiedenen Rollen.*

Es sind dabei zwei Probleme zu beachten: **Zum einen** wäre zu klären, welcher Grad der Transparenz der Rollen-Verantwortlichkeit den gemeinsamen Wissensaustausch in dezentralen, großen und unübersichtlichen Organisationsstrukturen in welcher

Form beeinflusst (*neue Forschungsfrage*). Hierbei ist zu berücksichtigen, dass der Grad der Transparenz nur so hoch oder gering sein darf, dass die Flexibilität und Dynamik von Rollen und ihr Veränderungspotential nicht blockiert oder eingeschränkt wird.

Zum anderen wird jede noch so anstrengende Maßnahme zur Verantwortlichkeitsübernahme bzw. -zuweisung an/von bestimmten Rollen durch das Role-Making[126] der Akteure selbst erheblich beeinflusst. Dies bedeutet, dass eine Zuweisung von Verantwortlichkeiten an konkrete Personen zwar über die Rolle erfolgen muss, und dies eine wichtige Bedingung für einen gemeinsamen Wissensaustausch darstellt, aber dies durch die Rollenhandelnden selbst ausgefüllt wird und letztendlich sie darüber entscheiden, wie sie die Verantwortlichkeitszuweisung in der Organisation ausfüllen. Im Laufe der Arbeit werden einige Rahmenbedingungen genannt, die die Rollenhandelnden und ihre Verantwortlichkeitsübernahme positiv beeinflussen können, bspw. Rollen-Ressourcen und Rollen-Stärkung.

Die folgenden drei Beispiele stützen These 18, dass Neulingen aber auch fortgeschrittenen Studierenden nicht deutlich ist, an welche Rolle sie sich mit bestimmten Fragen wenden sollten, weil sie nicht wissen können, welche Rolle zuständig ist.

(1) Keine Auswertungen zu Studienverläufen trotz vorhandener Daten

Fachbereichsspezifische Auswertungen zu Studienverläufen von Studierenden werden trotz vorhandener Daten in der Regel nicht vorgenommen. Hierfür fühlt sich keiner zuständig und dies wird von den Experten/innen kritisiert (vgl. Walker, Burton). Es wird problematisiert, dass ein regelmäßiger Austausch und die „*laufende Rückmeldung*" unter den beteiligten Rollen[127] meist nicht stattfindet (vgl. Walker).

(2) Muster-Studienpläne

Miller erwähnte, dass es den Studierenden-Neulingen nicht klar sei, dass sie sich nicht an den vorgegebenen Musterverlauf-Studienplan orientieren müssen. Studierende gehen davon aus, dass der Muster-Studienplan eine gute Studienorganisation ermöglicht. Jedoch ist es nicht sinnvoll, den Musterstudienplan eins-zu-eins zu kopieren und sich ausschließlich daran zu halten. Zum Beispiel in Fällen, in

---

[126] Vgl. Rollen-Mechanismen in Kapitel 3.3.
[127] Man muss hier eigentlich von Rolleninhaber/innen sprechen, die kommunizieren. Ich verkürze dies auf Rollen, um den Text lesbar zu halten.

denen Studierende bereits Vorkenntnisse des Studienfaches besitzen, kann es durchaus sinnvoll sein, von dem Musterstudienplan abzuweichen. Allerdings fühlte sich bisher keiner dafür verantwortlich, Studierenden solche Informationen zu vermitteln. Miller erklärte, dass ihm Dozenten auf die Frage nach der Durchführbarkeit einer vom Muster-Studienplan abweichenden Studienorganisation sehr unterschiedlich geantwortet haben. Einige verneinten die Möglichkeit, anders studieren zu können, als es der Musterplan vorgibt. Dieses hätte bisher noch kein Student geschafft. Begründet wurde dies damit, dass alle Inhalte aufeinander aufbauen würden. Es könne keiner „vorweg studieren", man müsse zunächst die Grundlagen kennen. Das Problem hieran ist, dass nicht nach dem persönlichen Kontext des Studierenden gefragt wurde. Hätte man dies getan, so wäre aufgefallen, dass sich der Student das Grundlagen-Wissen bereits auf eine andere Art und Weise angeeignet hatte. Antworten von anderen Dozenten fielen differenzierter aus. Sie bejahten die Möglichkeit, einige Vorlesungen vorweg zu nehmen, jedoch mit dem Hinweis, dass es Grundlagen-Wissen aus anderen Vorlesungen gibt, die in den fortgeschrittenen Kursen als existent vorausgesetzt werden.

(3) Anerkennung von Prüfungen und Leistungsnachweisen

Ein weiteres drittes Beispiel ist die Anerkennung von Prüfungen und Leistungsnachweisen bei einem Studienfachwechsel. Hierbei ist zu bedenken, dass der Wechsel von Studienfächern durchaus üblich ist und kein Ausnahmefall. Ein Studierender schrieb sich zunächst in den Studiengang Elektrotechnik ein und absolvierte im zweiten Semester erfolgreich eine von mehreren Vordiplom-Prüfungen. Dann wechselte er in den Studiengang Informatik. Dort wählte er als Nebenfach die Elektrotechnik und wollte die Elektrotechnik-Prüfung, die er im zweiten Semester bereits erfolgreich bestanden hatte, als Leistungsnachweis im Fach Informatik anrechnen lassen. Nach langem „Hin und Her" – über die Studienfachberatung, das Dekanat, den Prüfungsausschuss des eines Faches, das Prüfungsamt, sowie den Prüfungsausschuss des anderen Faches, die Lehrenden der entsprechenden Fächer, in wiederholtem Maße und nach erheblichem Zeitaufwand – wurde die Prüfung schließlich als Leistungsnachweis anerkannt. Das Beispiel zeigt, dass es keine klare Regelung gibt. Ein weiterer Student hatte das gleiche Problem. Bei der Lösung des Problems war er zum Teil bei anderen Rollen, „die ihm aber mitteilten, dass eine Anerkennung nicht möglich wäre" (Miller). Der zweite Student hat den Leistungsnachweis nicht erhalten und musste diesen neu machen bzw. wiederholen. Eine negative Auswirkung kann bspw. die Verlängerung der Studiendauer sein, die spätestens bei der Einführung von Studiengebühren zu möglichen Schadensersatzklagen führen kann.

Es wird im o.g. Beispiel zur Anerkennung von Prüfungsleistungen auch deutlich, dass die universitären Rollen(inhaber/innen) zum Teil anderes Wissen in Bezug auf den gleichen oder gleichartigen Sachverhalt vermitteln. Unterschiedliche Antworten auf ein- und dieselbe Anfrage kommt nur dann zu Stande, wenn sich die Rollen nicht koordinieren, wie in solchen Fällen vorzugehen ist bzw. wenn sich zu viele Rollen für den gleichen Wissensbereich zuständig fühlen. Es werden keine Antworten auf eine Anfrage gegeben, wenn sich die Rollen nicht verantwortlich fühlen (mangelnde Verantwortungsübernahme) oder wenn sie die Antwort nicht wissen.

Neben der Relevanz der Rollen-Verantwortlichkeiten, ist es auch notwendig, die Aufgaben der Rollen explizit und transparent zu machen[128]. Dies gaben 6 von 8 Experten und Expertinnen an (vgl. Hunt, Smith, White, Walker, Burton, Cooper). Sie sind der Meinung, dass den Beteiligten transparent sein sollte, welche Rolle für welche Aufgaben verantwortlich ist. Transparenz bezeichnet hier das Sichtbar-sein und Sichtbar-machen von Rollen und deren Aufgaben für die Bezugsrollen.[129] Hierbei wurde angemerkt, dass eine Transparenz grundsätzlich gut ist, jedoch ist eine zu *„detaillierte Transparenz"* für die am Prozess beteiligten Rollen eher hinderlich. Eine **graduelle Abstufung der Transparenz** scheint eher hilfreich zu sein. So sagt Hunt, dass nur die zentralen Bereiche, und nur die grundsätzlichen Rollen transparent sein sollten. Demnach ist zu berücksichtigen, dass nicht alle Rollen der Organisation zu betrachten sind. Es sind insbesondere die so genannten offiziellen und inoffiziellen Hauptrollen zu beachten. Bspw. braucht die Universitätsverwaltung mit ihren Dezernaten nicht im Detail dargestellt zu werden, da die Studierenden mit diesen keinen Kontakt haben (vgl. Hunt). Diese Rollenvielfalt würde die Studierenden eher verwirren.

Welche Rollen in welcher graduellen Abstufung dargestellt werden sollten, ist systemrelativ. Das bedeutet, dass für die Angestellten einer Universität die Transparenz der Universitätsverwaltung durchaus sinnvoll ist. Bspw. muss ihnen klar sein, wie die Reisekostenabrechnung funktioniert und welche Rolle zuständig ist.

---

[128] Die Funktion bezeichnet den Zweck der Rolle, welchen Zweck sie in einer Organisation zu erfüllen hat. Mittels Aufgaben wird der Zweck operationalisiert und somit erfüllbar. Aufgaben sind externalisiert, z.B. in Form von Tätigkeitsbeschreibungen; ausführlich in Kapitel 3.2 erörtert.

[129] Dahinter steht die Frage, welche Rolle in der Organisation für welche Funktion und für welche Aufgaben zuständig ist.

Ebenso muss ihnen transparent sein, welche Rollen bei Abschluss eines Forschungsvertrages einbezogen werden müssen. Die Rollen-Transparenz richtet sich also nach dem Kontext, d.h. wer/was im Mittelpunkt der Analyse und Entwicklung steht.

Die Rollen-Transparenz bezieht sich zum einen auf die Funktion der Rolle. Sie wird durch die Frage „wofür und für welchen Zweck ist die Rolle da"? geklärt. Zum anderen bezieht sie sich auf die Transparenz der Aufgaben: „Welche Aufgabe ist der Rolle übertragen, was tut sie, um die Funktion zu erfüllen oder nicht zu erfüllen?"

These 19: Die systemrelative Transparenz (Klärung und Explizierung) der Aufgaben von Rollen ist eine notwendige, aber nicht hinreichende Bedingung für die Kultivierung eines gemeinsamen Wissensaustauschs. *Der Grad an Aufgaben- und Erwartungstransparenz darf nur so hoch sein, dass durch die dahinter liegenden Festlegungen nicht die Dynamik der Rollenausgestaltung und die Flexibilität des Rollenveränderungspotentials eingeschränkt oder blockiert wird.* Jedoch kann auch eine zu geringe Transparenz den gemeinsamen Wissensaustausch blockieren, weil den Rolleninhabern/innen dann nicht bewusst ist, was zu tun ist.

In den Experten/innen-Interviews wird dies mit folgenden drei Beispielen belegt.

(1) Das Studierendensekretariat

Der Einschreibeprozess in einen Studiengang an einer Universität ist den Studienneulingen in der Regel unklar. Häufig wissen sie nicht, welche Rollen die Einschreibungs-Informationen und -Unterlagen besitzen. Beispielsweise können alle Informationen und Formulare zur Einschreibung von der Webseite des Studierendensekretariats herunter geladen werden. Jedoch ist die Darstellung der Information auf der Webseite und die Informationsaufbereitung nicht rollengerecht, so dass Studienneulinge und Studieninteressierte die Unterlagen nicht finden (können). Viele Studieninteressierte glauben zudem, dass es für bestimmte Fachbereiche, bspw. der Informatik, Zulassungsbeschränkungen gibt (vgl. Smith). Dies ist ein Hinweis darauf, dass die (Selbst-) Darstellung und die Transparenz der Funktion der Rolle „Studierendensekretariat" mittels technischen Systemen nach außen hin (noch) nicht gelungen sind.

(2) Das Hochschulrechenzentrum (HRZ)

Das zweite Beispiel zur Rollentransparenz betrifft die Verwaltungseinrichtung, die für die Datenverarbeitung zuständig ist, das Hochschulrechenzentrum (HRZ). Laut einiger Experten/innen muss es für Studierende transparenter werden, wo bspw. die PC-Pools stehen (vgl. Hunt, Smith, Walker). Vor allem ist unklar, welche Rolle für den Mail-Account und welche für den Einwahlzugang und Internetverbindung von zuhause zuständig ist. *„Schwieriger wird es vielleicht bei einzelnen Geschichten, die im DV-Bereich liegen. Da ist es auch sehr verteilt, selbst von den zentralen Einrichtungen. Da könnte man auch so manches transparenter machen, z.B. wo ich meinen Account* [Online-Zugang] *bekomme, und wie ich das mache und warum ich einmal zum HRZ und einmal zum Fachbereich und einmal zum Medienzentrum gehen muss. Das ist wirklich nicht so ganz einleuchtend"* (vgl. Walker).

(3) Der Raumadministrator (Verwaltung von Hörsälen und Seminarräumen)

Der Raumadministrator (kurz: Raumadmin) ist für die Verteilung der Vorlesungs- und Seminarräume verantwortlich. Möchte eine Person im Semester einen Einzel- raum reservieren, bspw. für eine Studienfachberatungssitzung, für ein Forschungs- gruppen-Meeting o.ä., so wird eine Anfrage an den Raumadmin gestellt. Die Rolle des Raumadmin kennen Studierende in der Regel nicht und wissen nicht, wie das Reservieren von Räumen funktioniert und an wen sie sich wenden können, wenn sie bspw. als informelle Lerngruppe einen Raum in der Universität benötigen.[130] Auch ist es hilfreich zu verstehen, wie die Räume der gesamten Universität durch die fachbereichsspezifischen Raumadministratoren der jeweiligen Fachbereiche verwaltet werden, um nachvollziehen zu können, warum es manchmal zu Veranstaltungsüberschneidungen kommt (vgl. Smith). Die Rolle Raumadmin ist aber aus der Sicht von Studierenden nicht vorhanden, weil sie nicht transparent ist. Aufgrund der in diesem Kapitel vorgestellten Beispiele kann folgende neue These abgeleitet werden:

These 20: Je mehr gleiche bzw. ähnliche Aufgaben auf verschiedene Rollen verteilt sind, desto weniger durchsichtig ist der Wissensaustauschprozess für die Beteiligten. *Eine prinzipielle Transparenz von Rollen, ihrer Funktionen und ihren Aufgaben ist nicht per se förderlich, da sie kontextabhängig variieren (können) und daher differenziert zu betrachten sind.* Nur das für die Zielgruppen-/Bezugsrollen Wesentliche ist zu kommunizieren, um eine Informationsüberflutung und den damit einhergehenden Verlust relevanter Informationen zu vermeiden.

---

[130] Wenn keine Veranstaltung stattfindet sind die Räume in der Universität in der Regel abgeschlossen, um die Technik, wie bspw. den fest installierten Digital-Projektor (Beamer) vor potentiellem Raub zu schützen.

7.2.4.2. Rollen-Ressourcen bei Aufgabenübernahme (Rollenstärkung)

Die Unterstützung von Studierenden in der Planung ihres Studiums wird in den nächsten Jahren umso wichtiger, weil Studienangebote vermehrt modularisiert werden (vgl. Walker). Über viele Jahre gab es fast unveränderte Studiengänge. Ein Wahlpflichtfach hat sich eher selten geändert oder es ist ein Nebenfach hinzugekommen. Auf dieser Basis konnten die Fachbereiche „Muster-Studienverlaufspläne" erstellen und den Studierenden als Empfehlung anbieten. Die Studierenden konnten sich daran orientieren, was ein eher normaler durchschnittlicher Studienverlauf ist. Dies ändert sich mit der Einführung von Bachelor- und Masterstudiengänge (BA/MA): Die Studienangebote differenzieren sich zunehmend in Bachelor- und Masterstudiengänge, die wiederum die Modularisierung von Studienmöglichkeiten vorantreiben. Probleme zeigen sich daran, dass Fachbereiche die Diplomstudiengänge noch nicht konsequent auf BA/MA umgestellt haben und *„ihr Päckchen an Wissen nicht neu strukturieren"* (Walker). Die zukünftige Modularisierung ermöglicht es Studierende ihr Studium zu einem eigenen Studienprogramm selbst zusammenstellen zu können. Das Studium wird inhaltlich flexibler. Aber die damit verbundenen Nachteile sind, dass *„der Student erst einmal wissen muss, was er sinnvoll kombinieren kann und sollte"*. Bei der Zusammenstellung von Modulen gibt es viele praktische Hemmnisse. Für die hierbei auftretenden Probleme ist derzeit keine Rolle zuständig: *„Die Freiheit die ich habe, mir was zusammen zu stellen, wird dadurch eingegrenzt, dass ich wissen muss, wann wird was überhaupt angeboten und über-schneidet sich das zeitlich mit anderen. Und das sind derzeit Aufgaben, die wir bei den Studierenden selbst belassen. Das ist zwar im Grundsatz gut, denn jemand, der an der Uni studiert, sollte auch in der Lage sein, zu organisieren, wie er studiert. Aber eine inhaltliche Unterstützung ist auf jeden Fall notwendig und sinnvoll"* (Walker).

Zusammenfassend ist festzuhalten, dass es bisher eher geringe Wahlmöglichkeiten zu den Studieninhalten für Studierende gab. Auf dieser Basis konnte die Studienfachberatung standardisierte Antworten auf oftmals immer gleiche Fragestellungen von Studierenden geben. Durch die Modularisierung der Studiengänge entstehen mehr Variationsmöglichkeiten. Dies führt zu neuen, bisher noch nicht da gewesenen Fragen an die Studienfachberater/innen. Die Klärung dieser neuen Fragen ist eine von mehreren neuen Aufgaben.

Mit zunehmender Modularisierung und Individualisierung des Studiums, bei dem Studierende ihre Studieninhalte aus verschiedenen Fachbereichen frei zusammenstellen können, geht die Entwicklung neuer Studienberatungs- und Studienorganisationsaufgaben einher. Die Aufgaben verlagern sich von einer eher statischen Beratung, gekennzeichnet durch gleiche Musterstudienpläne mit geringen Variationsmöglichkeiten zu einer eher flexiblen Beratung, die einen modularisierten Aufbau und ein individuell zusammenstellbares Studium berücksichtigt.

Die Zuweisung der o.g. neuen Aufgaben an bestehenden Rollen kann vermutlich nur in einer gemeinsamen Aushandlung und Abstimmung zwischen den Hauptrollen erfolgen. Die erforderliche verbesserte Abstimmung wird mit folgender Aussage einer Expertin belegt: *„Also, was mir ganz wichtig erscheint, ist, dass wir wirklich stärker auf die Entwicklung reagieren, dass wir eben nicht mehr fachbereichsbezogene Studiengänge haben, sondern dass wir in einer ganz andere Art von Studienstruktur* [und damit andere Anforderungen an veränderte Rollen; Anm. der Autorin] *hinein wachsen, die eben diesen großen Schnitt hat, in eine Bachelor- und eine Masterausbildung und dann eine Promotionsphase. Und dass damit die Struktur des Studiums eine andere ist. Das ich überlegen muss, wo macht es Sinn, das erste Studienjahr gemeinsam zu gestalten, für ein bestimmtes Wissensgebiet, weil es dann noch keinen Sinn macht, einen Studierenden im ersten Semester irgendwo rein zu stecken, nur damit die alle wild wechseln oder wild durchfallen im ersten Semester. Sondern erst einmal zu gucken, kann ich das nicht breiter formulieren als Grundkompetenzen, und dann eine langsame Ausdifferenzierung. Die im eigentlichen Sinne dann erst auf der Masterebene letztlich stattfindet. Das Problem daran ist, dass es weniger zusammenhängt mit zusätzlichen Stellen, dass ich nur noch jemanden rein geben brauche, und dann ist das alles anders, sondern das ist ja eine Abstimmung, die stattfinden muss zwischen den Wissenschaftlern* [die die Selbstverwaltungsjobs machen; Anm. der Verfasserin] *selber. Das ist mehr das Problem"* (Walker).

Die Experten/innen sind der Ansicht, dass das Rollenverständnis und die Ressourcen der Rollen – bspw. Studienfachberatung, zentrale Studienberatung, Prüfungsamt und Studierendensekretariat – zu verstärken sind, wenn ein Wissensaustausch zur Studienorganisation Erfolg haben soll. *„Diese Akteure müssten stärker aneinander rücken und das können sie eigentlich nur, wenn sie in den Ressourcen gestärkt werden und die Relevanz ihrer Tätigkeit honoriert wird. Mit der Verpflichtung, sich an einem Netz zu beteiligen zum Wissensaustausch (...) in der Verknüpfung, die Verbindung zwischen diesen"* (McTravish).

Die Unterstützung der Rollen, so dass sie gemeinsam an der Studienorganisation arbeiten und Wissen austauschen, kann durch einen Anreiz, bspw. durch die **Zuweisung von Ressourcen** erfolgen. Falls die Bereitschaft vorhanden ist, gemeinsam an der Studienorganisation zu arbeiten und zu beraten, so könnte sich Walker durchaus vorstellen, bspw. mehr Personal im Sinne von Verwaltungshilfen zur Verfügung zu stellen. Sie könnten zuarbeiten. *„Aber die Grund- und Hauptarbeit muss von den Wissenschaftlern selbst gemacht werden. Denn das ist genau das, sie sind diejenigen, die inhaltliches verantworten und verantworten können. (…) das Dumme ist, die Arbeit muss wirklich von den Wissenschaftlern vor Ort gemacht werden"* (Walker). Es ist also zu berücksichtigen, dass die inhaltliche Arbeit zur Studienorganisation weiterhin nur von bestimmten Rollen (bspw. Wissenschaftler/innen) hauptverantwortlich erledigt werden kann.

Von allen befragten Experten/innen der drei Universitäten (A, B und C) wird ein Handlungsbedarf zum gemeinsamen Wissensaustausch zur Studienorganisation gesehen. So ist offensichtlich, dass die Studienfachberatung eine wichtige Haupt-rolle zur Studienorganisation spielt. Sie ist Dreh- und Angelpunkt und Anlaufstelle für Studierende sowie für andere Universitätsrollen (vgl. Hunt und Walker). Jedoch wird die Umsetzung von einzelnen Experten/innen als kritisch angesehen. Sie sind der Ansicht, dass nicht die Entwicklung von Studienberatungsstandards im Vordergrund stehen sollte, sondern dass der *„Rücken* [der Studienfachberatung] *seitens der Universität und durch den Fachbereich gestärkt werden sollte"* (Hunt).

Diese Rückenstärkung, im Folgenden als **Rollenstärkung** bezeichnet, erfolgte an der Universität A jedoch nur per *„Amtlicher Mitteilung"*, d.h. per schriftlicher Dienstanweisung durch die hausinterne Postzustellung. In den Amtlichen Mit-teilungen (von Nov. 2003) ist ein Absatz zur Studienfachberatung geschrieben, in der die Beratung als Pflichtaufgabe aller Lehrenden festgesetzt wird und eine neue Rolle, die des Studiendekans, eingeführt werden sollte, d.h. jeder Fachbereich sollte einen Studiendekan benennen, der die Studienfachberatung organisatorisch und inhaltlich begleitet und koordiniert. Dahinter verbirgt sich die Idee, die Studienfach-beratung in den jeweiligen Fachbereiche ins Bewusstsein der Fachbereichs-mitglieder zu rücken und die Aufgaben der Studienfachberatung als wichtige und vordringliche Aufgaben zu priorisieren. Diese Idee, die Rolle der Studienfach-beratung zu stärken, ist durchaus sinnvoll, aber auch hier ist die Umsetzungs-strategie problematisch (vgl. These 27 zu den formalen Kommunikationswegen). So hat sich nach der Veröffentlichung dieser Mitteilung am befragten Fachbereich der Universität A nichts in der Studienfachberatung geändert. In den meisten Fällen wurde der Inhalt der Amtlichen Mitteilung nicht einmal zur Kenntnis genommen.[131]

These 21: Der gemeinsame Wissensaustausch zur Studienorganisation hängt unter anderem von der Rollenstärkung ab. *Je mehr die universitären studien-organisatorischen eher informellen Rollen im sozialen System gestärkt werden (Rollen-Ressourcen, Prestige, Anerkennung), umso besser wird ein gemeinsamer Wissensaustausch zur Studienorganisation sein.* Mit der Stärkung der Rolle gehen Erwartungsänderungen bei der gestärkten Rolle einher, d.h. diese gehen davon aus, dass ihre Leistungen im Umgang mit den Studierenden relevant und wichtig sind.

An den beiden Universitäten B und C ist erkannt worden, dass es wichtig ist, mehr Betreuungsmöglichkeiten für Studierende zur Verfügung zu stellen (vgl. Cooper): Hierbei wird vor allem auf die „Präsenzberatung" (face-to-face-Beratung) wert gelegt. Cooper betont aber auch die Wichtigkeit der telefonischen Beratung. Es sei wichtig, die Stimme zu hören, um so jemanden eher einschätzen und besser beraten zu können. Die Universität C erkannte, dass Studierende unterschiedliche Kommunikations-Medien nutzen: *„Jeder möchte anders betreut werden"* (Cooper). Die virtuelle Betreuung über das Netz stellt sich nach wie vor als die zeitintensivste heraus: Es *„ist für alle Akteure sehr aufwendig, weil das Schreiben und das Lesen eine ganze Menge Zeit beansprucht"* (Cooper).

Die oben genannten Beispiele führen zum Ergebnis, dass die Beratungswege der Studienfachberatung vielfältig zu gestalten sind. Die Nutzung verschiedener Kommunikationswege (Präsenz, face-to-face und technische Unterstützung: Telefon, e-Mail, virtuelle Community) steigert die Erreichbarkeit von Akteuren. Allerdings wird die Erreichbarkeit nur dann gesteigert, wenn die Studien(fach)-beratung den Beratungsweg fokussiert.

These 22: *Die Fokussierung auf einen Beratungsweg, bei dem viele Studierende gleichzeitig erreicht werden, ist für einen Wissensaustausch effektiver als eine Viel-falt von Möglichkeiten, die nur individuell einzelne wahrnehmen (Steigerung der Erreichbarkeit).* Das bedeutet nicht, dass nur eine Community-Kultivierung das

---

[131] In einer Sitzung der Studienfachberatung im Dezember 2003 fragte ich, wer von den Studienfach-berater/innen die Amtliche Mitteilung von November 2003 gelesen habe. Die meisten wussten nicht, auf welche Mitteilung ich mich bezog. Sie hatten sie nicht gelesen. Einer der Studienfachberater, der es gelesen hatte, fragte mich daraufhin „Hast du denn verstanden, was das soll?"

einzig wahre ist, vielmehr sollten auch Sprechstunden für Spezial- bzw. Einzelfälle angeboten werden, die von der Community nicht beantwortet werden können.

Welcher Beratungsweg zu fokussieren ist, ist an der jeweiligen Zielgruppe zu orientieren. Am Fachbereich Informatik an der untersuchten Universität A ist eine Community-Kultivierung der fokussierte Beratungsweg.

7.2.4.3. Rollen-Transparenz, -Präsenz u. Vertrauen in Online-Settings

Wird die Wichtigkeit der Transparenz von Rollen und deren Aufgaben übertragen auf den Wissensaustausch in Online-Settings, bspw. bei E-Mails oder in Online-Diskussionsforen, dann ist zu berücksichtigen, dass bei einer Online-Kommunikation die Rollen der Beteiligten, die Informationen hinterlegen und Antworten geben, in der Regel nicht (leicht) erkennbar sind. Die Einschätzung, in welcher Rolle sich die Beitragenden befinden, basiert lediglich auf der Grundlage ihrer Kommunikationsstils und ihrer sozialen Präsenz. Eine geringe soziale Präsenz vermindert eine angemessene Beurteilung der Informationen auf Seiten des Wissensaneigners.

Insbesondere bei der Online-Kommunikation müssen Konzepte vorhanden sein, die es den Nutzer/innen ermöglichen, die gelieferten Online-Informationen einzuschätzen, bspw. ob die Information sachlich richtig oder ob der Rolleninhaber, der geantwortet hat, glaubwürdig und vertrauenswürdig ist. Dies ist bspw. bei Aussagen des Prüfungsamtes relevant, da nur sie bestimmte Fragen zu Prüfungen verlässlich beantworten kann (vgl. Hunt, Smith, Miller). *„Es ist wichtig, wenn es darum geht, halbwegs verbindliche Aussagen zu irgendetwas zu bekommen. Das müssen Informationen sein, die fundiert sind und auf die man sich verlassen kann"* (Smith). Die Informationen des Prüfungsamtes müssen verifiziert werden können, d.h. es muss den Studierenden klar werden, *„dass es eine Information vom Prüfungsamt ist. Dann sollte man sie glauben können, und die sollte auch nicht veränderbar sein"* (Miller). **Bei bestimmten Informationen ist es sinnvoll die dazugehörige Rolle auszuweisen, um die Verbindlichkeit der Mitteilung zu erhöhen.** *„Es hat eine andere Verbindlichkeit, wenn man eine Information erhält, wenn man weiß, die kommt von einem Studienberater"* (Hunt). Eine Online-Rollenpräsenz kann so zu einer verbesserten Einschätzung der Information führen. Die Experten/innen sind der Ansicht, dass es bei einer Online-Kommunikation sinnvoll ist, die abgegebenen Informationen bspw. in einem Online-Forum mit den hierfür verantwortlichen Rollen zu kennzeichnen.

Insbesondere bei Online-Diskussionsforen, wie bspw. im Inpudforum sollten Beiträge, die bspw. von der Fachschaft oder von der Studienfachberatung eingestellt werden, als solche zu erkennen sein. Dadurch kann die Qualität der Informationen leichter eingeschätzt werden. „*Wenn bei den Studienberater was hinter steht, das ist schon gut, dass es wirklich von einer offiziellen Stelle kommt, ich glaub das ist sinnvoll. Letztens hat W was reingestellt, da ist es überflüssig, weil alle den Namen kennen*" *(Miller)*. Mit dem Namen der Person wurde die Rolle dieser Person erkennbar. *Im Prinzip ist es bei Leuten notwendig, bei denen man den Namen nicht kennt. (...) Wenn man denkt, was bildet der sich ein, hier was rum erzählen zu müssen. Das ist schon gut, dass man da sieht, wer er ist*" (Miller) bzw. in welcher Rolle er sich befindet.

Informationen, die ohne auf den Verweis der Rolle veröffentlicht werden, erschweren eine Einschätzung der Informationen. Es ist dann nur am Kommunikationsstil des Beitragenden zu erkennen, und damit dem Mitteilendem überlassen, ob es eine offizielle Mitteilung des Fachbereiches ist oder nicht. Informationen, die in Diskussionsforen veröffentlicht werden, sollten mit der verantwortlichen Rolle gekennzeichnet werden, damit die Nutzer/innen den Inhalt der Mitteilung besser einstufen können. Eine Information mit dem Verweis welche Rolle die Information eingestellt hat beeinflusst den Grad der Vertrauenswürdigkeit, die Einschätzung der sachlichen Richtigkeit und erhöht die Verbindlichkeit der Information.

These 23: *Je stärker die soziale Präsenz der Rollen bei der Online-Kommunikation, desto besser kann die Qualität der Information eingeschätzt werden.* Dies wiederum beeinflusst den Vertrauensaufbau und in Folge dessen den Wissensaustausch positiv.

Bei der Online-Kommunikation ist die Rolle, die die beitragenden Akteure einnehmen, sichtbar zu machen, damit die am Wissensaustauschprozess Beteiligten die Qualität und Verbindlichkeit der Information besser einschätzen können.

In der Inpud-Community gehen die meisten Mitglieder davon aus, dass Studierende die Beitragenden sind – es sei denn, es wird auf die jeweils anderen Rollen hingewiesen. Diese Annahme kann von den Akteuren getätigt werden, weil der Kontext und der Name der Community *„Informatik-Portal der Universität*" bereits daraufhin deuten, dass es eine Kommunikationsplattform für Studierende darstellt. Somit besteht in Inpud implizit eine hohe Rollen-Präsenz. Nicht-Studierende sind daran erkennbar, dass sie in der Regel ihren vollständigen richtigen Namen benutzen. Dagegen nutzen Studierende in der Regel ausgedachte „Nicknamen". Das auch andere Rollen in der Inpud-Community präsent sind, wird anhand eines Diskussionsforums einer Hauptstudiumsveranstaltung deutlich. In einem der Inpud-Foren zu einer Lehrveranstaltung wurde eine Frage zur Vorlesungszeit und zum Vorlesungsraum gestellt. *„Ich dachte die Vorlesung findet jetzt sowohl Dienstags als auch Mittwochs im HS 6 im HG II statt. Heute war davon aber nichts zu merken".*[132] Daraufhin antwortete der Dozent der Lehrveranstaltung selbst und klärte das Missverständnis. Worauf sich der/die Studierende bedankte. Die Rolle des Dozenten *„Professor"* war daran zu erkennen, dass er sie in seiner Online-Visitenkarte transparent gemacht hatte und dass er seinen Nachnamen genutzt hatte, der für Studierenden an dem Fachbereich auf die Professoren-Rolle hinweist.[133]

Die Qualität, Glaubwürdigkeit und Zuverlässigkeit einer Information von einer Person, die bekannt ist, kann von der Bezugsgruppe leichter und besser eingeschätzt werden, als die Information eines unbekannten Gegenübers. **Es wird einer bekannten Person eher vertraut als einer unbekannten.** Einer bekannten Person können eher Kompetenzen zugewiesen werden, als einer unbekannten. Allerdings finden sich in Online-Settings wie bspw. der Inpud-Community häufig *Nicknamen*, welche die Identität der Person, die sich dahinter verbirgt, im Verborgenen lässt.[134]

Neben der sozialen Präsenz, bspw. wie häufig jemand im Online-Forum aktiv ist und welche Qualität seine Aussagen haben, ist die Rolle entscheidet, um sein Gegenüber einschätzen zu können. Dies bestätigt ein Experte, der darauf hinweist, dass die Information eine andere Verbindlichkeit erhält, wenn man weiß, dass sie von einem Studienfachberater und nicht von einem Studierenden kommt. In vielen Fällen würde die Rolle des Akteurs bereits ausreichen, um der Information eine andere Verbindlichkeit zu geben. (Beispiel: „Dies ist *Frau Gutman*, sie ist Studienfachberaterin für den Studiengang Mathematik".)

Auf die Frage, wie wichtig es ist zu wissen, welche Personen sich konkret hinter welchen Rollen verbergen, antwortete Walker, dass es unterschiedlich wichtig ist. *„Wichtig ist es in allen Fällen. Ich kann das für meinen Bereich recht gut sagen.*

---

[132] Quelle: Inpudforum Lehrveranstaltung „Eingebettete Systeme"

[133] Aufgrund seines Beitrags konnte möglicherweise auch ein wenig mehr soziale Nähe zwischen Studierenden und Professoren-Rolle aufgebaut und Distanz abgebaut werden. Dies betrifft dann nicht nur diese/n Studierende/n, sondern auch alle diejenigen, die den Beitrag lesen.

[134] Selbst wenn der richtige offizielle Name der Person erscheinen würde, bedeutet dies nicht, dass die beteiligten Akteure die Person kennen.

Da ist das wichtig im Bereich der Studienberatung, da wollen die Leute wissen, welche Personen sind da. Wenn ich aber jetzt gucke, für Standarddinge im Studierendensekretariat, wer tippt meine Daten in den PC ein oder wer nimmt meinen Änderungsantrag entgegen, das ist den Leuten ziemlich wurscht. Also Hauptsache da sitzt jemand und sie haben das Gefühl, die Sache geht weiter. Ganz anders schon wieder im Prüfungsamt. Da wollen die genau wissen, also wenn Herr x oder Frau y nicht da ist, na ja, da kriege ich vom Vertreter irgendwie so eine Auskunft, aber die sind nicht richtig im Stoff. Da sind die Leute auch sehr verbunden. Die kommen auch und fragen und wissen genau, wer ihr Sachbearbeiter ist. Da ist wieder eine ganz enge Verbindung. Da spielt es eine große Rolle."

These 24: Vertrauen und Kompetenz können einerseits konkreten natürlichen Personen, aber andererseits auch Rollen, zugewiesen werden. *In Online-Settings beeinflusst die soziale Präsenz von bekannten Personen bzw. die soziale Rollen-Präsenz von unbekannten Personen die Entstehung von Vertrauen und sozialer Nähe positiv.* Soziale Nähe unterstützt wiederum den Zugriff auf soziales Kapital und Wissensressourcen positiv.

Die Bildung von Vertrauen in die Person oder Rolle als auch das Vertrauen in die Interessen und Kompetenzen des Gegenübers ist je nach Kontext unterschiedlich und daher differenziert zu betrachten. In dezentralen, hierarchischen Abhängigkeitsstrukturen in Arbeitsorganisationen mag ein Aufbau persönlicher Vertrautheit, persönlicher Kommunikationsbeziehungen und sozialer Nähe durch einen ersten face-to-face Kontakt hilfreich sein, weil die hierarchischen Strukturen eine andere Form der Sanktionierungsmacht darstellen, als in homogenen nicht-hierarchisch strukturierten Gruppen. Der erste face-to-face Kontakt ermöglicht ein Kennenlernen der Person in einer bestimmten Haupt- oder Nebenrolle. In Präsenzmeetings kann dem jeweils anderen Rolleninhaber aufgrund seines Auftretens, seines Erscheinungsbilds und der Sympathie einen bestimmten Grad an Kompetenz zugewiesen werden. Hier wirken zahlreiche Faktoren, die im Einzelnen nicht aufgezählt werden (vgl. Herkner 1991, S. 275 ff.[135]). Gerade in hierarchisch strukturierten Abhängigkeitsverhältnissen scheint ein großer Bedarf an ganzheitlicher Einschätzung des Rollenträgers, also der konkreten Person, mit dem man zusammenarbeiten soll, vorhanden zu sein. Solche ersten Präsenzveranstaltungen

---

[135] Vgl. Herkner´s Kapitel zu Personenwahrnehmung

können jedoch eine spätere Online-Kommunikation fördern, da die Information dann der bekannten Person zugeordnet werden kann.

These 25: Bei der Kultivierung von soziotechnischen Communities sind homogene und heterogene Gruppen voneinander zu unterscheiden. *In homogenen Gruppen (bspw. Studierende) ist ein Vertrauensvorschuss bei der Community-Kultivierung vorhanden, in heterogenen Gruppen (bspw. verschiedene Rolleninhaber/innen in hierarchisch strukturierten Abhängigkeitsverhältnissen im Arbeitskontext) sind vertrauensbildende Maßnahmen notwendig, um einen gemeinsamen rollenübergreifenden Wissensaustausch zu kultivieren.*

In soziotechnischen Communities und homogenen Gruppen wirkt ein anderer Vertrauensmechanismus als in Organisationen. Die beteiligten Akteure in Online-Foren (vgl. Inpud-Community) können sich in der Regel nur aufgrund der Häufigkeit und Qualität der Aussagen einschätzen. Die Person, die sich hinter dem Nicknamen verbirgt, bleibt in der Regel unbekannt. Vertrauen kann also nicht aufgrund von bekannten Personen gebildet werden. Vielmehr ist ein Vertrauensvorschuss aller Beteiligten vorhanden, weil sie davon ausgehen, dass sie alle in der gleichen (Problem-)Lage sind und sich gegenseitig weiterhelfen können. Somit spielt auch das Vertrauen in die Kompetenz der Anderen nur eine untergeordnete Rolle. Weil sie davon ausgehen, dass alle in einer ähnlichen Problemlage sind, weisen sie sich zunächst alle die gleichen Kompetenzen zu, bei der Lösung mitwirken zu können. Das Vertrauen in die Person, in die Rolle, in die Interessen und in die Kompetenzen wird bei einer soziotechnischen Community vorab als gegeben angenommen. Die Akteure validieren die Qualität der Community anhand der Antworten auf eine Frage, d.h. wie hilfreich die Antwort ist und wie zügig eine oder mehrere Antworten gegeben wurden. Falls jemand eine falsche und nicht ganz korrekte Antwort gibt, wird es in der Regel durch einen oder mehrere Nutzer/innen revidiert.[136] Die Nutzer/innen müssen also nicht befürchten, dass die Webforen falsche Informationen enthalten.

These 26: *Rollen können unter bestimmten Bedingungen zu sozialer Abgrenzung beitragen und somit den Aufbau sozialer Nähe blockieren.* Der oder die Gesprächspartner/in wird dann nicht aufgrund der Qualität seiner Aussagen, sondern aufgrund

---

[136] Ein Beispiel ist das Online Lexikon „wikipedia.org", in dem jede/r Nutzer/in Einträge ändern kann. Im Mai 2005 bspw. gab es mehr als **11.000** registrierte Nutzer/innen, die jeweils mehr als 10 Beiträge verfasst haben.

seiner Rolle eingeschätzt und stereotypisiert. Diese negativ beeinflussenden Vorurteile blockieren einen gemeinsamen Wissensaustausch.

Dies bedeutet, dass solche Rollen zu fördern sind, die nicht stereotypisierend wirken. Im Falle eines zu kultivierenden Wissensaustauschs an der Universität sind solche formalen universitären Rollen zu berücksichtigen, die auf das Subsystem der Organisation verweisen. Dies sind bspw. Studienfachberatung, Dekanat und Prüfungsamt etc. Es geht also nicht um Statusrollen oder zugeschriebene Rollen die bspw. aufgrund der sozialen Lage oder der Nationalität zustande kommen. Die Unterscheidung bspw. in reicher oder armer Student, Wissenschaftler aus Akademikerfamilie oder aus Arbeiterfamilie, türkische Studentin oder eine Studentin aus Kamerun lösen in der Regel Stereotype und Vorurteile aus, die einen Wissensaustausch eher blockieren als fördern[137].

7.2.5. Kategorie 5: Rollen-Erwartungen u. ihre Kommunikationswege

Kategorie 5 beschreibt die Ergebnisse zu den Rollen-Erwartungen und den Kommunikationswegen. Die zugrunde liegende Frage ist, wie eine Rolle von den Bezugsrollen wahrgenommen und verstanden wird. Dies drückt sich insbesondere in den Erwartungen aus, die an die Rolle gestellt werden und die die Rolleninhaber/innen von sich selbst haben.

7.2.5.1. Keine detaillierten Erwartungen im techn. System

Mit der Rollentransparenz (vgl. Kapitel 7.2.4) geht die Klärung der formellen und informellen Rollen-Erwartungen einher. Die formalen Erwartungen drücken sich in der Aufgaben- und Stellenbeschreibung aus, die informellen Erwartungen spiegeln sich in Vorstellungen, Übereinkünfte und Abmachungen wider. Um die Wissensaustauschprozesse in der Studienorganisation nachzuvollziehen und zu verstehen, sind die Erwartungen der Rollen nachzufragen und zu verdeutlichen. Dadurch werden verschiedene Rollenverständnisse und mögliche Diskrepanzen sichtbar. *„Zumindest sollten die Entscheidungsträger mitbekommen, wo Rollen-Konflikte auftreten. Sie müssten dann auch Abhilfe schaffen"* (Hunt).

---

[137] Es sei denn, dass dies relevante Informationen für eine Problemlösung sind, bspw. im Rahmen eines Auslandsstudiums oder eines Auslandsaufenthaltes.

Es wird von den Experten/innen betont, dass es zwar wichtig ist, die formalen Erwartungen, die sich auf Aufgaben und Funktionen einer Rolle beziehen als auch die informellen Erwartungen zu explizieren, aber diese sollten **nicht zu detailliert** dargestellt werden, *„weil es ja eine ständige Anpassung gibt und das würde die Entwicklung behindern, dann verwaltet man sich zu Tode"* (Hunt). Die zu detaillierte Beschreibung der Erwartungen kann zu starren formalisierten Erwartungs-Zuschreibungen und somit zu *Festschreibungen* (Festlegungen) führen, die eine dynamische (Weiter-)Entwicklung der Rollen und ihrem Veränderungspotential blockieren. Smith ist sogar der Meinung, dass die Erwartungen nicht explizit und nicht transparent gemacht werden sollten: *„Da tut man sich schwer so was zu veröffentlichen, das möchte man auch nicht öffentlich zugreifbar haben, das kann man nicht machen. Man möchte es nicht über sich veröffentlicht sehen und auch nicht festgeschrieben. Manchmal ändert es sich vielleicht. Außerdem möchte das auch keiner lesen"* (Smith). Zwar ist die Thematisierung der Rollen-Erwartungen für eine Kultivierung des gemeinsamen Wissensaustauschs zur Studienorganisation hilfreich, jedoch ist hierbei das „wie" zu klären.

These 27: *Im technischen System zu detailliert dokumentierte Erwartungen führen zu einer starren formalisierten Festschreibung, die eine dynamische Rollenveränderung bzw. eine Rollenentwicklung blockieren.* Es sei denn, dass die dokumentierte Beschreibung der Rollenerwartungen flexibel änderbar sei. Das bedeutet, dass das technische System so konzipiert sein müsste, dass es flexible Rollenveränderungen ermöglicht.

Erklärt werden kann dies mit dem sozialen interaktiven Aushandlungscharakter von Rollen. Der dynamische und flexible Charakter von Erwartungen indiziert, dass Erwartungen regelmäßig abgeglichen bzw. neu interaktiv ausgehandelt werden. Aufgrund dessen könnte eine formalisierte Festschreibung in einem technischen System über einen längeren Zeitraum das Veränderungspotential von Rollen blockieren.

7.2.5.2. Kommunikationswege: Erwartungen, Perspektivenübernahme

Im folgenden Abschnitt werden die eigenen Erwartungen der Rolleninhaber/innen zur Studienorganisation und die Erwartungen ihrer Bezugsrollen gegenübergestellt. Anhand ausgewählter Beispiele werden die unterschiedlichen Rollen-Erwartungen deutlich.

Die zentrale Studienberatung erwartet von den dezentralen Studienfachberater/innen, dass sie über den individuellen Studienverlauf von Studierenden beraten sollten: *„Ein Studienfachberater müsste im Idealfall, das sieht auch das Hochschulgesetz HG § 83[138] vor, sich über den Verlauf des Studiums orientieren und gegebenenfalls beraten. Das ist in der Regel nicht der Fall und muss geändert werden"* (Burton). Burton kritisiert, dass die Studienfachberatung die Studierenden ihres Fachbereichs stärker persönlich beraten müssten. Dazu ist es notwendig, dass die Studienverläufe von Studierenden näher betrachtet werden und bei Bedarf den Studierenden eine Beratung angeboten wird, bspw. wenn sie sich nicht mehr in der Regelstudienzeit befinden, oder wenn sie bei mehreren Klausuren durchgefallen sind. Diese Beratungsaufgaben sind den meisten Fachbereichen nicht bewusst.

Die Erwartungen der zentralen Studienberatung an die Rolle der Studienfachberatung stimmen mit dem Verhalten der Studienfachberatung nicht überein. Erwartungen und Verhalten sind nur teilweise deckungsgleich.

„Zu der Geschichte mit den Standards sind wir so gekommen, dass wir ein kleines Projekt am Zentrum für Studienangelegenheiten hatten, was eben genau darauf gerichtet war, mal anzugucken, wie funktioniert die Studienfachberatung in den Fachbereichen. Ein Mitarbeiter hat sich das mal über ein Jahr angesehen, hat Interviews geführt. Und auf dieser Grundlage haben wir versucht, Mindeststandards zu formulieren. Nun wollten wir es möglichst verbindlich haben und da gibt es die Möglichkeit, Rahmenordnungen zu erlassen, für die ganze Hochschule. Das ist letztendlich verabschiedet worden" (Walker). Die Einführung der oben genannten Standards, auf die Experte Walker Bezug nimmt, erfolgte an der Universität A durch die „Amtlichen Mitteilungen". Die Amtlichen Mitteilungen sind normative Dienstanweisungen, die schriftlich in der Regel per Hauspost an die Empfänger versendet werden. Ein Kommentar oder eine Einladung zu einer gemeinsamen (Diskussions-)Veranstaltung der „Standards" wurde nicht versendet. Dies ist problematisch, da den Studienfachberater/innen aufgrund fehlender Kontextualisierung die Relevanz dieser Informationen nicht deutlich werden konnte. Es war ein Papier, das in der Schublade verschwand, welches aber nicht den Wissensaustausch zu gemeinsamen Standards in der Studienberatung unterstützte.

---

[138] Hochschulgesetz (HG) NRW, § 83 Abs. (2): „Die Hochschule orientiert sich spätestens bis zum Ende des zweiten Semesters über den bisherigen Studienverlauf, informiert die Studierenden und führt gegebenenfalls eine Studienberatung durch." Der gesamte Text des § 83 steht im Anhang.

These 28: Rein auf dem formalen Wege kommunizierte Erwartungen (durch Informationsbroschüre, Amtliche Mitteilungen, Gesetzestexte, etc.) erreichen die Rolleninhaber/innen nicht, weil diese Erwartungen nicht kontextualisiert und systemrelativ vermittelt werden. *Je mehr auf rein formalem Wege und je weniger informell kommuniziert wird, desto eher gehen Informationen im Wissensfluss verloren.* Dies hat zur Folge, dass der gemeinsame Wissensaustausch zwischen den universitären Rollen blockiert wird.

Verhaltensveränderungen werden in der Regel erst dann vollzogen, wenn die Rollenträger/innen, erstens die an sie neu-gerichteten Erwartungen erfahren, zweitens dass sie ihr Verhalten daran orientieren können (Muss-, Soll- oder Kann-Erwartungen), drittens ihnen die Sanktionsmöglichkeiten, die die Bezugsrollen haben, bewusst sind, d.h. dass sie wissen, dass sie je nach Verhalten positiv oder negativ sanktioniert werden können, schließlich viertens müssen sie wissen, dass es zu weiteren Konsequenzen führen kann, wenn sie sich in einem bestimmten Verhaltensrahmen nicht daran halten. Daher ist es zur Unterstützung der Studienorganisation an der Universität nicht der geeignete Weg, nur Rahmenordnungen (in Form von Dienstanweisungen) zu erlassen, denn eine Vielzahl von Rollenträger/innen in unterschiedlichen Rollen erhalten ein und dieselbe Information, die sie in ihren jeweiligen Rollen-Kontext nicht einbinden können. Sie wissen nicht, wer sich konkret angesprochen fühlen sollte und können die Relevanz der Information nicht beurteilen. Änderungen von Rollen-Erwartungen sind zielgerichteter und rollen-bedarfsgerecht zu unterstützen.

These 29: Änderungen von Rollen(erwartungen) sind nicht nur formal zu kommunizieren, sondern zur Initiierung von Verhaltensänderungen ist auch informelle Kommunikation notwendig. *Über den rein formalisierten standardisierten Weg (Rahmenverordnungen, Gesetzestextes etc.) alleine lassen sich keine Rollen- bzw. Verhaltensveränderungen initiieren, weil sie nicht kontextualisiert, in den alltäglichen Arbeitsablauf und in die Aufgabenbearbeitung der Rollenträger der jeweiligen Rolle eingebunden sind.*

Auch an der Universität B wird ein Wissensaustausch zur gemeinsamen Studienorganisation nicht konsequent verfolgt. Es gibt zwar auch hier erste Ansätze, bspw. in Form von Dokumenten und Veranstaltungen, aber die Verteilung eines Handbuchs reicht nicht aus: *„Wir haben darüber informiert und hoffen, dass die Studienfachberater für sich selber, also wie sie ihre Arbeit organisieren, sich auch immer wieder Rechenschaft darüber ablegen. Dann haben wir das Handbuch Studienfach-*

198

beratung herausgegeben. Mit dem Hinweis, wie kündige ich meine Beratungszeiten an oder auch die Empfehlung, immer einen Mann und eine Frau zur Studienfachberatung zu verpflichten. Die öffentliche Ausschreibung, wie soll so ein Gespräch ablaufen, wie ist man zugänglich für die Studierenden. Aber systematisch umgesetzt überlassen wir das den Studienfachberatern" (McTravish).

Die Vermittlung von Studienberatungsaufgaben oder „Standards" ausschließlich mittels Paragraphen, Handbüchern oder amtlichen Mitteilungen reicht nicht aus, weil eine Fülle von solchen Texten dazu führt, dass nicht jeder Text die gleiche Aufmerksamkeit erfährt bzw. erhalten kann. Die Wichtigkeit der Mitteilung geht auf dem formalen Kommunikationsweg unter, wenn dies nicht mit vorherigen Ankündigungen, Workshops oder vorherigen informellen Gesprächen begleitet wird. Zudem führt ein Paragraph oder eine amtliche Mitteilungen zu teils unterschiedlichen Umsetzungsstrategien, da Gesetzestexte in einer unverständlichen Sprache geschrieben sind und oftmals Auslegungs- und Interpretationsspielräume zulassen. Jede/r Studienberater/in versteht den Text und ihre/seine Aufgabe ein wenig anders. Erschwerend kommt hinzu, dass kaum ein/e Studienfachberater/in die Rollen-Ressourcen hat, um jedem/r Studierendem/r eine angemessene Beratung zu kommen zu lassen (*„wir können nicht auf jeden Studierende zu gehen"*).

Die Vermittlung von Erwartungen und die damit verbundene Vermittlung von Informationen hängt von der Rolle ab und wie sich die Rolleninhaber/innen und ihre eigene Rolle im Prozess des Wissensaustauschs sehen bzw. verstehen (Rollen-Selbstbild). Die Sicht auf die eigene Rolle wird im Wissensaustauschprozess der Studienorganisation an der Universität A nicht angemessen berücksichtigt. Das zeigt sich bspw. darin, dass Studierendensekretariat und Dozenten wichtige Informationen nicht weitergeben, weil ihnen nicht bewusst ist, dass die jeweils andere Rolle diese Informationen dringend benötigt.

These 30: Wie gut oder schlecht Wissen fließt, hängt davon ab, wie gut die Rolleninhaber/innen Wissen darüber haben, welche Rolle welche Informationen benötigt (Meta-Wissen). Das Erwerben von Meta-Wissen wird durch eine Perspektivenübernahme gefördert, d.h. wenn die Rolleninhaber/innen die Perspektive der jeweils anderen Rolle einnehmen und aus dieser Sicht das Organisationssystem zu verstehen versuchen, und daraus ableiten, welche Informationen welche Rolle benötigt. *Je mehr die Perspektivenübernahme unterstützt wird, desto erfolgreicher ist ein gemeinsamer Wissensaustausch für die Beteiligten.*

Neben dem „Wissen-Haben" ist auch die Weitergabe des Wissens relevant. Es kann durchaus sein, dass einige Rolleninhaber/innen die Information nicht preisgeben, obwohl sie wissen, welche Rolle die Informationen benötigt. Diesem Argument steht jedoch eine Studie von Herrmann et al. (2003a) gegenüber, die besagt, dass ein Bewusstsein darüber, warum und zu welchen Zwecken Wissen ausgetauscht werden soll, die Bereitschaft von Wissensvermittler/innen ihr Wissen weiterzugeben, positiv fördert. Nicht diejenigen, die Wissen, welches für Unternehmen relevant ist, vorenthalten, haben Machtvorteile, sondern diejenigen haben zunehmend Einfluss, die ihr Wissen an andere verteilen. Folgende zwei Beispiele stützen die These zum Meta-Wissen und zur Perspektivenübernahme:

(1) Nicht-erfüllte Erwartungen an das Studierendensekretariat

Die zentrale Studienberatung der Universität gibt gemeinsam mit dem Studierendensekretariat eine Info-Broschüre für Studieninteressierte heraus. Das Studierendensekretariat legt diese Information beim Einschreiben eines jeden Studierenden hinzu. Das ist ein Gesamtpaket, das informiert, bspw. was an der Universität studiert werden kann und wer die Studienfachberater sind. *„Mehr tut das Studierendensekretariat an Dienstleistung für Studierende nicht. Sie teilen den Studierenden nicht mir, was ein Studienfachberater oder was die Fachschaft tut, kein Sterbenswort dazu"* (Smith). Das ist problematisch, da die Studierenden dann nicht wissen, wie die Struktur einer Universität aussieht und an wen sie sich konkret wenden können. Den Experten/innen zufolge ist sich das Studierendensekretariat über diese Problematik nicht bewusst. Es nimmt es nicht als seine Aufgabe wahr, Neulinge beim Einstieg in die Universität zu informieren. *„Sie schauen nicht über den Tellerrand hinaus"* (Smith). Einige Experten/innen sind der Ansicht, dass es gut wäre, wenn bspw. das Studierendensekretariat enger mit der zentralen Studienberatung verknüpft wäre, so wie es an der Universität C derzeit der Fall ist. Dort wird alles an einem *„zentralen Schalter"* (McTravish) erledigt, d.h. es gibt eine räumliche Nähe, eine zentrale Anlaufstelle, die Neulingen beim Einstieg in das Studium mit Informationen beliefert. Bspw. kann dort geklärt werden, wo der Skriptenverkauf ist, und wo es weitere Broschüren gibt, z.B. Start ins Studium, der Hinweis auf die psychologische Beratung. Ebenso ist dort auch der studentische Service, inklusive Sportangebote angesiedelt.

(2) Nicht-erfüllte Erwartungen an Dozenten

Das Dekanat hat die Aufgabe, die Informationen für die jeweiligen Lehr-Veranstaltungen und Studienorganisation zu sammeln. So zum Beispiel über die Sprechzeiten der Lehrenden. Diese Informationen werden im Kommentierten Vorlesungsverzeichnis verschriftlicht und an die Studierenden weiter gegeben. Allerdings erhält das Dekanat auf Anfragen an die Lehrenden nicht immer eine Antwort. Sie erfahren nicht, dass sich z.b. die Sprechzeiten zum vorherigen Semester geändert haben. *„Die Kultur des Antwortens ist schlecht"* (White). Bei der Erstellung des Kommentierten Vorlesungsverzeichnisses werden die Professoren aufgefordert, die Inhalte zu ihren Lehrveranstaltungen anzugeben. Aber es schickt nicht jeder seine Kommentare zu den Lehrveranstaltungen ans Dekanat. *„Auch nach der dritten, vierten, fünften Mahnung, wenn du in das jetzige* (14.10.03, KVV für WiSe 2003/04) *guckst, z.b. sind da immer noch zu wichtigen Veranstaltungen keine Beschreibungen"* (White). Dies kann dadurch erklärt werden, dass den Lehrenden der Prozess, wie das kommentierte Vorlesungsverzeichnis entsteht, unklar ist. Folglich erledigen sie die Anfrage des Dekanats nicht termingerecht.

7.2.5.3. Rollen-Erwartungen zur Studienfachberatung: Mehr beraten

Laut Experten/innen ist es wichtig, dass Studienfachberater/innen offen sind für die Fragen und Probleme eines jeden einzelnen Studierenden. Das bedeutet auch, sich die Zeit zur Beratung zu nehmen und weiterzuhelfen. Das ist aus Sicht der Experten/innen das Hauptziel der Studienberatung. Das sollten die Studienfachberater tun, aber das sollte auch jede/r Professor/in und jede/r Lehrende tun. *„…Wenn einer halt ganz verschüchtert nach der Vorlesung da vorne steht, dann kann ich auch auf denjenigen zugehen und sagen, 'Was kann ich für Sie tun?' Oder wenn hier draußen vor meiner Tür jemand steht. Da schon die Personen Ernst nehmen. Und der so gut wie möglich helfen"* (White). Zu einem gelingenden Wissensaustausch zur Studienorganisation gehört auch, dass die Studienfachberater/innen deutlich sichtbar sind. Das bedeutet, erstens wer, welche konkreten Personen, derzeit Studienfachberater/innen sind und zweitens, dass die Studienfachberater/innen immer eine bestimmte Servicequalität sicher stellen sollten, wann zu welchen Tagen und Zeiten sie ansprechbar sind, bspw. per E-Mail und nach dem Prinzip „Haus der offenen Tür" für alle erreichbar sein sollten. Ebenso gehören alle schriftlichen Unterlagen in der Originalform ins Web (White). *„Die Studienfachberatung hat die Verantwortung in Bezug auf das Studium. Sie muss sich über den Verlauf der jeweiligen Studierenden, also von allen, darüber orientieren und ggf. beraten, das bedeutet im Kurztext ziemlich viel. Ich muss meine Schäfchen sozusagen im Blick haben. Wenn jemand nach 2 Semestern nicht das leistet, was er eigentlich nach der Regelstudienzeit und erfolgreichem Studieren leisten müsste, dann muss* *ein Studienfachberater mit demjenigen sprechen. D.h. der Studierende bekommt einem Brief, dass sein Studium in dieser Form nicht hinhaut. Es wird an dieser Universität nicht zu einer Pflichtberatung kommen, aber man kann sich eine abgeschwächter Form dieser Variante denken"* (Burton).

Es existieren seitens der zentralen Studienberatung hohe Anforderungen an die Studienfachberatung in den einzelnen Fachbereichen. Diese stehen teils im Widerspruch zu den Erwartungen, die bspw. der Fachbereich an die Studienfachberatung stellt. Dort wird die Übernahme von Selbstverwaltungsrollen teilweise eher kritisch betrachtet.

7.2.5.4. Prüfungsamt: Von Verwaltungs- zu Beratungskompetenzen

Das Prüfungsamt stellt während des Studiums relevante Informationen zu den Prüfungen zur Verfügung, bspw. wann sich Studierende zu einer Prüfung anmelden müssen, was sie dabei zu berücksichtigen haben. Das Prüfungsamt besitzt so relevantes Wissen über die Prüfungs-Anforderungen, die eine Prüfungsordnung stellt. Vor dem Hintergrund der neuen Bachelor- und Masterausbildungen werden die Studienverläufe individueller. Die Studierenden werden häufiger fragen, was sie denn jetzt noch an Leistungspunkten und Prüfungen zu erwerben haben oder ob sie bereits alles abgedeckt haben. Das bedeutet für die Rolle des Prüfungsamts, dass es in *„Wirklichkeit eben nicht nur eine **Verwaltungskompetenz**, sondern auch eine hohe **Beratungskompetenz** im laufenden Studium"* zugewiesen bekommt. *„denn wenn man sich anguckt, wer in die Untiefen von Prüfungsordnungen einsteigt, dann ist das im Fachbereich die Personen, die sich mit den Entwurf beschäftigt haben, so was wie die LuSt oder so, die Studienfachberater kämpfen schon damit, sich die Ordnung zu arbeiten, die Fachschaften auch, und das zentrale Prüfungsamt ist eigentlich am nächsten dran, wirklich zu wissen, wie waren die Regelungen gemeint, was heißt das eigentlich, worauf muss man achten. Das heisst, die werden da als Berater sehr stark gefragt"* (Walker).

Es ist zu vermuten, dass an das Prüfungsamt zukünftig neue Anforderungen gerichtet werden. Die ehemals relevanten Verwaltungskompetenzen werden sich zunehmend in Beratungskompetenzen entwickeln bzw. durch diese ergänzt werden. *Die neuen Anforderungen und Erwartungen an die bestehende Rolle erfordert es, dass sich die Rollenträger neue Kompetenzen aneignen (müssen).*

7.2.6. Kategorie 6: Unterschiedl. Rollenbilder zur Studierenden-Rolle

Kategorie 6 beschreibt die Ergebnisse zu den Rollen-Bildern zur Studierenden-Rolle aus Sicht der universitären Rollen, aber auch aus Sicht von Studierenden. Die zugrunde liegende Frage ist, wie eine Rolle von den Bezugsrollen wahrgenommen und verstanden wird. Dies drückt sich insbesondere in den Erwartungen aus, die an die Rolle gestellt werden und die die Rolleninhaber/innen an sich selbst stellen. Es geht dabei um die eigene Sicht von Studierenden auf sich selbst – Rollen-Selbstbild – und die Sicht anderer Rollen auf die Rolle Studierende – Rollen-Fremdbild.

Bei der Frage, welche Aufgaben in der Studienorganisation die universitären Hauptrollen übernehmen sollten, legen die Expertinnen und Experten den Schwerpunkt auf die Vermittlung von Wissen zur Studienplanung. D.h. es soll eine Unterstützung der Studierenden in der Studiumsvorbereitung mit dem Ziel geben, das Studium in einer vernünftigen Zeit, d.h. in Anlehnung an die Regelstudienzeit, zu absolvieren. *„Und da ist es natürlich schwer, so was an einer Stelle im Fachbereich zu tun, es müsste flächendeckend angeboten werden. Nicht nur in Problemfällen weiterhelfen, sondern von Anfang an eine systematische Planung für alle Studierenden anbieten. Gut, und da kann ich mir am ehesten vorstellen, dass das bei den Studienfachberatern liegt, wobei ich aber zugleich sehe, dass das auch eine ziemliche Aufgabe ist. Einfach auch mengenmäßig“* (Walker).

Die empirischen Daten belegen, dass es bei der Wissensvermittlung zur Studienplanung unterschiedliche Wissensflüsse gibt. Dies meint zum einen den Wissensaustausch mit den offiziellen universitären Hauptrollen bspw. Studienfachberatung und Mitarbeiter/innen des Prüfungsamts (Wissensfluss 1), zum anderen ist ein Wissensfluss unter Studierenden, getrennt von den anderen Rollen zu beobachten (Wissensfluss 2). Ein dritter Wissensfluss – zwischen Studierenden und universitären Rollen – wäre wünschenswert und daher zu unterstützen, ist aber im Beobachtungszeitraum nur gering ausgeprägt (Wissensfluss 3).

Im Wissensfluss 1 werden die offiziellen in den Studienordnungen festgelegten Informationen an die Studierenden vermittelt. Die universitären Rollen zur Studienorganisation – Studienfachberatung, Dekanat und Prüfungsamt – verstehen in diesem Falle die Studierenden als „Kunden": Sie beliefern die Studierenden mit Informationen. Diese Sichtweise auf die beteiligten Rollen liegt jedoch „im Verborgenen" und ist lediglich aus dem Verhalten der Rolleninhaber/innen zu erkennen.

Fragt man die Experten und Expertinnen konkret und ausdrücklich zur Rolle von Studierenden, so bekommt man als Antwort, dass Studierende als Mitarbeiter/innen betrachtet werden, die an der Organisation gestaltend mitwirken können und sollen (vgl. Cooper).

Allerdings stellt sich die Frage, warum unterschiedliche Wissensflüsse zu beobachten sind und es nicht einen gemeinsamen Wissensaustausch gibt (Wissensfluss 3). Erklärt werden kann dies mit den offiziellen und inoffiziellen Hauptrollen und ihrer sozialen Nähe zur Zielgruppen-Rolle Studierender (vgl. Kategorie 1 in Kapitel 7.2.1) als auch mit den unterschiedlichen Rollenbildern zu Studierenden-Rolle, die im Folgenden erläutert werden.

7.2.6.1. Erwartungsbrüche

In den Erstsemester/innen-Einführungen werden die Erstsemester/innen noch als Studien-Neulinge betrachtet, die Informationen zur Studienorganisation benötigen. Die Erwartungen der Bezugsrollen ändern sich relativ bald. Nachdem die Einführungsveranstaltungen abgeschlossen sind, müssen sich Studierende plötzlich, um nicht zu sagen unverhofft, selber um ihre weitere Studienorganisation kümmern.[139] Ein systematischer Überblick zur Studienorganisation findet danach für die Mehrzahl der Studierenden nur noch punktuell und individuell, aber nicht gemeinsam statt. Die Aussage von Walker unterstreicht, dass sich Studierende nach den Einführungsveranstaltungen selber um ihre Studienorganisation kümmern müssen: *„Ja, und dann, denke ich, kommt vielleicht, kommt vielleicht ein gewisser Bruch. Wir haben am Anfang noch sehr schön, so diese allererste Phase vor dem Studiengang, die sind ja in ihren Einführungstutorien, aber dann kommt irgendwo der Punkt, wo die Hochschule in dem Bewusstsein lebt, na ja, das sind ja jetzt vollverantwortliche Studierende und mögen sie mal machen"* (Walker).

These 31: *Mit den in der Anfangsphase des Studiums abrupten und nicht inkrementellen Erwartungsveränderungen geht ein Erwartungsbruch für Studierenden einher, die den neuen gegensätzlichen Erwartungen der universitären Rollen nicht sofort gerecht werden können.*

In einer weiteren Untersuchung wäre zu klären, wie diese Diskrepanz – zwischen dem, was erwartet werden kann und dem, was tatsächlich erwartet wird – und der

---

[139] Vgl. Kategorie 2

Phase der Rollenveränderung bzw. Rollenentwicklung unterstützt werden kann (*neue Forschungsfrage*). Möglicherweise sollte in den Einführungsveranstaltungen für Erstsemester/innen stärker auf die Rollenfindungs- und Rollenentwicklungsphase eingegangen werden – bspw. mittels Rollenspiele, die aus dem „Soziodrama-*Rollenspiel*" (bspw. szenische Gestaltung) bzw. aus Coaching-Methoden transferiert werden können (vgl. Schaller 2001, S. 15 ff., S. 38 ff.).

Differenziert betrachtet gibt es Informationsdefizite und Erwartungsbrüche für die neuen Studierenden insbesondere nach den Einführungsveranstaltungen, welches sich bis in das Hauptstudium durchzieht. Dies wird von den Studierenden-Experten/innen belegt: „*Was ich halt glaube, wie gesagt, bis zum allerersten Vorlesungstag durch die Einführungsveranstaltung überbrückt, aber wie ist es mit dem Einschreiben, mit den Vorkursen, da ist es ein Problem und nachher. Und nach dem Vordiplom werden die Leute, glaube ich, ziemlich fallen gelassen. Die Fachschaft macht jetzt ne Hauptstudiumsveranstaltung, die ist sehr kurz. (...) Das ist übel, erst mal dass die Schwerpunktegebiete zu spät fest standen. Jetzt stehen sie fest, aber auch die Information darüber, da gibt es wieder vom Dekanat ne Info, von der Fachschaft ne Info und dann gibt es auf den Studienberaterwebseiten, die widersprechen sich teilweise, das sind auch Sachen, die sind nicht untereinander verlinkt, (...) das kann eigentlich so nicht sein*" (Smith).

7.2.6.2. Rollen-Konfusion: zw. Kundenrolle u. Selbstorganisation

Im vorherigen Kapitel wird der Erwartungsbruch thematisiert. Die Konsequenz sollte eine Unterstützung des Rollenübernahmeprozesses von Studierenden sein. Die Idee die Rollenentwicklungsphase stärker als bisher zu unterstützen, trifft aber nicht bei allen Experten/innen gleichermaßen auf Zustimmung. Vor allem White widerspricht dem und betont, dass Studierende nicht noch mehr Unterstützung bräuchten. Er meint, dass Studierende viel zu sehr geführt und an die Hand genommen werden: „*Wir nehmen die Studierenden seit 15 Jahren immer mehr an die Hand. Und es hat nichts geändert. In keiner Weise. Ich erinnere mich an ideologische Diskussionen zum Kommentierten Vorlesungsverzeichnis. Die Idee war, wir verteilen das kostenlos, weil die Studierenden dann bessere Informationen haben, dann können sie viel überlegter entscheiden, welche Lehrveranstaltungen, sie nehmen und dann studieren sie schneller. Null Effekt! Im Gegenteil, es kostet immer einen Haufen Geld und ist faktisch nix Wert*" (White).

White sieht die Ursache dafür, dass Studierende das Studium in nicht angemessener Zeit, nicht nahe der Regelstudienzeit absolvieren, vor allem bei den Studierenden selber. Sein Hauptargument ist, dass sie zu wenig aktiv und selbstorganisierend sind: *„Wenn ich anfange, neu zu arbeiten, muss ich auch gucken, wo ist der Chef, wo ist die Kantine, wo ist der Pförtner, wann darf ich rein, wann darf ich raus. Da muss ich mich orientieren und muss das für mich klären. Der eine schnappt es auf, weil Leute mit ihm reden, der andere beim Mittagessen. Ich muss mein Leben selber in die Hand nehmen, da nutzen keine Studienführer, kein Kommentiertes Vorlesungsverzeichnis; nichts, wenn man es nicht liest. Hier, zum Beispiel sind im Kommentiertes Vorlesungsverzeichnis die neuen Schwerpunkte: Natürlich könnte man die multimedial aufbereiten, aber wem hilft es?"* (White).

Einige Wochen nach dem Interview wurden dann – aufgrund vieler Anfragen von Studierenden – die neuen Schwerpunkte für das Hauptstudium auf die Webseiten der Studienfachberatung und des Dekanats gestellt. Die Informationen zu den neuen Schwerpunkten wurden multimedial aufbereitet. Zudem wurde eine vom Dekanat organisierte Informationsveranstaltung zu den neuen Schwerpunkten im Hauptstudium für die Studierende durchgeführt. Es scheint also doch zu helfen, Informationen so zugänglich zu machen, dass diese nicht mühselig von jedem einzeln zusammengesucht werden müssen. White´s Aussage macht deutlich, dass das Verhalten der Studenten/innen seinem Rollenverständnis widerspricht d.h. was seiner Meinung nach – in seiner Rolle als Studienfachberater und Dekanatsleiter – ein guter Student ist. Studierende verhalten sich anders, als er es erwartet.

Die Aussage von White spiegelte ich den anderen Experten/innen wider. Burton (Leitung der zentralen Studienberatung) kritisiert es scharf und antwortete: *„Wo werden hier die Studierenden an die Hand genommen? Wo? Es fängt damit an, dass die Curriculare in den meisten Studiengängen nicht zusammenhängen, das ist wirklich eine lose Ansammlung von Veranstaltungen, wie das eine auf das andere aufsetzt, wieso ich das eine nach dem anderen machen muss, das leuchtet alles nicht sehr ein. Die meisten Wissenschaftsdisziplinen halten es ja noch nicht einmal für nötig, eine Einführung in Wissenschaft und in Erkenntnistheorie zu geben. Wo werden die da an die Hand genommen? Oder um es anders zu sagen: Es gibt ja diese Vertreter, die sagen, der Vorteil der deutschen Hochschullandschaft ist, weil es ein Labyrinth ist, wo ich mich durchwurschteln muss und wenn ich dann das Ziel gefunden habe, dann ist das mitunter auch eine ganz wichtige Qualifikation"* (Burton).

Die Experten/innen sind also durchaus unterschiedlicher Auffassung, ob Studierende zuviel oder zu wenig unterstützt werden. Allerdings wird an den befragten Universitäten zu wenig berücksichtigt, dass die Sozialisationsphase und die Rollenübernahme – vom Neuling hin zum Studierende/r als Selbstorganisator/in – ein Lernprozess ist (und eine Zeitkomponente beinhaltet). Woher sollen Studierende wissen, wie sie sich in diesem neuen Kontext selbst am besten organisieren? Die Studierenden kommen in der Regel direkt von der Schule, an der eine Selbstorganisation nur selten bis gar nicht gelehrt wird. *„Das ist ein generelles Problem an der Uni, dass man sich erst mal selber sorgen muss, dass man Informationen kriegt oder so was. Und das ist ein bisschen anders als in der Schule"* (Miller).

Die unterschiedliche Sicht auf eine Rolle – Studierende teils als Kunden und teils als Mitarbeiter oder Selbstorganisationsmanager wahrzunehmen – zeigt, dass die Studierenden-Rolle stärker zu hinterfragen ist. So fragt McTravish: *„Welchen Stellenwert haben die Studierenden an der Universität? Welche Bedeutung wird ihnen von der Universität zugewiesen?"* Er gibt explizit an, dass es *„Schwächen in der Kommunikation zwischen der Universität und den Studierenden und in der Kultur des Studierens"* gibt, die transparent gemacht werden sollten und für die Lösungen gefunden werden müssen (vgl. McTravish). Dies ist ein Hinweis, dass sich die Universität über die Rolle der Studierenden, aber auch über ihre eigenen universitären Hauptrollen klar werden sollte. Der **Stellenwert der Studierenden in der Organisation (Universität) prägt das Rollenbild** ihrer Rolle, bspw. wird die Studierenden-Rolle neben den Forschungsaufgaben häufig als eher „notwendiges Übel" angesehen.

„Die Einrichtung der Uni ist eben keine kundenorientierte. Kann es manchmal auch nicht sein, weil Studierende Mitglieder der Universität sind. Und das hat Vorteile. Auch Studierende dürfen das nicht vergessen. Sie sind mitgestaltend und das ist ein wichtiges Merkmal. Aber wenn demnächst Studiengebühren eingeführt und bezahlt werden müssen, dann geht es noch ein Stück stärker, auch im Verständnis derjenigen, die zahlen, in die Kundensicht (Cooper). Und Burton fügt zur Rolle Selbstorganisator/in hinzu: *„ Was schon sehr typisch ist für die deutsche Hochschullandschaft ist, dass, das Wort freibleibend enorm drüber steht. Ich würde sagen freibleibend bis zum Exzess. Du kommst oder gehst, und das gilt für Studierende als auch die Lehrenden. Na ja und ob du dein Studium fertig hast in 18 Semestern oder in 16, okay, da gehen keine Augenbrauen hoch"* (Burton). Es ist jedoch zu berücksichtigen, dass die Erwartungshaltung von Studierenden – es sei ihnen selbst egal,

wie lange sie für ihr Studium brauchen – sich erst im Laufe ihres Studiums entwickelt. Zu Studienbeginn bis ungefähr zum 3. Semester, haben Studierende in der Regel die Absicht in der Regelstudienzeit fertig zu werden (vgl. Ergebnisse des WIS-Projekts, Jahnke et al. 2005). Doch wenn Sie nicht alle Prüfungen auf Anhieb schaffen, wird es ihnen durch systemimmanente Strukturen sehr schwer bis unmöglich gemacht, die Regelstudienzeit einzuhalten. Bspw. müssen sie bei einer Klausur-Wiederholung lange Wartezeiten in Kauf nehmen.

These 32: Die diskrepanten Rollenbilder zur Studierenden-Rolle (Kunde, Mitarbeiter und Selbstorganisator) haben Auswirkungen auf den gemeinsamen Wissensaustausch zur Studienorganisation. Einerseits wird die Sicht der Studierenden auf sich selbst bestätigt, d.h. sie nehmen sich als Kunden wahr, andererseits werden Studierende als mitgestaltende Selbstorganisationsmanager angesehen, die ihr Studium selbst in die Hand nehmen sollen. *Mit der Gegensätzlichkeit der Rollenbilder und den Erwartungs-Diskrepanzen, gehen variierende diskrepante Vorstellungen zu unterschiedlichen Wissensbedarfen einher, die das Bereitstellen von nicht-benötigten Informationen bzw. das fehlende Vermitteln von benötigtem Wissen zur Folge haben.*

Abhilfe kann möglicherweise ein neuer Blick auf die Universität schaffen. Die Rollen-Perspektive kann es ermöglichen, die Erwartungen der Akteure verständlich zu machen und ihr systemisches Handeln zu verdeutlichen: *„Von daher würde ich mir wünschen, wenn man ein System macht, einen Entwurf, dass da die Studierenden irgendwie mit in den Blickwinkel genommen werden. Weil, sie sind ja nicht außen vor, es ist ja kein geschlossenes System. Und Studierende stehen, wenn man es von der Systemtheorie denkt, **sie stehen mit dem einen Bein in der Umwelt, weil sie Kunden sind, und mit dem anderen Bein, in der Uni, weil sie in der Selbstverwaltung und Mitgestaltung drin sind.** Sie sind deswegen auch Akteure. Manche Net-Newsgroups* [den Webforen ähnlich; Anmerkung der Verfasserin] *werden bewusst mit Studenten moderiert, mit Tutoren, um da diesen Erfahrungsschatz zu nehmen und um eine Gleich-zu-Gleich-Situation innerhalb der Beratung zu erzeugen"* (Cooper).

Die Begleitung und Betreuung zu Beginn des Studiums ist an anderen Universitäten besser unterstützt. Bei der medizinischen Fakultät der Universität B bspw. ist das anders geregelt. Dort gibt es so genannte *„Jahreskurs-Organisationen"*, bei denen die Studierenden von Jahreskurs zur Jahreskurs betreut werden, die vom jeweiligen Studiendekan für jedes Studienjahr (1., 2., und 3. Semester etc.) durchgeführt wird (vgl. McTravish). *„Wobei es nicht darum geht, den Leuten etwas hinterher zu tragen. Ein Student sollte sich erst einmal selber hinsetzen, und sich die Sachen ansehen und überlegen, was er will"* (Walker). Aber man muss ihm eine Rückmeldung und eine Feedback geben, ob seine Studienplanung vernünftig ist. *„Und da hab ich manchmal das Gefühl, dass wir uns ganz gerne aus der Verantwortung rausziehen so mit dem Hinweis darauf, dass in Deutschland studieren eben heißt, dass man überleben können muss. Das finde ich einfach nicht okay"* (Walker). Dies wird von einem anderen Experten/innen unterstützt: *„Bei uns sind Studierende von Anfang an selbstständig. Selbstständigkeit als etwas, was man nicht erst lernen muss. So eine Norm, die man aufrechterhalten will. Aber so geht es in der Erziehung auch nicht. Ich setze mein Kind nicht in die Ecke und sage, jetzt bist du selbstständig. Das ist ein Lernprozess"* (Burton). Und eben dieser Lernprozess fehlt bzw. wird nicht als solcher wahrgenommen, und daher nicht angemessen unterstützt.

Einige Experten/innen sind aber der Ansicht, dass man den Sozialisationsprozess, den ein Student an der Universität durchläuft, nicht einüben und nicht lehren kann (vgl. White). Studierende müssen selber lernen an der Universität zurecht zu kommen und lernen *„Student zu werden"* (vgl. White). *„Mit Leuten reden, ja, dass muss ich lernen, so einen Sozialisierungsprozess an der Uni, den muss ich natürlich durchlaufen, aber das kann ich nicht, ich sag es mal ein bisschen bösartig, das kann ich nicht lehren. So wenig wie multimediale Systeme komplizierte Probleme einfach machen können, genauso wenig kann so ein technisches System jemanden beibringen, wie man studiert"* (White).

These 33: Die Organisation der Universität gleicht einem Informationslabyrinth, in dem sich neue Studierende zurecht finden müssen. Während der Phase der Rollenentwicklung müssen die Akteure unterstützt werden, neue Rollen zu übernehmen lernen. *Je mehr die universitären Rollen die Rollenentwicklungsphase von Studierenden – vom Neuling zum Selbstorganisator – als Lernprozess unterstützen, desto erfolgreicher werden Studierende ihr Studium planen und durchführen können.*

Es ist aber nicht möglich, den Rollenübernahme-Prozess (vom Neuling zur vollständigen Mitgliedschaftsrolle Studierender) nach Instruktion (Vorschrift) zu lehren. Ein Neuling muss in der ersten Phase seiner Universitätslaufbahn die Rolle „Student" erst übernehmen lernen. Ebenso müssen auch die universitären Rollen lernen, dass die Studierenden-Rollenübernahme ein Lernprozess ist.

Wenn die Selbstorganisator-Rolle aus Sicht der universitären Rollen eine erwünschte Studierenden-Rolle ist und Studierende ´selbst-gesteuertes Lernen` lernen sollen, dann sollten – so die Experten/innen – Konzepte und Feedback-Möglichkeiten vorhanden sein, die es ermöglichen, dass Studierenden ihren Lernfortschritt einstufen können: „*Zu Höchstleistung fördern. Und fördern ist eine aktive Haltung. Und nicht nur sagen, alle sind selbstständig. Ja, nicht nur fordern, sondern fördern*" (Burton). Das bedeutet, dass selbstgesteuerte Studienorganisation Feedback und Rückmeldungen braucht (vgl. White, Miller, Walker, Burton). Walker und Burton sind der Meinung, dass Selbstorganisation und selbst-gesteuertes Lernen Lernprozesse sind, die insbesondere in den ersten zwei Semestern unterstützt werden müssen. „*In dieser Zeit täte es sehr wohl, wenn von der Fakultät aus ein Brief käme, ´Du* [der Studierende] *liegst eben nicht dort, wo du sein musst.(...) Wenn du einfach die Regelstudienzeit einhalten willst, dann hättest du folgende Klausuren schreiben müssen.´ Ich brauche also einen Kanon, was normal ist, und auch das einfordern und damit müssen die Rollen, damit müssen die Akteure zu dem Dekan auch ausgestattet werden. Im Moment sieht das Feld so aus: Wir haben im Prinzip die Akteure, aber wir haben kein Drehbuch*" (Burton).

These 34: *Wenn die Übernahme der Selbstorganisationsrolle ein Lernprozess ist, dann ist der Rollenübernahme-Lernfortschritt durch die universitären Rollen durch Feedback zu unterstützen und zu bewerten.* Rückmeldungen zum „eigenen" Lernfortschritt unterstützen die Planung und Durchführung des Studiums positiv.

Möglicherweise bewältigen dadurch mehr Studierende das Studium in ange-messener Zeit.

Diese Feedback-Mechanismen sind als Wissensaustauschprozesse in einer soziotechnischen Community relativ leicht umsetzbar. Das Fallbeispiel der Inpud-Community zeigt, dass Studierende in der Community zumindest indirekt Rück-meldungen für ihre eigene Studienorganisation erhalten (vgl. Inpudforum „*Erfolgs-faktoren und Hürden im Informatikstudium*" als auch die Anfragen im Inpudform der „*Studienberatung*"). Dies wird im folgenden Kapitel ausführlicher erläutert.

7.2.6.3. *Förderung von Anerkennung durch Community-Kultivierung*

Ein großes Problem für Studierende ist, dass sie sich die Informationen, die sie zur Studienplanung benötigen, aus verschiedenen Quellen selbst zusammen suchen müssen (vgl. Hunt).

Nicht nur jeder Fachbereich, sondern auch jeder Lehrstuhl, jedes Fachgebiet, jede der bereits mehrfach genannten universitären Rollen, bspw. Dekanat, Studienfachberater/innen, Prüfungsamt, Studierendensekretariat etc. haben eigene Websites und auch ihre eigene Logiken bei der Informationsstrukturierung. Die Wissensaufbereitung und die Wissensvermittlung sind teils sehr unterschiedlich. Im besten Fall sind die Informationen und die Informationsdarstellungen selbsterklärend und für den/die Nutzer/in schnell durchschaubar und verständlich. Im schlimmsten Fall sind die Informationen unsystematisch und die Informationsstrukturierung unübersichtlich. Hinzu kommt, dass unklar bleibt, auf welcher Webseite welche Informationen hinterlegt sind. Die Informationssuche ist somit zeitintensiv und kann zu einem frühzeitigen Abbruch der Suche führen. Neben dem Zeitaspekt ist auch die Aktualität der Informationen und die Darstellung der benötigen Informationen relevant. Dies ist bei einigen universitäre Rollen problematisch sind, bspw. sind die Angaben über die Prüfungszeiträume auf der Webseite des Prüfungsamtes im Beobachtungszeitraum oftmals veraltet gewesen.

Vor dem Hintergrund, dass der Rollenübernahme-Prozess „Student-werden" ein Lern-Prozess ist, sollte die derzeitige Informationsvermittlung an der Universität als auch die Rückmeldungen zum Rollenübernahme-Lernfortschritt der Selbstorganisatorrolle (vgl. vorheriges Kapitel) neu betrachtet werden. Es reicht nicht aus, den Studierenden alle möglichen Informationsquellen (Websites, Broschüren, Anlaufstellen) aufzuzeigen und sie mit unstrukturierten und undifferenzierten Informationen zu überladen (Information-Overload). Informationen, die Studierende erhalten, sollten kontext-orientiert strukturiert und vermittelt werden, um sie so für die Studienorganisation nutzbar zu machen.

These 35: *Für den Austausch impliziten Wissens, wie den Lernprozess der Rollenübernahme, eignet sich die Methode der Community-Kultivierung, bei denen viele Kontakte, soziale Interaktionen und gemeinsame Handlungen der am Wissensaustausch Beteiligten bedeutsam sind.* Durch das Teilnehmen an einer soziotechnischen Community wird die Rollenübernahme vom Neuling hin zum Selbstorganisator positiv unterstützt, da sie ihnen eine relativ freie Entfaltung und Weiterentwicklung ihres Rollenveränderungspotentials zulässt.

Neulinge können in ihrem Rollenübernahme-Lernprozess von erfahrenen Mitgliedern (universitäre Rollen oder erfahrende Studierende) der Organisation profitieren und unterstützt werden und erhalten so auch indirektes Feedback zu ihrer eigenen Studienorganisation.

Die Kultivierung einer Wissensaustausch-Community ist viel versprechend, wie das Fallbeispiel der Inpud-Community verdeutlicht. Die Auswertung der Nutzungsstatistiken zeigt, dass über 1.000 Studierenden das soziale Kapital der Inpud-Community bilden. Die hohen Zugriffswerte belegen eine regelmäßige Teilnahme (vgl. Kapitel 6.1.1). Das Erlernen der Rollenentwicklung vom Neuling hin zum/r studentischen Selbstorganisator/in wird durch die Inpud-Community gefördert. Dies wird mit folgendem Beispiel belegt: Auf die Frage eines Studierenden in der Inpud-Community, ob es hilfreich ist, die Folien der Mathematik-Vorlesung per Digitalkamera zu fotografieren, wurde einerseits die Idee gelobt, andererseits kritisch angemerkt, dass blindes Kopieren nur bedingt sinnvoll ist – nützlicher sei es, das Mitgeschriebene oder Abfotografierte für das eigene Verständnis aufzubereiten.[140] Mit Begriffen wie *„Zu Zeiten meiner Vorlesungsteilnahme..."* wurde gleichzeitig vermittelt, dass ein erfahrener Student die Antwort gegeben hat (vgl. These 23 zur Online Rollen-Präsenz). Die Community zur Studienorganisation ist hilfreich, da dort erfahrende und neue Studierende diskutieren und ihr Wissen austauschen.

Neben Neulingen und erfahrenen Mitgliedern ist es empfehlenswert, dass sich auch die universitären Rollen am Wissensaustausch beteiligen, um bspw. Erfahrungswissen und prozessspezifisches Wissen rollenübergreifend austauschen zu können. Dies ist in Inpud derzeit nur marginal zu beobachten.

Ein weiterer Ansatz zur Förderung des Rollenübernahme-Lernprozesses stellen Mentoring-Programme (vgl. Kategorie 7 in Kapitel 7.2.7.2) dar. Allerdings zeigen erste Erfahrungen im Kontext von Mentoren-Programme, dass sich nur wenige Studierende dafür interessieren und diese Art der Unterstützung annehmen.[141] Dies liegt möglicherweise daran, dass Mentoren-Programme offizieller als soziotechnische Communities und damit formaler sind, bei denen eine Hemmschwelle zu überwinden ist. Soziotechnische Communities haben den Vorteil, dass jeder nach Bedarf informell als Lurker „hinein schauen" kann, bevor die aktive Teilnahme entschieden wird.

Wie bereits in der o.g. These 32 (in Kapitel 7.2.6.2) festgehalten, zeichnen die universitären Hauptrollen von der Rolle Studierende/r teils unterschiedliche und teils widersprüchliche Rollen-Bilder. Einerseits werden Studierende im Verborgenen

---

[140] Quelle: Inpudforum „Erfolg im Informatikstudium", Diskussionsthread „Fotografieren statt Mitschreiben?". Verfasst vom User „Tyrfing" am 23.09.2004 um 18:31 Uhr.

[141] Vgl. „Mentoren-Programm für Studierende", WIS-Teilprojekt am FB Informatik der Uni Dortmund.

(unbewusst) in der Kunden-Rolle betrachtet, obwohl sie andererseits explizit als Mitarbeiter/innen angesehen werden. Das Bild des Kunden impliziert eine service-freundliche Kundenorientierung und das Bild des Mitarbeiters steht für ein aktives Mitarbeiten in der Organisation. Es kann angenommen werden, dass die diskrepanten Rollenbilder für einen gemeinsamen Wissensaustausch hinderlich sind, weil sie gegensätzliches, widersprüchliches Verhalten von den Studierenden erwarten. Dies ist möglicherweise der Grund dafür, warum Studierende am offiziellen Wissensaustausch der Hauptrollen nicht beteiligt werden (vgl. Wissensfluss 1).

Problematisch ist auch, dass die Rollenbilder „Kunde" und „Mitarbeitender" von den beteiligten Rollen an der Universität A derzeit eher statisch verstanden werden. Der Mitarbeitende kann durchaus in bestimmtem Ausmaß als Kunde betrachtet werden, aber er darf sich nicht gänzlich auf dieses Bild zurückziehen können. Die Rollenbilder sind nicht dichotom (schwarz oder weiß) und nicht statisch, sondern sind eher vielfältig ausgeprägt und dynamisch veränderbar.

Die o.g. unterschiedlichen Rollenbilder blockieren eine gemeinsame Vernetzung und eine Entwicklung hin zu einer gemeinsamen Wissensaustausch-Community. Falls die Studierenden ernsthaft als Mitarbeiter betrachtet werden, müssten sie auch bei der Kultivierung einer gemeinsamen rollenübergreifenden Wissensaustausch-Community vertreten sein und daran mitwirken können. Studierende können dann nicht darauf reduziert werden, lediglich Informationen abrufen und empfangen zu dürfen. „*Je nachdem wie die Systemgrenzen gezogen werden, hat es Einflüsse auf die soziotechnische Gestaltung und Vernetzung*" (Cooper).

Ein Wissensaustausch darf nicht nur solche Rollen involvieren, die als pure „Empfänger-von-Informationen" verstanden werden. Für das technische System bedeutet es bspw. Lese- sowie Schreibrechte zu ermöglichen. Für das sozio-technische System bedeutet es, einen Wissensaustausch zu kultivieren, in dem alle **Rollen gleichermaßen als Wissensvermittler wertgeschätzt** werden. Ebenso ist auch das Wissen von Studierenden als wertvoll zu erachten und dementsprechend sind die beteiligten Rollen mit Zugriffsrechten im technischen System auszustatten (vgl. These 4, Studierende als Wissensvermittler)

These 36: *Je weniger die technischen Zugriffsrechte im Verhältnis zur Rollenkomplexität ausdifferenziert sind, desto mehr wird die gegenseitige Anerkennung der Rolleninhaber/innen gefördert.* Eine gegenseitige Anerkennung fördert den Aufbau sozialer Nähe und somit einen gemeinsamen Wissensaustausch positiv. Die Aktivierung von Rollenveränderungen wird je nach technischer Gestaltung der

Zugriffsrechte positiv oder negativ beeinflusst. Das Aufbrechen von antiquierten Rollenstrukturen ist durch die flexible Gestaltung technischer Zugriffsrechte möglich.

Eine Wissensaustausch-Community ist nur dann erfolgreich ist, wenn die potentiell verschiedenen Rollenbilder und Diskrepanzen thematisiert und expliziert werden, und wenn die Beteiligten in der Lage sind, ihre internalisierten Rollen zu reflektieren und ggf. zu ändern. Allerdings wäre noch zu klären, wie und in welchem Maße eine Explizierung erfolgen sollte, um eine dynamische Rollenentwicklung und einen Wissensaustausch nicht zu blockieren (*neue Forschungsfrage*).

Hierbei ist auch zu berücksichtigen, dass Studierenden neben ihrer Rolle Studierende/r und die damit verbundenen Herausforderungen, die studentische Rollenübernahme zu lernen, auch außerhalb der Universität neue Rollen übernehmen lernen. Junge Studierende, die gerade ihr Abitur absolviert haben, stehen in der Regel vor beruflicher Ausrichtung. Sie haben in dieser Zeit nicht nur eine neue Rolle zu lernen, sondern mehrere – bspw. sind typische Erstsemester/innen erst vor kurzem volljährig geworden, möglicherweise sind sie ausgezogen, in eine andere Universitätsstadt, sie haben einen Nebenjob begonnen, etc. Eine Neuorientierung ist also nicht nur auf die Studierenden-Rolle zu beziehen, denn Studierende befinden sich zu diesem Zeitpunkt auf vielen Ebenen in einer neuen Lebensphase, in der sie neue Rollen übernehmen lernen müssen (Bereiche sind bspw. neue Zukunfts- und Berufsorientierung, Selbstverantwortung in Bezug auf Finanzen, potentiell geänderter Lebensstil etc.). Die Erwartungsbrüche an der Universität sind für ein Erlernen der Rollenübernahmen also eher kontraproduktiv, weil sie die Rollen-Konfusion unterstützen anstatt sie zu klären.

7.2.6.4. *Informationslabyrinth Uni: rollengerechte Kontextualisierung*

Ein großes Problem an den drei befragten Universitäten ist, dass die Informationen zu sehr verteilt sind und Studierende wie auch Angestellte einen großen Aufwand bei der Auffindung von Informationen haben. Dies betont insbesondere Hunt. Dies liegt vermutlich daran, dass die Organisationsstrukturen der Universität unübersichtlich sind. Diese nicht-erkennbare Strukturierung ist oftmals auch innerhalb der Fachbereiche problematisch.

Wie bereits oben angedeutet, müssen nicht nur die Erwartungen und das Rollen-Verständnis der offiziellen Hauptrollen an der Universität hinterfragt werden.

Studierende müssen auch bereit sein, neue Verhaltensweisen bspw. Selbststeuerung und Selbstorganisation zu lernen. Sie müssen lernen, aktiv und selbstständig zu werden und auf die anderen Rollen zu zugehen. *„Es kann nicht sein, dass der Studienberater durch die Lande zieht: 'Ich bin Studienberater, bitte frag mich was'. Wenn ein Student im Hauptstudium nicht weiß, dass es Studienberater gibt, und dass man die anrufen oder e-mailen oder in Inpud fragen kann, das ist auch Sache der Informationssucher. Das ist nicht nur Sache der Informationsanbieter"* (White). White spricht hier die Hol- und Bringschuld an (vgl. Kapitel 7.2.8).

Im Unterschied zu den anderen Experten/innen ist White der Meinung, dass alle wesentlichen Informationen in einem Dokument für die Studierenden zur Verfügung stehen. Es ist die Diplomprüfungsordnung (DPO). *„Um es auf möglichst wenig zu reduzieren: alles steht in der Prüfungsordnung, das heißt, wenn einer die Prüfungsordnung lesen kann oder könnte"*. Diese ist im Dekanat erhältlich, steht in der Universitätsbibliothek, kann in der Vervielfältigungsstelle der Universität gekauft werden, wird auf Anfrage in ausgedruckter Form oder per E-Mail zu gesendet oder kann online auf den Webseiten des Dekanats abgerufen werden. Das Problem ist jedoch, dass die DPO in einer Form von *verwaltungsrechtlicher* Sprache mit vielen Fachbegriffen geschrieben und oftmals für neue Studierende nicht verständlich ist. Daher gibt es in vielen Fachbereichen so genannten DPO-Kommentare (*„Studienführer"*). Diese sind hilfreich, da sie eine Art der Übersetzung der DPO darstellen (vgl. White; Miller). Zur Allgemeinorientierung kann sich ein/e Studierende/r das kommentierte Vorlesungsverzeichnis ansehen. Dies wird in den Dekanaten der jeweiligen Fachbereiche regelmäßig aus der Beschreibungen der Lehrenden erstellt. Dort sind in der Regel Zusatzinformationen zu den Lehrveranstaltungen vorhanden, die nicht im allgemeinen Vorlesungsverzeichnis stehen. *„Zeitweise war da auch ein beispielhafter Studienverlauf drin, wie man sich selber das Studium organisieren kann. Teilweise gibt es Informationen zu Prüfungsgebieten, die Prüfer, die Sprechstunden der Hochschullehrer und der Studienberater, E-Mailadressen Telefon, alle die uns jemals eingefallen sind, die da ggf. befragt werden könnten oder sollten"* (White).

Obwohl aus Sicht White's alle wesentlichen Informationen vorhanden sind, empfinden viele neue Studierende die Informationen an der Universität als unübersichtlich und finden sich an der Universität nicht zurecht. Diese Unübersichtlichkeit ist oftmals auch an den Fachereichen vorhanden. Daher kontaktieren die Studierenden viele Personen teils in gleichen teils in unterschiedlichen Rollen per

E-Mail mit ein und derselben Frage. Dies tun sie, weil sie nicht wissen, wer der/die richtige Ansprechpartner/in ist und wer die Informationen, die sie benötigen, hat.

Studierende sehen – im Gegensatz zu White – sehr wohl Informationsdefizite: *„Mir fehlte die Information, dass man mehr machen kann, als sich nur am Musterstudienplan zu halten. Ich wusste nicht, dass man mehr Veranstaltungen machen kann, als es in der DPO angegeben wird. Im ersten Semester wäre ich nicht auf die Idee gekommen, irgendwas anders oder mehr Veranstaltungen zu machen, als angegeben oder etwas vorzuziehen, und das hab ich mir dann im 2. Semester überlegt und hab es dann gemacht" (Miller).* Dies zeigt deutlich, dass es bezogen auf die Studienorganisation, bspw. die Erstellung eines Semesterplans, Informationsdefizite gibt.

Burton bestätigt dies kritisch*: „Es gibt ja diese Vertreter die sagen, der Vorteil der deutschen Hochschullandschaft ist, weil es ein Labyrinth ist, wo ich mich durchwurschteln muss".* Studierende fühlen sich bei der Informationsbeschaffung häufig überfordert, weil sie die Universität eher als Informations-Labyrinth wahrnehmen. Dagegen sind die universitären Rollen der Meinung, dass alle Informationen vorhanden sind und jede/r Studierende/r alle Informationen, die sie benötigen, finden könnten. Daher behaupten sie, dass sich Studierende aktiver und selbst mehr „kümmern" sollten. Jedoch sind Studierende der Meinung, dass die universitären Hauptrollen die benötigen Informationen mehr strukturieren und kontextualisieren sollten.

Problematisch an diesen Sichtweisen sind die unterschiedlichen, teils gegensätzlichen Rollen-Erwartungen, die vorhanden sind, weil sie einen gemeinsamen Wissensaustausch verhindern anstatt zu fördern. Eine mögliche Lösung ist eine Community-Kultivierung, die im nachfolgenden Kapitel erläutert wird. Dennoch ist in einer weiteren Untersuchung zu klären, wie stark verteilte Informationen in Organisationen so strukturiert werden können, dass sie jede/r Nutzer/in (Neuling aber auch erfahrendes Mitglied) leicht finden kann *(neue Forschungsfrage).*

7.2.6.5. *Rollenbedarfsgerechte Informationen (Community)*

Neben den unterschiedlichen Rollenbildern, die während und nach den Einführungsveranstaltungen zu beobachten sind, zeigt sich, dass weitere Rollenbilder im Verlauf des Studiums auftreten und teils diskrepant sind.

Diese werden im Folgenden aufgeführt. White bspw. erwartet von den Studierenden ein ganz anderes Verhalten und eine andere Einstellung von Studierenden, als sie es aktuell tatsächlich tun: *„Jaaaaa, er, der Student, will lieber bei der alten DPO bleiben, weil er dann weniger Prüfungen machen muss. Ich sagte: Ich weiß nicht, ob das der richtige Ansatz ist, wenn Sie eine Entscheidung über eine Prüfungsordnung machen. Und er sagte: Ich hab schon im Vordiplom Probleme gehabt´. Aber ich weiß nicht, ob ihm das hilft, wenn man ihm hilft, billiger durch das Studium zu kommen. Die Probleme, die er im Vordiplom hatte, wird er wohl auch bei der Diplomarbeit haben. Und die Vorlesung, die er jetzt weniger besuchen muss, ich bin mir nicht sicher, ob es ihm irgendwas im Leben nützt. Und ob wir den wirklich als Diplom-Absolvent wollen?"* (White).

Auch in dieser Aussage zeigt sich einmal mehr, dass Studierende und die universitären Hauptrollen unterschiedliche Erwartungen an die Rolle der Studierenden haben. **Das Rollenbild zur Studierendenrolle ist aus der Perspektive der universitären Rollen eine andere als die Perspektive der Studierenden auf sich selber.** Dagegen ist White der Meinung, dass der bisherige Wissensaustausch zur Studienorganisation und die damit verbundene Kooperation der Rollen gut ist. Diese/r Experte/in ist der Ansicht, es gäbe nichts zu verbessern, vielmehr sollten sich Studierende mehr um ihre Studienplanung kümmern (vgl. White): *„Beleg es mir, gib mir irgendeinen harten Fakt, nicht nur es könnte sein.* (Der/die Experte/in wird lauter.) *Das glaube ich ohne weiteres, alles kööönnte sein, die Inhalte des Studiums, es könnten die schrecklichen Dozenten sein. Es könnte das schreckliche Informationsangebot sein. Beleg es mir. Jeder der sich das Heft des Studienführers in die Hand nimmt. Wenn es nicht jeder macht? Ja, dann machen wir eine Zwangslesestunde zu Beginn der O-Phase, alles andere ist doch nicht machbar! Was denn sonst noch?"* (White). Und er/sie sagt weiter: *„Die Frage ist, wo sind die Defizite? Wo stellt man Defizite fest? Wenn wir meinen, dass keiner schneller studiert, wenn die Informationen besser aufbereitet wären, dann sind die Informationen derzeit gut aufbereitet. Punkt!"* (White). Dies wird auch vom Studierenden Miller unterstützt: *„Wenn ich merke, ich weiß als Student gar nichts, dann muss ich einfach nur einmal Hilfe schreien. Es gibt dann genug Stellen, die einem den Flyer in die Hand drücken würden. (...) wenn man zur Fachschaft geht, dann sowieso. Und in dem Flyer steht das alles drin. Oder über die Fachschaftshomepage. Das Problem ist eher, dass die Leute so was nicht lesen"* (Miller).

Whites Meinung zeigt deutlich, dass auch die Rolle der Studierenden kritisch betrachtet werden muss. Studierende können mittels Internet auf sehr viele Informationen zugreifen. Problematisch ist eher, dass die Experten und Expertinnen den Eindruck haben, dass die Studierenden die vorhandenen Informationen nicht zur Kenntnis nehmen und nicht beherzigen. Dies liegt möglicherweise daran, dass viele Studierende selbst nicht bemerken, dass ihnen Informationen und Wissen fehlen. In einer weiteren Untersuchung wäre zu klären, wie und in welchem Maße Studierende unterstützt werden können, um das Nicht-Wissen transparent zu machen (*neue Forschungsfrage*). Möglicherweise könnten sie mittels Push-Funktion, darauf gestoßen werden. Wie dies genau auszusehen hat und wäre in einer weiteren Forschungsarbeit zu untersuchen.

Bestätigt wird das durch Miller: *„In dem Moment, wo man weiß, dass man an die Uni gehen möchte, sucht man sich automatisch Informationen. Heutzutage in der Regel über das Internet. Und wenn man auf die Uni-Homepage geht, und die findet man auf jeden Fall, da findet man eine Seite von der Studienberatung und da findet man auch, so denke ich, die Informationen, wo man zur Einschreibung hin muss. So was findet man eigentlich schon. Aber das ist vielleicht ein wenig versteckter. Genauso versteckt ist die Info, dass es einen Reader von der ASTA gibt. Diese Informationen kriegt man erst mit, wenn man hier, an der Uni ist, und nicht im Vorfeld. Da muss man schon tief suchen, wenn man das im Vorfeld haben will. In dem Reader steht alles drin. Ich glaube eher, dass die Leute hier hin kommen weil sie keine Lust haben, sich den Reader durchzulesen. Dass man gar nichts weiß, ist komisch, da hat man mit niemand geredet"* (Miller). Und White sagt dazu: *„Wir sehen es nach wie vor, dass viele überfordert sind, sich selbst an den Hammelbeinen zu packen, und zu sagen, sie machen das"* (White).

Dies spiegelt sich auch bei Smith wieder. Er/sie ist frustriert, dass die Fachschaftsarbeit nur von wenigen Studierenden getragen wird, und der Wissensaustausch zur Studienorganisation daran scheitert, dass es zu wenig aktive Beteiligte gibt. *„Man kriegt die Leute nicht dazu, dass sie was tun!!!! Man kriegt die Leute nicht dazu, dass sie es lesen. Man kriegt die Leute nicht dazu, dass sie antworten. (...) Weil ich auch den Eindruck habe, dass inzwischen viele ziemlich bequem geworden sind und lieber noch mal die Frage selber ins Forum posten statt mal dreimal das Archiv zu durchsuchen. Ich habe den Eindruck, die Leute lesen nicht mehr"* (Smith). Die Frage, die sich hier aufdrängt ist, warum die Informationen nicht gelesen werden bzw. warum die Experten/innen den Eindruck haben, dass diese nicht gelesen werden. Es kann hier vermutet werden, dass es am Information-Overload liegt und Studien-Neulingen schnell und frustriert im Informations-Dschungel aufgeben.

Teilweise werden bei der Vielzahl der Informationen auch falsche und widersprüchliche Informationen vermittelt. So schrieb ein Studien-Neuling per E-Mail an die Studienfachberatung (am 10.11.2004), dass die zentrale Studienberatung ihm mitgeteilt habe, er würde vom Fachbereich, in dem er eingeschrieben ist, alle weiteren Informationen wie den Semester-Stundenplan etc. per Post erhalten. Das ist aber an dem Fachbereich, an dem er eingeschrieben ist, nicht üblich. Eine verbesserte Kooperation zwischen den Beratern/innen der zentralen Studienberatung und der Studienfachberatung wäre in diesem Fall nützlich.

Neben der Vielzahl von Informationen an einer Universität fehlt häufig auch eine kontext-orientierte bzw. kontextualisierte Struktur. Oftmals werden die Informationen nach Rollen und Subsystemen strukturiert aufbereitet und nicht nach Studienverlaufsprozessen aus Sicht von Studierenden.

Zusammenfassend ist festzuhalten, dass sich die Rolleninhaber/innen verschiedener Rollen untereinander Fehlverhalten zuschreiben ohne ihre eigene Rolle, und damit ihr eigenes Verhalten und ihre Erwartungen kritisch zu reflektieren. Es bestehen diskrepante Selbstbilder und Fremdbilder bzgl. der Hauptrollen und der Studierenden-Rolle. Mit den diskrepanten Selbst- und Fremdrollenbildern zur Studierenden-Rolle gehen zu viele nicht-kontextualisierte Informationen einher, die die Rolleninhaber/innen mehr verwirren, anstatt sie in ihrer Studienorganisation zu unterstützen. D.h., dass das Informationsangebot zur Studienorganisation derzeit nicht an der Zielgruppen-Rolle (der Studierende) ausgerichtet ist.

Auf den Webseiten der Inpud-Community (vgl. Kap. 6.1.1) sind eine Vielzahl von Informationen in einfacher Form grafisch strukturiert und kontextualisiert aufbereitet. Der Studienverlauf, der durch die Diplom-Prüfungsordnung relativ gut vorgegeben ist, wird dort nach ersten, zweiten, dritten und vierten Semester in tabellarischer Form übersichtlich aufgelistet und per webbasierten Internet-Verknüpfungen (URL/Hyperlinks) mit den jeweiligen Inhalten der Veranstaltung verbunden. D.h. die Akteure erhalten schnell und einfach die jeweilige Lehrveranstaltung mit den relevanten Informationen, wie Zeit und Ort sowie die Kontaktdaten zum Dozenten als auch einen direkten Zugang (webbasierte Verknüpfung) zum Diskussionsforum, in dem Studierende nicht nur Informationen abrufen, sondern auch selbst Fragen und Informationen einstellen können. Auf diese Art wird der Wissensaustausch, der teilweise durch die Webforen technisch-vermittelt ist, mit den studienorganisatorischen Aufgaben von Studierenden (Semesterplanung etc.) verwoben.

These 37: *Je mehr der gemeinsame Wissensaustausch (Webforen) zur Studien-organisation mit studienorganisatorischen Aufgaben (Semesterplanung, Übungs-gruppen-Zettel bearbeiten) verwoben ist, desto erfolgreicher ist eine Community-Kultivierung.*

Das Argument von White und Miller, die sagen, *„Studierende lesen die Informationen nicht"* wird auch mit folgendem Beispiel entkräftet. Im Inpudforum liest und antwortet eine hohe Anzahl von Studierenden. Fast 50% aller Studierenden im Grundstudium des Fachbereiches Informatik der Universität A agieren regelmäßig (vgl. Inpud-Nutzungsentwicklung in Kapitel 6.1.1). Dies kann damit erklärt werden, dass die Informationen und der Wissensaustausch in Inpud zentralisiert, d.h. an einer einzigen Stelle abrufbar sind, und dass dort diskutiert werden kann. Informationen und Diskussionen sind miteinander verknüpft. So können bspw. falsche Informationen relativ schnell richtig gestellt werden.

Studierende haben hier die Möglichkeit, sich einfach und ohne großen Aufwand am Wissensaustausch zu beteiligen, ihr Wissen anderen zu vermitteln und ihre eigene Meinung kund zu tun. Vor allem aber finden sie hier Gehör und ihre Meinung wird wertgeschätzt, d.h. ihre Meinung ist wichtig. Sie erkennen sich gegenseitig an, was in einigen politischen Gremien, bspw. im Fachbereichsrat oder auch in Vorlesungen nicht immer der Fall ist.

In der Inpud-Community gibt es einige Diskussionen, bei denen man beobachten kann, wie sich Studierende gegenseitig kontextualisierte Hinweise geben, welche Informationen relevant sind. Bei einer Vielzahl der Diskussionen in Inpud werden auch webbasierte Verknüpfungen (URL-/Hyperlinks) zu anderen Webseiten genannt. Bspw. fragte der Akteur namens „B-Power"(am 08.10.2004, 16:04 Uhr)[142]: *„Wann fangen denn die Vorlesungen nächste Woche offiziell an? Weil, morgens ist ja diese Begrüßung, usw. Ist dann überhaupt am Montag was? Und wo kann ich die Anfangstermine für die einzelnen Lesungen erfahren?".* Daraufhin meldeten sich nach und nach mehrere Studierende, die auf die Vorlesungen namens „DAP1" (Datenstrukturen, Algorithmen und Programmierung - Teil 1)", „RS" (Rechnerstrukturen) und „Mathe" hinwiesen und die jeweiligen Webseiten aufführten. Später folgten Webseiten-Hyperlinks zum Nebenfach der Wirtschafts- und Sozialwissenschaften. Die Beantwortung von Fragen in Kombination mit der

---

[142] Quelle: Inpudforum namens „Studienberatung" - Topic „Blöde Frage: wann geht es denn los?"

Auflistung von Webseiten-Hyperlinks ist in Inpud nichts Ungewöhnliches. Dies sind Anzeichen für kontextualisierte Strukturen.

These 38: *Eine soziotechnische Community in einer Organisation unterstützt das Bereitstellen und Vermitteln von kontextualisierten und rollenbedarfsgerechten Informationen in positivem Maße.* Der Informations-Dschungel in einer Organisation kann durch eine Community-Kultivierung entwirrt werden, da situations- bzw. kontextabhängig und je nach Bedarf auf eine Frage eine Antwort oder ein Kommentar erfolgen kann, die nicht nur von wenigen, sondern von einer Vielzahl „wissenden Personen" erfolgen kann.

Dass Studierende nicht lesen wollen oder sich aus der Sicht der anderen Rollen nicht angemessen beteiligen, liegt eher daran, dass ihnen eine Beteiligung oftmals erschwert wird und die Planung des eigenen Studiums durch eine unstrukturierte, nicht-kontext-orientierte Darstellung der Vielzahl von Informationen undurchsichtig wird. Eine Community kann Abhilfe schaffen. Mit der Kultivierung einer Community geht auch die positive Aktivierung des Veränderungspotentials von Rollen einher, da sie von Gleichgesinnten lernen können. Dies wiederum kann positive Auswirkungen auf die gesamte Organisation haben und zu innovativen Veränderungen führen.

7.2.6.6. Rollen-Differenzierung: Differenzierung von Wissensbedarfen

Am Beispiel der Rolle Studierende wird im Folgenden beschrieben, was unter Rollen-Differenzierung zu verstehen ist. Zusammengefasst bedeutet es, dass eine Rolle mehrere *Subrollen* beinhalten kann.

Studierende werden auf ihre Rolle bezogen oftmals gleichgesetzt, d.h. sie werden nur in einer Rolle wahrgenommen. Die empirischen Daten weisen jedoch daraufhin, dass die Rolle Studierender differenziert, d.h. in Subrollen zu betrachten sind. Studierende sind zunächst Studien-Neulinge. Im Laufe der ersten drei Semester, wenn der Rollenübernahme-Prozess erfolgreich verläuft, wechseln sie die Rollen vom Neuling zur Studierenden-Rolle. Kurz vor dem Diplom könnte man sie als Pre-graduate-Studierende bezeichnen. Auf der Zeitschiene betrachtet gibt es unterschiedliche Studienphasen sowie damit verbundene unterschiedliche Subrollen.

Die Differenzierung und Betrachtung der Subrollen ist notwendig, da jeweils andere Verhaltensweisen und Erwartungen an die Rollen geknüpft werden. So werden an einen Neuling von seitens der Studienfachberatung andere Verhaltenserwartungen gestellt als an einen Studierenden im fünften Semester im Hauptstudium. Den Neulingen wird im Vergleich zu Studierenden im Hauptstudium weniger Wissen zum Studienablauf zugestanden, die mit anderen erwarteten Verhaltensweisen verbunden sind. An einen Studierenden, der bereits seine Diplomarbeit schreibt, erwarten die universitären Rollen wiederum anderes (Prozess- und Fach-) Wissen.

McTravish weist zudem auf die Rolle *Studien-Interessierte* hin. Hierunter werden in der Regel Schüler/innen der gymnasialen Oberstufe verstanden. Die zentrale Studienberatung ist auf Gymnasiasten-Veranstaltungen präsent, bspw. den *„Hammer Hochschultagen"*: Dies ist eine Veranstaltung aller Schulen in Hamm, die Universitäten und Fachbereiche einladen, um den Schüler/innen ausgewählte Studiengänge vorzustellen. Vor dem Hintergrund des lebenslangen Lernens werden neuerdings auch Berufstätige mit Interesse an Aufbaustudiengängen sowie Nichtberufstätigen und Rentner/innen verstärkt beworben. Das bedeutet auch, dass die Rolle der Studien-Interessierten differenziert zu betrachten ist. Es gibt Schüler, die sich für ein Erststudium bewerben, und es gibt Berufstätige, die sich für Aufbau- bzw. Zusatzstudiengängen interessieren (bspw. an der Ruhr-Universität Bochum *„Master of organizational Management"* und an Universität Dortmund der Aufbaustudiengang der *„Organisationspsychologie"*). Beide Rollen umfassen Studieninteressierte, jedoch schreibt man den Erststudien-Interessierten anderes Wissen und andere Verhaltensweisen zu als den Zweitstudien-Interessierten. Es werden unterschiedliche Verhaltens-Erwartungen erwartet. Auf den ersten Blick sind es gleiche Rollen, bei näherem Hinsehen unterschiedliche Rollen. An diesem Beispiel wird auch deutlich, dass, mit **unterschiedlichen Rollen-Erwartungen die Zuschreibung von unterschiedlichen Wissensbedarfe einhergehen.**

Zusammengefasst ist festzuhalten, dass es verschiedene Studierenden-Rollen gibt: Studien-Interessierte, Neulinge, Studierende, Diplomand/in etc., die sich in verschiedenen Studienphasen widerspiegeln. Allerdings gibt es Differenzierungen innerhalb dieser Kategorien, die sich bspw. an den Erfahrungen dieser festmachen lässt. So gibt es Erststudien-Neulinge, Zweitstudien- oder Master-Neulinge, Berufstätige, ´Studierende-Rentner/innen` (vgl. bspw. Angebot der Universität Wuppertal) etc. Außerdem kommt es noch durch das unterschiedliche Engagement der Studierenden zu verschiedenen differenzierten Rollen: Fachschaftsmitglied,

Tutor/in, AStA-Mitarbeiter/in[143] etc. Obwohl es unterschiedliche Anforderungen und Verhaltenserwartungen in Abhängigkeit von den Studienphasen in einem Studium und den (Vor-)Erfahrungen von Studierenden gibt, wird die Rolle Studierender in der Regel nicht differenziert genug betrachtet.

These 39: *Mit der Differenzierung von Rollen in Subrollen geht die Differenzierung von Erwartungen und Differenzierung von Wissensbedarfen einher, die einen rollenbedarfsgerechten und kontextorientierten Wissensaustausch fördern.* Durch die verallgemeinerte und nicht-differenzierte Betrachtung der Studierenden-Rolle bleiben die Subrollen und die damit verbundenen Verhaltenserwartungen im Verborgenen.

7.2.7. Kategorie 7: Neue Rollen und neue Aufgaben

Die Kategorie 7 erläutert die empirischen Ergebnisse zu neuen Rollen und neuen Aufgaben.

7.2.7.1. Präventive anstatt reaktive Aufgabenzuweisung

Auf die Frage, welches die hauptsächlichen Aufgaben der Universität im Kontext der Studienorganisation sind, geben die Experten/innen an, dass das wichtigste sei, die Studierenden darüber aufzuklären, wie das Studium funktioniert, welches sinnvolle Abfolgen und Reihenfolgen von Vorlesungen sind und welche Fachgebiete es innerhalb des Fachbereiches gibt, d.h. was inhaltlich für ein Studium ausgewählt werden kann. *„Ich glaube, das ist das wichtigste überhaupt"* (Hunt).

Wenn eine Universität einen neuen Studiengang anbietet oder ein Fachbereich die Inhalte seines Studiengangs erheblich verändert, müssen diese Änderungen für Studierende erklärt bzw. sichtbar werden. Allerdings, und das ist ein Problem, wird über Änderungen von Studiengängen nicht an jedem Fachbereich angemessen beraten. Das Beispiel zur *Änderung der Prüfungsordnung für das Hauptstudium* soll dies verdeutlichen: Hunt beschreibt die Einführung der neuen Diplomprüfungsordnung (DPO) am Fachbereich Informatik. Dies hatte insbesondere Auswirkungen

---

[143] Der „Allgemeine Studierendenausschuss" (AStA) bezeichnet die hochschulweite Interessensvertretung der Studierenden an einer Uni, der vom Studierendenparlament gewählt wird. Hauptaufgabe ist die hochschulpolitische Vertretung der Studierenden gegenüber der Hochschule, dem Land und der Öffentlichkeit.

auf das „neu zu gestaltende" Hauptstudium, da die Studierenden Vertiefungsgebiete und Schwerpunkte wählen mussten, die vorher nicht vorhanden waren. Die Prüfungsordnung war bereits lange Zeit verabschiedet, aber erst einige Wochen, kurz vor Vorlesungsbeginn des neuen Hauptstudiums wurden die konkreten Hauptstudiums-Veranstaltungen den jeweiligen Schwerpunkten zu geordnet. Keine Person innerhalb des Fachbereiches hatte den Überblick, was nun in welcher Form für die Studierenden wie studierbar war. Nachdem mehrere Anfragen seitens der Studierenden und der Fachschaft erfolgten, wurde eine Einführungsveranstaltung mit den Professoren aus den Schwerpunkten kurz vor Beginn des Hauptstudiums durchgeführt, die allerdings sehr abstrakt und wenig konkret war. Die Konkretisierung, wie Studierende welche Veranstaltungen auswählen mussten, um im Vertiefungsgebiet x oder y zu studieren, blieb weiterhin ungeklärt.

An diesem Beispiel wird ersichtlich, dass der neue Studiengang zwar auf dem Papier, aber nicht in der Umsetzung vorhanden war. Sinnvolle Abfolgen und Reihenfolgen von Vorlesungen konnten nicht vermittelt werden, weil es die Veranstaltungen zu diesem Zeitpunkt noch gar nicht gab. In diesem Beispiel wird deutlich, dass keine Rolle den neuen Studiengang, die neuen Inhalte und den Aufbau dessen koordiniert hatte. Und anscheinend hatte sich auch keiner dafür interessiert.

Die empirischen Ergebnisse zeigen, dass in der Universität die Zuordnung von neuentstandenen Aufgaben an eine oder mehrere Rollen nicht immer vollzogen wird. Die Aufgaben wurden weder aktiv zugewiesen noch wurden sie passiv übernommen. Erfolgt keine Aufgabenzuweisung an eine Rolle, besteht die Möglichkeit, dass sich keine Rollenträger/innen für die neuen Aufgaben zuständig fühlen. Die Aufgaben bleiben (ganz oder teils) unerledigt. Dies kann sich auf die Studienplanung von Studierenden negativ auswirken, bspw. wenn sie die neuen Vertiefungsgebiete auswählen müssen, aber dies nicht können, weil keine Zuordnung der Lehrveranstaltungen zu den Vertiefungsgebieten erfolgte

These 40: *Eine präventive Zuweisung von (neu-enstandenen) Aufgaben lässt – im Gegensatz zu einer reaktiven Zuweisung – erst gar keine Wissensaustauschlücke entstehen und der Wissensfluss wird nicht gestört.* Vorsorglich könnte eine verantwortliche Rolle und die dazu gehörige Rolleninhaber/innen benannt werden, die die zukünftigen Aufgaben erfüllen können.

Als Konsequenz für soziotechnische Wissensaustauschprozesse ist abzuleiten, dass neue Aufgaben, die durch veränderte Rahmenbedingungen entstehen, präventiv an

Rollen zugewiesen werden sollten. Beim Entstehen neuer Rahmenbedingungen sollte direkt mitbedacht werden, welche Rolle(n) die Aufgaben zu erledigen hat (haben). Erfolgt keine Zuweisung, könnte es dazu führen, dass die Aufgaben nicht erfüllt werden. Die Aufgaben-Zuweisung kann auf unterschiedliche Weise geschehen, bspw. kann im Diskussionsprozess ausgehandelt werden, welche Rolle am ehesten geeignet ist. Bei komplexen Aufgabenfeldern sind ggf. mehrere Rollen zu involvieren.

Die Beispiele gehen davon aus, dass neue Aufgaben *zugewiesen* werden müssen. Dies ist jedoch nicht immer der Fall. Möglicherweise werden einige neue Aufgaben von bestehenden Rollen freiwillig übernommen, weil sie bspw. deren Wichtigkeit erkennen, Engagement zeigen und es zu ihren Kernaufgaben machen. In einer weiteren Untersuchung wäre zu klären, welche Unterstützung eine Community bieten kann, um eine freiwillige Aufgabenübernahme von Rollen positiv zu beeinflussen (*neue Forschungsfrage*).

Einige Experten/innen sehen bei neuen Aufgaben vor allem die Studienfachberater/innen der jeweiligen Fachbereiche in einer stärkeren Verantwortung. Sie sollten die geänderten Rahmenbedingungen kommunizieren und die Aufgabe übernehmen, den Studienverlauf mehr planbar zu machen als bisher und sie sollten sich auch um solche neuen Aufgaben kümmern, die nicht aktiv an sie zugewiesen wurden (vgl. Experte Burton). Burton fordert, dass die Studienorganisation stärker zu institutionalisieren sei, und dass die o.g. Aufgaben explizit als Aufgabe der Studienfachberatung institutionalisiert werden. Allerdings ist Experte Walker der Meinung, dass zwar die Hauptverantwortlichkeit bei der Studienfachberatung liegt, sie aber nicht alleine diese Aufgaben ausführen können. Vielmehr sollte jede/r Lehrende mithelfen und bspw. in seinen Lehrveranstaltungen auf Einführungsveranstaltungen verweisen. Die Aufgaben „*kann man nicht einer einzelnen Person aufs Auge drücken, sondern es müsste in den Vorlesungsbetrieb integriert werden, so dass es als was ganz Normales stattfindet*" (Walker).

Eine Verantwortung auf viele Personen in verschiedenen Rollen zu verteilen ist im Idealfall wünschenswert. Jedoch zeigen sozialpsychologischen Studien, dass eine Verantwortung von vielen bedeutet, dass ggf. keiner Verantwortung übernimmt.[144] Die Verantwortung wird den jeweils anderen zugewiesen. Es wird erwartet, dass

---

[144] Daley & Latane (1968, nach Herkner 1991, S. 427) zeigten, dass die Wahrscheinlichkeit von Hilfeleistungen mit der Zahl der anwesenden Personen abnimmt.

die anderen helfend eingreifen. Allerdings kann mittels Empathie, also das Einfühlen und Hineinversetzen in die andere Person, die Motivation zur Hilfeleistung und Verantwortungsübernahme gesteigert werden (vgl. Coke, Bateson & McDavis 1978, nach Herkner 1991, S. 428). Es ist demnach sinnvoll, eine hauptverantwortliche Rolle zu benennen, die andere Rollen beauftragen kann. Im o.g. Beispiel hätten dann die Studienfachberater/innen die Verantwortung und ziehen die Dozenten für eine Verteilung der Information in speziellen Fällen hinzu. Experte Walker wollte mit seiner Aussage insbesondere darauf hinweisen, dass sich Dozenten/innen, wenn sie von der Studienfachberatung angesprochen werden, ihrer Verantwortung bewusst sein sollten, dass sie eine wichtige Multiplikator-Rolle darstellen und ihre zugewiesenen Aufgaben ernsthaft ausführen sollten.

7.2.7.2. Neue Rollen: Aushandlung von Rollen-Ressourcen

Neue Rollen in Organisationen entstehen insbesondere durch neue Aufgaben, die keine der vorhandenen Rollen übernommen hat, bspw. weil es vielfältige bzw. komplexe Aufgabenbereiche umfasst. Die Universität und die Fachbereiche führen dann neue Rollen ein, wenn bspw. neue komplexe Aufgaben zu erfüllen sind, die bisher keiner Rolle zugewiesen sind, und die so komplex sind, dass sie eine neue Rolle erforderlich machen. Beispiele hierfür sind: Der Fachbereich erzeugt die neue Rolle „Ausländerbeauftragte"; die Studienfachberatung der Informatik erzeugt die neue Rolle „Studienkoordinationsbeauftragte".

Hierbei konnten zwei Probleme identifiziert werden. Zum einen muss die Rolle von einer Person übernommen werden und dies ist je nach Attraktivität der Rolle schwierig, zum anderen ist eine Rollenübernahme problematisch, wenn **die neue Rolle ohne oder mit eher zu geringen Ressourcen ausgestattet ist** Dies hat zur Folge, dass die Person in der neuen Rolle ihre neuen Aufgaben nicht angemessen bearbeiten kann. Dies wird mit folgenden drei Beispielen verdeutlicht:

(1) Die Rolle „Studienfachberatung" – Stellenwert einer Selbstverwaltungsrolle

Rolleninhaber/innen der Studienfachberatung an der Universität C erhalten für ihre Rollenübernahmen ein reduziertes Lehrdeputat, d.h. sie können, wenn sie Aufgaben in der Studienberatung übernehmen, weniger Lehr-Veranstaltungen absolvieren. Die Rolle der Studienberatung erhält einerseits einen Anreiz, diese Aufgaben ausführen zu wollen und somit eine positive Sanktionierung, andererseits wird die Rolle auch durch Rollen-Ressourcen gestärkt.

Dies ist an den anderen beiden Universitäten A und B nicht der Fall. Hier kommt die Zeit für die Studienberatung *„extra dazu"*, mit der Begründung, dass es ein so genannter *„Selbstverwaltungsjob"* ist. Die Selbstverwaltungsrolle wird aber von den betroffenen Rolleninhaber/innen in der Regel als ein Mehraufwand angesehen, *„den keiner machen will"* (Cooper). Die Akteure werden für den Mehraufwand nicht belohnt. Im Gegenteil, ein Selbstverwaltungsjob kann sich auf die anderen Aufgaben der Rolleninhaber/innen sogar negativ auswirken, weil weniger Zeit für die anderen Aufgaben verbleibt. Und das hat wiederum negative Auswirkungen auf die Ausgestaltung der Rolle (Role-Making) als auch auf die Qualität bzw. den Stellenwert der Rolle innerhalb des sozialen Systems. Die Rolle wird von den Rolleninhaber/innen als Nebenjob mit niedriger Priorität wahrgenommen und bei Zeitengpässen werden die Aufgaben nicht ausgeführt. Das hat bspw. eingeschränkte Studienberatungs-Sprechstunden zur Folge und eine eher geringe Beschäftigung mit den Problemen der Studierenden. Im schlimmsten Fall wird keine Person gefunden, die die Rolle der Studienfachberater/in übernehmen will und die Aufgaben bleiben unerledigt. Dies führt zu einer „Problem-Schleife". Wenn sich keiner mit den Studierenden befasst und die Probleme der Studierenden hinsichtlich ihrer Studienorganisation nicht erkannt werden, dann ist es auch nicht möglich, Einfluss auf die Studienbedingungen zu nehmen. So werden z.B. notwendige Änderungen der Prüfungsstrukturen und der Studienordnung nicht durchgeführt.

These 41: Eine Selbstverwaltungsrolle steht oftmals im Konflikt mit anderen formalen Organisationsrollen, die eine Person übernommen hat. Die Rollenträger/innen haben mehrere Rollen gleichzeitig eingenommen und setzen aufgrund von Zeitengpässen und Entlohnungs- bzw. Belohnungsmechanismen bestimmte Prioritäten bei der Erledigung ihrer Aufgaben. *Ein gemeinsamer Wissensaustausch der universitären Rollen zur Studienorganisation wird nur dann erfolgreich sein, wenn diese (Selbstverwaltungs-) Rollen einen höheren Stellenwert und ein höheres Ansehen im sozialen System genießen.*

(2) Die Rolle „Ausländerbeauftragte/r" – Aushandlung von Rollen-Ressourcen

Der Fachbereich Informatik (der Universität A) hat relativ viele internationale ausländische Studierende[145], die im Vergleich zu den deutschen Studierenden teils

---

[145] Im Juni 2005 waren insgesamt 2.899 Studierende am Fachbereich Informatik an der Universität A eingeschrieben. Davon sind 658 internationale ausländische Studierende (22,7 Prozent). Quelle: Ausländerbeauftragte, Akademisches Auslandsamt.

andere Probleme mit der Studienplanung haben, bspw. weil sie die Sprache noch nicht so gut können. Um diesen Studierenden eine für ihre Problembereiche eigene Studienberatung zu ermöglichen, wurde die Rolle „*Ausländerbeauftrage*" eingeführt. Diese hat die Aufgaben, die ausländischen Studierenden zu unterstützen und ihnen bei ihren Problemen während des Studiums zu helfen. Der Fachbereich geht davon aus, dass mit der Einführung dieser Rolle die Probleme dieser Studierenden durch eine verbesserte Betreuung behoben werden könnte.

Dabei wird aber übersehen, dass die neue Rolle lediglich von einer Person ausgeführt wird (wissenschaftliche/r Mitarbeiter/in des Fachbereiches), die über 600 ausländische Studierende betreuen soll. Neben dem schlechten Betreuungsverhältnis (Verhältnis des/der Rolleninhabers/in zu den Studierenden) ist zu berücksichtigen, dass der/die Rolleninhaber/in nicht explizit für diese Aufgabe angestellt wurde. Diese neue Rolle wurde als Selbstverwaltungsjob implementiert, die ca. 20 Prozent der Vollzeit-Beschäftigung eines/r wissenschaftlichen Mitarbeiters/in ausmacht. Eine qualitativ gute Betreuung aller ausländischen Studierenden ist in dieser Zeit als auch mit den wenigen Rolleninhaber/innen nicht möglich.

Es reicht also nicht aus, lediglich eine neue Rolle einzuführen (vgl. Hunt). Es muss auch klar sein, welchen Stellenwert die neue Rolle hat und mit welchen Ressourcen sie ausgestattet werden muss, um die zugewiesenen Aufgaben angemessen erfüllen zu können. Da an einer Universität die finanziellen Ressourcen knapp sind, geht es bei den Rollen-Ressourcen an einer Universität vor allem um nicht-finanzielle Mittel.[146]

These 42: *Die Handlungsfähigkeit einer Rolle hängt von den (zugewiesenen) Rollen-Ressourcen ab, die mit dem Stellenwert der Rolle in der Organisation als auch mit den Anforderungen (Verhaltenserwartungen) an die Rolle einhergehen und ob es potentielle Rolleninhaber/innen gibt.* Die Einführung neuer Rollen ist prinzipiell sinnvoll – vor allem, wenn neue, komplexe Aufgaben auszuführen sind und zugewiesen bzw. übernommen werden müssen. Eine neue Rolle muss aber durchdacht und geplant eingeführt werden.

---

[146] Als Rollen-Ressourcen werden die Gesamtheit der vorhandenen Hilfsmittel (bspw. Personalunterstützung, Zeit, Macht im Sinne von Weisungsbefugnis, Prestige, Ansehen, ...) bezeichnet, die einer Rolle zugewiesen werden, um ihre Aufgabe zu erfüllen. Dazu gehören auch soziale Ressourcen (vgl. soziales Kapital; Bourdieu 1983) und der Zugriff auf Wissen/squellen, die aber im Unterschied zu den erst genannten nicht extern zugewiesen werden können (ausführlich in Kapitel 5.3.2).

In der Konsequenz bedeutet es, dass neben der angemessenen Ausstattung mit **Rollen-Ressourcen** (bspw. Zeit, Personalhilfe) auch eine höhere Anerkennung der Selbstverwaltungsrolle (Status-Anhebung, Auszeichnungen, ...) und ein positiver Anreiz (Verminderung des Lehrdeputats, Forschungsprojekt-Unterstützung, Konferenzbesuche, ggf. materielle Belohnungen) zu unterstützen ist.

Falls es keine andere Möglichkeit als die der Selbstverwaltungsrollen gibt, so ist notwendig, dass eine Selbstverwaltungsrolle als eine zusätzliche Rolle von jedem/r Rollenträger/in, der eine universitäre Rolle hat, sequentiell zu übernehmen ist. Bezogen auf die Universität bedeutet es, dass nicht nur Personen auf Haushaltsstellen, sondern auch auf Drittmittelstellen, eine Selbstverwaltungsrolle übernehmen müssen, um eine Gleichheit unter den Rollenträger/innen zu bewirken.

(3) Neue Rolle Mentor/in?

Der Mehrzahl der Experten/innen ist sich bewusst, dass die Rollen an der Universität „klarer" sein sollten. Das meint, dass deutlich werden muss, welche Rolle welche Aufgaben durchführt bzw. durchführen sollte. Als mögliche Verbesserung geben die Experten/innen an, dass eine neue Rolle in Form eines Mentors wünschenswert und sinnvoll sei. Für eine vorher selektierte, d.h. eine vorher festgelegte Anzahl einer Gruppe von Studierenden sollte es eine zentrale Rolle geben, die sich um die Dinge und Belange dieser Studierenden kümmert und die für sie als ein zentraler Ansprechpartner fungiert. Dies meint nicht, dass diese Rolle alles selber in die Hand nehmen muss, sondern, dass sie Fragen und Probleme zur Studienorganisation koordinieren und Anfragen, die sie selbst nicht beantworten kann, an entsprechende andere Rollen weiterleiten sollte. Solche Ideen wurden in letzter Zeit unter dem Begriff der Mentoren-Programme bekannt.

Die Idee der Mentorenprogramme wird auch von Burton unterstützt. Studierende sollten sich nicht damit „*rumplagen, dass er nicht zu A muss, sondern zu B*" (Burton). Studierende müssen nicht in allen Fällen wissen, welche Ansprechpartner/innen die richtigen sind, sondern es sollte eine Rolle geben, die ihnen hilft, die richtigen Ansprechpartner/innen zu finden. Die Idee der Mentoren-Rolle wird auch von Experte Hunt aufgegriffen. Er/sie hat die Idee, erfahrende Studierende in höheren Semestern als Mentoren anzuwerben. Dadurch haben jüngere Studierende die Möglichkeit, „*von den älteren das Lernen abzugucken*" (Hunt). Genau dieses Argument ist auch eine Begründung dafür, warum die Kultivierung der Wissensaustausch-Community „Inpud" **erfolgreich** ist. Eine Community ist nichts anderes, als dass Studierende voneinander lernen können, nur dass eine viel **höhere Anzahl** von **Studierenden gleichzeitig erreicht werden**, die im Gegensatz zu einem Studierenden-Mentoring-Projekt nicht erreicht werden können.

Allerdings ist bei den Mentoren-Programmen zu berücksichtigen, dass andere Universitäten die Rolle des Mentors versucht haben zu etablieren und dies von Neulingen nicht angenommen wurde – bspw. an der Universität Wuppertal, im Fachbereich Sozialwissenschaften (1992) oder am Fachbereiche Informatik (WIS-Teilprojekt 2001-2002). Bevor die Idee der Rolle „Mentor" aufgegeben wird, sollte zunächst nach den Gründen der Nicht-Etablierung gefragt werden. Möglicherweise wurde den Neulingen das Konzept nicht angemessen erklärt oder die Mentor-Rolleninhaber/innen stellen eine zu große Hürde für neue Studierende da. Bspw. wurde an der Universität Wuppertal die Rolle des Mentors von Professoren/innen übernommen. Die Idee die Rolle einer Person mit viel Fachwissen zu zuweisen mag zunächst plausibel sein, jedoch ist die soziale Nähe zu den Rolleninhaber/innen entscheidend und die fehlte im vorliegenden Beispiel. Wissenschaftliche Mitarbeiter/innen sind aufgrund ihrer Nähe zu Studierenden vermutlich eher geeignet, um einen Wissensaustausch zwischen Studierenden und Mentoren/innen zu unterstützen. Sie haben zwar nicht das Fachwissen eines/r Professors/in, aber zeichnen sich durch ihre Nähe zum Studienprozess aus (Prozesswissen).

In einer weiteren Untersuchung wäre zu klären, welche Aufgaben und Funktion eine Mentoren-Rolle haben sollte, wie eine Mentoren-Rolle mit welchen Rollen-Ressourcen auszustatten ist und welche Personen als Mentoren in Frage kommen, um Mentoren und Mentees zusammenzubringen (*neue Forschungsfrage*). Es schließt sich die neue Frage an, wie ein Mentoring-Programm konkret aussehen muss, um für die beteiligten Mentees erfolgreich zu sein.

7.2.8. Kategorie 8: Technische Unterstützung

Im Kapitel 8 werden die empirischen Ergebnisse der Experten/innen zur technischen Unterstützung des Wissensaustauschs erläutert. Zunächst werden allgemeine Gestaltungskriterien zur „Bring- bzw. Holschuld" und zum niedrigschwelligen Online-Zugang aufgeführt. In den vier folgenden Unterkapiteln folgen dann die Ergebnissen zu Diskussionsforen (1), Datenbanken (2), Webseiten und WIKI (3) und schließlich E-Mail-Verteiler und Chat-Räume (4).

Technische Wissensmanagementsysteme sind in der Regel so konzipiert, dass sich die Nutzer/innen die Informationen selber „holen" müssen. Es liegt dann in der Verantwortung des Einzelnen, die richtigen Informationen zu sammeln. Dies wird

„Holschuld" genannt. Diese Holschuld, die mit dem Einsatz von technischen Systemen wächst, kritisieren einige Experten/innen (bspw. McTravish). Mit solch einem technischem Einsatz würde stärker als bisher dazu führen, dass Studierende die Informationen, die sie brauchen, selbst holen müssen. Dies ist laut McTravish problematisch, weil die Informationen zu sehr dezentral verteilt sind und das „Selbst-Holen" nicht einfach sondern kompliziert ist.

Demgegenüber steht das Erbringen bzw. Liefern von Informationen, welches als „Bringschuld" bezeichnet wird. Das bedeutet, dass die Informationen von den universitären offiziellen Hauptrollen an die Studierenden geliefert werden. McTravish sieht die universitären Rollen zur Studienorganisation eher in einer solchen Bringschuld: *„Und ich finde, wir haben eine Bringschuld"* (McTravish).

Zusammenfassend ist festzuhalten, dass Studierende die Aufgabe haben, die für sie nötigen Informationen zu erfragen (wenn sie denn wissen, wen sie fragen können) bzw. aus den bereitgestellten Informationen, die für sie relevanten herauszufiltern. Die universitären Rollen haben die Aufgabe, die Informationen aufzubereiten, sie bei Nachfrage vermitteln zu können bzw. an die richtigen Rollen zu verweisen.

These 43: *Eine gemeinsame Vernetzung und ein effektiver Wissensaustausch werden eher erreicht, wenn ausgewogene Bring- und Holschuld technisch unterstützt werden.*

Mit Push & Pull-Mechanismen kann das Liefern und das Bringen von Informationen auf der Seite des technischen Systems unterstützt werden. Beispielsweise kann die Anfrage eines Studierenden in einem Online-Forum als E-Mail-Bericht an die entsprechende Rolle weitergeleitet werden mit der Bitte, diese Anfrage zu beantworten oder zu der neu eingestellten Information im System Stellung zu nehmen. Dies wird in der Inpud-Community unterstützt. Eine weitere Möglichkeit ist es, eine Voreinstellung im System vorzunehmen und einen Email-Bericht zu senden, wenn die Informationen bereits ein Semester alt und zu überarbeiten sind. Es gibt hier weitere Awareness-Mechanismen die das Design der Bring- und Holschuld unterstützen können. Welche Mechanismen die für die Studienorganisation angemessenen sind – neben den beiden oben genannten – und wie diese umgesetzt werden können, ist in einer weiteren Untersuchung zu klären (*neue Forschungsfrage).*

Smith wies ausdrücklich auf einen einfachen, d.h. niedrig-schwelligen Zugang hin. Dies bedeutet, dass der Zugang zur Teilnahme an computer-gestützten Wissensaustauschprozessen möglichst einfach sein sollte.

Beispielsweise ist darauf zu achten, dass eine leichte und schnelle Registrierung (Login) zur Verfügung steht. Einfach bedeutet hier auch, dass beim ersten Login nur wenige und nur die notwendigsten Daten, z.B. nur die E-Mail-Adresse abgefragt werden. Es bedeutet es auch, dass die Nutzer/innen direkt wenige Minuten später nach ihrer Registrierung einen Zugang erhalten (sofortige Rückmeldung) und nicht mehrere Stunden oder Tage auf eine Antwort der Registrierung warten müssen.

Problematisch wird die Angabe von „*Nicknames*" (selbst-ausgedachte Namen) angesehen (vgl. Smith). Hier wäre es sinnvoller, wenn jede und jeder Beteiligter seinen Vornamen verwenden würde. Dies müsste man in den organisatorischen Regeln und Absprache, bspw. in Form von Nutzungs-Vereinbarungen festlegen. Die Angabe von Nicknamen ist nicht problematisch, wenn die Nutzer/innen davon ausgehen können, welche Rollen in der Regel an den Diskussionen teilnehmen. In der Inpud-Community sind es bspw. Studierende, deren richtige Namen den anderen Studierenden in der Regel nicht bekannt sind und aufgrund der hohen Anzahl Beteiligter (über 1.000), nicht bekannt sein können.

These 44: Die Teilnahme am Wissenstausch hängt von der Einfachheit des Zugangs zur Online-Diskussion (zur Studienorganisation) ab. *Je weniger Daten bei der ersten Registrierung abgefragt werden, desto mehr Nutzer/innen werden aktiv am Online-Diskussionsforum teilnehmen.* D.h. Ein einfacher niedrig-schwelliger Zugang zum computer-gestützten Wissensaustausch wird die Beteiligung am gemeinsamen Wissensaustausch positiv begünstigen und die Wissensaustausch-Community wird in ihrer Anfangsentwicklung (Startphase) positiv unterstützt.

7.2.8.1. Diskussionsforen

Online-Diskussionsforen sind für den Wissensaustausch zur Studienorganisation eine hilfreiche technische Unterstützung. Das zeigt die Auswertung der Inpud-Community und ihre Nutzungsverlaufsstatistiken (vgl. Kapitel 6.1.1). Ein Online-Diskussionsforum unterstützt den Wissensaustausch positiv: „*Wenn man diskutiert, dann sehen die anderen, hey, die anderen haben auch Probleme. Was am Anfang* [als neuer Student] *sehr wichtig ist und man kriegt auch die Lösung mit. Und vielleicht ist es, wenn es das Forum nicht gibt, und es im kleinen Kreis gelöst wird, dann ist einem vielleicht gar nicht bewusst, dass man einen bestimmten Teil nicht verstanden hat oder man fragt nicht mehr nach*" (Miller).

Die Online-Foren der Inpud-Community sind hilfreich, weil dort neue Studierende und Studierende älteren Semesters zusammen treffen. Auch Studierende, die im Fachschaftsrat aktiv engagiert sind und sich so Erfahrungswissen angeeignet haben, diskutieren in den Online-Foren und unterstützen den Wissensaustausch positiv (vgl. Miller). Gerade spezielle Fragen wie *„bei wem kann ich denn die Prüfung xy am leichtesten machen"* können am ehesten Studierende beantworten und weniger die Studienfachberater/innen (vgl. Smith). Kritisch wird angemerkt, dass sich Professoren in der Regel nicht beteiligen. Ein Ausnahmefall stellt Professorin Mulder[147] am Fachbereich Informatik dar, die sich einen Zugang als Moderatorin hat geben lassen.

In der Inpud-Community wird eine bestimmte Form der Moderation angewendet. Mit dieser bestimmten Form der Moderation ist eine zurückhaltende Art gemeint: die Moderatoren greifen nur in Fällen ein, wenn falsche oder *off-topic*-Informationen[148] verbreitet werden. Insbesondere in der Anfangsphase der Kultivierung wurde wenig moderiert, um den Neulingen und Mitgliedern die Möglichkeit zu geben, ihre eigene Wissensaustausch-Kultur aufzubauen.

These 45: Die Form der Moderation hat einen großen Einfluss auf den gemeinsamen soziotechnischen Wissensaustausch. *Eine gemäßigte Moderation der Online-Foren, die eine oder mehrere universitäre Hauptrollen übernehmen, ist eine notwendige Bedingung für einen gemeinsamen Wissensaustausch, um die Verbindlichkeit und Qualität der Informationen sicherzustellen, aber auch Raum für freie Entfaltung des Wissensaustausch zu lassen.*

Bei der Moderation von Online-Diskussionen ist eine **gemäßigte Moderation** entscheidend, bei der nicht zuviel aber auch nicht zu wenig eingegriffen wird. Keine Moderation ist schlecht, da den Teilnehmer/innen dann nicht ersichtlich ist, welche Informationen richtig oder falsch sind, und ggf. falsche Informationen nicht gelöscht oder kommentiert werden. Eine zu hohe Einflussnahme durch die Moderatoren verhindert, dass die Beteiligten eine eigene Wissensaustauschkultur „von unten" entwickeln können, im schlimmsten Fall nehmen sich die Teilnehmer/innen selbst zurück und ein gemeinsamer Wissensaustausch verläuft nur

---

[147] anonymisiert

[148] Off-Topic sind solche Informationen, die nicht zum festgelegten Thema gehören, also am Thema vorbei gehen. Hierbei gibt es um solche Fälle, die als Auslegungssache gelten, d.h. in denen der Moderator entscheiden muss, ob es noch in das Forum A gehört, oder ins Forum B oder ganz gelöscht werden sollte.

über die Moderatoren/innen. Damit bleiben die Wissensressourcen der Teilnehmer und Teilnehmerinnen im Verborgenen.

Ein Inpud-Forum namens „*Studieren und Leben*" wurde in den ersten Monaten der Community-Aktivierung nicht genutzt. Nur zwei Nutzer/innen hatten dort Anfragen zu einer Lernpartnerbörse eingestellt. Die Moderatoren sahen keinen Anlass auf dieses Forum mehr aufmerksam zu machen. Schließlich galt es als Angebot, es nutzen zu können und nicht als Verpflichtung. Es wurde hiermit die Möglichkeit zugelassen, dass sich die Nutzer/innen in ihrem Wissensaustausch frei entfalten können. Mittlerweile wird auch dieses Forum genutzt, bspw., um technische Probleme zu Inpud mitzuteilen, Wohnheimplätze oder Jobs an der Universität anzufragen oder über Sportmöglichkeiten am Nachmittag zu diskutieren.

Trotz gemäßigter Moderation müssen in den Diskussionsforen von Beginn an klare Spielregeln aufgestellt werden, zum Beispiel welche Kommunikationsakte, welche Fragen und Antworten zugelassen und welche Inhalte ausgeschlossen werden (*Off-Topic*). Diese Spielregeln sind klar zu formulieren, so dass moderierend eingreifende Tätigkeiten von den Teilnehmer/innen nachvollzogen werden können, und sind an zentraler Stelle im technischen System zu platzieren. In der Inpud-Community sind diese Spielregeln in der Beschreibung des jeweiligen Forums aufgeführt, und sind lesbar bevor das jeweilige Forum betreten wird. Bei der Einführung von Online-Foren muss also geklärt werden, in welcher Form, wie moderiert wird.

An der Universität C gibt es bspw. drei Arten von Foren mit jeweils unterschiedlicher Moderationskonzeption: moderierte Foren; Foren, bei denen die Lehrenden sporadisch moderieren und „*grobe Schnitzer vielleicht mal kommentieren*" und es gibt solche Foren, „*die sind frei, die sind unmoderiert, gänzlich unmoderiert*" (Cooper). Diese unterschiedliche Form der Moderation der Foren entstand aufgrund unterschiedlicher sozialer Situationen an der Universität C „*Man kann sich genau so auf den Standpunkt stellen, ein Seminar ist das eine* [Forum] *und das andere* [Forum] *ist eben die Cafeteria, wo man sich als Student auch mal trifft und diese Möglichkeiten sollte es geben. Vielleicht ist das Bild besser, wo man nach dem Seminar mal zusammen steht und irgendwas erzählt. Da hat der Dozent sein Ohr auch nicht mit drin*" (Cooper). Dabei muss die Form der Moderation den beteiligten Rollen deutlich sein. Beispielsweise hat eine Tutorin der zentralen allgemeinen Studienberatung an der Universität C, „*angefangen in den unmoderierten Gruppen rum zu wildern, weil sie das selber als betroffene Studentin, aber in der Kompetenz der Studienberaterin sich selber zugeschrieben hat als Kompetenz, als Rollenkompetenz"* (Cooper). Die Moderation der unmoderierten Foren wurde durch die Studienberatung gestoppt und der Tutorin wurde angeboten ein eigenes Studienberatungs-Forum zu eröffnen. Das war der Anstoß, dass die Studienberatung an der Universität C ein erstes Diskussionsforum bekam. Allerdings gab es Probleme mit der weiteren Betreuung, als die Tutorin ihre Rolle aufgab und die Universität verließ (vgl. Cooper). Diese nun frei gewordene Rolle wollte keine Person übernehmen.

These 46: Mit der Transparenz der Moderationsform geht einher, dass Rollen in Online-Foren nur solche Moderationstätigkeiten übernehmen können, für die sie es nach der Moderationsvorgabe dürfen. D.h. nur diejenigen Rollen sind mit formalen moderations-unterstützenden technischen Optionen auszustatten, bspw. das Löschen oder Verschieben von nicht-eigenen (Teil-) Beiträgen, denen es erlaubt ist, moderierend tätig zu sein.

Das oben genannte Problem von Cooper zeigt auch, dass es eher Probleme gibt, dass zu wenige Personen moderierend tätig werden wollen anstatt zu viele. Neben den organisatorischen Maßnahmen, eine/n oder mehrere Nachfolger/innen zu finden und sie einzuarbeiten, gibt es auch Möglichkeiten der technischen Unterstützung. Die technische Unterstützung könnte bspw. so aussehen, dass die Rolle „Moderator" nach dem Verlassen des Forums abgegeben werden kann. Es blinkt dann bspw. ein Symbol im Online-Forum *„Moderator-Rolle ist frei und kann übernommen werden"*. Mit dem Symbol sind auch die Aufgaben, die mit der Rollenübernahme einhergehen, verbunden. Möglicherweise ist es sinnvoll hieran eine Aushandlung zu koppeln, d.h. dass ein Teil der Community der Rollen-übernahme-Anfrage erst zustimmen muss. Mit dem Anstoßen der Rollenübernahme wird also eine Abstimmung angestoßen, die per E-Mail an alle Community-Mitglieder versendet wird, mit dem Hinweis, dem zu zustimmen, es abzulehnen oder sich zu enthalten. Bei einer vorher im technischen System festgelegten Vorgabe, bspw. von 30 Prozent Zustimmung aller Beteiligten, wird der Person, die diese Rollen übernehmen wollte, dann tatsächlich zugewiesen. Ansonsten bleibt die Moderatoren-Rolle frei. Man könnte sich hier vorstellen, dass diejenige Person, die die Moderator-Rolle übernehmen möchte, begründen darf oder muss, warum sie die Rolle haben möchte, bzw. warum sie von der Community dazu ausgewählt werden sollte. Nach wie vielen Stunden und bei welcher Zustimmungsprozentzahl die Moderator-Rolle zugewiesen wird oder nicht, ist vermutlich von der Art der

Community (Thema, Größe etc.) abhängig, und in einer weiteren Untersuchung zu klären (*neue Forschungsfrage*).

Es gibt auch einige kritische Anmerkungen seitens der Experten/innen zu Online-Diskussionsforen. White hat Befürchtungen, dass in den Foren falsche Informationen verbreitet werden. Er unterstützt die Foren dann, „*wenn man sicherstellen kann, dass kein Quatsch gemacht wird. D.h. wenn keine falschen Sachen behauptet werden, die entweder sachlich falsch sind oder, wie auch immer, einfach nicht stimmen. Wenn man ein Webforum eröffnet, dann hat man auch die Verantwortung, sicher zu stellen, dass es stimmt, was da steht. Ansonsten ist es problematisch. Es ist auch mit einem Moderator nicht unbedingt gesichert.*" (White). Aus dieser Aussage wird die Unsicherheit deutlich, den Studierenden eine Selbstverantwortung und gegenseitige Hilfestellung zu zumuten. Dem steht die Auswertung der Inpud-Community gegenüber, die zeigt, dass sich Studierende untereinander sehr wohl in hohem Maße gegenseitig helfen und auch ihre teils widersprüchlichen Meinungen und falsche Behauptungen kommentieren.[149]

7.2.8.2. Datenbanken

Neben den Online-Diskussionsforen, die einen hohen Einfluss auf den Wissensaustausch von Studierenden untereinander haben, sind weitere technische Informationssysteme, die insbesondere von den universitären Rollen genutzt werden, zu untersuchen. Hiermit werden vor allem die vielen verschiedenen Datenbanken verstanden, die teils nicht miteinander kompatibel sind und somit Mehraufwand produzieren. Dies wird im Folgenden anhand der drei befragten Universitäten B, C und A im Vergleich erläutert.

Die verschiedenen Datenbanken, bspw. Studierendensekretariat und „Studieninformationssystem", an der **Universität C** sind bereits in ersten Ansätzen integriert, jedoch ist das technische System des Prüfungsamts noch von einer Integration ausgeschlossen. Folgendes Beispiel verdeutlicht es: Eine Studierende, die sich an der Universität C einschreibt, wird im Studierendensekretariat erfasst, ihre Unterlagen werden eingescannt und in der so genannten Studierendendatenbank gespeichert. Aus dieser Studierendendatenbank werden die Daten für die Fachbereiche in das so genannte „*Studierendeninformationssystem*" generiert. Die

---

[149] Vgl. Beispiel „Abfotografieren der Mathematik Vorlesungsfolien" in Kapitel 7.2.6.3.

Fachbereiche können die Daten von ihren Studierenden aus dieser Datenbank abrufen, aber nur diejenigen Daten, die dem jeweiligen Fachbereich zugeordnet sind. Über das Studierendeninformationssystem erhalten die Fachbereiche die Daten ihrer Studierenden, bspw. um sie zu einer Einführungsveranstaltung einzuladen oder um Änderungen zu Lehrveranstaltungen bekannt zu geben. Durch das Studierendeninformationssystem haben die Fachbereiche die Telefonnummern und alle E-Mailadressen der Studierenden (Cooper). Die Fachbereiche erhalten auf diesem Wege aber nicht die Daten der Prüfungsämter, weil aus datenschutzrechtlichen Gründen ihre eigenen Datenbanken haben.

An der **Universität B** gibt es für die Universitätsverwaltung und dem -Management eine integrierte technische Lösung, das *„SAP Campus Management"*, *„in der wir die ganzen Curricula mit den Kreditpunkten und den Studienangeboten verwalten"* (McTravish). Das System unterstützt die Arbeitsaufgaben der Verwaltung und koordiniert ihre Arbeitsprozesse (*Workflow*). Mittels des technischen Systems werden die Zugriffsrechte auf Dokumente und Daten festgelegt (vgl. McTravish).

Universität A nutzt – ähnlich wie Universität C – für die Studierendenverwaltung andere Datenbanken als das Prüfungsamt. Die Universität A hat einerseits für den Personalbereich eine *HIS*-Datenbank (Hochschul-Informations-System), andererseits hat sie für die Studierendenverwaltung eigene technische Systeme. Bspw. gibt es sowohl Datenbanken des Studierendensekretariats als auch an den Fachbereiche, die teils eigene Lösungen nutzen oder sogar neue eingekauft haben. Zumindest werden die Lehrveranstaltungen zentral in ein gemeinsames Hochschul-System eingetragen. Daraus wird einerseits das Vorlesungsverzeichnis erstellt, andererseits können Studierende auch online darauf zu greifen und auf Basis dessen ihren Semesterplan erstellen. Allerdings wird diese Datenbank-Abfrage nur von wenigen Studierenden genutzt. Dies hat zwei Gründe: Erstens kennen nur wenige Studierende das technische System, obowhl die Universität und die Fachbereiche *glauben*, dass alle Studierenden es kennen. Und zweitens nutzen es die wenigen, die es kennen, nicht, weil es nicht benutzerfreundlich ist und teilweise auch veraltete Daten beinhaltete.[150] Das System *„funktionierte technisch, aber es war viel einfacher, sich die Informationen aus dem gedruckten kommentierten Vorlesungsverzeichnis zu holen"* (Smith).

---

[150] Am Ende des Untersuchungszeitraums wurde dieses System durch ein neues ersetzt. Hier wäre zu prüfen, ob dies eine höhere Akzeptanz hat.

Die zentrale Studienberatung verwendet ein vom Medienzentrum der Universität erstelltes technisches System zur Wissensaustausch-Unterstützung. Hierdurch wird eine Art virtueller runder Tisch mit allen Beteiligten im Kontext der Studienorganisation ermöglicht. Es ist eine Dokumentenablage und bietet auch die Möglichkeit, online asynchron zu diskutieren und synchron zu kommunizieren Hierbei ist nicht das technische System problematisch. Vielmehr müssen organisatorische Maßnahmen mit den Beteiligten besprochen werden, um die Beteiligten an einen gemeinsamen Tisch zu bekommen: *„es ist ein mühsamer Weg, sie können nicht so einfach so was umsetzen"* (Burton).

Die Ergebnisse der empirischen Untersuchung zeigen, dass es an der Universität A viele unterschiedliche technische Systeme gibt. Dies ist vermutlich historisch gewachsen. Jede universitäre Rolle hat ihre eigene Datenbank erzeugt, um „ihre" Daten speichern zu können, aber mit der Folge, dass Daten in verschiedenen Systemen doppelt verwaltet und gepflegt werden. Ein Datenaustausch ist schwierig, da die technischen Systeme mit unterschiedlichen Schnittstellen arbeiten und die Daten nicht kompatibel sind. Zudem wird von den beteiligten Rollen(inhaber/innen) ein Datenaustausch aus organisatorischen Beweggründen als problematisch angesehen. These 16 (in Kapitel 7.2.3.2) belegt, dass die Aufrechterhaltung der Systemgrenzen durch die technischen Systeme gefördert wird.

Ein Problem der unterschiedlichen technischen Systeme ist, dass der gemeinsame Datenaustausch innerhalb der Universität blockiert wird. Jedes dieser Systeme hat eigene Formate und unterschiedliche Datenbank-Konzepte. *„Und das sind oft komplett abgeschottete Welten"* (vgl. Walker). Der Fachbereich bspw. hat in der Regel keinen Zugriff auf die Daten des Prüfungsamts oder auf die Daten zur Einschreibung. Derzeit scheitert ein Datenaustausch aber nicht nur an technischen sondern auch an organisatorischen Barrieren (bspw. Zeitmangel und hohe Arbeitsbelastung): *„Also wenn ein Dekan erst sagen muss, wir wollen uns jetzt mal Studienverläufe ansehen, dann geht das als Arbeitsauftrag an das zentrale Prüfungsamt und der Sachbearbeiter sagt, oh Gott, wir haben aber 150 Anmeldungen hier liegen und diese Auswertung kann für mich keine Priorität haben. Weil erst einmal diese Sachen laufen müssen. Für den ist das ein zusätzliches Geschäft"* (Walker).

Ein Datenaustausch ist derzeit lediglich auf dem „Fuß-Weg" möglich. D.h. es wird ausgedruckt und dann an den nächsten Akteur versendet. Diese muss die Daten per Hand in den Computer eingeben. Daher ist es ein Bestreben der Universitäten, die

238

unterschiedlichen technischen Systeme zusammen zu führen und so einen Datenaustausch zumindest innerhalb der Universität zu ermöglichen (vgl. Walker und Cooper). *„Das ist ein [gemeinsames] System was im Werden ist. Wir hatten zwei Plattformen an der Universität, die es dann gilt zusammen zu führen. Andere gehen zu einem Anbieter und kaufen das ein. Wir haben den anderen Weg, wo man die Fertigteile im Haus integrieren muss"* (Cooper).

Hier stellt sich die Frage, wie die verschiedenen Systeme zusammengeführt werden sollten (Problem der Interoperabilität, vgl. Koch 2002) oder ob es bspw. besser ist, ein neues technisches System zu kaufen und dort alle Daten zu emigrieren. Das wäre sicherlich eine sehr komplexe Aufgabe, die möglicherweise Jahre dauert und daher ggf. nicht umzusetzen ist. Eine andere Lösung wäre es, die bestehenden Systeme so umzustrukturieren und so zu programmieren, dass (unter Berücksichtigung von datenschutzrechtlichen Bestimmungen) ein Datenaustausch ermöglich wird. Jedoch erfordert auch diese Programmierung einen großen Aufwand. Systemfehler, Datenaustausch-Fehler oder Inkonsistenzen beim Datenaustausch sind damit nicht ausgeschlossen und könnten das System destabilisieren. Eine Zusammenführung welcher Art auch immer erfordert viel Aufwand.

Gezielte Zugriffe auf unterschiedliche Datenbanken können für entsprechende (neue) Rollen sinnvoll sein. Hierzu muss ein **technisches als auch organisatorisches Rollenkonzept** erstellt werden, welches die Aufgaben und Funktionen der Rolle und deren Zugriffsrechte auf die Daten regelt. Eine Möglichkeit ist es, die neue Rolle „Studiendekan" mit gezielten Zugriffsmöglichkeiten auf das technische System auszustatten. *„Wenn man jetzt sagen könnte, es gibt bestimmte Zugriffsmodalitäten, und da kann sich ein [Studien-]Dekan die nötigen Sachen raus ziehen, kann er auswerten wie er will, dann wäre natürlich eine Menge gewonnen. Da sind wir halt jetzt dabei, diese Art von gezielter geschützter Öffnung eben auch für die Fachbereiche zu ermöglichen"* (Walker). Eine Aufgabe der neuen Rollen „Studiendekan" soll es sein, den Studienverlauf von Studierenden auszuwerten. Um die Sollbruchstellen, Erfolgsfaktoren, aber auch Hürden und Barrieren im Studium analysieren zu können, muss er die Möglichkeit haben, auf die Daten der unterschiedlichen technischen Systeme zu zugreifen. Wie bereits erwähnt, sind neben den *„technischen Voraussetzungen"* (Burton) auch organisatorische Maßnahmen erforderlich: *„Ich müsste zunächst einen Kanon von Leistungen festlegen, die in den ersten zwei Semestern erbracht werden müssten. Ich müsste sagen, das und das, und das muss man auf jeden Fall erfolgreich hinter sich gebracht haben. So. Dann müsste ich das ganze auch registrieren. Gehen wir mal davon aus, es macht der*

239

Studiendekan. Er sollte Zugriff auf Prüfungsergebnisse haben. Ergänzend dazu müsste ich ein Beratungsnetzwerk haben, was schlicht weg mit Zugriff auf Daten anfängt, um zu verstehen, in welcher Situation sich diese Person befindet" (Burton). Und Burton betont weiter: *„Um das systematisch zu machen, brauche ich irgendwie EDV und das Prüfungsamt. Dann ist es auf Knopfdruck möglich, zwei Semestern auszuwerten, und zu sehen, die Hälfte der Studierenden hat die und die Klausur noch nicht bestanden".*

Es ist festzuhalten, dass die Zusammenführung der technischen Systeme notwendig ist, um Studienverläufe und Probleme bei Studienverläufen anonymisiert auswerten zu können. Jedoch muss das „wie" der Zusammenführung geklärt werden (*neue Forschungsfrage*). Hinzu kommt, dass allein die Zusammenführung der technischen Systeme vermutlich nicht hilft, den eher gering vorhandenen Wissensaustausch zu den Studienverläufen positiv zu verbessern. Hierzu sind weitere organisatorische Maßnahmen notwendig, bspw. die Zuweisung der Aufgabe „Auswertung von Studienverläufen" an eine bestimmte Rolle.

Es ist daher in einer weiteren Untersuchung zu klären, wie ein soziotechnisches Rollen-Rechte-Konzept zu gestalten und umzusetzen ist, dass es die organisatorischen Anforderungen (bspw. datenschutzrechtliche Bestimmungen, Nutzungsvereinbarungen) erfüllt, als auch das Veränderungspotential von Rollen und die dynamische Rollen-Entwicklung einbezieht (*neue Forschungsfrage*).

Im Untersuchungszeitraum wurde an der Universität A über die Möglichkeit nachgedacht, dass Studierende einen Online-Account erhalten, um ihren Studienverlauf und den Stand der Dinge zu absolvierten Prüfungen und noch ausstehenden Prüfungen webbasiert (im Internet) abrufen zu können. Es stellte sich zunächst heraus, dass die Umsetzung aufgrund der verteilten Systeme problematisch ist, aber es wurde dennoch ermöglicht: *„Was anderes ist, dass ich als Student auch meinen eigenen Account habe, mit dem ich auch an alles, was mich betrifft wirklich ran komme. Dass ich an jedem Ort an der Uni zu meinen Informationen, aber eben auch zu den Informationen, die jetzt mir speziell zugänglich gemacht werden, dass ich die überall unproblematisch abrufen kann. Aber auch da ist unser System zu sehr verteilt"* (Walker).

Beispielsweise sollen Klausurergebnisse (Punktzahl und Note) online einsehbar sein. Der Testbetrieb an der Universität A begann zu Beginn des Jahres 2004. An der Universität B in der Schweiz haben Studierenden bereits heute die Möglichkeit, ihre Klausurnoten online abzurufen. *„Ihren eigenen Stand zum Studium können sie* *abfragen. Wir haben 1999 begonnen, mit den Prozessverantwortlichen, die Kanzlei, ich, die Informatikdienste und eine externe Beratungsfirma, die uns bei den Anforderungen und bei Prozessbeschreibung geholfen hat. Dann wurden alle betroffenen Organisationseinheiten, von der Hörsaal-Disposition bis zu den einzelnen Dozenten und Lohn-Administration integriert. Und damit wurde es offen für eine andere Form der Universitäts-Studierenden-Kommunikation"* (McTravish). Dort könnten auch Diskussionsforen eingerichtet werden und somit ein kontextualisierter und rollenbedarfsgerechter Wissensaustausch initialisiert werden. Dies ist aber bisher nicht angegangen worden.

Die studentischen Experten und Expertinnen sehen einen Online-Zugang zu Prüfungsergebnissen mit sehr gemischten Gefühlen. Neben datenschutzrechtlichen Problemen haben sie die Befürchtung, dass es vor allem technisch nicht sicher ist, d.h. dass Daten verloren gehen oder von Unbefugten einsehbar sein könnten (vgl. Smith). Sie empfehlen, die Zusammenführung der verschiedenen Datenbank-Konzepte mit der Fachschaft der Informatik gemeinsam zu erarbeiten. Hierbei könnte eine partizipative soziotechnische Software-Entwicklung sinnvoll sein, die bspw. mittels der Methode des *Socio-Technical WalkThrough* (STWT)[151] durchgeführt werden kann (vgl. Herrmann et al. 2004).

In Kapitel 7.2.4.2 (Kategorie 2) wird das Problem eines Studierenden beschrieben, der den Studiengang wechselte und einen Leistungsnachweis des vorherigen Studiums für das neue anrechnen lassen wollte (vgl. Miller). Der Student hatte mit der Anerkennung dieses Leistungsnachweises einen hohen Aufwand (*„Rennerei"*) und musste unter anderem mit vielen Rollen kommunizieren, die ihm teils gegensätzliche Informationen gaben.

---

[151] Das zentrale Merkmal des STWT ist es, dass es einem sozialem System ermöglicht wird, ihre zukünftigen, technisch unterstützten, kooperativen Arbeitsprozesse kommunikativ vorwegzunehmen und so gemeinsam zu gestalten und zu entwickeln. Die Organisation des STWT zielt darauf ab, dass sich eine Gruppe von Akteuren in bestimmten Rollen mit ihrem künftigen sozio-technischen System identifiziert und sich als aktiv Teilnehmende in diesem System sieht. Wie der Name „Walkthrough" nahe legt, soll der STWT die Teilnehmenden dabei unterstützen, sich eine noch nicht existierende Form eines sozio-technischen Systems vorzustellen und die darin enthaltenen möglichen Prozess-schritte „durchzugehen", die in und während der jeweiligen Gruppensitzungen als grafische Modelle erzeugt und geändert werden. Letztendlich ist es das Ziel des STWT, dass sich die Gruppe auf eine (!) Darstellung der zukünftigen Prozesse und Strukturen, deren technische Unterstützung sowie auf die darin noch verbleibenden Entscheidungsspielräume einigt.

Das Problem hieran ist, dass die Antwort auf eine Beratungsanfrage eines Studierenden lediglich für den Anfragenden selbst und ggf. für den einzelnen Befragten sichtbar ist, die in der Regel nicht mitbekommen, wen der Studierende bereits gefragt hat. Im oben genannten Bespiel hatte der erste Student zwar den Leistungsnachweis angerechnet bekommen, jedoch konnte sich dieses neuen Wissen nur der Student selbst aneignen. Die Vielzahl der beteiligten universitären Rollen (bspw. Prüfungsamt, Prüfungsausschuss, Studienfachberatung) wissen bis heute nichts von dem Ergebnis der Anfrage, was zur Folge hatte, dass die gleiche Anfrage eines zweiten Studierenden mit demselben Problem zu ähnlichen Antwortschwierigkeiten führte, aber mit dem Ergebnis, dass der zweite Student den Leistungsnachweis erneut machen musste.

Miller hatte bei der Beschreibung des Fallbeispiels die Idee, eine *Wissensdatenbank* zu initiieren. Millers Idee ist es, die Anfragen von Studierenden in eine Wissensdatenbank einzustellen. Diese Anfrage wird vom technischen System automatisch, bspw. per E-Mail an die zuständigen Rollen weitergeleitet, mit der Bitte diese Anfrage zu bearbeiten und die Antwort online zur Verfügung zu stellen. So wird eine Anfrage an die entsprechende universitäre Rolle versendet, d.h. die Anfrage wird geliefert (vgl. Bringschuld). Die Wissensdatenbank unterstützt, dass sich die universitären Rollen bei der Lösung der Anfrage das Wissen dazu erarbeiten – falls die Informationen dazu nicht vorhanden sind. So wird sichergestellt, dass bei der nächsten gleichen oder ähnlichen Anfrage an die universitären Rollen das Wissen bereits haben und relativ schnell aber vor allem angemessen richtig antworten können. Die Wissensdatenbank so Miller sollte relevante Informationen beinhalten, die für Studierende einsehbar und für die Hauptrollen abrufbar sind *„Es müsste im Prinzip so eine Wissensdatenbank sein, das Wissen darf nicht auf eine Person fixiert sein"* (Miller). So würde der Student seine Anfrage in die Wissensdatenbank einstellen und das Prüfungsamt würde die Anfrage erhalten und koordinieren, falls es selbst keinen Rat weiß, bspw. den Prüfungsausschuss, die Studienfachberatung und die beteiligten Dozenten hinzuziehen. Sobald die Antwort bekannt ist, wird sie in die Wissensdatenbank aufgenommen und es wird vom technischen System automatisch eine Nachricht an den Studierenden versendet, dass eine Antwort vorhanden ist, und er diese online abrufen bzw. lesen kann. Hierbei muss allerdings geklärt werden, wer entscheiden darf, welches Wissen in welcher Form in die Datenbank aufgenommen wird. Miller schlägt hierzu die universitären offiziellen Hauptrollen vor. Sie sollten entscheiden, welche Antwort bzw. welches Wissen in die Wissensdatenbank aufgenommen werden sollte und welche nicht (vgl. Miller).

Mit der Anfrage-Form „One-person to One-person" (bspw. Studierende-Anfrage an eine universitäre Rolle) geht ein hoher Wissensverlust für die beteiligten Studierenden und universitären Rollen einher. Je weniger one-person-to-one-person-Anfragen und je mehr technische Unterstützung in Form einer Community-Kultivierung, desto geringer ist der Aufwand für die universitären Rollen und desto geringer ist der Wissensverlust für alle Beteiligten (vgl. These 17).

These 47: *Es ist bei der Kultivierung eines gemeinsamen soziotechnischen Wissensaustauschs zwischen solchen Anfragen zu differenzieren, die Studierende selbst bzw. die nur die universitären Rollen beantworten können.* Diese können in Form einer stufenweisen Steigerung (Eskalation) miteinander verbunden werden. Das erste kann durch eine soziotechnische Community, das zweite durch eine Wissensdatenbank, in der die universitäre Rollen als Experten Antworten geben, unterstützt werden.

Im ersten Fall ist eine Community-Kultivierung sinnvoll, weil im Diskussionsforum die Fragen und Antworten für eine Vielzahl von Nutzern gleichzeitig sichtbar werden. Hinzu kommt, dass nicht wenige, sondern viele antworten können, so dass dies positive Auswirkungen auf die Verkürzung der Antwortzeit hat.

Der zweite Fall geht von der Annahme aus, dass die Anfrage so speziell ist, dass dies nur von den universitären Rollen beantwortet werden kann. Abhilfe könnte hier der Aufbau einer Wissensdatenbank in Form eines „eskalativen Helpdesk"[152] leisten, die online einsehbar und von den Hauptrollen editierbar ist (vgl. Loser, Herrmann, Kunau 2004, S. 2). Ein Studierender stellt seine Frage ein, und auto-

---

[152] Ein eskalatives Helpdesk, wie es Loser et al. 2004 beschreiben, ist eine Art der computer-gestützten Hilfe-Datenbank, die stufenweise ausgeweitet wird. Zunächst wird nur in der Datenbank nach Hilfe gesucht. Wenn nichts zu dem Problem gefunden wird, tritt die nächste Stufe ein: Der Anfragende stellt seine Frage in die Wissensdatenbank ein, und wartet bis eine/r der Experten/innen, in dem Fall die universitären Rollen, antworten. Hierbei muss organisatorisch festgelegt werden, und für alle Beteiligten transparent sein, in welchem Zeitraum die Experten/innen antworten. Sobald eine Antwort erfolgt, wird eine automatische Benachrichtigung per Email versendet. Schließlich müssen die Experten/innen noch entscheiden, ob das beantwortete Problem eine Relevanz für viele besitzt, um in die Datenbank aufgenommen zu werden.

matisch wird die Anfrage in der Wissensdatenbank an eine/n der Experten/innen weitergeleitet.[153]

7.2.8.3. Statische und flexible Webseiten in WIKI-Form

Im vorliegenden Kapitel wird auf die Relevanz von Webseiten eingegangen. Hierbei ist zu unterscheiden in statischen Webseiten, die nur von den universitären Rollen selbst geändert werden können und von solchen eher flexibel anpassbaren Webseiten, die von allen Nutzer/innen verändert werden können.

Eine hohe Anzahl neuer Studierender informiert sich zunächst auf den Webseiten der Universität, der Fachschaft, der Studienfachberatung oder der Dekanats-Webseite (vgl. Smith). Ein wesentliches Problem an den befragten Universitäten ist, dass sich Studierende im Labyrinth von Informationen zurecht finden müssen. Es gibt zu viele unterschiedliche „Stellen", bei denen Informationen abgerufen werden können. Insbesondere für neue Studierende stellt der Informations-Dschungel an der Universität ein Problem dar. Es ist nicht übersichtlich, welche Rollen für welche Fragen zuständig sind. *„Man muss die Fachschaftsmailinglisten lesen, man muss ins Forum gucken, man muss ins Inpud schauen, was sich da tut"* (Smith). Studieninteressierte wie auch neue Studierende wissen aber zunächst nicht, wo sie welche Informationen abrufen können.

Auf die technische Ebene bezogen bedeutet dies, bestehende Informationen stärker als bisher zu verknüpfen. D.h. die einzelnen Websites der beteiligten Rollen zur Studienorganisation zu berücksichtigen und zu *„verlinken"*. Hunt geht davon aus, dass man nicht alles neu programmieren muss. Es sollte eher einen Verantwortlichen (eine neue Rolle oder Ankopplung an die Studienfachberatung) geben, der die anderen *„triggert"*, d.h. fordert und fördert, und ihnen hilft, ihre Webseiten zu verbessern, zu optimieren und sich gemeinsam zu vernetzen. Dabei sollten Informationen stärker getrennt nach Studienphasen aufbereitet und zur Verfügung gestellt werden. Hier wäre vermutlich eine Trennung der Informationen für Studieninteressierte, Studienbeginner (Neulingen) und Studierenden höheren Semesters angemessen. Eine erste Verknüpfung wurde durch das Inpud-Portal geschaffen. Hier sind aus Sicht der Studierenden-Rolle die wesentlichen Informationen zum Studium in einfacher strukturierter teils grafischer Form aufgelistet.

---

[153] Ein Beispiel zur Eskalation geben auch Ackerman & McDonald 1996 mit „Answer Garden 2"

Hunt, Smith und Miller schlagen des Weiteren vor, eine zentrale Webseite mit den Hauptrollen und ihrer Aufgabenbeschreibung zu erstellen, bspw. in Form eines Organigramms oder einer übersichtlichen Liste. In dieser Übersicht sind die Hauptrollen mit ihren eigenen Websites in Form eines interaktiven Rollogramms aufzuführen und zu verknüpfen (verlinken). Das interaktive Rollogramm listet auf einer Webseite die Hauptrollen mit der Möglichkeit, diese anzuklicken auf und so auf die jeweilige Website der angeklickten Rolle zu gelangen. Das interaktive Rollogramm dient so als Portal, um die Rollen an einem zentralen Ort im Web zu bündeln und verknüpft die universitären Rollen im Kontext der Studienorganisation an einer Universität. Diese Informationen könnten den Studierenden helfen, sich zu orientieren, an wen sie sich mit welchen Fragen und Problemen wenden können. *„Das wäre schon eine riesige Verbesserung"* (Hunt). Solch eine Übersicht ist wichtig, weil sich Studierende dadurch das Wissen aneignen, welche Rollen es an der Universität und im Fachbereich gibt. Mit der Idee des **interaktiven Rollogramms** ist eine Bündelung der universitären Haupt- und Nebenrollen an einem zentralen Ort im Web verbunden. Damit wird eine erste technische Rollen-Bündelung erzeugt, bei gleichzeitiger Aufrechterhaltung der Differenz und Vielfältigkeit (vgl. These 10, Rollenbündelung). *„Das wäre eigentlich schon wichtig, dass man das an einer Stelle an einem Ort gebündelt hat. Wir bemühen uns von der Fachschaft so was mit dem Erstinfo-Heft hinzu kriegen. Wo dann wenigstens steht, wo die jeweilige Einrichtung jetzt grad mal ist"* (Smith). Und Miller fügt hinzu: *„Wenn man mir jetzt* [im 3. Semester] *so ein Ding gibt, und ich Infos von der Projektgruppe haben will, dann ist das halt ein gutes System, um Hyperlinks zu bündeln, um dann intuitiv an die richtige Stelle zu kommen"* (Miller). Die Vielzahl der universitären Rollen und ihre Aufgaben sind vor allem für Studieninteressierte und Neulinge aber auch für alle anderen Beteiligten unübersichtlich.

These 48: *Mit der Einführung eines interaktiven webbasierten Rollogramms zum Studienverlauf geht die Verbesserung der Transparenz und Übersichtlichkeit über die Rollen in der Organisation einher.* Der Aufbau einer Webseite in Form eines interaktiven Rollogramms mit den Haupt und Nebenrollen, die im Kontext der Studienorganisation am Wissensaustausch beteiligt sind bzw. sein sollten, unterstützt den Studienverlauf der Studierenden positiv, da sie einen Überblick erhalten, welche Rollen zu welchem Thema im Studienverlauf relevant sind.

Die Experten/innen erwähnen für die Pflege der Webseiten die Einrichtung einer zentralen Rolle. Hierunter wird eine Person verstanden, die sich verantwortlich fühlt, die Informationen für Studierende zu strukturieren und aufzubereiten. *„Ja,*

245

dass es einfach eine Person gibt, die auch Geld dafür kriegt, und Zeit hat und andere Leute treten kann, guck mal, die Webseite xy sieht total schlimm aus, ich kenn mich damit nicht aus, du kennst dich aber damit aus, mach das doch bitte mal" (Smith). Diese zentrale Rolle wird von einigen Experten/innen als Redakteur oder Administrator bezeichnet, andere geben ihr den Namen Moderator. Damit ist eine Rolle gemeint, die regelmäßig bspw. im Wochenrhythmus die Webseiten der universitären Rollen sichtet und ggf. ergänzt bzw. abändert, falls nicht angemessene und unsachliche Informationen oder sogar falsche Informationen verbreitet werden. Es ist festzuhalten, dass ein Problem beim Wissensaustausch zur Studienorganisation ist, dass die Informationssuchenden nicht die richtigen Informationen zu ihrer Frage finden. Die Vielzahl von Informationen und deren unstrukturierte Darstellungen auf den Webseiten verhindern das Auffinden der benötigten Informationen zur richtigen Zeit. Eine erfolgreiche Informationssuche könnte durch die Einführung einer neuen zentralen (Redakteurs-)Rolle unterstützt werden, die die Aufgabe hätte, die Informationen der Webseiten zu bewerten, ggf. zu ändern, aufzubereiten und so Einfluss auf die Gestaltung der Webseiten zu nehmen. Allerdings wird bei der Vielzahl der universitären Rollen und deren Webseiten als auch aufgrund der Komplexität der Studienorganisation eine Redakteurs-Rolle überfordert sein. Eine *Community für einen Wissensaustausch (zur Studienorganisation) ist effizienter als eine zentrale Redakteurs-Rolle (mit mehreren Rolleninhaber/innen), die die Informationen auf statischen Webseiten pflegen muss.*

Neben den statischen Webseiten, die insbesondere Informationen zur Verfügung stellen, die aber von außen nicht änderbar sind, wird von vier Experten/innen insbesondere das WIKI-Konzept als eine Möglichkeit zur technisch-unterstützten Kooperation betont. WIKI bedeutet auf hawaiianisch *„schnell schnell"* und meint in diesem Kontext, dass die Informationen auf einer Website durch jede/n Nutzer/in selbst schnell und leicht geändert werden können[154]. Die derzeit bekannteste WIKI-Webseite ist das Online-Lexikon namens WIKIpedia[155]. Auf einer WIKI-Webseite befindet sich ein *„EDIT-Button"*, den es jedem/r Nutzer/in ermöglicht, die bereits vorhandenen Informationen und Inhalte zu verändern (vgl. Smith): *„Und die Qualität wird dadurch sichergestellt ist, dass es jeder ändern kann"*. Dies bedeutet, dass bei falschen Informationen relativ schnell die nächsten Nutzer/innen den falschen Inhalt korrigieren werden. *„Es gibt auch Versionskontrollen, wenn jemand*

---

[154] Informationen zu WIKI sind online abrufbar unter „http://wiki.org/wiki.cgi?WhatIsWiki"
[155] Online verfügbar unter „http://de.wikipedia.org"

doch mal Mist geschrieben hat, ist es für den Administrator einfach, die vorherige Version wieder herzustellen" (Smith). *„Man kann es auch so einrichten, dass ein Administrator immer eine E-Mail kriegt, wenn was geändert wurde, so dass man es nochmals kontrollieren kann"* (Smith). Die Hemmschwelle, sich am Wissensaustausch zu beteiligen, ist sehr niedrig und der Zugang ist in der Regel einfach gehalten. Allerdings gibt es auch solche WIKI-Konzepte, die den Zugang zu WIKI-Webseiten durch ein einfaches Login und Passwort beschränken. Ebenso ist es in komplexen Szenarien denkbar, Zugriffsrechte in Form von technischen Rollen und dafür entsprechende Rechte zu vergeben. Damit wäre eine Rechtevergabe (Zugriffsrechtekontrolle) im Sinne des *role based access control* Models von Sandhu et al. (1996) denkbar (vgl. Kapitel 3, Rollen in der Software-Entwicklung). Das bedeutet, dass der/die Nutzer/in entsprechend seiner Rolle, Zugriffsrechte auf die Dokumente anderer zu gewiesen bekommt. Problematisch an diesem technisch-orientiertem Rollenbegriff ist, dass eine Rolle statisch konzipiert ist. Die Änderung der Zugriffsrechte erfolgt in der Regel durch den/die Administrator/in und nicht durch die Nutzer/innen selbst. Inwiefern eine Rollen-Rechte-Vergabe umgesetzt werden kann, die die dynamische Natur von Rollen unterstützen, bedarf weiterer Forschung *(neue Forschungsfrage)*.

Miller erklärt die Vorzüge eines WIKIs anhand einer Lehrveranstaltung, in der Übungszettel verteilt wurden. Für diese Lehrveranstaltung haben Studierende eine WIKI-Website erzeugt, auf der Studierende ankündigen können, dass der neue Übungszettel vorhanden ist. *„Die Idee von einem WIKI ist praktisch, weil es dann nicht mehr organisiert werden muss"* (Miller). Es beteiligt sich einfach jede/r der/die möchte. Problem dabei ist aber, dass ein WIKI auch für allgemeine Meinungsäußerungen genutzt werden kann und der eigentliche Sachverhalt dann nicht mehr im Vordergrund stehen könnte. Hier muss die Gruppe in Form sozialer Kontrolle wirken. Aber *„das tolle an WIKI ist, wenn jemand scheiße macht, dann kann man es zurücknehmen. Das ist schon ne tolle Sache. Bei den Inpud-Webseiten wird alles von einem Moderator gemacht, und ich glaube, da liegt das Problem. Noch nicht mal der Lehrstuhl selber kann Änderungen vornehmen"* (Miller).

Auch Smith schlägt eine gemeinsame Studienorganisations-Webseite im WIKI-Format vor. Diese sollte statische Informationen beinhalten, aber von den universitären Rolle editierbar sein. Dies wären beispielsweise der Studienplan, die Diplomprüfungsordnung und die Studienführer-Broschüre zur Diplomprüfungsordnung. Die anderen Informationen, wie die Daten zu den Lehr-Veranstaltungen, bspw. Ort, Zeit etc. könnten im WIKI-Format angeboten werden. So könnten

Vorlesungszeiten, Raumänderungen und Zeitpunkt der Ausgabe der Übungszettel auch von Studierenden geändert werden, die dann bei einer Veränderung, die Information direkt, schnell und unkompliziert einer Vielzahl von anderen zur Verfügung stellen könnten. Durch diese Art der partizipatorischen Studienorganisation wird die Verantwortung auch den Teilnehmenden zugewiesen.

Zusammenfassend ist festzuhalten, dass an einer Universität eine Vielzahl von universitären Webseiten vorhanden sind, die zum Teil nicht aktualisierte Informationen beinhalten. Die Aktualisierung der Daten ist nicht gewährleistet, da sich keine Rolle verantwortlich fühlt. Mit der Inpud-Community wurde eine erste Abhilfe geschaffen (vgl. Kapitel 6.1.1). Allerdings können die statischen Informationen der Inpud-Webseiten nur von den Programmierern und der Studienfachberatung geändert werden. Falsche eingegebene Informationen werden meist erst dadurch bekannt, dass Studierende eine E-Mail an die Studienfachberatung senden. Weil Studierende nicht sofort selbst etwas ändern können, hat sich die neue Kultur entwickelt, dass die Informationen im Inpud-Forum zur jeweiligen Veranstaltung (falls sie als Forum vorhanden ist) veröffentlicht werden. Um die Aktualität der Informationen gewährleisten zu können, wäre eine WIKI-Konzeption hilfreich.

These 49: Ein soziotechnischer Wissensaustausch zur Studienberatung ist auf einer 3-Eckpfeiler-Grundlage zu konzipieren: statische Informationen, die nur durch die universitären Rollen editierbar sind (1), Diskussionsforen zur Studienfachberatung und zu Lehrverstaltungen im Fachbereich (2) und bestimmte veränderbare Informationen auf den Webseiten als WIKI-Konzept (3). *Mit den 3-Eckpfeilern geht eine aktive Teilnahme aller potentiellen Mitwirkenden einher, die so den Aufbau sozialer Nähe und somit eine Community-Kultivierung fördern.*

7.2.8.4. E-Mail-Verteiler, Chat-Räume und FAQ

Im vorliegenden Kapitel werden die Ergebnisse zu den E-Mail-Verteilern als auch zu den Chat-Räumen[156] erläutert.

---

[156] Ein „Chat" (engl. to chat, plaudern) ist die Bezeichnung für die direkte eher synchrone Kommunikation zwischen zwei oder mehreren Personen über das Internet oder über eine direkte Computerverbindung, die in der Regel nur Text (und keine Bilder) beinhaltet. Teilnehmer/innen gebrauchen daher neben dem geschriebenen Wort auch Ersatzbilder, bspw. Emoticons :-). Im Internet wird oftmals in themenbezogenen Chat-Räume gechattet. Das Chatten über eine direkte Computerverbindung ist bspw. mittels ICQ (www.icq.com) bekannt geworden.

Die Einführung technischer Kommunikations-Unterstützungen bspw. E-Mails hatte an der Universität B zur Folge, dass sich die Erwartungen der anfragenden Personen ändern, so Cooper: *„Die Studierenden erwarten, dass innerhalb von ein paar Stunden die Antworten da sind. Das kann man mit dem Personalbestand* [an der Universität] *meist nicht leisten"*. Ist dies nicht der Fall, wird bspw. die gleiche E-Mail nochmals versendet, was auf der Seite der Antwortenden zu überfüllten E-Mail-Fächern führt und Frustrationen hervorrufen kann. Hinzu kommt, dass Studierende oftmals *„streuen"*, d.h. eine Frage nicht nur an eine Person verschickt wird, sondern wird gleichzeitig in (blinder) Kopie an bspw. 10 weitere Personen gesendet wird. Studierende schreiben also für ein und dieselbe Frage mehrere Personen gleichzeitig an, ohne dass diese voneinander wissen. Folge ist, dass viele Personen die gleiche Arbeit und den gleichen Aufwand haben, was einerseits zu einem Mehraufwand auf der universitären Seite führt und andererseits möglicherweise zu verschiedenen ggf. widersprüchlichen Antworten, die die Anfragenden eher verwirren, anstatt weiterzuhelfen. Diese eher ungenügende Antwort führt dann wiederum dazu, dass sie eine weitere E-Mail-Anfrage versenden werden, entweder an dieselben oder an noch nicht kontaktierte Personen. *„Was ich feststelle ist, dass man eine Unmenge an Personal braucht, allein um alle diese E-Mails zu beantworten, und das Ganze zu pflegen und zu koordinieren. Was sicherlich viel besser sein müsste, wäre, alle diese Informationen, die im Internet stehen, auf der Homepage der Universität B, stärker zu strukturieren"* (Cooper).

Technische Systeme beeinflussen das Kommunikationsverhalten negativ, da sie einen Mehraufwand für die beteiligten Rolleninhaber/innen verursachen können. Allerdings kann der Mehraufwand bspw. mittels E-Mail-Verteilern durch organisatorische und technische Maßnahmen minimiert werden. Eine organisatorische Absprache ist, dass die erste Rolle, die auf eine Anfrage antwortet, den anderen eine Kopie der Antwort-E-Mail sendet (d.h. auf CC setzen). Technisch kann der Mehraufwand durch E-Mail-Verwaltungssysteme reduziert werden. Bei einer Community-Kultivierung ist also darauf zu achten, wie die universitären Rollen mit den veränderten Erwartungen umgehen, die durch das technische System erzeugt werden, und wie sie es technisch und/oder organisatorisch lösen können. In einer weiteren Untersuchung wären die organisatorischen aber auch technischen Lösungsmöglichkeiten näher zu betrachten (*neue Forschungsfrage*).

Die Studienfachberatung der Universität A nutzt einen zentralen E-Mail-Verteiler „studienberatung@fachbereich.uni-a.de". Mit diesem zentralen E-Mail werden direkt mehrere Personen kontaktiert, die die Rolle Studienfachberater/in ausfüllen.

Das weiß der/die Anfragende jedoch nicht. Im Kreis der Studienfachberatung am Fachbereich Informatik wurde bei Arbeitssitzungen das Problem des gleichzeitig-mehrfachen Kontaktes diskutiert mit dem Ergebnis, dass der erste Berater, der antwortet, die anderen Berater/innen auf „CC" setzt, damit sich die andere nicht die Mühe machen auch zu antworten. Dies ist offensichtlich, wenn ein/e Studierende/r den E-Mail-Verteiler nutzt. Aber es ist problematisch, wenn Studierende die Personen gezielt einzeln ansprechen und die gleiche E-Mail dennoch direkt an alle versendet. In diesem Fall wird man als Antwortender den anderen der Studienfach-beratung die Antwort nicht senden, da man davon ausgeht, es handele sich um eine Einzelanfrage. Doppelte Arbeit ist daher bei dieser Lösung nicht ganz auszu-schließen. Jedoch ist zu beobachten, dass seit Bestehen der Inpud-Community die Anfragen an den zentralen E-Mail-Verteiler erheblich abnehmen (vgl. Smith).

Auch die Universität C hat eine zentrale E-Mail-Adresse „frage@uni-c.de". Studierende und Studieninteressierte haben die Möglichkeit, falls sie keinen kon-kreten Ansprechpartner kennen, diese zentrale E-Mail zu nutzen. Ihre E-Mail-An-frage erhält das Studierendensekretariat, die die eingehenden E-Mails dann an die entsprechenden Rollen weitergeleitet (vgl. Cooper). Ein E-Mail-Verteiler ist aber dann problematisch, *„wenn zu viele Leute auf der Liste stehen, dann antwortet keiner"* (Smith). Es wäre in einer weiteren Untersuchung zu klären, welche Personen-Anzahl die optimale für einen gemeinsamen Wissensaustausch ist *(neue Forschungsfrage)*.

Zusammenfassend ist festzuhalten, dass ein E-Mail-Verteiler für alle Studierenden und Hauptrollen einzusetzen, um bspw. Studienorganisationsanfragen zu beantworten und zu koordinieren, für die Kultivierung eines gemeinsamen Wissens-austauschs nicht geeignet ist, da die Verbindlichkeit zu antworten, zu gering ist. Die Vielzahl von E-Mails, die tagtäglich auf eine Person einströmen, beeinflusst das Antwortverhalten negativ. Ein E-Mail-Verteiler unterstützt ein eher loses gekoppeltes Netzwerk von verschiedenen Akteuren, die sich gegenseitig mehr oder weniger gut oder gar nicht kennen. Ein E-Mail-Verteiler ist für einen Informations-austausch, aber nicht für einen Wissensaustausch geeignet. Zudem sind die Informationen nicht zentral gespeichert, sondern nur in Form von E-Mails auf den jeweils eigenen Computern der Akteure dezentral verteilt. Damit geht ein potentieller Wissensverlust einher.

Eine Community unterstützt mehr als ein E-Mail-Verteiler, die Entwicklung sozialer Nähe und unterstützt somit die Kultivierung eines gemeinsamen Wissensaustauschs. Bei einer Community steht nicht der Wissensaustausch im Vordergrund, sondern die Teilhabe an einer Community (soziale Nähe), die eigene Studienbewältigung, Erfolge und Misserfolge mit anderen teilen zu können und gemeinsam voneinander zu lernen (vgl. These 5).

An der Universität A gibt es bei der zentralen Studienberatung eine Community names *„Udo.edu-Community"*, in der zu bestimmten Zeiten ein *Chat-Raum* angeboten. Dort stehen zu speziellen Themen Experten/innen zur Verfügung, die zu bestimmten Zeiten die Anfragen von Studierenden relativ synchron, d.h. zu gleicher Zeit online beantworten (vgl. Walker). *„Das ist natürlich ein wunderbares Medium, um ganz verschiedene Beteiligte aus der Hochschule zusammen zu bringen, zu einem festen Zeitpunkt"* (Walker). Die zentrale Studienberatung hat einige universitäre Rollen aus den Verwaltungsbereichen in die Chat-Räume einbezogen. Bspw. gibt es viele Anfragen zur Einschreibung und zu den Studiengebühren, die dann von den Rolleninhaber/innen des Studierendensekretariats und des Prüfungsamts, beantwortet werden. Dies erfolgt zu den bestimmten Zeiten, die vorher koordiniert und abgesprochen werden. *„Und da haben wir den Sachverstand der Hochschule versammelt und können den über das Medium auch wirklich bündeln"* (Walker).

Wenn die Studienberatung per Chat angeboten wird, ist zu klären, welche Rollen als Experten/innen eingebunden werden (können), und ob die Betreffenden geeignet und in der Lage sind, zu *chatten*. So wurden Sachbearbeiter/innen des Prüfungsamts angefragt, ob sie am Chat als Experten/innen teilnehmen würden. Allerdings wurde ihnen, um Hemmschwellen abzubauen, zunächst eine *Ausprobier-Phase* ermöglicht, in der sie die Bedienung und Nutzung des neuen Mediums erlernen konnten. Ein Vorteil der Mitarbeiter/innen des Prüfungsamtes ist, das sie besondere Beratungs-Kompetenzen vorweisen können, weil sie genügend Erfahrung mit telefonischer Auskunft haben und daher den „Druck" kennen, schnell Auskunft geben zu müssen, *„da drin sind die schon ganz geschult"* (Walker). *„Die Situation, am Telefon Auskunft geben zu müssen, es sofort auf den Punk zu bringen, weil sie die Leute nicht immer wieder zurückrufen können, das ist eine hohe Anforderung. Darin sind gerade die Verwaltungsmitarbeiter gestärkt. Die kriegt man schon mit einem bisschen Überreden und Ausprobieren dazu, sich auf die neuen Medien einzulassen. Weil die Situation für die nicht neu ist. Und so ein Chat ist fast noch ein bisschen distanzierter als dieses Telefon"* (Walker).

Bei anderen Rolleninhaber/innen wie bspw. den Studienberater/innen ist ein Chat-Angebot möglicherweise problematischer, falls sie keine Affinität zum Chat aufweisen oder in einem Alter sind, die nicht mit dieser Kommunikationsform aufgewachsen sind, und die eine Beratung in der Regel nicht professionell machen, sondern dies als Selbstverwaltungsjob eher nebenbei erledigen. Sie können dementsprechend nicht gelernt haben, professionell zu chatten, d.h. kurze und präzise Antworten auf die Anfragen von Studierenden zu geben. Obwohl sie in der Regel sehr engagiert sind, sind sie aber gleichzeitig auch permanent überfordert *„in dem Sinne, dass sie sehen, dass sie den Sachen nicht gerecht werden können"* (Walker), bspw. aufgrund des Zeitmangels und hoher Arbeitsbelastung.

Zusammenfassend ist festzuhalten, dass die Einrichtung eines Chat-Raumes für einen gemeinsamen Wissensaustausch zur Studienorganisation das Wissen der universitären Rollen zu einem bestimmten Zeitpunkt bündelt, jedoch mit dem Mehraufwand, die zeitgleiche Anwesenheit der beteiligten (Experten-) Rollenträger/innen koordinieren zu müssen. Mit einer Chat-Möglichkeit als neue Beratungsform entstehen hohe Qualitäten von inhaltlich-fundierten Aussagen und schnell erhaltende Informationen für die Studierenden. Allerdings sind hier mögliche Hemmschwellen der beteiligten Rollen zu beobachten, die bei der Anwendung dieses Systems auftreten, entweder durch Nutzungsängste (auch auf Seiten der Studierenden) oder durch fehlende Rollen-Ressourcen (bspw. zeitliche Engpässe) der universitären Rollen. Nutzungsängste können ggf. durch die Art und Weise der Heranführung minimiert werden.

Neben der Pflege der statischen Webseiten wurde auch der Aufbau einer FAQ-Liste („frequently asked questions") d.h. die häufigsten gestellten Fragen und ihre Antworten, von einigen wenigen Experten/innen angesprochen (Smith und White). Diese FAQ-Liste sollte ihrer Meinung nach von den offiziellen Hauptrollen erstellt werden. *„Schön wäre es, wenn die Studienberater, die Fachschaft und vielleicht das Dekanat zusammen eine FAQ–Liste erstellten, die man auch vernünftig editieren kann"* (Smith). Beispielsweise können auch aus vorhandenen Online-Foren die wichtigsten Fragen übernommen werden. *„Ich glaube schon, dass es in dem Sinne Sinn machen würde, die E-Mail-Anfragen an die Studienberater aufbereitet ins Internet zu stellen. Dass man die Anfragen in inpud einstellen könnte, das macht natürlich Sinn, das ist überhaupt kein Thema, denke ich"* (White). Allerdings stellt sich bei einer solchen FAQ-Liste die Frage, wer dies regelmäßig pflegt. Die Studienfachberater/innen an der Universität A hatten früher eine solche Liste, die aber aufgrund der Nicht-Aktualisierung schnell veraltet ist, und hatte so wenig bis gar keinen Nutzen für die Studierenden. Eine **FAQ-Liste** ist daher nur für solche Informationen geeignet, die sich über die Zeit wenig bis gar nicht ändern.

In der Inpud-Community konnte beobachtet werden, dass Studierende eher die Online-Foren nutzen, vermutlich weil sie sich aktiv an der Community-Bildung und -Entwicklung beteiligen können, möglicherweise auch weil es schneller ist, eine Frage ins Web zu stellen, anstatt in einer FAQ-Liste zu passende Antwort zu suchen, von der erwartet wird, dass es so etwas geben sollten, aber häufig nicht vorhanden ist oder die veraltete Informationen beinhaltet, weil sich keine Rolle für die Aktualisierung zuständig fühlt (wie dies bspw. in der Studienfachberatung beobachtet werden konnte). Als Zwischenbefund ist festzuhalten, dass Online-Diskussionsforen den FAQ-Listen bevorzugt werden, weil die Nutzer/innen erwarten, dass in den Online-Foren aktualisiertes und differenziertes „Insider"-Wissen ausgetauscht wird. Studierende nutzen eher die Online-Foren, weil sie an denen selbst aktiv teilhaben und gezielt Fragen stellen können. *Die Kommunikation in den Online-Foren hat im Gegensatz zur FAQ-Liste (passives Abrufen von Informationen) einen sozialen Beziehungscharakter.*

8. Kultivierung von soziotechnischem Wissensaustausch

Im vorliegenden Kapitel werden auf Basis der empirischen Ergebnisse Interpretationen bzw. Empfehlungen in Form von Anregungen abgeleitet.

Die in Kapitel 7.2. erstellten Thesen und Forschungsfragen, die anhand der empirischen Daten enstanden sind, werden in diesem Kapitel stärker aufeinander bezogen und verknüpft, mit dem Anspruch ein ganzheitliches Bild der empirischen Daten zu erhalten sowie zentrale Ergebnisse und Empfehlungen – in Form von Thesen – ableiten zu können. Dabei wird ein Bild zum Wissensaustausch zur Studienorganisation an der Universität gezeichnet, welches auf die Gestaltung von Wissensaustauschprozessen in Organisationen anwendbar ist, die ähnlich wie die Organisation der Universität strukturiert sind.

Hierbei ist zu berücksichtigen, dass die Empfehlungen auf einer empirischen qualitativ-explorativen Untersuchung basieren, und daher in einer weiteren Untersuchung noch zu prüfen sind. Die im Folgenden genannten Konsequenzen und Empfehlungen sind also eher als Anregungen zu verstehen.

Das Aufeinander-Beziehen der Thesen wird nach dem Schema der *grounded theory* Methodologie (Strauss & Corbin 1990) vollzogen. Die Bedingungsmatrix beinhaltet die drei Dimensionen „Ausgangslage", „Interaktionsproblem" und „Folge/Fazit". Die Thesen werden in dieses Schema einsortiert. Zudem wurde der vierte Aspekt „Verbesserungen und Empfehlungen" und als fünfter Aspekt „abgeleitete weiterführende Forschungsfragen" hinzugefügt. Eine ausführliche Beschreibung der abgeänderten Bedingungsmatrix erfolgte in Kapitel 6.2.2. (vgl. Tabelle 14). Die Einordnung der Thesen (vgl. Kapitel 7.2) in die Bedingungsmatrix führt zu insgesamt drei grundlegenden Problemfeldern.

Ein Wissensaustausch, an dem unterschiedliche Rolleninhaber/innen beteiligt sind, erfordert eine Rollenüberwindung bzw. Rollenveränderung, um einen gemeinsamen effektiven Wissensaustausch zu ermöglichen. Daher war die Frage der vorliegenden Arbeit, in welchem qualitativen Maße Rollen und deren Veränderungspotential unterstützt werden können, um einen rollenübergreifenden Wissensaustausch zu kultivieren. Die Beschreibungen und Ableitungen der empirischen Ergebnisse zum Wissensaustausch und die daran beteiligten bzw. nicht beteiligten Rollen in der dezentral strukturierten Organisation der Universität verdeutlichen, dass ein Wissensaustausch zur Studienorganisation zwar in Ansätzen vorhanden ist, dass aber rollenübergreifendes Wissen nur marginal ausgetauscht wird.

Ein erstes Wissensmanagement wurde mit der Kultivierung der Inpud-Community unterstützt. Um einen gemeinsamen Wissensaustausch in der Organisation der Universität kultivieren zu können, ist eine Rollenveränderung durch unterschiedliche Unterstützungsmaßnahmen zu aktivieren sowie die Wahrnehmung dieser Veränderung zu unterstützen.

Die empirische Untersuchung zeigt, dass eine gemeinsame Wissensaustauschpraxis zur Studienorganisation durch unterschiedliche Kommunikationsformen zu unterstützen ist, da sich zwei Gruppen von Rolleninhaber/innen strukturell voneinander unterscheiden. Die Organisationsmitglieder der universitären Rollen einerseits und die Studierenden andererseits. Studierende sind eine eher homogene Gruppe mit gleichen bzw. ähnlichen Bedürfnissen, die zum Ziel haben, dass Studium erfolgreich zu absolvieren. Die Organisationsmitglieder der universitären Rollen sind eher heterogen, bspw. wissenschaftliche und nicht-wissenschaftliche Angestellte, die sich insbesondere durch einen Arbeitsvertrag kennzeichnen lassen und deren vorrangiges Ziel es ist, die im Arbeitsvertrag stehenden Tätigkeiten auszuführen. Es liegt auf der Hand, dass Mitarbeiter/innen des Studierendensekretariats andere Tätigkeiten und Ziele verfolgen, als Professoren/innen und Dozenten/innen. Die Organisation ist also durch eine hohe Rollenkomplexität, hierarchische Abhängigkeiten im Arbeitskontext und zeitlich-räumliche Nähe geprägt (die Büros sind in der Regel auf dem Campus). Diese unterschiedlichen Bedingungen sind bei der Kultivierung eines gemeinsamen rollenübergreifenden Wissensaustauschs zu berücksichtigen.

Die drei Problemfelder werden nun übersichtlich zusammengefasst und anschließend, in den folgenden Unterkapitel 8.1, 8.2 und 8.3, detailliert erläutert:

- In der Organisation der Univiersität wird die Rollenübernahme vom Neuling zum Organisationsmitglied (Studierende/r) nicht unterstützt (Problemfeld 1).

- Die rollenübergreifende Vernetzung und Zusammenarbeit der universitären Rollen ist kaum ausgeprägt; es ist nur eine geringe Koordination vorhanden (Problemfeld 2).

- Die sozialen, aber auch technischen Systeme erhalten eine System/Umwelt-Differenz aufrecht, die jedoch unter Berücksichtigung bestimmter Faktoren mittels einer Community-Kultivierung „überwunden" werden kann (Problemfeld 3).

Die zentralen Problemfelder zeigen, dass es nicht verwunderlich ist, dass die Studienorganisation (Studienplanung und Studiendurchführung) an den Universitäten nicht so funktioniert, wie es für einige Betrachter/innen wünschenswert und angemessen gehalten wird. Die Rolleninhaber/innen der universitären Haupt- und Nebenrollen sind zwar nicht handlungsunfähig, jedoch kann man sich nicht dem Eindruck verwehren, dass die verschiedenen Rollen(inhaber/innen) gleichzeitig auch verschiedene Interessensgruppen etablieren (Studienfachberatung, zentrale Studienberatung, Studierende, Studierendenekretariat, Prüfungsamt etc.), die eher gegeneinander arbeiten anstatt miteinander. Ein Wissensaustausch scheint daher unter den gezeigten Bedingungen nur schwer vorstellbar. Es fehlt an Kooperation und Koordination zwischen den universitären Rollen.

8.1. Problemfeld 1: Rollenübernahme und Vernetzung Studierender

These 33 zeigt, dass Neulinge (Studienanfänger/innen) die Universität als kompliziertes Organisations-Labyrinth wahrnehmen, und ihre neue Studierenden-Rolle übernehmen, ohne tatsächlich zu wissen, was von ihnen erwartet wird. Sie wissen, dass sie ein Fach studieren wollen, sie wissen aber nicht, welche genauen studienorganisatorischen (Planungs-)Aufgaben damit verbunden sind. Probleme treten auch dann auf, wenn die vorhandenen Rollenbilder sich unterscheiden und teils widersprechen (These 32). Die Universität bspw. erwartet von Studierenden, dass sie sich selbst-organisieren und selbst-gesteuert lernen (vgl. Kategorie 6 in Kapitel 7.2.6). Studierende und insbesondere neue Studierende sehen sich selbst aber häufig als „Kunde" und die Universität als Dienstleisterin, die kunden(un)-freundlich ist[157]. Hierbei wird vernachlässigt, dass Studierende nicht nur Wissensaneigner, sondern auch Wissensvermittler sind (These 4), d.h. Studierende werden häufig nur als Konsumenten betrachtet (vgl. Tabelle 14a, Ausgangslage).

Mit den diskrepanten nicht-deckungsgleichen Rollenerwartungen gehen Erwartungsbrüche einher, die zu unterschiedlichem Verhalten der Rolleninhaber/innen führen (These 31). Die Bedürfnisse der Rolleninhaber/innen werden nicht abgeglichen. Problematisch ist auch, dass es keine bzw. eine nur geringe Integration und Beteiligung der offiziellen Hauptrollen am Rollenübernahme-Prozess gibt (vgl. Kategorie 1, Kapitel 7.2.1, vgl. Tab. 14a, Interaktionsproblem).

---

[157] Diese Sichtweise wird mit Einführung der Studiengebühren vermutlich zunehmen.

Die Folge ist, dass sich Neulinge selbst überlassen werden: Es entstehen (subtile) Rollenkonfusitäten, die zu Konflikten bei der Wissensvermittlung führen, da unterschiedliche teils gegensätzliche Rollenbilder mit der Erwartung von unterschiedlichen Wissensbedarfen einher gehen, die das Bereitstellen von entweder nicht-benötigen Informationen oder das nicht Vermitteln von benötigem Wissen zur Folge haben. Diese Rollen-Konfusitäten bewirken, dass es nur einen geringen bis keinen rollenübergreifenden Wissensaustausch gibt, stattdessen ist eine eher einseitige Wissenssuche durch die Neulinge selbst zu beobachten. Zudem wird vernachlässigt, dass die Rollenübernahme der Studierenden-Rolle, ein Lernprozess ist (These 33; vgl. Tabelle 14a, Folgen).

	Problemfeld 1
Ausgangs-lage	• Universität ist aus Sicht Studienanfänger/innen ein kompliziertes Organisationslabyrinth (These 33) • Rollenübernahme der Studierenden-Rolle ist problematisch: diskrepante Rollenbilder (Kunde, Mitarbeiter, Selbstorganisator; These 32) führen zu diskrepantem Verhalten gegenüber Studierenden • Es wird vernachlässigt, dass Studierende nicht nur Wissensaneigner, sondern auch Wissensvermittler sind (These 4), d.h. Studierende werden häufig nur als Konsumenten betrachtet
Inter-aktions-problem	• Neulinge übernehmen die neue Rolle Studierende ohne tatsächlich zu wissen, was von ihnen erwartet wird; abrupte Veränderungen der Erwartungen (Erwartungsbruch, These 31) • Es gibt keine bzw. eine nur geringe Integration/ Beteiligung der offiziellen Hauptrollen am Rollenübernahme-Prozess (vgl. Kategorie 1, Kapitel 7.2.1)
Folge(n)	• Diskrepante Rollenbilder führen zu unterschiedlichen Vorstellungen von Wissensbedarfen, mit der Folge der falschen Informations-Aufbereitung und -Vermittlung • Neulinge werden sich selbst überlassen, d.h. es wird vernachlässigt, dass Rollenübernahme ein Lernprozess ist, der aktiv zu unterstützen ist (These 33) • Rollen-Konfusitäten: es gibt nur geringen bis keinen rollenübergreifenden Wissensaustausch, sondern eher einseitige Wissenssuche durch die Neulinge selbst.

Tab. 14a: Problemfeld 1, Rollenübernahme u. Vernetzung von Studierenden

Die Kultivierung einer Wissensaustausch-Community zur Studienorganisation hängt von folgenden **Erfolgs-Faktoren** ab (vgl. Tabelle 14b, Empfehlungen):

Problemfeld 1, Empfehluungen (Unterstützungshilfen)

1. Technische Unterstützungshilfen (zur Community-Bildung) für Studierende, zum Aufbau sozialer Nähe und stärkere Vernetzung untereinander (These 5), Vertrauensvorschuss nutzen (These 25): Förderung verbesserter Kooperation zw. universitären u. inoffiziellen Hauptrollen
   a) Wissensaustausch durch Community-Kultivierung bei einer hohen Anzahl von Studierenden (These 5), da diese viele Kontakte auf Basis einer Online-Präsenz ermöglicht (These 6). Erst die Technik ermöglicht soziale Nähe u. Kontaktaufbau bei einer hohen Personenanzahl einer überwiegend homogenen Gruppe.
   b) Hauptverantwortliche Moderation durch universitäre Rollen (These 45)
   c) Niedrig-schwelliger Zugang zur Community (These 44)
   d) Verwobenheit von studienorganisatorischen Aufgaben und Online-Kommunikation (These 37)
   e) Informationen holen und bringen, d.h. Push- und Pull-Mechanismen unterstützen (These 43)
2. Unterstützungen beim Lernfortschritt der Rollenübernahme „Organisationsmitglied" ermöglichen (These 34): Feedback und Commitment durch Community-Kultivierung (evt. gut-geplante Mentoren-Programme, vgl. bspw. US-amerikan. Ansatz), Aneignung von Rollenfremdbilder durch Perspektivenübernahme (These 30), rollenbedarfsgerechter Austausch von Wissen durch Community-Bildung (These 38)
3. Einführungsveranstaltungen für Neulinge mit erfahrenen Studierenden (inoffizielle Hauptrolle) mit Beteiligung der offiziellen Hauptrollen (vgl. Kategorie 1 in 7.2.1), stärkere Beteiligung der universitären Hauptrollen. Klären, welches die Hauptrollen sind bzw. sein sollten (These 2). Vermittlung von klaren Erwartungen, Wertschätzung Studierender als Wissensvermittler (These 4).

Tab. 14b: Problemfeld 1, Empfehlungen

(1) Für Studierende ist eine soziotechnische Community vorteilhaft, da ihre Kommunikation dann auch auf webbasierten Online-Foren basiert, und sie dort Hilfestellungen von Rolleninhaber/innen in gleicher Position und ähnlichen Problemlagen erhalten (Aufbau sozialer Nähe, These 5). Weil Studierende sich ihn ähnlicher Lage sehen, geben sie den anderen einen bestimmten Vertrauensvorschuss (These 25), da sie davon ausgehen (können), dass die gleichen Interessen verfolgt werden.

(a) Eine soziotechnische Community unterstützt Studierende soziale Nähe untereinander aufzubauen, sich somit stärker zu vernetzen und gegenseitig zu helfen. Kapitel 7.2.2 zeigt, dass eine Vernetzung unter Studierenden zum gemeinsamen Wissensaustausch zur Studienorganisation zunächst nur wenig ausgeprägt war, die aber durch eine technische Unterstützung gefördert werden konnte (These 5). In dezentralen Strukturen kann ein soziotechnischer Wissensaustausch durch eine Community-Kultivierung gefördert werden, mit dem Ziel insbesondere die informelle Kommunikation zu unterstützen. Durch eine computer-technische Unterstützung des Wissensaustauschs, wird es einer hohen Anzahl von Personen ermöglicht, Kontakt untereinander aufzunehmen und sich zusammen zu finden, was ohne technische Unterstützung nicht möglich wäre (These 6). Allerdings unter der Bedingung, dass diese Personen eine eher überwiegend homogene Gruppe sind. Bei heterogenen Gruppen in hierarchischen Abhängigkeitsverhältnissen im Arbeitskontext sind andere Bedingungsfaktoren zu beachten (vgl. Problemfeld 2). Es muss weiterhin die Möglichkeit von face-to-face-Beratungsgesprächen bestehen, bspw. bei persönlichen und komplizierten Problemen, die nicht Online besprochen werden können.

(b) Um eine Glaubwürdigkeit und einen (hohen) Stellenwert der soziotechnischen Community in der Organisation der Universität zu gewährleisten, ist es unerlässlich, dass die Community von offiziellen universitären Hauptrollen hauptverantwortlich unterstützt wird. Das bedeutet, dass mindestens eine dieser Rollen (bspw. Studienfachberatung) moderiert (These 45). Allerdings darf nicht zu sehr eingegriffen werden, sondern es sollte eine eher gemäßigte zurückhaltende Moderation sein, um durch die Community-Mitgliedern selbst eine gemeinsame Wissensaustausch-Kultur zu erzeugen. Eine zurückhaltende Moderation funktioniert, wenn den Beteiligten ersichtlich ist, welche Themen in welchen Foren diskutiert werden dürfen und welche nicht. Diese so genannten *Off-Topic* Inhalte müssen daher in den Beschreibungen beim Zugang zu den Foren sichtbar sein. Ebenso muss deutlich werden, dass Off-Topic Inhalte, die nicht an dieser Stelle diskutiert werden dürfen, von den Moderatoren gelöscht werden.

(c) Die Startphase der Community-Kultivierung, d.h. die Überwindung einer kritischen Masse, ist durch einen **niedrig-schwelligen Zugang** zu unterstützen (These 44). Das bedeutet erstens, dass das Lesen von Beiträgen auch ohne Registrierung zu unterstützen ist, um die Nutzungsvorteile der Community sichtbar zu machen und zweitens, dass nur wenige Daten bei der Registrierung abgefragt werden. Je weniger Daten bei der Registrierung abgefragt werden, desto mehr potentielle Interessierte werden aktive Nutzer/innen. Im Falle der Inpud-Community werden nur der Name und eine E-Mail-Adresse abgefragt.

(d) Die Community ist als **soziotechnische Form** zu kultivieren, d.h. dass auch face-to-face-Kommunikationen einzubinden und mit einem Online-Wissensaustausch zu verknüpfen sind. Bspw. können die in Präsenzveranstaltungen (Übungsgruppen, Seminare) angeregten fachlich-inhaltlichen Diskussionen zu Aufgaben- oder Übungszettel von zuhause online weitergeführt werden. Bei einer soziotechnischen Community ist auf die Verwobenheit von studienorganisatorischen Aufgaben und den Inhalten der Community zu achten (These 37), um das „Mehr" an Nutzen zu verdeutlichen.

(e) Eine Wissensaustausch-Vernetzung wird auch durch die technische Unterstützung der Bring- und Holschuld – Informationen bringen und holen – gefördert, die mit „Push & Pull-Mechanismen" umgesetzt werden können. Beispielsweise kann die Anfrage eines/r Studierenden in einem Online-Forum als E-Mail-Bericht an die entsprechende Rolle weitergeleitet werden mit der Bitte, diese Anfrage zu beantworten oder zur neu eingestellten Information (im technischen System) Stellung zu nehmen. Dies ist teilweise in Inpud umgesetzt. Eine weitere Möglichkeit ist es, eine Voreinstellung im technischen System vorzunehmen und einen E-Mail-Bericht an die Studienfachberatung zu senden, wenn die Informationen bereits ein Semester alt und zu überarbeiten sind (These 43). Solche und ähnliche Umsetzungen sind mögliche Lösungen um einen potentiellen Mehraufwand zu vermeiden oder möglichst gering zu halten (vgl. Problemfeld 2).

(2) Durch eine soziotechnische Community-Kultivierung kann auch der Rollenübernahme-Lernprozess vom Neuling zum Studierenden durch Feedback-Mechanismen effektiv unterstützt werden (These 34). Die Community-Mitglieder können ihrerseits Feedback geben, da in der Community nicht nur eine Rolle (bspw. nur Neulinge), sondern auch Studierende älteren Semesters sowie einige universitäre Rollen (bspw. Studienfachberater/innen und Dozenten) zusammen treffen. Das eigene Rollenbild (Rollen-Selbstbild) und der Prozess der Rollenbild-Entstehung sollten verstärkt in das Bewusstsein der Rolleninhaber/innen rücken. Für den gemeinsamen Wissensaustausch ist es hilfreich, wenn die Rolleninhaber/innen nicht nur ihre eigene Rolle im Blickfeld haben, sondern auch die Rollenverständnisse der anderen Rollen kennen. Dies ist möglich, wenn die Rolleninhaber/innen die Perspektive der jeweils anderen Rolle einnehmen (Perspektivenübernahme, These 30) und aus dieser Sicht das Organisationssystem zu verstehen versuchen, und somit Transparenz erhalten welche Informationen welche Rolle benötigen. So wird die informelle Kommunikation unter den Studierenden gefördert, und es wird ein rollenbedarfsgerechter Austausch von

Wissen ermöglicht (These 38). Hierbei steht nicht nur die Vermittlung von Wissen, sondern **das aktive Auseinandersetzen mit den Meinungen anderer** im Vordergrund. Die Form des Wissensaustauschs mittels Online-Foren ist auch deshalb so erfolgreich, weil die einzelnen Studierenden nicht mehr in der anonymen Masse sind. Sie können sich gemäß ihrem Wissenspotential einbringen und eine Gemeinsamkeit in der Community erleben.

(3) Es ist eine stärkere Beteiligung der Hauptrollen am Rollenübernahme-Prozess notwendig, um Neulinge in der Rollenentwicklungsphase zu unterstützen und ihnen somit zu helfen, einen angemessenen Studienverlauf planen und durchführen zu können. Um für die Zielgruppen-Rolle der Studierenden als Hauptrolle wahrgenommen zu werden, müssen sich die wichtigen Rollen – Haupt- und Nebenrollen – an der Studienorganisation beteiligen und präsent sein (These 2). Dadurch können Erwartungen als auch Vertrauen an einzelne Personen und/oder an Rollen gekoppelt werden (These 3). Eine stärkere Beteiligung der offiziellen Hauptrollen an den Einführungsveranstaltungen erfordert, dass sich die Studienorganisation-Beteiligten bewusst werden müssen, wer die Hauptrollen sind bzw. sein sollten (vgl. Kategorie 1 in Kapitel 7.2.1). Haupt- und Nebenrollen zu identifizieren und zu priorisieren, ist somit eine wesentliche Bedingung für einen erfolgreichen soziotechnischen Wissensaustausch. Eine **Einführungsveranstaltung als Präsenzveranstaltung mit den studienorganisatorischen Haupt- und Nebenrollen** ist für die Studienorganisation und einem daran anknüpfenden Wissensaustausch notwendig, um Studierende zu unterstützen, soziale Nähe zu den universitären offiziell etikettierten Hauptrollen aufbauen zu können. Denn anders als zu ihren Mitstudierenden ist eine soziale Nähe zu den universitären Rollen zunächst nur wenig ausgeprägt vorhanden. Eine Interaktion bzw. Kooperation zwischen Studierenden und universitären Rollen ist auch durch die Vermittlung von klaren Erwartungen und einer Wertschätzung Studierender als Wissensvermittler zu verbessern (These 4).

In Tabelle 14c sind weiterführende Forschungsfragen aufgeführt, die im Rahmen dieser Untersuchung unbeantwortet blieben bzw. sich hieraus ergaben.

Problemfeld 1, weiterführende Forschungsfrage(n)
• Wie sind Feedbackmechanismen für den Lernprozess der Rollenübernahme zu gestalten?
• Werden die diskrepanten Rollenbilder durch die Unterstützung des Rollenübernahmeprozesses minimiert bzw. verschwinden, und fördern sie damit einen Wissensaustausch?
• Wie sehen die Rollenbilder zur Studierenden-Rolle an Universitäten in anderen Ländern aus (bspw. in den Skandinavischen Ländern oder USA) und wie wird der Rollenübernahme-Lernprozess dort gestaltet (bspw. Vergleich der Mentoren-Programme, Commitment-Förderung etc.)? Was können deutsche Universitäten im Umgang mit Studierenden von (Elite-) Universitäten (in anderen Ländern) lernen?

Tab. 14c: Problemfeld 1, Forschungsfragen

8.2. Problemfeld 2: Kooperation der universitären Rollen

Im Problemfeld 2 wird die eher geringe Vernetzung, Zusammenarbeit (Kooperation) und Koordination der universitären Rollen zur gemeinsamen Studienorganisation erläutert. Die empirischen Daten haben gezeigt, dass eine derzeitige Vernetzung der Hauptrollen kaum vorhanden ist (vgl. Kategorie 3 in Kapitel 7.2.3). Bspw. gibt es Informationen für Neulinge zeitlich gesehen nur „vor" dem Einschreiben und während der Einführungsveranstaltungen. Darüber hinaus gibt es kaum gezielte Informationen von den Hauptrollen an neue Studierende. Dies führte zur Aussage eines Experten, der sagt *„wir haben die Rollen, aber wir haben kein Drehbuch"*, was soviel bedeutet, dass die Wissensaustauschprozesse nicht aufeinander abgestimmt sind. Hinzu kommt, dass die offiziellen Hauptrollen, Informationen und relevantes Wissen besitzen, sich aber nicht am gemeinsamen Wissensaustausch beteiligen (vgl. Tabelle 15a, Ausgangslage).

Problematisch ist, dass die Studienfachberatung ein Selbstverwaltungsjob ist, der eine eher geringe Anerkennung hat. Es gibt nur wenige bis keine Erwartungen aus dem Fachbereich an die Studienfachberatung. Somit ist die Studienfachberatung aus Sicht des Fachbereiches eher belanglos. Dagegen bestehen hohe Erwartungen von der zentralen Studienberatung (vgl. Kapitel 7.2). Hinzu kommt, dass historisch – im Zeitverlauf betrachtet – jede Rolle ein eigenes technisches System (meist in Form einer Datenbank) erzeugt hat, die eine Aufrechterhaltung der System/Umwelt-Grenze gegenüber den anderen universitären Rollen – und somit eine vermeintliche

Abschottung – legitimiert (These 16). Diese Faktoren beeinflussen die Kommunikationsbeziehungen und die gemeinsame Zusammenarbeit.

Innerhalb des Beobachtungszeitraums wurden erste Aktivitäten für eine Verbesserung der Zusammenarbeit von der zentralen Studienberatung durchgeführt. Bpsw. wurde an der Universität A die Studienfachberatung in ihrer Rolle gestärkt. Dazu wurde in den „Amtlichen Mitteilungen" der Universität die Wichtigkeit dieser Rolle gesetzlich verankert. Allerdings ist diese Stärkung bisher nur auf dem Papier vollzogen, aber in den Handlungsweisen der Akteure nicht integriert. Ebenso wird auf die neue Rolle des Studiendekans hingewiesen, der an jedem Fachbereich als zentrale Rolle der Studienfachberatung agieren sollte. Auch dies ist auf dem Papier vorhanden, aber nicht in jedem Fachbereich realisiert worden. Zudem wurde an der Universität A das Studierendensektratariat und das Prüfungsamt für eine verbesserte Zusammenarbeit in ein Gebäude zusammengelegt (These 10) und umbenannt in „*Zentrale für Studienangelegenheiten*".[158] Allerdings bleibt abzuwarten, ob das Umbenennen und das physische Zusammenlegen von Rollen auch positive Auswirkungen auf deren Zusammenarbeit hat.

Des Weiteren zeigen die empirischen Ergebnisse eher unkoordinierte Wissensaustauschprozesse. Die befragten Universitäten haben zwar bereits erste Anstrengungen übernommen, um den gemeinsamen Wissensaustausch besser aufeinander abzustimmen, jedoch wurde dies nicht weiter verfolgt. Bspw. wurde an der Universität A ein Qualitätszirkel der Studienfachberater/innen aller Fachbereiche unter Leitung der zentralen Studienberatung eingeführt (in Form von Präsenzveranstaltungen). Problematisch ist auch, dass die wenigen Aktivitäten zur Studienorganisation auf die innerorganisationalen Strukturen abzielen und weniger den Wissensaustauch mit Studierenden zu unterstützen versuchen. So wird die Einführungsveranstaltung für Neulinge in der Hand der Fachschaft gelassen, ohne zu thematisieren, ob eine Mitarbeit der universitären offiziellen Hauptrollen sinnvoll sei (vgl. Tabelle 15a, Interaktion/Probleme).

Folgen der eher geringen Kooperation der universitären Rollen sind ein erhöhter Zeitaufwand und ein Wissensverlust für die studienorganisatorischen Rolleninhaber/innen: Nicht alle relevanten Rollen sind am Wissensaustausch beteiligt (These 12), und es ist nicht sichtbar, welche Rollen für welche Aufgaben

---

[158] An der Universität B wird es Studien-Support-Zentrum genannt.

verantwortlich sind (geringe Transparenz der Rollen-Verantwortlichkeiten, These 18, vgl. Tabelle 15a, Folgen).

	Problemfeld 2
Ausgangslage	• Geringe Vernetzung und schwache Zusammenarbeit der universitären Rollen zur Studienorganisation (vgl. Kategorie 3, Kapitel 7.2.3)
Interaktion / Probleme	• Studienfachberatung ist Selbstverwaltungsjob, eher geringe Anerkennung, keine Erwartungen aus dem Fachbereich an Studienfachberatung (eher belanglos) - Dagegen bestehen hohe Erwartungen von der zentralen Studienberatung (vgl. 7.2); große Vielfalt technischer Systeme führt zur Abschottung (These 16) • Zu beobachtende Aktivitäten sind: Studienfachberatung wurde gestärkt und neue Rolle Studiendekan eingeführt, aber nur auf dem Papier; Zusammenführung von Rollen (These 10, Umzug in ein gemeinsames Gebäude); gemeinsame Veranstaltung aller Studienfachberater/innen (Qualitätszirkel)
Folge(n)	• Es ist nicht sichtbar, welche Rollen für welche Aufgaben verantwortlich sind (geringe Transparenz der Rollen-Verantwortlichkeiten, These 18) • Fazit: Nicht alle relevanten Rollen sind am Wissensaustausch beteiligt (These 12), Wissensverlust für die beteiligten Rollen

Tab. 15a: Problemfeld 2, Kooperation universitärer Rollen zur Studienorg.

Für die universitären Rollen, die sich in hierarchischen Abhängigkeiten im Arbeitskontext befinden, hängt die Kultivierung zu einer Wissensaustausch-Community von anderen Faktoren ab als bei einer homogenen Gruppe (bspw. Studierende; siehe Problemfeld 1). Die Beteiligung an einem gemeinsamen Wissensaustausch zur Studienorganisation und die Kultivierung einer Community hängt von folgenden **Erfolgsfaktoren** ab (vgl. Tabelle 15b, Empfehlungen):

(1) Vertrauen aufbauen: Durch die hohe Rollenkomplexität in der Organisation der Universität (These 14) kommt es zu Kooperations- und Koordinationsproblemen. Insbesondere ist die Unterstützung zur Vertrauensbildung wesentlich (These 25), die eine face-to-face-Kommunikation und Präsenzveranstaltungen – zumindest bei hierarchischen Arbeitsabhängigkeiten – unentbehrlich machen (These 11). Anders als bei homogenen Gruppen geben Beteiligte in heterogenen Gruppen weniger Vertrauensvorschuss. Sie bauen erst Vertrauen auf, wenn sie die anderen persönlich kennen gelernt haben und wissen, welche konkreten Köpfe sich hinter welchen Namen verbergen. Daher ist der Aufbau einer Vertrauensbasis für den weiteren Verlauf eines gemeinsamen Wissensaustauschs förderlich.

Problemfeld 2, Empfehlungen

1. Bei hierarchischen Abhängigkeiten im Arbeitskontext und hoher Rollenkomplexität (These 14) ist face-to-face-Kommunikation notwendig (These 11), um Vertrauensaufbau zu ermöglichen; vertrauensbildende Maßnahmen sind in diesem Fall zur rollenübergreifenden Zusammenarbeit notwendig (These 25)
2. Transparenz der Rollen-Verantwortlichkeiten (These 18), aber keine prinzipielle Transparenz (Informationsüberflutung, These 20), förderlich ist systemrelative Transparenz der Aufgaben (These 19), webbasiertes interaktives Rollogramm (These 48), Rollen bündeln (räumlich, organisatorisch, These 10)
3. Wissensdatenbank mit soziotechnischer Community verknüpfen (eskalatives Helpdesk, These 47)
4. Formale Anerkennung der eher informellen Rollen (These 13), höhere Anerkennung der Selbstverwaltungsrollen (These 41)
5. Promotorenrolle als zentrale Koordinatorrolle fördern (These 15)
6. Nutzungsvorteile des gemeinsamen Wissensaustausch aufzeigen: bspw. weniger Beratungsaufwand; Zugriff auf höheres soziales Kapital, demzufolge mehr Wissen (These 7)
7. Rollenselbst- und Rollenfremdbild, Perspektivenübernahme fördern (These 30)
8. Rollen stärken, die am Wissensaustausch zur Studienorganisation beteiligt sind bzw. sein sollten; Zuweisung von Rollen-Ressourcen für Handlungsfähigkeit (These 21); präventive Aufgabenzuweisung, um Wissensaustauschlücken zu verhindern (These 40)
9. Zu detailliert dokumentierte Erwartungen im technischen System führen zu Festschreibungen die dynamische Rollenentwicklung blockieren (These 27); nicht nur auf rein formalen Wege kommunizieren, sondern auch informelle Kommunikation, sonst erreicht die Mitteilung die Rollen nicht (These 28)

Tab. 15b: Problemfeld 2, Empfehlungen

(2) Rollen-Verantwortlichkeit klären: Bei der Gestaltung von (soziotechnischen) Wissensaustausch ist relevant, dass die Rollen-Zuständigkeiten und Verantwortlichkeiten der Beteiligten geklärt werden. Beteiligte sollten wissen, welche Informationen wo (bei welcher Rolle) angefragt werden können (These 18). Jedoch ist eine prinzipielle Transparenz von Aufgaben nicht per se förderlich (These 20), da es eine Informationsüberflutung bewirken könnte. Förderlich ist eher eine systemrelative Transparenz. Dabei darf der Grad der Aufgabentransparenz nur so hoch sein, dass die Festlegungen die Rollendynamik nicht einschränken (These 19). Hierbei kann möglicherweise ein interaktives Rollogramm die Transparenz der

266

Rollen und ihren Aufgaben ohne Verlust der Rollen-Dynamik unterstützen (These 48). Des Weiteren kann eine organisatorische und technische Rollenbündelung hilfreich sein (These 10), um den Aufbau sozialer Nähe und somit eine engere Vernetzung zu fördern.

(3) Die Beteiligung der universitären Rollen am gemeinsamen Wissensaustausch zur Studienorganisation (soziotechnische Community) ist zu unterstützen, bspw. sind das Studierendensekretariat und das Prüfungsamt einzubinden, da das Wissen dieser Rollen in der Community fehlt. In Ergänzung zu den Online-Foren ist für diese Rollen eine **Wissensdatenbank** in Form eines **eskalativen Helpdesks** geeignet (These 47), um eine Beteiligung am Wissensaustausch zur Studienorganisation zu fördern.

(4) **Formale Anerkennung der informellen Rollen**: Zur Unterstützung der verbesserten Kooperation zwischen den offiziellen und inoffiziellen Rollen zur Studienorganisation ist es hilfreich, die eher informellen Rollen formal anzuerkennen (These 13) und sie zu stärken (Rollen-Stärkung), und so eine höhere Kooperationsbereitschaft zu bewirken. Dazu gehört auch, dass potentielle Selbstverwaltungsrollen eine höhere Anerkennung erhalten (bspw. Prestige, These 41).

(5) **Promotoren-Rolle**: Zur verbesserten Koordination wünschen sich die Experten/innen eine neue zentrale Rolle, die sozusagen die Fäden in der Hand und den Überblick zur Studienorganisation hat. Diese ist möglicherweise in Form einer formalen Promotorenrolle, die insbesondere für die informelle Kommunikation zuständig ist (These 15), zu unterstützen. Diese Rolle soll die beteiligten Rollen, deren Beziehungen und Wissensaustauschprozesse eher informell koordinieren und eine Zusammenarbeit fördern. Es können dadurch bspw. Lücken beim Wissensaustausch identifiziert werden und somit eine rollenbedarfsgerechte Wissensvermittlung und Wissensaneignung gefördert werden.

(6) **Wenig bis keinen Mehraufwand bei hohem Nutzen**: Einige der Experten/innen haben die Befürchtung gezeigt, dass mit dem Einsatz von technischer Kommunikationsunterstützung ein Mehraufwand verbunden ist. D.h. mit der Kultivierung eines gemeinsamen Wissensaustauschs erwarten die universitären Rollen einen Mehraufwand und sehen zunächst keine Nutzungsvorteile (These 7). Communities bilden sich aber erst dann, wenn den Nutzer/innen das „Mehr" an sozialem Kapital und in Folge dessen der Zugriff auf eine größere Menge von Wissen ersichtlich ist. Daher ist das „Mehr" eines gemeinsamen Wissensaustauschs

(bspw. weniger Beratungsaufwand) zu vermitteln, um die Sorge eines Mehraufwandes zu Beginn niedrig zu halten bzw. erst gar nicht aufkommen zu lassen.

(7) Rollenselbstbild und Rollenfremdbild: Das eigene Rollenbild (Rollen-Selbstbild) und der Prozess der Rollenbild-Entstehung sollten verstärkt in das Bewusstsein der Rolleninhaber/innen rücken. Für den gemeinsamen Wissensaustausch ist es hilfreich, wenn die Rolleninhaber/innen nicht nur ihre eigene Rolle im Blickfeld haben, sondern auch die Rollenverständnisse der anderen Rollen kennen, um zu klären, welche Rolle welche Informationen benötigt. Dies ist möglich, wenn die Rolleninhaber/innen die Perspektive bspw. der Studienfachberater/innen oder Fachschaftsvertreter/innen einnehmen (Perspektivenübernahme) und aus dieser Sicht das Organisations-System zu verstehen versuchen, d.h. welche Informationen welche Rolle benötigt (These 30).

(8) Rollenbedarfsorientierte Informationen: Das Informationsangebot zur Studienorganisation wird derzeit nicht an der Zielgruppen-Rolle (Studierende) ausgerichtet. Bei der Informationsvermittlung ist jedoch der Informationsbedarf (Qualität, Darstellung der Informationen, Zeitpunkt des Informationsbedarfs etc.) der Zielgruppen-Rolle zu berücksichtigen, um Informationen rollenbedarfsgerecht zu vermitteln (bspw. durch Perspektivenübernahme der Studierenden-Rolle). Hierbei ist auch eine verbesserte Kooperation mit den eher inoffiziellen informellen Hauptrollen (bspw. Fachschaftsrat) zu unterstützen. Veränderte Rahmenbedingungen in der Organisation können zu neuen Aufgaben führen, die bestehenden Rollen zu zuweisen sind. Diese sind möglicherweise als präventive Aufgabenzuweisungen zu unterstützen (These 40), um Wissensaustausch-Lücken erst gar nicht entstehen zu lassen. Mit der Aushandlung von neuen Aufgaben und Rollen geht die Kopplung von angemessenen Rollen-Ressourcen (Personalunterstützung etc.) einher, damit die Rolleninhaber/innen handlungsfähig sind (These 21).

(9) Vermittlung von Erwartungen: Durch das kritische Hinterfragen bestehender Rollen-Erwartungen können potentielle Konflikte und widersprüchliche Erwartungen sichtbar gemacht werden. Die Vermittlung von Erwartungen und Aufgaben ist aber nicht nur auf rein formalem Wege zu kommunizieren (bspw. mittels Paragraphen oder ähnlichen Schriftstücken), sondern mit informeller Kommunikation zu koppeln (These 28), da die Kommunikationsmitteilung die relevanten Rollen ansonsten nicht erreicht (vgl. dritte Selektionsleistung bei der Kommunikation „Verstehen"). Dagegen ist es keine Lösung, die Erwartungen im technischen System detailliert zu dokumentieren und festzuschreiben (These 27), da dies eine dynamische Rollenentwicklung negativ beeinflusst und eine Weiterentwicklung sozio-technischer Systeme blockiert.

Tabelle 15c listet weiterführende Fragen auf, die im Rahmen der Arbeit entstanden sind und nicht beantwortet wurden.

Problemfeld 2, weiterführende Forschungsfrage(n)
• Welcher Grad von Transparenz der Rollenverantwortlichkeiten beeinflusst den Wissensaustausch positiv bzw. was ist ein „zuviel" an Transparenz, der den Wissensaustausch blockiert? • Wie sollte eine (technisch-unterstützte) Explizierung von Rollenbildern erfolgen, um Transparenz für den Wissensaustausch zu erhalten, bei gleichzeitiger Aufrechterhaltung der dynamischen Rollenentwicklung? • Wie ist eine rollenbedarfsgerechte Beteiligung der universitären Rollen an einer Community zur Studienorganisation gezielt zu unterstützen? (Ist Einbeziehung des Prüfungsamtes und anderen in die Community sinnvoll; falls ja, wie muss eine Beteiligung aussehen?)

Tab. 15c: Problemfeld 2, Forschungsfragen

8.3. Problemfeld 3: Technische Unterstützung

Im Problemfeld 3 werden die technischen Unterstützungshilfen erläutert. Ein Problem ist, dass es eine Vielfalt technischer Systeme gibt, die eine rollenübergreifende Zusammenarbeit und einen Wissensaustausch erschweren, weil die Systemgrenzen durch die Nutzung der technischen Systeme konstituiert und aufrechterhalten werden (These 16).

	Problemfeld 3
Ausgangs-lage	Vielfalt verschiedener technischer Systeme konstituiert und erhält System/Umwelt-Grenze aufrecht (These 16)
Inter-aktion	Initialisierung einer Community für Studierende am Fachbereich (vgl. Kapitel 6.1.1) (Aspekt der Aktionsforschung)
Folge(n)	Studierende nutzen Online-Foren und entwickeln sich zu einer Wissensaustausch-Community, jedoch ist ein gemeinsamer Wissensaustausch mit universitären Rollen nur in Ansätzen vorhanden – neben Studierenden und der Fachschaft sind wissenschaftl. Studienfachberater/innen und Dozenten/innen (wissenschaftl. Mitarbeiter/innen) als Moderatoren aber eher selten als Beitragende beteiligt

Tab. 16a: Problemfeld 3, Technische Unterstützung

Die empirischen Ergebnisse zeigen, dass sich ein soziotechnisches System entwickelt hat – die Inpud-Community –, weil Studierende die Webforen aktiv nutzen. Allerdings beteiligen sich die universitären Rollen zur Studienorganisation nur marginal und ein gemeinsamer rollenübergreifender Wissensaustausch von universitären Rollen und Studierenden ist bisher nur gering vorhanden (vgl. Tab. 16a).

Die aus den empirisch abgeleiteten Anregungen bzw. Empfehlungen auf Basis empirisch-basierter Erfolgsfaktoren sind folgende (vgl. Tab. 16b, Empfehlungen):

Problemfeld 3, Empfehlungen

1. Wissensverlust kann durch eine Community-Kultivierung minimiert werden, da weniger one-person-to-one-person Anfragen, es werden mehr Nutzer/innen bei geringem Koordinationsaufwand erreicht, ohne Informationsgehalt zu verlieren (Nutzungsvorteil, These 8 und 17); für Community-Kultivierung sind Online-Foren den FAQ-Listen und Mailinglisten vorzuziehen (vgl. Kapitel 7.2.8.), da eine höhere Transparenz beim Wissensaustausch. Aber: Mit der Einführung von neuen technischen Systemen gehen Ängsten vor Mehraufwand einher, daher sind Nutzungsvorteile für die Beteiligten erkennbar zu machen (vgl. Kapitel 7.2.8.)
2. Bei einer Online-Kommunikation ist die soziale Rollenpräsenz zu unterstützen, um Qualität u. Verbindlichkeit der Informationen einschätzen zu können (These 23 und 24)
3. Gemäßigte Moderation der Online-Foren (These 45), keine Moderation beeinflusst Kultivierung negativ; Moderator-Rolle muss hauptverantwortlich aus universitären Rollen bestehen
4. Einige Webseiten sind auf WIKI-Basis (ohne formale Moderation) zu konzipieren (These 49), um aktive Beteiligung zu fördern somit die Studierenden-Rolle als Wissensvermittler zu würdigen und anzuerkennen (These 4)
5. Zur Ergänzung der Community (unter Studierenden) ist eine Wissensdatenbank (eskalatives Helpdesk) für den Wissensaustausch zwischen Studierenden und universitären Rollen hilfreich (Verwobenheit mit soziotechnischer Community, These 47)
6. Abfrage von wenigen Daten bei der ersten Registrierung, um Zutritt niedrigschwellig zu halten (These 44); Leseberechtigung ohne Registrierung

---

Tab. 16b: Problemfeld 3, Empfehlungen

(1) Kultivierung einer soziotechnischen Community: Für einen Wissensaustausch eignet sich die Methode der Community-Kultivierung, bei der viele Kontakte, soziale Interaktionen und gemeinsame Handlungen der am Wissensaustausch Beteiligten bedeutsam sind.

Durch die Teilnahme an einer soziotechnischen Community wird die Studienorganisation von Studierenden positiv unterstützt und der Informations- und Wissensverlust wird durch hohen Koordinationsaufwand komplexerer, ausdifferenzierter Systeme minimiert, da sich eine große Anzahl von Nutzer/innen in unterschiedlichen Rollen mit relativ geringem Koordinationsaufwand bei gleichzeitig hohem Nutzen beteiligen können (These 8 und 17). Dies gilt allerdings nur unter der Berücksichtigung, dass bei den universitären Rollen zunächst vertrauensbildende Maßnahmen erforderlich sind.

Bei der Unterstützung der Community-Kultivierung sind Online-Foren den FAQ-Listen und den Mailinglisten vorzuziehen (vgl. Kapitel 7.2.8), da so eine höhere Transparenz in den Foren möglich ist und den Wissensaustausch unterstützt. Allerdings haben die Beteiligten mit der Einführung von neuen technischen Systemen Ängste vor Mehraufwand, daher sind die Nutzungsvorteile einer soziotechnischen Community für die Beteiligten erkennbar zu machen (vgl. Kapitel 7.2.8).

(2) Sichtbar-machen formaler Rollen bei der Online-Kommunikation: Bei der Online-Kommunikation ist die Rolle, die beitragende Personen einnehmen, sichtbar zu machen, damit die am Wissensaustauschprozess Beteiligten die Qualität und Verbindlichkeit der Information einschätzen können (These 23 und 24).

(3) Moderation: Ein Erfolg von Inpud ist auf die Moderation zurückzuführen, die durch universitäre Rollen (bspw. Studienfachberatung) hauptverantwortlich übernommen und in gemäßigter, zurückhaltender Weise durchgeführt wurde (These 45). Eine fehlende Moderation würde die Kultivierung des Wissensaustauschs negativ beeinflussen.

(4) WIKI: Die Experten/innen-Interviews zeigen, dass zur Ergänzung einige auf WIKI-basierte Webseiten hilfreich sind (These 49), um eine aktive Teilnahme der Studierenden und damit mehr Selbstverantwortung zu fördern (These 4).

(5) Wissensdatenbank: Ein gemeinsamer Wissensaustausch zwischen universitären Rollen und Studierenden ist durch eine Wissensdatenbank auf der Grundlage eines „eskalativen Helpdesk" zu ergänzen (These 47). Hierdurch können die universitären studienorganisatorischen Rollen in den Wissensaustausch einbezogen werden (Verwobenheit mit der soziotechnischen Community).

(6) Niedrig-schwelliger Zugang zum technischen System: Ein einfacher niedrigschwelliger Zugang ist für den Wissensaustausch erforderlich, um eine Beteiligung am gemeinsamen Wissensaustausch zu begünstigen. Durch einen einfachen Zugang kann sich einerseits die Nutzeranzahl erhöhen, andererseits wird die Community in ihrer Anfangsentwicklung (Startphase) positiv unterstützt (These 44).

Tabelle 16c listet weiterführende Forschungsfragen auf, die sich im Rahmen dieser Arbeit ergeben haben.

Problemfeld 3, weiterführende Forschungsfrage(n)
• Wie werden stark verteilte Informationen so strukturiert, dass sie jede/r Nutzer/in (Neuling aber auch Mitglied) leicht finden kann? • Welche Awareness-Mechanismen und Gewärtigkeitsanzeigen sind zur Unterstützung der Bring- und Holschuld in einer Community angemessenen und wie sind sie umzusetzen? (Welche Kombination von Awareness-Anzeigen sind für eine soziotechnische Community geeignet?) • Wie kann eine Moderator-Rollenübernahme im technischen System unterstützt werden? Von welchen Faktoren ist eine gelingende Aushandlung abhängig (bspw. Zeitfaktor, Zustimmungsprozentzahl, Größe, Themenbereich der Community)? • Wie ist ein soziotechnisches Rollen-Konzept für eine soziotechnische Community zu gestalten und umzusetzen, so dass auch das dynamische Veränderungspotential von Rollen berücksichtigt wird?

Tab. 16c: Problemfeld 3, Weiterführende Forschungsfragen

Abschließend ist noch ein Aspekt zu diskutieren, der zunächst widersprüchlich zu sein scheint. Die empirischen Ergebnisse der vorliegenden Arbeit zeigen, dass die Inpud-Community unter anderem deshalb so erfolgreich ist, weil in einer homogenen Gruppe (Studierende) ein Vertrauensvorschuss für einen gemeinsamen Wissensaustausch vorhanden ist. Dem steht gegenüber, dass eine heterogene Gruppe in hierarchischen Abhängigkeitsverhältnissen im Arbeitskontext vertrauensbildende Maßnahmen benötigt, um einen gemeinsamen effektiven Wissensaustausch zu ermöglichen. Die Empfehlung, dass sich bei der Inpud-Community mehr formale studienorganisatorische Rollen beteiligen sollten als bisher (bspw. Studierendensekretariat und Prüfungsamt), könnte dazu führen, dass der gemeinsame bestehende Wissensaustausch möglicherweise negativ beeinflusst und somit blockiert wird. Es ist also darauf zu achten, dass es bei einer überwiegend homogenen Gruppe bleibt, d.h. viele Rolleninhaber/innen, die in einer Rolle sind. Die universitären Rollen können dann unter dieser genannten Bedingung am Wissensaustausch beteiligt werden, ohne diesen zu blockieren. Diese Beteiligung kann vor allem durch eine Wissensdatenbank in Form eines eskalativen Helpdesks unterstützt werden. Anfragen von Studierenden, die von anderen Studierenden nicht beantworten werden können, sind zunächst in der Wissensdatenbank der universitären Rollen zu suchen, die mit der Inpud-Community kontextualisiert verknüpft (verlinkt) ist. Falls keine angemessene Antwort vorhanden ist, kann eine Anfrage in die Datenbank (Webforen) eingestellt werden, die im Hintergrund an die geeignete universitäre Rolle weitergeleitet und innerhalb bspw. zweier Tage beantwortet wird. (Dies ist in einer Nutzungsvereinbarung organisatorisch zu regeln.) Die Antwort wird online zur Verfügung gestellt und der Anfragende wird automatisch per E-Mail benachrichtigt, sobald die Antwort zur Verfügung steht. Falls der Inhalt der Anfrage eine große Anzahl von Studierenden betrifft, ist sie in die Wissensdatenbank aufzunehmen. Die Webforen und die Wissensdatenbank sind dementsprechend zu koppeln.

8.4. Umsetzung der Empfehlungen am Beispiel von *inpud2-neu*

In Kapitel 6.1.1 wurde die soziotechnische Wissensaustausch-Community *Inpud* dargestellt. Die technische Plattform wurde im Sommer 2002 nach technischen Wertmaßstäben und software-ergonomischen Kriterien, bspw. Funktionstüchtigkeit und Aufgabenangemessenheit entwickelt. Die Sicht auf soziotechnische Anforderungen wurde vernachlässigt. Insbesondere wurde der Design-for-All-Ansatz als Grundlage für das technische System gewählt. Der Design-for-all-Ansatz hat zur Grundlage, dass alle potentielle Nutzer/innen das technische System bedienen können. Dies schließt bspw. Sehbehinderte ein.

Ein Ergebnis der rollenanalytischen Untersuchung der vorliegenden Arbeit sind Empfehlungen – in Form von Thesen, die noch zu überprüfen sind – für die Kultivierung eines rollenübergreifenden soziotechnischen Wissensaustauschs. Diese werden nun auf die Inpud-Community angewendet, d.h. es wird beschrieben wie *Inpud2-neu* (konzeptionell) gestaltet wäre, wenn die Anregungen (aus Kapitel 8.1 bis 8.3) ihre Anwendung finden würden. Dabei ist zu berücksichtigen, dass *inpud* vor allem als Community-Unterstützung für Studierende geplant und umgesetzt wurde. *Inpud2* dagegen soll einen Wissensaustausch kultivieren, der Studierende, Neulinge aber auch die offiziellen universitären Hauptrollen zur Studienorganisation miteinbezieht. Dies wird im Folgenden erläutert.

Prinzipiell ist festzuhalten, dass *Inpud2* von der Grundstruktur nicht viel anders aussehen würde, als die bisherige *Inpud-Community*. Jedoch sind die studienorganisatorischen Rollen (bspw. zentrale Studienberatung, Prüfungsamt und Studierendensekretariat) in *Inpud2* stärker zu integrieren, d.h. sie sollten an den

Online-Diskussionen und Online-Anfragen aktiv teilnehmen. In nachfolgender Tabelle 17 werden die wesentlichen Anregungen (aus Kapitel 8.1, 8.2 und 8.3) am Beispiel von *Inpud2* nach soziotechnischer (17a), soziotechnischer (17c) und Rollen-Unterstützung (17b) differenziert aufgeführt.

(1) Soziotechnische Unterstützung

In inpud 1 vorhanden	In inpud 2 (neu) integrieren
Online-Foren als Hauptelement	Wie Inpud1
Niedrig-schwelliger Zugang	Wie Inpud1
Moderationsregeln sind nur implizit, Moderation in gemäßigter Form	Moderationsregeln explizieren und kommunizieren, Moderation wie Inpud1
Nur Online-Forum vorhanden/ keine Wissens-Datenbank, die für alle offen ist	Für Studierende, Studien(fach)beratung, Prüfungsamt und Studierendensekretariat eine Wissensdatenbank (eskalatives Helpdesk) einführen und diese mit inpud2 verknüpfen
Push- und Pull-Mechanismen sind in Ansätzen im Online-Forum enthalten (Möglichkeit der E-Mail-Benachrichtigung, wenn auf Beitrag geantwortet wurde); Awareness-Mechanismen sind teilweise vorhanden (bspw. Anzahl der Nutzer/innen, die online sind)	Wie in Inpud1, aber mit verbesserten Awareness-Mechanismen, bspw. differenzierte Benachrichtigungsoptionen bzw. Ereignisfilter, Grafiken zur Anzahl der Beiträge
Inpud1 ist als „Portal" umgesetzt, d.h. Bündelung der Informationen aus verschiedenen Informationsquellen, nur das Wichtigste aus Sicht der Zielgruppenrolle (Studierender)	Wie in Inpud1 – weitere Zentralisierung der Informationen der Webseiten zwar wünschenswert, bspw. Einbeziehung Studierendensekretariat, Prüfungsamt und zentrale Studienberatung (zusätzlich auf schlecht-aufbereitete Informationsquellen und Webseiten hinzuweisen und auf Verbesserung zu drängen)
In Inpud1 sind keine WIKI-Webseiten enthalten	In Inpud2 sind einige, nicht alle Webseiten als WIKI-Webseiten zu gestalten, so dass jeder (auch Studierende) diese Webseiten bearbeiten kann
Soziotechnische Kultivierung, d.h. Verwobenheit der Online-Kommunikation mit Präsenzveranstaltungen verknüpfen (bspw. Präsenz-Übungsgruppen können online fortgeführt werden)	Wie Inpud1, plus stärkere Verwobenheit der Online-Kommunikation mit studienorganisatorischen Aufgaben, die mit abwesenden Rollen zu tun haben (Prüfungsamt, Studierendensekretariat), unterstützen
Organisierter Experten-Chat der zentralen Studienberatung zu konkreten Themen (bspw. Studienkonten) ist nicht Teil von Inpud1, sondern wird als Service-Leistung von der zentralen Studienberatung angeboten	Chat ist nur für wenige Nutzer/innen sinnvoll und das bei hohem Koordinationsaufwand, daher ist eher abzuraten

Tab. 17a: Inpud2: Beispielhafte Anwendung, soziotechnische Unterstützung

274

(2) Rollen-Unterstützung

In inpud 1 vorhanden	In inpud 2 (neu) integrieren
Die Rolle des Beitragenden wird Online angezeigt: In Inpud1 nur als Testfall vorhanden, der aber eine positive Wirkung der Rollenpräsenz zeigt	Bei der Online-Kommunikation ist die Rolle des Beitragenden anzuzeigen, um Qualität und Verbindlichkeit der Information einschätzen zu können
Rollentransparenz: *nicht vorhanden*	Rollen- und Aufgabentransparenz mittels interaktivem Rollogramm unterstützen
Transparenz der Rollenverantwortlichkeiten: *nicht vorhanden*	Rollenstrukturen sind für Studierende, Neulinge, aber auch einigen universitären Rollen nicht ersichtlich, daher ist Transparenz wichtig, bspw. mittels Rollogramm (s.o.)
Jede Rolle hat eigene Datenbank, d.h. *„abgeschottete Welten"* begehbar machen	Zugang zu den technischen Datenbanken der anderen Rollen, bspw. zur Auswertung von Studienverläufen (durch Studienfachberatung)
Diskussion über die „Rollenbilder" und Erwartungen wurde in inpud1 *off-topic* diskutiert, wurde schnell emotional und führte zu negativer Bewertung	Diskussion über „Rollenbilder" zielgerichtet anstoßen, so dass weniger emotional diskutiert wird, sondern mit dem Ziel Wissensbedarfe zu klären
Universitäre Rollen, die verbindliche verlässliche Aussagen treffen können, sind in Inpud1 *nur marginal vorhanden* (einige Studienfachberater/innen und wenige Lehrende)	Wie in Inpud1; überwiegend Studierende, Moderatoren Studienfachberatung und Übungsgruppenleiter/innen, aber zusätzlich Dekanat, Prüfungsamt, Studierendensekretariat und zentrale Studienberatung einbeziehen
Studienfachberatung hatte eine zentrale Organisator-Rolle, die im Zuge der Inpud1-Entstehung zur Koordinator-Rolle abgewandelt wurde („Studienfachberatungskoordinator/in"), und die als eine zentrale Rolle für die technische Umsetzung verantwortlich ist	Die zentrale Rolle der Studienfachberatungskoordinatorin als zentrale Verantwortlichkeit für Inpud2-Nachhaltigkeit ist beizubehalten, ggf. zu stärken
Rollen stärken, Rollen durch andere unterstützen: In Inpud1 in Ansätzen vorhanden: der Studienfachberatung wurde formal mehr Aufmerksamkeit zugewiesen, durch eine Gesetzesänderung, die derzeit wenig Wirkung zeigt	Die Studienfachberatung wird in *inpud1* eher als notwendiges Übel wahrgenommen, es ist notwendig, diese Rolle zu stärken, bspw. durch Dekan und Professoren/innen und zu vermitteln, dass es eine wichtige Rolle ist, die eine höhere Anerkennung benötigt (nicht nur formal kommunizieren, sondern auch informell)

Tab. 17b: Inpud2: Beispielhafte Anwendung, Rollenunterstützung

(3) Organisatorische Unterstützung

In inpud 1 vorhanden	In inpud 2 (neu) integrieren
Einführungsveranstaltungen für Neulinge nur durch Fachschaft vorhanden, jedoch nicht mit *inpud1* verknüpft	Einführungsveranstaltungen der Fachschaft durch universitäre Rollen unterstützen, in inpud2 integrieren u. Rollenübernahme (Neuling => Studierende) stärker zum Thema machen
Rollenbedarfsgerechte Informationen für Studierende durch Kultivierung der Inpud-Community vermitteln	Wie Inpud1
Rollenübergreifender Wissensaustausch nur marginal vorhanden: Studierende und Moderatoren (in der Regel wiss. Mitarbeiter)	Wie *inpud1* plus stärkere Einbeziehung der studienorganisatorischen universitären Hauptrollen an bestimmten Stellen mittels extra-ausgezeichneten Webforen und Einbindung einer Wissensdatenbank
Lediglich Arbeitssitzungen der Studienfachberatung, wenig Einbindung der universitären Rollen	2mal jährlich eine gemeinsame Arbeitssitzung mit universitären Rollen (Vertretung aus dem Prüfungsamt, Studierendensekretariat, zentrale Studienberatung) kultivieren
Aufbau und Stärkung von Beratungs-kompetenzen der Rolleninhaber/innen: ist erkannt, wurde aber nicht angegangen	Notwendigkeit der Qualifizierung von Beratungskompetenzen aufzeigen und Schulung der studienorganisatorischen Hauptrollen

Tab. 17c: Inpud2: Beispielhafte Anwendung, organistorische Unterstützung

8.5. Kritische Auseinandersetzung

Wie die vorliegende Arbeit gezeigt hat, beeinflussen Rollen in Organisationen einerseits die Selektion der Wissensvermittlung als auch die Wissensaneignung der Mitarbeiter/innen, steuern in hohem Grade das Handeln der Akteure und blockieren somit den Wissensaustauschprozess. Andererseits wirken Rollen innerhalb eines sozialen Systems fokussierend und strukturierend. Dies lässt die Schlussfolgerung zu, dass ein gemeinsamer Wissensaustausch von unterschiedlichen Rolleninhaber/innen eine Rollenüberwindung bzw. Rollenveränderung erforderlich macht, um einen gemeinsamen Wissensaustausch zu ermöglichen. Daher war die Frage der vorliegenden Arbeit, in welchem Maße Rollen und deren Veränderungspotential unterstützt werden können, um einen rollenübergreifenden Wissensaustausch zu kultivieren.

Sobald nach den Rollen gefragt wird, ist auch zu untersuchen, welche Aufgaben und Funktionen dahinter verborgen liegen. Die Aufgaben wiederum verweisen auf Kooperations- und Koordinationsprozesse in Organisationen. Soziale Phänomene können also aus der Sicht der Rollen und der Prozesse beschrieben und untersucht werden, und das bedeutet, dass eine Organisation nicht nur aus der einen Sichtweise analysiert werden kann. Erst die Kombination **der fokussierenden Rollensicht mit den zugrunde liegenden Prozessen** verdeutlicht die Organsiationsstrukturen und macht sie so für die Forscher/innen und Beobachter/innen allerdings in systemrelativ sozialkonstruierter Abhängigkeit sichtbar.

Die Sicht auf Rollen ermöglicht also die Analyse der strukturellen Bedingungen sozialer Handlungsprozesse (vgl. Miebach 1991, S. 44). Hieran schließen sich Untersuchungsfragen an, wie welche Rollen miteinander verknüpft sind und welche Aufgabe welche Rollen unter welchen Bedingungen ausführen. Um Wissensaustauschprozesse gestalten und unterstützen bzw. kultivieren zu können, müssen also zunächst die Rollen und die Veränderung der strukturellen Bedingungen durch die Rollenhandelnden untersucht werden.

Es gibt kritische Stimmen, die behaupten, dass eine Rollenanalyse als empirische Untersuchung problematisch sei, weil die dahinterliegenden theoretischen Konzeptionen vergleichsweise alte Theorieansätze sind. Dem steht jedoch gegenüber, dass eine Rolle alleine zwar noch keine vollständige Beschreibung gesellschaftlicher oder soziotechnischer Phänomene zu liefern vermag, aber eine Rollen-Fokussierung dennoch geeignet ist, um soziale und soziotechnische Prozesse – Wissensausausch- oder auch Arbeitsprozesse (Kooperationen etc.) – zu untersuchen und Gestaltungsempfehlungen abzuleiten.

Obowohl bei der Anwendung der Rollenanalyse – als ein Instrument der Organisationsentwicklung – berücksichtigt werden muss, dass das rollentheoretische Konzept ein vergleichsweise alter Theorieansatz ist, kann nicht davon ausgegangen werden, dass die Rolle als wissenschaftlicher Begriff keine Relevanz mehr hätte. Das Gegenteil ist der Fall. Zwar ist heutzutage nicht mehr von einer Rollentheorie die Rede, aber dennoch hat sich der Rollenbegriff als ein Standard- und Hauptbegriff in der Soziologie verankert. Zudem ist der Rollen-Begriff in einige „große" Theorien eingeflossen, bspw. in die Luhmannsche Systemtheorie, ebenso in die Verhaltens- und Handlungstheorien sowie in organisationssoziologische Konzepte, d.h. die „Rolle" ist heutzutage ein wesentlicher Grundbegriff in der Soziologie.

Dass eine **Fokussierung auf Rollen** in Kombination mit anderen soziologischen Konzepten ihre analytische Kraft entfaltet, zeigt die vorliegende Arbeit. Es zeigt sich, dass neben der Rollen-Fokussierung mehrere Faktoren bei der Gestaltung von Wissensaustausch zu berücksichtigen sind.

Rollen können demnach nicht kontextunabhängig und nicht isoliert betrachtet werden. Die beeinflussenden Faktoren für die Gestaltung von Wissensaustauschprozessen sind:

(a) **Die Selektion von Wissen**: Bei der Gestaltung ist zu untersuchen, welche Informationen und welches Wissen transportiert wird bzw. vermittelt werden sollte. Ebenso ist zu analysieren, ob ein gemeinsamer Kontext vorhanden ist.

(b) **Die soziale bzw. soziotechnische Struktur**: Die Gestaltung des Wissensaustausches erfordert die Untersuchung der sozialen Beziehungen, die Wissensaustausch-Kultur und das Vertrauensverhältnis (Glauben die Beteiligten den jeweils anderen Beteiligten, wie werden Rückmeldungen zu Diskussionen, Fragen und Antworten gegeben? etc.).

(c) **Die Art und Weise wie kommuniziert wird**: Wie wird die soziotechnische Kommunikation unterstützt und wird verständlich kommuniziert, mit welchen technischen Hilfsmitteln? Wird kooperiert und/oder konkurriert?

(d) Und schließlich **die beteiligten Rollen**, an die Erwartungen gestellt werden und die Erwartungen an andere stellen: Stimmen die Erwartungen überein, gibt es Rollenkonflikte, sind Erwartungen überhaupt erfüllbar? Hierbei ist zu untersuchen, wie sich die Rollen weiterentwickeln können und wie eine Weiterentwicklung mit organisatorischen und technischen Maßnahmen unterstützt werden kann.

Mit einer Rollen-Analyse ist auch der Kontext, die Position und Funktion als auch die Aufgaben sowie die Erwartungen und die zugrunde liegenden sozialen Interaktionsprozesse der Rollen zu untersuchen. Die ausführliche Definition des Rollenbegriffs (vgl. Kapitel 3.2) hat dazu beigetragen.

Um die o.g. Forschungsfrage zu beantworten, wurde ein **3-Methoden-Mix** gewählt, der sich jedoch zur bestehenden Triangulation abgrenzt. Einerseits fand eine teilnehmende Beobachtung statt, die ihrerseits Elemente der Aktionsforschung beinhaltete (1), andererseits wurden ergänzende Experten/innen-Interviews durchgeführt (2). Die empirische Untersuchung war schwerpunktmäßig eine explorative Untersuchung, die mit einigen aber nicht allen Elementen der Grounded-Theory-Methodologie ausgewertet wurde (3). Diese Methoden-Kombination ist wissenschaftlich noch nicht geprüft, kann aber aufgrund der vorliegenden Arbeit zu neuen Methoden-Kombinationen anleiten. Die Effektivität der Methoden-Kombination ist in weiterer Methoden-Forschung zu untersuchen.

Die qualitativ-explorative Analyse bringt mit sich, dass die in der vorliegenden Arbeit abgeleiteten Thesen (vgl. Kapitel 7.2) im Sinne der **Wissenschaftstheorie der kritisch-rationalen Sozialwissenschaft** (vgl. Prim & Tilmann 1989) jetzt überprüft werden können bzw. sollten. Dies könnte bei einigen der vorliegenden Thesen bspw. mit gut geplanten Experimenten, wie es die Psychologie regelmäßig nutzt, durchgeführt werden. Bei anderen Thesen sind quantitative Befragungen durchzuführen. Diese (Überprüfungs-)Untersuchungen stehen im Rahmen einer weiteren Forschung noch aus. Da die empirische Untersuchung der vorliegenden Arbeit eine Felduntersuchung zugrunde lag, ist bei den weiteren Überprüfungs-Untersuchungen zu beachten, dass sie bspw. im Falle von Experimenten einzelne Elemente nur isoliert betrachten können, dies möglicherweise zu anderen Ergebnissen führt, als diese hier gezeigten. Bei einer schriftlichen quantitativen Befragung ist zu beachten, dass die Aussagen der Versuchspersonen möglicherweise zu anderen Antworten führen, als die hier beobachteten. Denn nicht jedes beobachtbares Verhalten ist den Akteuren selbst bewusstseinspflichtig.

Schließlich ist noch die **Breite der Arbeit** anzusprechen. Neben der Rollen-Fokussierung ist die vorliegenden Arbeit auch auf Organisations- und Community-Konzepte eingegangen, ebenso wie auf techniksoziologische Erläuterungen und hat ausführlich den Begriff des soziotechnischen Systems hergeleitet. Dies sind aus meiner Sicht notwendige Begriffserläuterungen, um die dahinter verborgenen sozialen Phänomene zu explizieren und die üblichen konventionellen Begriffe nicht als gegeben vorauszusetzen. Gerade der Begriff der Kommunikation (hier als Selektions- und Interpretationsleistung definiert) wird häufig anders verstanden, als es diese Arbeit betont. Die Breite der theoretischen Konzeptionen wurde auch deshalb gewählt, weil es der interdisziplinäre Untersuchungsgegenstand notwendig machte: Der breite Gesamtzusammenhang war für die empirische Untersuchung unerlässlich, um die große Organisation „Universität" und ihre Wissensaustausch-prozesse am Beispiel der Studienorganisation angemessen zu analysieren und verstehend deuten zu können.

9. Zusammenfassung: Dynamische Rollenstrukturen beim Wissensaustausch

Gegenstand der Arbeit sind soziotechnische Wissensaustauschprozesse aus der Sicht von Rollen am Beispiel des Wissensmanagements zur Studienorganisation an einer Universität. Ziel war es die Wirkmechanismen des Rollenhandelns und die dynamischen Rollenstrukturen zu untersuchen. Die Arbeit wollte – interdisziplinär verstanden – *„das Soziale und seine Strukturen"* (Schäfers 1992, S. 290) im Kontext von soziotechnischen Wissensaustauschprozessen herausarbeiten sowie Thesen für das Wissensmanagement und für die Kultivierung von Communities ableiten.

Im Zentrum der Untersuchung stehen **Rollen**, die vereinfacht ausgedrückt ein Erwartungsbündel von formalen und informellen Verhaltenserwartungen bilden und dynamisch veränderbar sind (vgl. Kapitel 3.2). Die Rollenausgestaltung der Akteure (Role Making) als auch die Rollen-Mechanismen (Rollenübernahme, Rollenzuweisung, Rollenwechsel etc.) werden interaktiv ausgehandelt (vgl. Kapitel 3.3). Aus dieser Perspektive besteht ein Organisationssystem aus einem Geflecht von dynamischen Rollenstrukturen, die sich aus wiederholten Kommunikationsmustern bilden (vgl. Kapitel 2). Die Akteure einer Organisation interagieren auf der Basis ihrer in der Organisation eingenommenen Rolle(n). Rollen wirken als Erwartungsbündel fokussierend und strukturierend, und sind gleichzeitig eine soziale Barriere für einen rollenübergreifenden Wissensaustausch, da die Akteure nur aus der Sicht „ihrer" Rollen entscheiden, welches Wissen ausgetauscht wird und welches nicht relevant erscheint (Rollenabhängigkeit und Rollenbeschränkung, vgl. March & Olson 1975). Ein **rollenübergreifender Wissensaustausch**(prozess) bezeichnet Wissensvermittlungs- und Wissensaneignungsprozesse von Akteuren in verschiedenen Rollen (vgl. Kapitel 4.3).

Aufgrund der Rollenbeschränkung benötigt ein gemeinsamer Wissensaustausch von mehreren Rolleninhaber/innen eine partielle Rollenüberwindung, die die soziale und soziotechnische Interaktion der Akteure und die Dynamik des Rollenveränderungspotentials berücksichtigt. Unter **soziotechnischer Interaktion** bzw. soziotechnischem Handeln wird soziales Handeln in Kombination mit Mensch-Computer-Handlungen bezeichnet, die in ihrer Verwobenheit als soziotechnisches System zu begreifen ist (vgl. Kapitel 2). Ein wesentliches Merkmal von soziotechnischen Systemen ist ihre zum Teil computervermittelte Kommunikation.

Eine Untersuchungsfrage war wie ein gemeinsamer rollenübergreifender Wissensaustausch ermöglicht werden kann. Daher wurde in der vorliegenden Arbeit untersucht, in welchem qualitativen Maße das Veränderungspotential von Rollen organisatorisch und technisch zu unterstützen ist, um einen gemeinsamen Wissensaustausch der relevanten Rollen(inhaber/innen) zu fördern. Es wurde davon ausgegangen, dass ein gemeinsamer Wissensaustausch durch die Kultivierung einer soziotechnischen Community unterstützt werden kann. Eine **soziotechnische Community** ist ein Geflecht von eher informellen Kommunikationsbeziehungen, die darauf basieren, dass ihre Akteure ein gemeinsames Anliegen, ähnliche Probleme oder eine gemeinsame Leidenschaft zu einem Themengebiet teilen und ihr Wissen und Expertise auf diesem Gebiet vergrößern (wollen), in dem sie mehr oder weniger regelmäßig miteinander (teilweise computergestützt) interagieren, ohne formal gebunden zu sein, jedoch eine persönliche Verbundenheit entwickeln (vgl. Kapitel 5).

Im Gegensatz zum **Management** von Wissen, welches eher die Organisierung von formaler Kommunikation betont, bezeichnet der Aspekt der **Kultivierung** ein Bündel von Unterstützungshilfen, die die Entwicklungsphasen von Wissensaustausch-Communities, d.h. ihre Bildung, Pflege und (Weiter-)Entwicklung (vgl. Wenger et al. 2002), und eine gemeinsame Wissensaustausch-Kultur fördern (vgl. Kapitel 5).

Grundlage war eine empirisch qualitativ-explorative Untersuchung von Wissensaustauschprozessen zur Studienorganisation an einer Universität unter Berücksichtigung einer soziotechnischen Community (vgl. Inpud-Community, vgl. Kapitel 6.1.1.). Aus der Untersuchung wurden empirisch-basierte Thesen zur Rollendynamik im Allgemeinen und zur Kultivierung von Wissensaustauschprozessen im Besonderen abgeleitet. Eine zentrale Erkenntnis ist, dass es die Dynamik der Rollenstrukturen erforderlich macht, die Kultivierung von Wissensaustauschprozessen **im Verhältnis von formaler und informeller Kommunikation** zu betrachten. Bevor dies und weitere Erkenntnisse näher erläutert werden (vgl. Kap. 9.2 und weitere), wird zunächst die Reichweite der Erkenntnisse erläutert.

9.1. Reichweite der Erkenntnisse der Rollenstrukturanalyse

Die Erkenntnisse der vorliegenden Arbeit sind gleichermaßen als Anregungen sowie als Reflektionsmöglichkeit für soziotechnische Organisationen zu verstehen. **Zum einen** liefert die vorliegende Arbeit Unterstützungsmöglichkeiten, bspw. um den Reifegrad eines soziotechnischen Wissensaustauschs positiv zu beeinflussen oder kritische Ereignisse im Kultivierungsprozess zu verstehen. **Zum anderen** ist dieser Vorgang – das Bewusst- und Sichtbar-Machen von Rollen und den interaktiven Aushandlungsprozessen von Rolleninhaber/innen – bereits als Intervention zu verstehen, so dass die Analyse vermutlich ihrerseits Veränderungen bewirkt. Bereits die Durchführung der Rollen-Analyse kann mögliche Veränderungsprozesse anstoßen. Daher versteht sich dieser Ansatz auch als ein Instrument zur Organisationsentwicklung und hat im Kontext der soziologisch-orientierten Organisationsberatung folgende Ziele:

- Unterstützung und ggf. Förderung von dynamischen Rollenstrukturen

- Einflussnahme auf soziotechnische Wissensaustauschprozesse für lernende Organisationen (Wissensmanagement als Teil der Organisationsentwicklung)

Obwohl sich die vorliegende Arbeit auf einer qualitativ-explorativen Untersuchung gründet, ist dennoch zu klären, auf welche Organisationen die Ergebnisse und die abgeleiteten Thesen anwendbar sind. Es ist davon auszugehen, dass sie nicht nur auf den beobachteten Untersuchungsgegenstand der Studienorganisation, sondern auch für das Wissensmanagement in anderen Organisationen anwendbar sind. Jedoch sind die aus den explorativen Thesen abgeleiteten Konsequenzen und Empfehlungen aus wissenschaftlicher Sicht in einer weiteren Untersuchung noch zu überprüfen.

Auf der einen Seite sind die aus der Empirie abgeleiteten Thesen für die befragten und beobachteten Fachbereiche an der Universität A, B und C untersuchungswert. Obwohl nicht nur fachbereichs-, sondern auch fachbereichsübergreifende Wissensaustauschprozesse zur Studienorganisation analysiert wurden, können dennoch aufgrund der Fokussierung (bspw. Inpud-Community) Rückschlüsse für eine Fachbereichsentwicklung gezogen werden. Dass genaue Hinsehen und Betrachten eines universitären Fachbereichs als zentraler Untersuchungsgegenstand lässt Rückschlüsse für ein *„faculty development"* (Fachbereichsentwicklung bzw. Institutionenforschung) zu. Anders als bei der Organisationsentwicklung ist das konkrete Ziel von Faculty Development, die Mitglieder eines Fachbereichs zu befähigen, sich in ihren Rollen als Dozent/in und Studienfachberater/in zu bewähren und auszuzeichnen (bspw. Lewis 1996[159]). Mit der sehr detaillierten empirischen Untersuchung zur Rollenanalyse ist ein Beitrag in diese Richtung geleistet worden.

---

[159] Im Web verfügbar „http://www.podnetwork.org/development/definitions.htm" (20.05.2005).

Auf der anderen Seite trifft die Definition für soziotechnische Systeme auf eine Vielzahl von Organisationen zu, so dass davon ausgegangen werden kann, dass die erarbeiteten Thesen für eine Kultivierung von Wissensaustausch für alle solche Organisationen (Profit- und Non-Profit-Organisationen, bspw. Unternehmen, Institute, Verbände, Vereine, Projekt-Konsortien etc.) untersuchungswert sind, die einen gemeinsamen Wissensaustausch kultivieren möchten. Hierbei ist davon auszugehen, dass eine Vielzahl der Thesen vor allem auf große Organisationen mit dezentralen Strukturen und nur wenige auch für kleine Unternehmen anwendbar sind.[160]

Zudem ist diese Arbeit für solche Personen von Bedeutung, die Personal- und Organisationsentwicklung im Kontext von Wissensmanagement betreiben. Mit der vorgelegten Rollenanalyse, die insbesondere das Verhältnis von formaler und informeller Kommunikation betrachtet, liegt ein Instrument vor, welches vom Verhalten der Rolleninhabern/innen Losgelöstes explizieren und sichtbar machen kann, dies bliebe sonst im Verborgenen und unsichtbar. Dies gilt insbesondere für die Forschung als auch für „Praktiker" (bspw. Consultants) die im Bereich des Wissensmanagements tätig sind. Mit den Thesen erhalten sie „Kultivierungshinweise" für Wissensaustauschprozesse. Dies wurde exemplarisch an der konzeptionellen Gestaltung der Inpud2-Community erläutert (vgl. Kapitel 8.4). Hierbei ist zu beachten, dass neben dem Wissen zur formalen Aufgabenbearbeitung die informelle Kommunikation stärker als bisher einbezogen werden muss. Die informelle Kommunikation lässt sich aber nicht managen, sondern nur kultivieren, d.h. das Anreize und Unterstützungshilfen angeboten werden können, so wie sie in der vorliegenden Arbeit aufgezeigt wurden.

9.2. Zentrale Erkenntnisse der Rollenstrukturanalyse zum Wissensaustausch

Organisationen wurden in der vorliegenden Arbeit als soziotechnische Systeme verstanden, welche neben formalen auch informelle Rollenstrukturen herausbilden, die ihrerseits durch die Interaktion der Akteure Veränderungen unterliegen können. Eine These ist, dass die informellen Kommunikationsstrukturen in Organisationen

---

[160] Abstriche muss man sicherlich bei der Organisation der Kommunalverwaltung machen, da sie eigene typische Strukturen aufweisen, die in dieser Arbeit nicht genügend berücksichtigt wurden.

einen positiven Einfluss auf die Wissensaustauschprozesse haben und daher in Form von soziotechnischen Communities zu unterstützen sind. In der vorliegenden Arbeit wurden die Rollenstrukturen einer Organisation und ihre dynamische Weiterentwicklung am Beispiel der Studienorganisation untersucht. Diese Dynamik betrifft sowohl die Veränderungen der Rollenstrukturen innerhalb einer Organisation (bspw. flexible Rollenübernahme, variable Rollenpräsenz, Aufbau sozialer Nähe etc.) als auch die Erweiterung und Anpassung dieser Rollenstrukturen (bspw. neue Rollen, Meta-Rollen wie Moderatoren- und Promotorenrolle, etc.).

Zentrale Erkenntnisse dieser Arbeit sind:

Teil A: Zentrale Erkenntnisse aus Theorie- und Methodenkapitel

Die Arbeit hat ein **eigenes Rollenverständnis** herausgearbeitet. Abgeleitet von vorhandenen vielfältigen Rollen-Definitionen aus Soziologie und Organisationsforschung wurde ein integrativer neuer Rollenbegriff geprägt, der sich durch **vier Dimensionen** auszeichnet, und der eine dynamische Rollenentwicklung betont. Eine Rolle besteht demnach aus einer Position, aus Funktionen und Aufgaben, Erwartungen und sozialer Interaktion. Hiermit können komplexe Organisationen erklärt und systemrelativ *verstehend gedeutet* werden (vgl. Kapitel 6.2.3). Dieses neue prozessorientierte Verständnis von Rollen bewährte sich bei der empirischen Untersuchung, da die Aufmerksamkeit bei der Analyse von Wissensaustauschprozesse auf die strukturellen Bedingungen gelenkt wurde, bspw. welche Rollen führen welche Aufgaben aus – welche Rollen kooperieren wie unter welchen Bedingungen – welche Rolleninhaber/innen tauschen wie Wissen aus. Durch diesen Rollenbegriff konnte vom Verhalten der Rolleninhabern/innen Losgelöstes expliziert und sichtbar gemacht werden, welches sich bspw. in diskrepanten Rollenselbst- und Rollenfremdbilder, in der Aushandlung von Rollen-Ressourcen und in der Relevanz der sozialen Nähe ausdrückt. Diese sonst verborgenen Strukturen einer Organisation wären ohne den (neuen) Rollenbegriff nicht sichtbar geworden.

Ein weiteres Ergebnis der Arbeit ist die Entwicklung einer eigenen Untersuchungsmethode, die einer **gestaltenden Rollenanalyse**. Die empirische Rollenanalyse wird in Kleingruppen und gruppendynamischen Kontexten angewendet, wurde aber abgewandelt auf Organisationen übertragen (vgl. Kapitel 6.2.3). Grundlage der neuen Methode der gestaltenden Rollenanalyse ist das dynamische Verständnis von Rollen (vgl. Punkt 1).

Ein weiterer zentraler Untersuchungsbefund ist der **Wissensaustausch im Spannungsfeld zwischen formaler und informeller Kommunikation**. Eine geringe Unterstützung der informellen Kommunikation hat negative Auswirkungen auf den Wissensaustausch, da auch in der informellen Kommunikation häufig relevantes Wissen kommuniziert wird. Ohne angemessene soziotechnische Unterstützung bleibt diese im Verborgenen, also implizit, und für die Mehrzahl der potentiell Beteiligten unsichtbar und nicht zugänglich. Mit der fehlenden bzw. mangelnden Unterstützung der informellen Kommunikation gehen der Organisation relevante Wissensbestände verloren. In einer soziotechnischen Community steht nicht der rein formale Wissensaustausch im Vordergrund, sondern die informelle Kommunikation.[161]

Teil B: Zentrale Erkenntnisse aus dem Kapitel zur empirischen Untersuchung

Die empirische Untersuchung zeigt, dass nicht nur die formalen Rollen zu berücksichtigen sind. Vielmehr ist zwischen **offiziellen und inoffiziellen Haupt- und Nebenrollen** zu unterscheiden, die sich aus der jeweiligen Betrachterperspektive (die Sicht der Zielgruppen-Rolle) ergeben und somit relativ sind. Diese Rollen voneinander zu unterscheiden, und insbesondere die inoffiziellen Hauptrollen(inhaber/innen) zu stärken, ist für einen gemeinsamen Wissensaustausch notwendig, da sie relevantes Wissen besitzen und daher relevante Wissensvermittler sind. Je mehr die inoffiziellen Rollen bei der Kultivierung von Wissensaustausch einbezogen werden, desto effektiver ist ein gemeinsamer Wissensaustausch.

Aus der empirischen Untersuchung ist weiterhin festzuhalten, dass die neuen Begrifflichkeiten die Dynamik der Rollenstrukturen erklären können: Hierbei handelt es neben den bereits erwähnten auch um die Begriffe der „sozialen Rollen-Präsenz", „soziale (Online-)Nähe", „Rollen-Ressourcen" und „Rollen-Stärkung" (vgl. Kapitel 5 und Thesen 2, 6, 21, 42), die geeignet sind, die sozial konstruierte Wirklichkeit beim rollenübergreifenden soziotechnischen Wissensaustausch zu erklären bzw. verstehend zu deuten. Die Aktivierung des Rollenveränderungspotentials ist an diese sozialen Phänomene – soziale Präsenz, soziale Nähe und Vertrauen – eng angelehnt und mit sozialem Kapital (Beziehungsressourcen) verbunden. Die Qualität einer soziotechnischen Community zeigt sich in der Ausprägung dieser sozialen Phänomene (vgl. nachfolgendes Kapitel 9.2).

---

[161] Möglicherweise zeigt sich hieran auch, dass die in weiten Teilen der Gesellschaft fehlenden Gemeinschaftsformen durch diese neuen Formen der soziotechnischen oder Online-Communities substituiert werden können.

Eine weitere Erkenntnis ist die Relevanz eines interaktiven webbasierten **Rollogramms** zur Studienorganisation. Ein Rollogramm ist die interaktive (3D-) Verknüpfung von Haupt- und Nebenrollen mit ihren eigenen Webseiten (etc.), um die Rollen an einem zentralen Ort im Web zu bündeln. Damit wird eine erste technische Rollen-Bündelung, bei gleichzeitiger Aufrechterhaltung der Vielfältigkeit der Rollen ermöglicht. Mit einem solchen Rollogramm geht die Verbesserung der Transparenz und Übersichtlichkeit der verschiedenen Rollen in der Organisation einher und ermöglicht es interaktiv, Rollen und ihre Aufgaben ohne Verlust an Rollen-Dynamik zu unterstützen. Der Aufbau einer Webseite in Form eines interaktiven Rollogramms mit den Haupt- und Nebenrollen, die im Kontext der Studienorganisation am Wissensaustausch beteiligt sind bzw. sein sollten, unterstützt den Studienverlauf der Studierenden positiv, da sie einen Überblick erhalten, welche Rollen zu welchem Thema im Studienverlauf relevant sind.

Weitere zentrale Ergebnisse aus der empirischen Untersuchung beziehen sich auf die **drei Problemfelder** Vernetzung Studierender (a), geringe Kooperation der universitären Rollen (b), technische Unterstützung (c) (vgl. Kapitel 8.1, 8.2, 8.3):

a) Für eine homogene Gruppe mit einer großen Anzahl von Personen (Studierende) ist eine soziotechnische Community für die Aktivierung des Rollenveränderungspotentials vorteilhaft. Ihre Kommunikation basiert dann auf Online-Foren, in denen sie Hilfestellungen von Rolleninhaber/innen in gleicher Position und ähnlichen Problemlagen erhalten. Weil Studierende sich in ähnlicher Lage sehen, geben sie den anderen einen bestimmten Vertrauensvorschuss, da sie davon ausgehen (können), dass die gleichen Interessen verfolgt werden. So kann auch der **Rollenübernahme-Lernprozess** vom Neuling zum Studierenden effektiv unterstützt werden. Die Community-Mitglieder können ihrerseits Feedback geben, da in der Community nicht nur eine Rolle (bspw. nur Neulinge), sondern auch Studierende älteren Semesters sowie einige universitäre Rollen (bspw. Studienfachberater/innen und Dozenten) zusammen treffen. Je mehr der gemeinsame Wissensaustausch zur Studienorganisation mit den studienorganisatorischen Aufgaben verwoben ist, desto erfolgreicher ist eine Community-Kultivierung. So wird die informelle Kommunikation unter den Studierenden gefördert und ein rollenbedarfsgerechter Austausch von Wissen ermöglicht. Hierbei steht nicht nur die Vermittlung von Wissen, sondern **das aktive Auseinandersetzen mit den Meinungen anderer** im Vordergrund.

Diese Form des Wissensaustauschs mittels Online-Foren ist auch deshalb so erfolgreich, weil die einzelnen Studierenden nicht mehr in der anonymen Masse sind, sondern sich gemäß ihrem Wissenspotentials einbringen und eine Gemeinsamkeit in der Community erleben können.

b) Für die heterogene Gruppe der universitären Rollen, die sich in hierarchischen Abhängigkeiten im Arbeitskontext befinden, hängt die Kultivierung ihres rollenübergreifenden gemeinsamen Wissensaustausch von anderen Faktoren ab als bei einer homogenen Gruppe (Studierende). Insbesondere ist die Unterstützung der **Bildung von Vertrauen** relevant. Dies macht eine face-to-face-Kommunikation bzw. Präsenzveranstaltungen unentbehrlich. Durch die hohe Rollenkomplexität in der Universität, kommt es zu Kooperations- und Koordinationsproblemen. Bei hoher Rollenkomplexität ist eine **Promotorenrolle** erforderlich (neue Rolle), um die Beziehungen unter den Rolleninhaber/innen und so den Aufbau sozialer Nähe zu fördern. Hinzu kommt, dass – im Zeitverlauf betrachtet – jede Rolle ein eigenes technisches System (meist in Form einer Datenbank) erzeugt, die eine Aufrechterhaltung ihrer System/Umwelt-Grenze gegenüber den anderen universitären Rollen und somit eine Abschottung scheinbar legitimiert. Um einen gemeinsamen Wissensaustausch zu kultivieren, ist eine gezielte und punktuelle Beteiligung an einer soziotechnischen Community bspw. in Form der Einbindung einer Wissensdatenbank (in Form eines eskalativen Helpdesk) hilfreich.

c) Für einen gemeinsamen Wissensaustausch eignet sich eine Community-Kultivierung, bei der viele Kontakte, soziale Interaktionen und gemeinsame Handlungen bedeutsam sind. Durch die Teilnahme an einer soziotechnischen Community wird die Studienorganisation von Studierenden positiv unterstützt und der Informations- und Wissensverlust durch hohen Koordinationsaufwand komplexerer, ausdifferenzierter Systeme wird minimiert, da sich eine große Anzahl von Nutzer/innen in unterschiedlichen Rollen mit relativ geringem Koordinationsaufwand bei gleichzeitig hohem Nutzen beteiligen können. Dies gilt allerdings nur unter der Berücksichtigung, dass bei den universitären Rollen zunächst vertrauensbildende Maßnahmen durchgeführt werden (vgl. Punkt b). Eine soziotechnische Community ist durch die hauptverantwortlichen offiziellen Hauptrollen in gemäßigter Form zu **moderieren**, um einerseits die Verbindlichkeit und Qualität der Informationen sicherzustellen, um andererseits eine freie Entfaltung der Wissensaustausch-Kultur zu erreichen. Hierbei ist auch ein **niedrig-schwelliger Zugang** zum technischen System hilfreich, um die soziotechnische Community in ihrer Anfangsentwicklung zu unterstützen, aber auch um einen nachhaltig aktiven Wissensaustausch zu fördern.

Über diese Erkenntnisse hinaus werden 11 zentrale Thesen zum Wissensmanagement zusammengefasst, die im nachfolgenden Kapitel aufgeführt werden.

9.3. Die 11 wichtigsten Thesen zum Wissensmanagement

Im diesem Kapitel werden die 11 wichtigsten Thesen zum Wissensmanagement zusammengefasst aufgeführt, die aus den empirisch-basierten Befunden (vgl. Kapitel 7.2) abgeleitet sind:

1. Je mehr beim Wissensmanagement die Aufgabe verfolgt wird, nicht nur die offiziellen Hauptrollen, sondern insbesondere auch die **inoffiziellen Hauptrollen** – aus Sicht der Zielgruppen-Rolle – als relevante Wissensträger und Wissensvermittler ausfindig zu machen und in den Wissensaustausch einzubeziehen, desto effektiver ist Wissensmanagement.

2. Eine gemeinsame Vernetzung und ein effektiver Wissensaustausch wird erreicht, wenn beim Wissensmanagement **formale und informelle Kommunikation ausgewogen** berücksichtigt und – der Zielgruppen-Rolle angemessen – technisch unterstützt werden. Beim Wissensaustausch ist der Einbezug von informeller Kommunikation notwendig, da auf rein formalem Wege Informationen im Wissensfluss verloren gehen. Jedoch geht mit der Unterstützung des informellen Wissensaustauschs einher, dass das Informelle – im Gegensatz zur formalen Organisierung – zu kultivieren und nicht zu formalisieren ist.

3. Beim Wissensmanagement ist die **Unterstützung des Aufbaus sozialer Nähe** wesentlich, um den Aufbau von Vertrauen und die Kontaktbereitschaft zu unterstützen und somit einen gemeinsamen Wissensaustausch zu fördern. Dabei sind homogene und heterogene Gruppen zu unterscheiden:

Bei homogenen großen Gruppen in dezentralen Organisationen kann der Aufbau sozialer Nähe in Form einer soziotechnischen Community unterstützt werden, da sich die Akteure aufgrund ihrer ähnlichen bzw. vergleichbaren Ausgangsbedingungen untereinander einen **Vertrauensvorschuss** geben.

Bei heterogenen Gruppen in hierarchischen Abhängigkeitsstrukturen im Arbeitskontext hängt der Aufbau sozialer Nähe von der Förderung **vertrauensbildender Maßnahmen** ab (bspw. Präsenzveranstaltungen). Mit der Unterstützung von vertrauensbildenden Maßnahmen geht eine Förderung des Aufbaus sozialer Nähe und somit eine Verbesserung des gemeinsamen Wissensaustauschs einher.

4. Je mehr das „**Mehr**" an **sozialem Kapital** für die Akteure erkennbar ist, desto effektiver ist der gemeinsame Wissensaustausch. Das Mehr an sozialem Kapital bedeutet für die Beteiligten einen Zugriff auf eine größere Menge an Beziehungsressourcen und in Folge dessen einen Zugriff auf eine größere Menge von Wissen. Ein Wissensmanagement erhält somit die Funktion, den Aufbau sozialer Beziehungen zu unterstützen (bspw. in Form von soziotechnischen Communities).

5. Je geringer die **Rollenkomplexität** im sozialen System (Anzahl der Rollen im Verhältnis zur Anzahl der Akteure), desto effektiver ist das Wissensmanagement. Wenn jedoch eine hohe Rollenkomplexität nicht reduziert werden kann, dann ist eine **formale Promotorenrolle** notwendig, um die sozialen Beziehungen und Verbindungen zwischen den verschiedenen formalen Rollen(inhaber/innen) und ihrem unterschiedlichen Status herzustellen, aber auch um die Vermittlung von Meta-Wissen **über** die Wissensaustauschprozesse und über die beteiligten Rollen zu ermöglichen.

6. Mit dem Wissensmanagement geht einher, dass eine systemrelative d.h. kontextabhängige Transparenz (Klärung und Explizierung) der Aufgaben und Erwartungen von Rollen angemessen technisch unterstützt wird. Allerdings darf der Grad an Aufgaben- und Erwartungstransparenz im technischen System nur so hoch sein, dass – durch die damit verbundenen Festlegungen – die Dynamik der Rollenausgestaltung und die Flexibilität des Rollenveränderungspotentials nicht eingeschränkt oder blockiert wird. Aber auch eine zu geringe Transparenz kann den gemeinsamen Wissensaustausch blockieren, weil den Rolleninhabern/innen dann nicht bewusst ist, was zu tun ist, bspw. wer welches Wissen benötigt, um welche Aufgaben durchzuführen.

7. Mit der Unterstützung einer Online-Kommunikation und dem Einsatz von technischen Wissensmanagementsystemen (bspw. BSCW[162]) in großen Organisationen, geht die Förderung der **Online-Rollenpräsenz** einher, da dadurch die Qualität der eingestellten Informationen eingeschätzt werden kann. In großen Organisationen verbindet der Akteur mit dem Namen einer Person, die eine Rolle übernommen hat, oftmals keine Vorstellungen über die Qualität der eingestellten Information; daher ist die (zusätzliche) Rollenbezeichnung für die Einschätzung des Informationsgehaltes geeigneter.

---

[162] BSCW ist die Abkürzung für „Basic Support for Cooperative Work", ist ein Produkt des Fraunhofer Instituts (ehemals GMD) und ist ein webbasiertes Wissensmanagementsystem.

8. Beim Wissensmanagement in großen dezentralen Organisationen ist eine **gemäßigte Form der Moderation** durch die offiziellen Hauptrollen erforderlich, um Verbindlichkeiten und Vertrauen in die Zuverlässigkeit eines Wissensmanagements zu schaffen, aber auch um eine freie Entfaltung einer gemeinsamen Wissensaustausch-Kultur zu fördern.

9. Je weniger komplex die **technischen Zugriffsrechte** beim Wissensmanagement sind, desto mehr wird die gegenseitige Anerkennung der Rolleninhaber/innen und somit der Aufbau sozialer Nähe gefördert. Dies beeinflusst den gemeinsamen Wissensaustausch positiv. Wissensmanagement wird so zu einem Instrument der Organisationsentwicklung, da das Aufbrechen von potentiell antiquierten Rollenstrukturen durch die flexible Gestaltung von technischen Zugriffsrechten möglich wird.

10. Das Wissensmanagement ist auf einer **3-Eck-Pfeiler-Grundlage** zu konzipieren, da diese Konzeption die **aktive Teilnahme** der Beteiligten am Wissensaustausch fördert. Eine aktive Teilnahme am Wissensaustausch wird gefördert, wenn nicht nur das Abrufen von Informationen bspw. aus Broschüren, von Webseiten etc. (1) und das Einstellen von Dokumenten unterstützt werden bspw. in technischen webbasierten Wissensmanagementsystemen oder WIKI-Format (2), sondern wenn zusätzlich auch eine Diskussion und ein direkter (Online)Wissensaustausch möglich ist, bspw. mittels Online-Foren (3). Je mehr diese stufenförmige Erweiterung (eskalatives Wissensmanagement) kontextualisiert ist und eine starke Kopplung von Inhalt und Diskussion berücksichtigt, desto wirkungsvoller ist das Wissensmanagement.

11. Je mehr beim Wissensmanagement darauf geachtet wird, dass der Wissensaustausch von Akteuren einerseits als **soziotechnisches System,** andererseits als **Netzwerk** kultiviert wird, desto wirkungsvoller ist das Wissensmanagement. D.h. für häufig anwesende Mitglieder ist ihre aktive (Mit-)Gestaltung zu fördern, für andere, die eher ab und zu beteiligt sind, ist ein Zugang zum Wissensaustausch offen zu halten, um systemübergreifenden Wissensaustausch zu unterstützen.

9.4. Weiterer Forschungsbedarf

Die detailreiche Untersuchung zu Wissensaustauschprozessen in Organisationen konnte sicherlich nicht alle Forschungsfragen klären, die in diesem Kontext anzusiedeln sind. Hinzu kommt, dass während dieser Arbeit neue Forschungsfragen entstanden (vgl. Kapitel 7.2 bzw. zusammengefasst 8.1 bis 8.3). Einige neue Forschungsfragen sind:

Wie ist ein soziotechnisches Rollen-Konzept für soziotechnische Communities und für soziotechnische Wissensmanagementsysteme zu gestalten und so umzusetzen, dass das **dynamische Veränderungspotential** von Rollen angemessen berücksichtigt und nicht blockiert wird? Hierbei ist die Dynamik der Rollenstrukturen und die soziale bzw. soziotechnische Interaktion der Akteure stärker als bisher zu betrachten.

Wie ist eine **gezielte Beteiligung von offiziellen Rollen** an einer soziotechnischen Community (homogene Gruppe) zu unterstützen, ohne die bereits aktiven Community-Mitglieder und ihre Wissensaustauschpraxis zu blockieren? Da auch die offiziellen Hauptrollen relevante Wissensträger sind und Expertise zu ihrem Fachgebiet besitzen, ist ihre Einbindung in die soziotechnische Community zunächst zu befürworten, jedoch zeigen die empirischen Ergebnisse, dass die universitäre Rollen sich nicht am Wissensaustausch beteiligen, bspw. wegen mangelnden Vertrauens. Demnach ist die Forschungsfrage zu stellen, wie eine Beteiligung dieser Rollen zu initiieren ist.

Wie sehen die Rollenbilder zur Studierenden-Rolle und zur Studienberatung an Universitäten in anderen Ländern aus (bspw. in den Skandinavischen Ländern oder USA), wie wird dort ein gemeinsamer Wissensaustausch kultiviert und wie wird der **Rollenübernahme-Lernprozess** gestaltet? Hier ist möglicherweise ein Vergleich von Wissensaustausch- bzw. Wissensmanagement-Konzepten zur Studienorganisation hilfreich, um Anregungen für deutsche Universitäten zu bekommen oder umgekehrt (bspw. Vergleich zu Mentoren-Programmen). Was können deutsche Universitäten von (Elite-) Universitäten (in anderen Ländern) bzgl. des flexiblen Rollenübernahme-Prozesses lernen?

Desweiteren ist es sinnvoll, eine **Wirksamkeitsprüfung** der Studienplanung am Beispiel der Inpud-Community durchzuführen. Ist die soziotechnische Inpud-Community – als ein Beispiel für eine soziotechnische Community (am Fachbereich Informatik der Universität Dortmund) – für die Studienplanung von Studierenden tatsächlich so wirksam wie es die Nutzungsentwicklung und Nutzungsstatistiken zeigen? Hier sind genauere Analysen durchzuführen. Als Indikator könnte die Explizierung der Studienplanung von Studierenden dienen. Die Qualität ihrer Studienpläne ist möglicherweise in einem Vorher-Nachher-Vergleich im Verhältnis zur Teilnahme an der Inpud-Community zu untersuchen. Dabei sollte nicht nur die Planung eines einzigen Semesters, sondern ein längerer Zeitraum, bspw. das Grundstudium, analysiert werden. Die Auswertung der Frage *„Hilft dir Inpud bei der eigenen Studienplanung?"*[163] zeigt, dass 86% derjenigen Studierenden, die geantwortet haben (n=45), dem (voll) zustimmen[164]. Ihnen hilft also die Teilnahme an der Inpud-Community bei der Studienplanung – allerdings rein subjektiv betrachtet. Die Kultivierung einer soziotechnischen Community ist ein erster „Wissensmanagement-Ansatz" am Fachbereich Informatik der Universität Dortmund. Durch die Community wurden die Studierenden-Anfragen bei der Studienfachberatung reduziert. Hier sind also Untersuchungen anzuschließen, die den potentiellen Mehrwert einer soziotechnischen Community für die offiziellen Haupt- und Nebenrollen analysiert.

Weitere Forschungsfragen, die sich an die Community-Kultivierung anschließen, betreffen Fragen zur **Initiierung von soziotechnischen Communities in Organisationen.** Aus der vorliegenden Arbeit lässt sich zwar ableiten, dass eine soziotechnische Community-Kultivierung vor allem für eher homogene Großgruppen geeignet ist, aber für Organisationen mit hoher Rollenkomplexität in hierarchischen Abhängigkeiten im Arbeitskontext wirken bestimmte andere Einflussfaktoren auf den gemeinsamen Wissensaustausch, bspw. mangelnde soziale Nähe oder mangelndes Vertrauen, die eine Community-Kultivierung erschweren. Derzeit ist noch relativ unsystematisch und unerforscht, wie eine soziotechnische Community in einer Organisation mit hoher Rollenkomplexität, kultiviert werden kann.[165] Hierzu sehe ich erheblichen Forschungsbedarf.

Was für soziale Organisationen längst wissenschaftlicher Alltag ist – die Analyse von Rollen und ihre Weiterentwicklung – steckt dagegen in anderen Disziplinen

---

[163] Vgl. Inpudforum „Erfolg im Informatikstudium", es ist frei zugänglich unter „www.inpud.de". Die kleine Umfrage wurde im September 2005 während der vorlesungsfreien Zeit initiiert, in der eher wenige Studierende online sind. Die geringe Beteiligung für diese Umfrage ist damit zu erklären, dass dafür keine Werbung getätigt wurde und die Umfrage in einen der vielen Foren versteckt und für den Akteur nicht sofort ersichtlich ist.

[164] Die Antwortmöglichkeiten sind auf Basis einer Likert-Skala erstellt werden.

[165] Hinzu kommt, dass es möglicherweise auch in Unternehmen und großen Organisationen homogene Gruppen gibt, die aber auf den ersten Blick nicht als solche erkennbar sind.

noch in den Kinderschuhen. So wird in der Software-Entwicklung (Teil der Informatik) ein Rollenbegriff verwendet, der nur die Zugriffsrechteverwaltung auf Daten in technischen Systemen widerspiegelt: Mit der Rolle legen Software-Entwickler/innen fest, welche Berechtigungen welche Nutzer/innen haben und auf welche Dokumente in welcher Form zugegriffen werden darf bzw. kann (vgl. Sandhu et al. 1996). In soziotechnischen Systemen wurde der Wissensaustausch aus der Perspektive von Rollen bislang kaum untersucht, bspw. wie sich Rollen in soziotechnischen Systemen verändern (können). Daher ist ein weiteres Problem die **technische Umsetzung der dynamischen Rollen-Entwicklung** und des Rollenveränderungspotentials in technischen Systemen. Diese Arbeit hat zwar erste Schritte in diese Richtung getan, und erste konzeptionelle Ideen entwickelt (bspw. Online-Rollenpräsenz, Grad an Aufgabentransparenz im Verhältnis zur Dynamik von Rollen, nicht zu detaillierte Festschreibungen etc.), aber das konkrete Umsetzen muss durch Software-Entwickler/innen erfolgen. Die derzeitigen Rollenkonzepte der Software-Entwicklung, die in der Regel auf den Arbeiten von Sandhu et al. (1996) basieren, sind zu statisch oder lassen kaum und nur geringen Entwicklungsspielraum zu. Da Rollen aber nicht statisch, sondern dynamischer Natur sind, sind dringend neue soziotechnische Konzepte erforderlich, bspw. für Wissensmanagementsysteme (CSCW[166]) und Lehr-/Lernsysteme bzw. Lernumgebungen (CSCL[167]) und möglicherweise auch für weitere Forschungszwecke in der Künstlichen Intelligenzforschung.[168]

Diesem Aspekt – die Umsetzung eines dynamischen Rollen-Modells für soziotechnische Systeme – sollte zukünftig mehr Aufmerksamkeit gewidmet werden.

---

[166] CSCW steht für Computer Supported Cooperative Work und bezeichnet computergestützte Formen der Zusammenarbeit im Arbeitskontext.

[167] CSCL steht für Computer Supported Collaborative Learning und bezeichnet computergestützte Formen des gemeinsamen Lernens.

[168] Fragen die hieran anschließen können, sind bspw. ob und wie sich Agenten auf Basis von Rollen selbst weiterentwickeln und wie dynamische Rollen für eine künstliche Intelligenz eingesetzt werden können.

Literaturverzeichnis

Abraham, Martin & Büschges, Günter (2004): Einführung in die Organisationssoziologie. Wiesbaden: Verlag für Sozialwissenschaften (VS). 3. Auflage. Erstauflage 1983.

Ackerman, Mark S. & McDonald, David W. (1996): Answer Garden 2: Merging Organizational Memory with Collaborative Help. In: ACM-Press, Computer Supported Cooperative Work'96. S. 97-105.

Adelsberger, Heimo H.; Bick, Markus & Hanke, Thomas (2002): Einführung und Etablierung einer Kultur des Wissenteilens in Organisationen. In: Engelien, M. & Hohmann, J. (Hrsg.): Virtuelle Organisationen und Neue Medien. Köln: Eul Verlag, S. 529-552.

Allen, Thomas J. (1970): Communication Networks in R&D Laboratories. In: R&D Management, 1, S. 14-21.

Ashforth, B. E. (2001): Role transitions in organizational life, an identity-based perspective. Mahwah, NJ: Lawrence Erlbaum Associates (LEA).

Avison, David; Lau, Francis; Myers, Michael & Nielsen, Peter Axel (1999): Action Research. In: Communications of the ACM, Vol. 42, No.1. S. 94-97.

Bales, Robert F. (1950): Interaction Process Analysis. A Method for the Study of a small Group. Chicago, London: The University of Chicago Press.

Balog, Andreas (1989): Rekonstruktion von Handlungen. Opladen: Westdeutscher Verlag.

Banton, Michael (1968): Roles. An Introduction to the Study of social Relations. London: Tavistock Publications.

Bateson, Gregory (1972): Steps to an Ecology of Mind. New York: Ballantine Books.

Becker, Horst & Langosch, Ingo (1990): Produktivität und menschlichkeit. Organisationsentwicklung und ihre Anwendung in der Praxis. Stuttgart: Ferdinand Enke Verlag. 4. erweiterte Auflage.

Berger, Peter L. & Luckmann, Thomas (1980): Die gesellschaftliche Konstruktion der Wirklichkeit. Eine Theorie der Wissenssoziologie. Frankfurt am Main: Fischer. (Originalausgabe 1966).

Berg-Schlosser, Dieter & Stammen, Theo (1992): Einführung in die Politikwissenschaft. München: C. H. Beck, 5. Auflage. S. 160-167.

Bertalanffy, Ludwig von (1949): Zu einer allgemeinen Systemlehre. In: Biologia Generalis, 195, S. 114-129.

Bertalanffy, Ludwig von (1972): Vorläufer und Begründer der Systemtheorie. In: Kurzrock, Ruprecht (Hrsg.) (1972): Systemtheorie. Berlin: Colloquium Verlag. S. 17-28.

Biddle, Bruce J. & Thomas, Edwin J: (Hrsg.) (1966): Role Theory. Concepts and Research. New York: John Wiley & Sons, Inc.

Blessing, Dieter & Bach, Volker (2000): Wissensmanagement in Beratungsunternehmen. Gestaltungsmöglichkeiten und Fallbeispiele. In: Zeitschrift Führung + Organisation (zfo), 69. Jg., Heft 5, S. 268-276.

Blumer, Herbert (1973): Der methodologische Standort des symbolischen Interaktionismus; In: Arbeitsgruppe Bielefelder Soziologen (Hrsg.): Alltagswissen, Interaktion und gesellschaftliche Wirklichkeit. Bd. 1: Symbolischer Interaktionismus und Ethnomethodologie; Reinbek bei Hamburg, S. 80-146.

Boland, Richard J. & Tenkasi, Ramkrishnan V. (1995): Perspective Making and Perspective Taking in Communities of Knowing. In: Organization Science, Vol. 6, No. 4, S. 350-372.

Bortz, Jürgen & Döring, Nicola (2003): Forschungsmethoden und Evaluation: für Human- und Sozialwissenschaftler. Berlin u.a.: Springer-Verlag. 3. Auflage.

Bourdieu, Pierre (1983): Ökonomisches Kapital - Kulturelles Kapital - Soziales Kapital. In: Kreckel, R. (Hrsg.): Soziale Ungleichheiten. Sonderband 2. Soziale Welt. Göttingen: Schwartz. S. 183-198.

Bourdieu, Pierre & Wacquant, Loic J. D. (1996): Reflexive Anthropologie. Übersetzt von Hella Beister. Frankfurt am Main: Suhrkamp. (Original 1992).

Brown, John Seely & Duguid, Paul (1991): Organizational Learning and Communities of Practice: Toward a unified view of working, learning, and innovation. In: Organizational Science, Vol. 2, No. 1, S. 40-57.

Brunner, O.; Conze, W. & Koselleck, R. (Hrsg.) (1992): Geschichtliche Grundbegriffe. Historisches Lexikon zur politisch-sozialen Sprache in Deutschland. Stuttgart: Klett-Verlag, S. 285 – 322.

Buer, Ferdinand (2001): Typische Handlungsmuster in Arbeitsorganisationen: In: Buer, F. (Hrsg.): Praxis der psychodramatischen Supervision. Ein Handbuch. Opladen: Leske + Budrich. S. 165-190.

Bullinger, Hans-Jörg; Wörner, Kai & Prieto, Juan (1997): Wissensmanagement heute. Daten, Fakten, Trends. Fraunhofer Institut für Arbeitswissenschaft und Organisation. Stuttgart.

Büschges, Günter & Lütke-Bornefeld, Peter (1977): Praktische Organisationsforschung. Reinbek bei Hamburg: Rowohlt.

Ciborra, Claudio and Associates (2000): From Control to Drift. The Dynamics of Corporate Information Infrastructures. New York, Oxford: University Press.

Coleman, James S. (1988): Social Capital in the Creation of Human Capital. In: American Journal of Sociology, 94 Supplement, S. S95- S.S120.

Cross, Rob & Prusak, Laurence (2002): The People who make Organizations Go or Stop. In: Harvard Business Review, June 2002, S. 105-112.

Dahrendorf, Ralf (1958): Homo Sociologicus. Opladen: Westdeutscher Verlag.

Davenport, Thomas (1996): Knowledge Roles: The CKO and Beyond. In: CIO, April 1, 1996. Online: http://www.cio.com/archive/040196/davenport.html Zugriffsdatum 23.08.2005.

Davenport, Thomas H. & Prusak, Laurence (1998): Working Knowledge. How organizations manage what they know. Boston: Harvard Business School Press.

Wehner, Theo & Dick, Michael (2001): Die Umbewertung des Wissens in der betrieblichen Lebenswelt. Positionen der Arbeitspsychologie und betroffener Akteure. In: Schreyögg, Georg (Hrsg.): Wissen in Unternehmen. Konzepte, Maßnahmen, Methoden. Berlin: Erich Schmidt Verlag. S. 89-117.

Dickmann, Andreas (2003): Empirische Sozialforschung. Grundlagen, Methoden, Anwendungen. Reinbek bei Hamburg: Rowohlt, 10. Auflage.

Dillenbourg, Pierre (1999): Collaborative learning - Cognitive and Computational Approaches. Oxford: Elsevier.

Döring, Nicola (2003): Sozialpsychologie des Internets. Die Bedeutung des Internet für Kommunikationsprozesse, Identitäten, soziale Beziehungen und Gruppen. Göttingen: Hogrefe. 2. Auflage.

Dourish, Paul; Bellotti, Victoria (1992): Awareness and Coordination in Shared Workspaces. In: Turner, Jon; Kraut, R. (Hrsg.): CSCW '92. Sharing Perspectives. Proceedings of the Conference on Computer-Supported Cooperative Work. Toronto/Canada: ACM/SIGIOS. S. 107-114.

Dreitzel, Hans Peter (1972): Die gesellschaftlichen Leiden und die Leiden an der Gesellschaft. Stuttgart: Ferdinand Enke Verlag (Original-Ausgabe 1968).

Drucker, Peter F. (1974): Management: Tasks, Responsibilities, Practices. New York u.a.: Harper & Row.

Durkheim, Emile (1991): Die Regeln der soziologischen Methode. Frankfurt am Main: Suhrkamp (Original-Ausgabe 1895).

Eck, Claus D. (1997): Wissen – ein neues Paradigma des Managements. In: Die Unternehmung 3/97, S. 155-179.

Engeström, Yrjö (1987): Learning by Expanding. An Activity-Theoretical Approach to Developmental Research. Helsinki: Orienta-Konsultit Oy

Filestead, William J. (1979): Soziale Welten aus erster Hand. In: Gerdes, Klaus (Hrsg.): Explorative Sozialforschung. Stuttgart: Ferdinand Enke. S. 29-40.

Flick, Uwe (2004): Triangulation. Eine Einführung, Wiesbaden: Verlag für Sozialwissenschaften.

Flick, Uwe; von Kardoff, Ernst; Steinke, Ines (2000): Qualitative Sozialforschung. Ein Handbuch. Reinbek bei Hamburg: Rowohlt.

Friedrich, Jürgen; Herrmann Thomas; Peschek, Max & Rolf, Arno (1995): Informatik und Gesellschaft. Heidelberg u.a.: Spektrum Akademischer Verlag.

Forzi, T., Winkelmann, K., Killich, S., Hutterer, P., Chwallek, C. (2003): Etablierung der Dienstleistung Wissensmanagement in vernetzten Organisationsstrukturen. In: Luczack, H. (Hrsg.): Kooperation und Arbeit in vernetzten Welten – Tagungsunterlagen der GfA Herbstkonferenz, 2003, Ergonomia Verlag, Stuttgart, 2003, S. 261-265.

Fukuyama, Francis (1995): Trust. The Social Virtues and the Creation of Prosperity. New York et al: The Free Press.

Galler, Jürgen (1997): Vom Geschäftsprozeß zum Workflow-Modell. Wiesbaden: Gabler Verlag.

Gerhardt, Uta (1971): Rollenanalyse als kritische Soziologie. Neuwied, Berlin: Hermann Luchterhand Verlag.

Giddens, Anthony (1997): Die Konstitution der Gesellschaft. Grundzüge einer Theorie der Strukturierung. Frankfurt am Main/New York: Campus. 3. Auflage (Originalausgabe 1984).

Girtler, Roland (1988): Methoden der qualitativen Sozialforschung: Anleitung zur Feldarbeit. Wien, Köln, Graz: Böhlau Verlag.

Glaser, Barney & Strauss, Anselm (1967): The discovery of grounded theory. Chicago: Aldine.

Goffman, Erving (1959): The Presentation of Self in Everyday Life. New York: Doubleday.

Goffman, Erving (1974): Rollenkonzepte und Rollendistanz. In: Mühlfeld, C. (Hrsg.): Soziologische Theorie. Hamburg: Hoffmann und Campe, S. 265-281.

Görlitz, Axel (1987): System. In: Görlitz A. & Prätorius, R. (Hrsg.): Handbuch der Politikwissenschaft. Grundlagen - Forschungsstand - Perspektiven. Reinbek bei Hamburg: Klett-Verlag, S. 534-541.

Granovetter, Mark S. (1973): The Strenght of Weak Ties. In: American Journal of Sociology, Vol. 78, No. 6, S. 1360-1380.

Gross, Neal; McEachern, Alexander & Mason, Ward S. (1966): Role Conflict and its Resolution (Original 1958). In: Biddle, Bruce J. & Thomas, Edwin J: (Hrsg.): Role Theory. Concepts and Research. New York: John Wiley & Sons, Inc. S. 287 – 296.

Gukenbiehl, Herrmann L. (1992): Handeln soziales. In: Schäfers, B. (Hrsg.): Grundbegriffe der Soziologie. Opladen: Leske + Budrich, S. 121-125.

Halfmann, Jost (1995): Kausale Simplifikationen, Grundlagenprobleme einer Soziologie der Technik. IN: Halfmann, J; Bechmann, G.; Rammert, W. (Hrsg): Technik und Gesellschaft, Jahrbuch 8: Theoriebausteine der Techniksoziologie. Frankfurt am Main: Campus Verlag. S.211-226

Halfmann, Jost (1996): Makrosoziologie der modernen Gesellschaft: eine Einführung in die soziologische Beschreibung makrosozialer Phänomene, Weinheim, München: Juventa Verlag.

Harrison, Roger (1972): Role Negotiation - A Tough Minded Approach to Team Development. In: W. Warner Burke & Harvey A. Hornstein (Eds.): The Social Technology of Organization Development. Fairfax, VA: NTL Learning Resources Corp., pp. 84-96.

Harrison, Roger (1977): Rollenverhandeln: Ein harter Ansatz zur Team-Entwicklung. In: Sievers, Burckard (Hrsg): Organisationsentwicklung als Problem. Stuttgart. S. 116-133.

Haug, Frigga (1994): Kritik der Rollentheorie. Hamburg: Argument-Verlag (Original-Ausgabe 1972).

Hauschildt, Jürgen & Schewe, Gerhard (1997): Gatekeeper und Promotoren. Schlüsselpersonen in Innovationsprozessen in statischer und dynamischer Perspektive. In: DBW 57 (1997) 4, S. 506-515.

Henschel, Alexander (2001): Communities of Practice. Plattform für organisationales Lernen und den Wissenstransfer. Wiesbaden: Gabler.

Herkner, Werner (1991): Sozialpsychologie. Bern u.a.: Verlag Hans Huber. 5. korr. und stark erw. Auflage.

Herrmann, Thomas; Hoffmann, Marcel; Kunau, Gabriele; Loser, Kai-Uwe (2004): A Modeling Method for the Development of Groupware Applications as Socio-Technical Systems. In: Behaviour & Information Technology. March-April 2004, Vol. 23, No.2. S. 119-135.

Herrmann, Thomas; Jahnke, Isa & Loser, Kai-Uwe (2004a): The Role Concept as a Basis for Designing Community Systems. In: Francoise Darses; Rose Dieng; Carla Simone; Manuel Zackland (Eds.): Cooperative Systems Design. Scenario-Based Design of Collaborative Systems. (Proceedings of COOP 2004) Amsterdam: IOS Press, S. 163-178.

Herrmann, Thomas; Kienle, Andrea (2004b): Kontextberücksichtigung als Kern-aufgabe der Wissenskommunikation. In: Reinhardt, R.; Eppler, Martin (2004): Wissenskommunikation in Organisationen. Heidelberg: Springer. S. 50-68.

Herrmann, Thomas (2003): Learning and Teaching in Socio-Technical Environments. In: Van Weert, T. J.; Munro, R. K. (Eds.): Informatics and the Digital Society. Boston: Kluwer. pp. 59-72.

Herrmann, Thomas; Mambrey, Peter & Shire, Karen (2003): Wissensgenese, Wissensteilung und Wissensorganisation in der Arbeitspraxis. Opladen: Westdeutscher Verlag.

Herrmann, Thomas; Kienle, Andrea & Reiband, Natalja (2003a): Metawissen als Voraussetzung für den Wissensaustausch und die Kooperation beim Wissensmanagement. In: Zeitschrift für Medienpsychologie 15 (1), S. 3-12.

Herrmann, Thomas (2001): Kompendium zur Vorlesung „Informatik & Gesellschaft" an der Universität Dortmund, Fachbereich Informatik. Graue Literatur. Online *http://iugsun.cs.uni-dortmund.de/lehre/iug/material/iug-kompendium.pdf* (Zugriffsdatum: 06.09.2005).

Herrmann, Thomas; Hoffmann, Marcel, Loser, Kai-Uwe; Misch, A. & Moysich, K. (2001): Wissensmanagement mitgestalten - Konzepte, Methoden und Anknüpfungspunkte. Reihe Arbeit, Gesundheit, Umwelt, Technik, Heft 50, Oberhausen: Technologieberatungsstelle beim DGB-TBS.

Herrmann, Thomas; Hoffmann, Marcel & Loser, Kai-Uwe (1999): Modellieren mit SeeMe — Alternativen wider die Trockenlegung feuchter Informationslandschaften. In: Desel; Pohl; Schürr (Hrsg.): Modellierung ´99. Proceedings of Modellierung 99. Stuttgart: Teubner. S. 59-74.

Herrmann, Thomas & Misch, Andrea (1999): Anforderungen an lehrunterstützende Systeme aus kommunikationstheoretischer Sicht. In: A. Schwill (Hrsg.): Informatik und Schule - Fachspezifische und fachübergreifende didaktische Konzepte, Tagungsband zur 8. GI-Fachtagung, Springer-Verlag. S. 58-71.

Hoffmann, Marcel (2004): Awareness und Adoption kooperativer Wissensmedien im Kontext informeller Zusammenarbeit. Dortmund, Univ., Diss. Online verfügbar: http://eldorado.uni-dortmund.de.

Hoffmann, Marcel; Goesmann, Thomas & Misch, Andrea (2001): "Unsichtbar oder Vergessen - Wie man "verborgenen Wissensprozessen" auf die Schliche kommt". Online-Proceedings-Server CEUR: http://SunSITE.Informatik.RWTH-Aachen.DE/Publications/CEUR-WS/Vol-37/Hoffmann.pdf DFKI Report (Zugriffsdatum: 06.09.2005).

Holtmann, Everhard (1994): Politik-Lexikon. München: Oldenbourg Verlag, S. 640-641.

Ilgen, D. R.; Hollenbeck, J. R. (1991): The Structure of work. Job Design and Roles. In: Dunette, M. D.; Hough, L. M. (Eds.): Handbook of Industrial and Organizational Psychology. Vol. 2 Paolo Alto, California: Consulting Psychologists Press, S. 165-207.

Jablonski, Stefan; Böhm, Markus; Schulze, Wolfgang (1997): Workflow-Management - Entwicklung von Anwendungen und Systemen. Heidelberg: dpunkt.verlag.

Jacko, Julie A.; Sears, Andrew (2002): The Human-Computer Interaction Handbook. Mahwah, New Jersey: LEA.

Jacobs, Jane (1961): The Death and Life of Great American Cities. New York: Random House.

Jahnke, Isa, Mattick, Volker & Herrmann, Thomas (2005): Software-Entwicklung und Community-Kultivierung: ein integrativer Ansatz. In: i-com, Zeitschrift für interaktive und kooperative Medien. Heft 2, 2005, S. 14-21.

Jahnke, Isa, Mattick, Volker & Herrmann, Thomas (2005):Inpud: Wissensmanagement zur Organisation des Studienverlaufs. Ergebnisse des WIS-Projektes. IN: Journal Hochschuldidaktik, 16. Jg. Nr. 1, 4/ 2005. S. 13-16.

Jahoda, Marie; Lazarsfeld, Paul & Zeisel, Hans (1933): Die Arbeitslosen von Marienthal. Ein Soziographischer Versuch über die Wirkungen langandauernder Arbeitslosigkeit. Frankfurt am Main: Suhrkamp Verlag.

Jensen, Stefan & Epskamp, Heinz (1988): Systemtheorie. In: Fuchs, W.; Klima, R.; Lautmann, R.; Rammstedt, O. & Wienold, H. (Hrsg.): Lexikon zur Soziologie. Opladen: Westdeutscher Verlag, S. 770-771.

Kienle, Andrea (2003): Integration von Wissensmanagement und kollaborativem Lernen durch technisch unterstützte Kommunikationsprozesse. Lohmar: Eul Verlag.

Klima, Rolf (1988): Verhalten. In: Fuchs, W.; Klima, R.; Lautmann, R.; Rammstedt, O. & Wienold, H. (Hrsg.): Lexikon zur Soziologie. Opladen: Westdeutscher Verlag, S. 823.

Klimecke, Rüdiger G. & Thomae, Markus (2000): Interne Netzwerke zur Entwicklung organisationalen Wissens. IN: Personal, Heft 11/2000, S. 588-590.

Koch, Michael (2002): Interoperable Community Platforms and Identity Management in the university Domain. In: The international Journal on Media Management. Bd. 1, S. 21-30.

Krappmann, Lothar (1977): Neuere Rollenkonzepte als Erklärungsmöglichkeit für Sozialisationsprozesse; In: M. Auwärter, E. Kirsch, K. Schröter (Hg.): Seminar: Kommunikation, Interaktion, Identität; Frankfurt am Main; S. 307-331.

Krappmann, Lothar (1972): Soziologische Dimensionen der Identität, Stuttgart: Klett-Verlag.

Krieger, David J. (1996): Einführung in die allgemeine Systemtheorie. München: Fink Verlag.

Krücken, Georg (2002): Wissensgesellschaft: Wissenschaft, Technik und Bildung. In: Volkmann, Ute; Schimank, Uwe (Hrsg.): Soziologische Gegenwartsdiagnosen II. Opladen: Leske & Budrich, S. 69 -86.

Kunau, Gabriele (2006): Socio-technical Self-description, Framework for supporting the Integration of Software-Engineering and Organizational Change in CSCW-Projects. - Dissertation. In preparation.

Latour, Bruno (1998): Über technische Vermittlung. In: Rammert, Werner (Hrsg.) Technik und Sozialtheorie. Frankfurt / New York: Campus Verlag. S. 29 - 82. (Original 1994).

Lave, Jean & Wenger, Etienne (1991): Situated learning. Legitimate Peripheral Participation. Cambridge: Cambridge University Press.

Lehner, Franz (2000): Organisational Memory. Konzepte und Systeme für das organisatorische Lernen und das Wissensmanagement. München: Carl Hanser.

Lesser, Eric & Prusak, Larry (1999): Communities of Practice, Social Capital and Organizational Knowledge In: Information Systems Review 1, No. 1, 3-9. Online verfügbar.

Lewin, Kurt (1946): Action research and minority problems. In: Journal of social issues Vol. 2, No. 4. S. 34-47.

Lewis, K.G. (1996):Faculty development in the United States: a brief history. In: International Journal for Academic Development, 1.2, pp. 26-33.

Linton, Ralph (1936): The Study of Man. New York: Appleton-Century-Crofts.

Loser, Kai-Uwe (2005): Unterstützung der Adoption kommerzieller Standardsoftware durch Diagramme. Dissertation. In Druck.

Loser, Kai-Uwe, Herrmann, Thomas & Kunau, Gabriele (2004): Escalating Heldesk. Workshop on the Human Role in Human-Computer-Interaktion Patterns. Conference CHI 2004, vom 25.4.-26.4.2004 in Österreich. Online.

Luhmann, Niklas (2000): Organisation und Entscheidung. Opladen: Westdeutscher Verlag.

Luhmann, Niklas (1999): Die Unwahrscheinlichkeit der Kommunikation. In: Engell, Lorenz (Hrsg.): Kursbuch Medienkultur: die massgeblichen Theorien von Brecht bis Baudrillard. Stuttgart: DVA, S. 55-66. Erstausgabe 1981.

Luhmann, Niklas (1998): Die Gesellschaft der Gesellschaft. 2 Bände. Frankfurt am Main: Suhrkamp.

Luhmann, Niklas (1991): Soziologie des Risikos. Berlin, New York: Walter de Gruyter.

Luhmann, Niklas (1988): Organisation. In: Küpper, Wolfgang. & Ortmann, Günther (Hrsg.): Mikropolitik. Opladen: Westdeutscher Verlag, S. 165 - 186.

Luhmann, Niklas (1988a): Ökologische Kommunikation. Opladen: Westdeutscher Verlag.

Luhmann, Niklas (1987): Soziale Systeme. Grundriß einer allgemeinen Theorie. Frankfurt am Main: Suhrkamp (Erstausgabe 1984).

Luhmann, Niklas (1987a): Rechtssoziologie. 3. Auflage. Opladen: Westdeutscher Verlag (Erstausgabe 1980).

Luhmann, Niklas (1973): Vertrauen. Ein Mechanismus der Reduktion von Komplexität. Stuttgart. Ferdinand Enke Verlag.

Malone, Thomas W. & Crowston, Kevin (1990): What is Coordination Theory and How Can it help design cooperative work Systems? In: Proceedings of CSCW 1990, S. 357-370.

March, James G. & Olson, Johan P. (1976): Ambiguity and choice in organizations. Bergen: Universitetsforlaget.

March, James G. & Olson, Johan P. (1975): The uncertainty of the past-organizational learning under ambiguity. In: European Journal of Political Research, 3. Jg. S. 141-171.

Markus, M. Lynne & Connolly, Terry (1990): Why CSCW applications fail: problems in the adoption of interdependent work tools. In: Proceedings of the ACM conference on Computer-supported cooperative work (CSCW'90 Los Angeles CA). S. 371-380.

Marx, Karl (1859): Zur Kritik der politischen Ökonomie. MWE Bd. 13 (1961), Vorwort.

Matthes, F. (2002): Softwarearchitekturen für CSCL-Lösungen. In: Proceedings des Workshops CSCL und kooperatives E-Learning der GI-Jahrestagung 2002.

Maturana, Humberto R. & Varelo, Francisco J. (1975): Autopoietic Systems: a Characterization of the Living Organization. Urbana III.

Mayring, Philipp (1993): Qualitative Inhaltsanalyse. Grundlagen und Techniken. Weinheim: Deutscher Studienverlag.

Mead, George Herbert (1967): Mind, Self and Society. London: University of Chicago Press (Erstausgabe 1934).

Merton, Robert K. (1957): The Role-Set: Problems in Sociological Theory. In: British Journal of Sociology, VIII, 1957, S. 106-120.

Meuser, Michael & Nagel, Ulrike (1991): Experten/inneninterviews – vielfach erprobt, wenig bedacht. Ein Beitrag zur qualitativen Methodendiskussion, in: Garz, D.; Kraemer, K. (Eds.): Qualitativ-empirische Sozialforschung. Konzepte, Methoden, Analysen. Opladen: Westdeutscher Verlag.

Miebach, Bernhard (1991): Soziologische Handlungstheorie. Opladen: Westdeutscher Verlag.

Milgram, Stanley (1967): The Small-World Problem. In: Psychology Today, 1, May, S. 62-67.

Millen, David R. & Muller, Michael J. (2001): Computer-supported communities of practice. In: Position paper for 2nd ECSCW Workshop on Community Knowledge. *http://www-staff.it.uts.edu.au/~lueg/pospapers.html* (Verfügbarkeitsdatum 05.09.2005).

Montgomery, J. (2000): The Logic of Role Theory. In: Work in progress, available online.

Montgomery, J. (1998): Toward a role-theoretic conception of Embeddedness. In: American Journal of Sociology, 104, p. 92-125.

Moser, Heinz (1975): Aktionsforschung als kritische Theorie der Sozialwissenschaften. München: Klösel-Verlag.

Müller, Christoph (2002): Online Communities im Internet. In: Sozialwissenschaften und Berufspraxis (SuB), 25. Jg. Heft 4, S. 353-364.

Müller, Werner R. & Hurter, Martin (1999): Führung als Schlüssel zur organisationalen Lernfähigkeit. In: Schreyögg, Georg & Sydow, Jörg (Hrsg.): Managementforschung 9: Führung neu gesehen. Berlin: de Gruyter, S. 1-54.

Mumford, Enid (1987): Sociotechnical Systems Design. Evolving theory and practice. In: Bjerknes, Gro; Ehn, Pelle & Kyng, Morten (Hrsg.): Computers and Democracy: A Scandinavian Challenge. Aldershot a.o.: Avebury. S. 59-77.

Murray, Philip C. (o. J.): http://www.ktic.com/topic6/13_TERM0.HTM - Online verfügbar 24.08.2005.

Nadel, Siegfried F. (1969): Theory of Social Structure. London: Cohen & West Ltd. 4. Auflage (Erstausgabe 1957).

Nahapiet, Janine & Goshal, Sumantra (1998): Social capital, intellectual capital and the organizational advantage. In: Academy of Management Review, Vol. 23, No. 2, S. 242-266.

Neidhardt, Friedhelm (1979): Das innere System sozialer Gruppen. In: Kölner Zeitschrift für Soziologie und Sozialpsychologie, Jg. 31, S. 639-660.

Neuberger, Oswald (2002): Führen und führen lassen. Stuttgart: UTB.

Nöth, Winfried (2000): Handbuch der Semiotik. Stuttgart: Metzler.

Nonaka, Ikujiro & Takeuchi, Hirotaka (1997): Die Organisation des Wissens. Aus dem Englischen von F. Mader. Frankfurt / New York: Campus Verlag.

Nonaka, Ikujiro & Takeuchi, Hirotaka (1995): The Knowledge-Creating Company. New York, Oxford: University Press.

Nonaka, Ikujiro (1991): The knowledge-Creating Company. In: Harvard Business Review. Nov.-Dez. S. 96-104

North, Klaus (2002): Wissensorientierte Unternehmensführung. Wertschöpfung durch Wissen. 3., aktualisierte und erw. Aufl. Wiesbaden: Gabler.

Parsons, Talcott (1976): Zur Theorie sozialer Systeme. Opladen: Westdeutscher Verlag.

Parsons, Talcott (1951): The social system. London: Routledge & Paul.

Prim, Rolf & Tilmann, Heribert (1989):Grundlagen einer kritisch-rationalen Sozialwissenschaft. Heidelberg, Wiesbaden: Quelle & Meyer Verlag, 6. Auflage (Erstauflage 1973).

Polanyi, Michael (1966): The Tacit Dimension. New York: Anchor Books Edition, Doubleday & Company, Inc.

Popitz, Heinrich. (1967): Der Begriff der sozialen Rolle als Element der soziologischen Theorie. Tübingen: J. C. B. Mohr (Paul Siebeck).

Probst, Gilbert; Raub, Stefan & Romhardt, Kai (1998): Wissen managen. Frankfurt am Main: Betriebswirtschaftlicher Verlag, Gabler. 2. Auflage.

Putnam, Robert D. (2001): Gesellschaft und Gemeinsinn. Sozialkapital im internationalen Vergleich. Gütersloh: Verlag Bertelsmann Stiftung.

Putnam, Robert D. (1995): Bowling Alone: America´s Declining Social Capital. In: Journal of Democrazy Vol. 6, No. 1, S. 65-78.

Rammert, Werner (2000): Technik aus soziologischer Perspektive 2. Kultur – Innovation – Virtualität. Wiesbaden: Westdeutscher Verlag.

Rammert, Werner (1993): Technik aus soziologischer Perspektive. Forschungsstand - Theorieansätze - Fallbeispiele. Ein Überblick. Opladen: Westdeutscher Verlag.

Reimann, Horst & Giesen, Bernard (1991): Basale Soziologie: Theoretische Modelle. Opladen: Westdeutscher Verlag.

Reimann, Bruno W. (1988): Sozialwissenschaften. In: Fuchs, W.; Klima, R.; Lautmann, R.; Rammstedt, O. & Wienold, H. (Hrsg.): Lexikon zur Soziologie. Opladen: Westdeutscher Verlag, S. 716-717.

Reinmann, Horst (1984): Basale Soziologie: Hauptprobleme. Opladen. Westdeutscher Verlag. 3. Auflage.

Reinmann-Rothmeier, Gabi (2002): Virtuelles Lernen zwischen Mensch und Technik. IN: Personal, Heft 01/2002. S.722-727.

Riedel, Manfred (1992): System, Struktur. IN: Brunner, O.; Conze, W. u.a. (Hrsg.): Geschichtliche Grundbegriffe. Historisches Lexikon zur politisch-sozialen Sprache in Deutschland. Stuttgart: Klett-Verlag, S. 285 – 322.

Ritterskamp. Carsten (2003): Rollenbasierte Kooperationsunterstützung im Kontext kollaborativen Lernens. Dortmund. Diplomarbeit. Online Verfügbar.

Ruggles, Rudy (1998): The State of Notion: Knowledge Management in Practice. IN: California Management review. Vol. 40, No. 3, 1998, S. 80-89.

Sandhu R.; Coyne, E.; Feinstein, H.; Youman, C. (1996): Role-based access control models. In: IEEE Computer, Vol. 29, pp. 38-47.

Schäfers, Bernhard (1992): Gemeinschaft. In: Schäfers, B. (Hrsg.): Grundbegriffe der Soziologie. Opladen: Leske + Budrich, S. 101-103.

Schäfers, Bernhard (1992a): Soziologie. In: Schäfers, B. (Hrsg.): Grundbegriffe der Soziologie. Opladen: Leske + Budrich, S. 288-294.

Schaller, Roger (2001): Das große Rollenspiel-Buch. Grundtechniken, Anwendungsformen und Praxisbeispiele. Weinheim und Basel: Beltz-Verlag.

Schmid, Michael (1991): Verhaltens- und Lerntheorie. In: Reimann, H. (Hrsg.): Basale Soziologie: theoretische Modelle. Opladen: Westdeutscher Verlag, S. 102-139.

Schmidt, Michael P. (2000): Knowledge Communities. Mit virtuellen Wissensmärkten das Wissen in Unternehmen effektiv nutzen. München: Addison-Wesley.

Schneider, Wolfgang L. (2002): Grundlagen der soziologischen Theorie. Garfinkel – RC- Habermas – Luhmann. Band 2. Wiesbaden: Westdeutscher Verlag.

Schön, Stefan (2000): Gestaltung und Unterstützung von Communities of Practice. München: Herbert Utz.

Schreyögg, Georg (2003): Organisation. Grundlagen moderner Organisationsgestaltung. Wiesbaden: Gabler, 4. Auflage.

Shannon, Claude E. & Weaver, Warren (1949): The mathematical Theory of Communication. Urbana (Illinois): The University of Illinois.

Short, John; Williams, Ederyn & Christie, Buce (1976): The social psychology of telecommunications. New York: John Wiley & Sons.

Sievers, Burckard & Auer-Hinziger, Verena (1991): Organisatorische Rollenanalyse und -beratung: Ein Beitrag zur Aktionsforschung. In: Gruppendynamik, Jg. Nr. 1. S. 33-46.

Stegbauer, Christian & Rausch, Alexander (2001): Die schweigende Mehrheit - „Lurker" in internetbasierten Diskussionsforen. In: Zeitschrift für Soziologie 30, 1, S. 47-64.

Stewart, T. A. (1996): The invisible key to success. Shadow groups called communities of practice. In: Fortune Magazine, 1996, Aug. 5th, pp. 173-176.

Strauss, Anselm & Corbin, Juliette (1996): Grounded Theory: Grundlagen qualitativer Sozialforschung. Übersetzt aus dem Amerikanischen von Niewiarra und Legewie. Weinheim: Psychologie Verlags Union.

Strauss, Anselm & Corbin, Juliette (1990): Basics of Qualitative Research: Grounded Theory Procedures and Techniques. Newbury Park, CA: Sage Publications.

Strauss, Anselm (1987): Qualitative analysis for social scientists. New York: Cambridge University Press.

Strijbos, Jan-Willem; Martens, R. & Jochems, W. (2004): The Effect of Functional Roles on Group Efficiency. In: Small group Research, Vol. 35 No. 2, April 2004: Sage Publications, pp. 195-229.

Thiedecke, Udo (2003): Virtuelle Gruppen. Charakteristika und Problemdimensionen. Wiesbaden: Westdeutscher Verlag. 2. Auflage.

Treibel, Annette (1993): Einführung in soziologische Theorien der Gegenwart. Opladen: Westdeutscher Verlag.

Tönnies, Ferdinand (1887): Gemeinschaft und Gesellschaft. Berlin: Carl Curtius

Turner, Ralph H. (1962): Role-Taking: Process Versus Conformity. In: Rose, Arnold M. (Hrsg.): Human Behavior and Social Processes. London: Routledge & Paul. S. 20-40.

Turner, Ralph H. (1958): Role taking, role standpoint, and reference-group behavior. In: American Journal of Sociology, 61, S. 316-328.

Ullrich, Otto & Claessens, Dieter (1981): Soziale Rolle. Hagen: Verlag der Fernuniversität Hagen.

von Krogh, Georg & Köhne, Marija (1998): Der Wissenstransfer in Unternehmen. Phasen des Wissenstransfers und wichtige Einflussfaktoren. In: Die Unternehmung, Jg. 52, Heft 5/6. S. 235-252.

Watzlawick, Paul; Beavin, Janet H. & Jackson, Don D. (1969): Menschliche Kommunikation. Formen, Störungen, Paradoxien. Bern, Stuttgart, Wien: Hans Huber. 1. Auflage.

Weber, Max (1981): Soziologische Grundbegriffe. Tübingen: Mohr (Erstausgabe 1960).

Weber, Max (1972): Wirtschaft und Gesellschaft. Grundriss der verstehenden Soziologie. 5. rev. Auflage. (Originalausgabe 1921).

Wegmann, Jutta (1992): Netzwerke. In: Schäfers, B. (Hrsg.): Grundbegriffe der Soziologie. Opladen: Leske + Budrich, S. 214-216.

Weihe, Ulrich (1985): Systemtheorie. In: Nohlen, Dieter (Hrsg.): Politikwissenschaft. Theorien - Methoden - Begriffe. Pipers Wörterbuch zur Politik, Band 1. München: Piper, S. 1009 – 1013.

Wellman, Barry; Hasse, A.; Witte, J. & Hampton, K. (2001): Does the internet increase, decrease or supplement social capital? Social networks, partizipation and community commitment. In: American Behavioral Scientist, 3 (45), S. 437-456.

Wellman, Barry (1997): An Electronic Group is Virtually a Social Network. In: Kiesler, S. B. (Ed.): Cultures of the internet. Hillsdale, NJ: Lawrence Erlbaum, p. 179-205.

Wenger, Etienne; McDermott, R. & Snyder, W. M. (2002): Cultivating Communities of Practice. A guide to managing knowledge. Boston, Massachusetts: Harvard Business School Press.

Wenger, Etienne & Snyder, Williams (2000): Communities of Practice: The Organizational Frontier. In: Harvard Business Review. Jan.-Feb., S. 139-145.

Wenger, Etienne (1998): Communities of Practice. Learning as a social system. In: Systems Thinker, June 1998, Vol. 9, Issue 5. Online verfügbar.

Wenger, Etienne (1998a): Communities of Practice. Learning, Meaning and Identity. Cambridge: University Press.

Willke, Helmut (2001): Systemisches Wissensmanagement. 2. Auflage. Stuttgart: Lucius & Lucius UTB.

Willke, Helmut (1991): Systemtheorie. Stuttgart: Fischer UTB. 3. überarb. Auflage.

Willke, Helmut (1987): System. In: Görlitz, Axel & Prätorius, Rainer (Hrsg.): Handbuch Politikwissenschaften. Grundlagen - Forschungsstand - Perspektiven. Reinbek bei Hamburg: Rowohlt. S. 534-541.

Witte, Eberhard (1973): Organisation für Innovationsentscheidungen: Das Promotorenmodell. Göttingen: Otto Schwartz Verlag.

Anhang

A) Hochschulgesetz HG, § 83 Studienberatung

A1) Hochschulgesetz NRW (HG), § 83 Studienberatung – AUSZUG aus dem Hochschulgesetz NRW (HG)[169]

In der Fassung des Gesetzes zur Weiterentwicklung der Hochschulreformen (Hochschulreformweiterentwicklungsgesetz) - HRWG - vom 30.11.2004 (GV. NRW S. 752): **Siebter Abschnitt:** Lehre, Studium und Prüfungen / 1. Lehre und Studium

§ 81 Ziel von Lehre und Studium
§ 82 Besuch von Lehrveranstaltungen
§ 83 Studienberatung
§ 84 Studiengänge / § 84a Bachelor- und Masterstudiengänge
...

§ 83 Studienberatung

(1) Die Hochschule berät ihre Studierenden sowie Studieninteressentinnen und Studieninteressenten, Studienbewerberinnen und Studienbewerber in allen Fragen des Studiums. Die allgemeine Studienberatung erstreckt sich auf Fragen der Studieneignung sowie insbesondere auf die Unterrichtung über Studienmöglichkeiten, Studieninhalte, Studienaufbau und Studienanforderungen; sie erfolgt während des gesamten Studiums und umfasst bei studienbedingten persönlichen Schwierigkeiten auch eine psychologische Beratung. Die studienbegleitende Fachberatung unterstützt die Studierenden insbesondere in Fragen der Studienestaltung, der Studientechniken und der Schwerpunkte des gewählten Studienganges.

(2) Die Hochschule orientiert sich spätestens bis zum Ende des zweiten Semesters über den bisherigen Studienverlauf, informiert die Studierenden und führt gegebenenfalls eine Studienberatung durch.

(3) Die allgemeine Studienberatung soll zentral organisiert werden. Die studienbegleitende Fachberatung ist Aufgabe des Fachbereiches.

---

[169] Quelle: „http://www.mwf.nrw.de/Hochschulen_in_NRW/Recht/HG.html" (Online 25.08.2005)

(4) Die Hochschule arbeitet auf dem Gebiet der Studienberatung mit den für die Berufsberatung, die staatlichen Prüfungen und die sonstige Bildungsberatung zuständigen Stellen zusammen.

B) Grafische Notationsbeschreibung „SeeMe"

SeeMe steht für soziotechnische semistrukturierte Modellierungsmethode. Diese Methode wurde von Thomas Herrmann und seiner Gruppe entwickelt. Eine ausführliche Beschreibung ist folgender Veröffentlichung zu entnehmen: Herrmann et al. 1999.[170] In vorliegenden Arbeit kann nur eine kleine Einführung in SeeMe erfolgen und es werden die notwendigsten Notationsregeln erläutert.

SeeMe ist eine Methode zur Modellierung, die grafische Diagramme erzeugt. Mit dieser Methode ist es möglich, soziale und technische Aspekte von Kommunikations- und Kooperationsprozessen integriert abzubilden (vgl. Herrmann et al. 1999).

Um Modelle grafisch abzubilden wird eine Notation mit Zeichen oder Symbolen vorgesehen, deren Kombinierbarkeit und Bedeutung im Rahmen der Modellierungsmethode syntaktisch und semantisch festgelegt werden. Dazu sind Modellierungsregeln und Konventionen erzeugt worden. SeeMe besteht aus drei Basiselementen, die in einer bestimmten festgelegten Relation zueinander stehen.

(1) SeeMe enthält drei Basis-Eelemente:

Ein Kreis oder eine Ellipse stellt eine *Rolle* grafisch dar, die eine Person, eine Abteilung, eine Arbeitsgruppe oder eine andere organisatorische Einheit repräsentiert (Beispiele: Studierende, Dozent/in, Studienfachberatung, Universität).

Aktivitäten (graphisch dargestellt durch Rechtecke mit abgerundeten Ecken) beschreiben Verhalten. Aktivitäten haben Start- und Endzeitpunkte und können zueinander zeitlich ins Verhältnis gesetzt werden. Sie repräsentieren Operationen an Entitäten, Arbeitsaufgaben, Verrichtungen und Tätigkeiten, die von Rollen ausgeführt werden. Im Gegensatz zu Entitäten können Aktivitäten Veränderungen ihrer Umgebung hervorrufen, indem sie Entitäten manipulieren oder Rollen beeinflussen.

---

[170] Ausführliche Erläuterung im Web verfügbar: „htttp://www.imtm-iaw.rub.de/projekte/seeme"

Eine *Entität* (graphisch dargestellt durch ein Viereck) ist ein passives Phänomen. Entitäten werden von Aktivitäten verwendet oder verändert. Entitäten sind Ressourcen zur Ausführung von Aktivitäten. Sie repräsentieren Dokumente, Dateien, Nachrichten, Wissen oder Information, die von einer Aktivität an eine andere übergeben werden, und Arbeitsmittel, die Rollen bei der Ausführung ihrer Aktivität unterstützen.

(2) Die **Relationen** zwischen den drei Basiselementen werden durch gerichtete Kanten dargestellt, wobei durch die Richtung des Pfeilkopfes angegeben wird, welche der vorgegebenen binären Relationen gegeben ist. Diese sind:

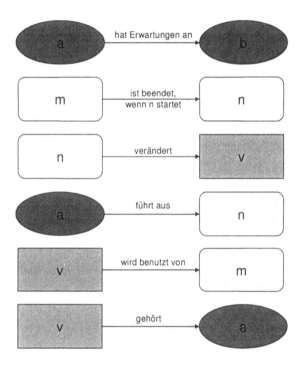

SeeMe-Anleitung im Überblick: Herrmann, Thomas; Hoffmann, Marcel & Loser, Kai-Uwe (1999): *Modellieren mit SeeMe. Alternativen wider die Trockenlegung feuchter Informationslandschaften.* In: Desel; Pohl; Schürr (Hrsg.): Modellierung '99. Proceedings of Modellierung 99. Stuttgart: Teubner. S. 59-74.

Online verfügbar: „http://www.imtm-iaw.rub.de" => Publikationen

C) Alle empirisch-hergeleiteten 49 Thesen im Überblick

These 1: Es gibt in der Organisation der Universität offiziell etikettierte formale Hauptrollen und inoffiziell agierende Hauptrollen. *Je mehr sich die Studierenden mit der Studienorganisation befassen, desto mehr nehmen sie die offiziellen Hauptrollen (Studierendensekretariat, zentrale Studienberatung etc.) als Nebenrollen und bisher nicht-wahrgenommene Rollen als neue Hauptrollen wahr,* die sich zunehmend für sie als inoffizielle Hauptrollen etablieren (Fachschaft etc.).

These 2: Hauptrollen und Nebenrollen unterscheiden sich durch ihre soziale Nähe: *Informelle Hauptrollen zeichnen sich nicht durch ihre offizielle Funktion, sondern durch ihre höhere Präsenz* (Anwesenheit bei den Einführungsveranstaltungen etc.) *und größere soziale Nähe* (persönliche Verbundenheit etc.) *zur Zielgruppenrolle der Studierenden aus, wodurch Vertrauen und Kontaktbereitschaft entsteht.*

These 3: *Studierende kontaktieren zunächst ihnen vertraute Personen und dann vertraute Rollen.* D.h. sie folgen einer Abstraktionsleiter, die mit zunehmender Entkopplung von Erwartungsstrukturen einhergeht.

These 4: *Studierende sind gleichzeitig die Zielgruppenrolle (Wissensaneigner) als auch wichtigste Hauptrolle (Wissensvermittler) beim Wissensaustausch zum Thema der Studienorganisation.* Daher ist die Relevanz dieser Wissensträger/innen und die Wichtigkeit eines studentischen Netzwerkes für die Beteiligten zu kommunizieren sowie deren Wissensaustausch zu unterstützen.

These 5: *In großen Organisationen, in denen ihre Akteure in geringer oder keiner sozialer Nähe zueinander stehen, kann eine soziotechnische Community den Aufbau von sozialer Nähe ermöglichen, und damit den Wissensaustausch unterstützen.* Erst die Technik ermöglicht es den Akteuren relativ leicht, Kontakt aufzunehmen, sich zusammen zu finden und ihr Wissen auszutauschen.

These 6: Durch die Initiierung von soziotechnischen Communities werden technisch-vermittelte Formen der sozialen Präsenz – und damit soziale Nähe – für eine Gruppe mit einer hohen Anzahl von Personen erzeugt.

These 7: Wissensaustauschprozesse zu einem gemeinsamen Themengebiet – in Form von Communities – bilden sich dann, wenn den Akteuren bewusst ist, dass ihre Beteiligung am Wissensaustausch zu einem Mehr an sozialem Kapital führt. Das Mehr an sozialem Kapital bedeutet für die Nutzer/innen einen Zugriff auf eine größere Menge von Beziehungsressourcen und in Folge dessen einen Zugriff auf eine größere Menge von Wissen.

These 8: *Informationen und Auskünfte in Online-Communities erreichen eine hohe Anzahl von Nutzer/innen gleichzeitig, ohne an relevantem Informationsgehalt zu verlieren.* Die Informationen können so leichter verteilt und vervielfältigt werden.

These 9: *Soziotechnische Communities stellen für häufig anwesende Mitglieder (Moderatoren, Studierende, etc.) eine Community dar, aber für andere, die nur ab und zu beteiligt sind (Lurker, wenige Beitragende) ein Netzwerk, welches sie bei Bedarf nutzen, aber nicht laufend besuchen und daher nicht aktiv mitgestalten.*

These 10: *Eine Rollen-Bündelung unterstützt den Aufbau sozialer Nähe und informeller Vernetzung.* Diese Bündelung kann räumlicher Art sein (gemeinsame Büroräume an einem Ort) und/oder organisatorisch unterstützt werden (Bündelung von Personen bzw. Rolleninhaber/innen innerhalb einer Rolle; Zusammenlegung zweier oder mehrerer Rollen zu einer) (vgl. Argumentation der These 2).

These 11: *Bei hierarchischen Abhängigkeiten im Arbeitskontext unterschiedlicher Status-Rollen, einer hohen Rollenkomplexität und räumlich-zeitlicher Nähe ist eine face-to-face-Kommunikation in Form einer rollenübergreifenden Veranstaltung der universitären Rollen wichtiger (als eine rein technische Unterstützung), um soziale Nähe zum Wissensaustausch zu initiieren.*

These 12: *Entgegen der universitären Praxis zum effektiven Wissensaustausch zur Studienorganisation ist es notwendig, dass alle an einem Thema oder Problem beteiligten Rollen miteinander kommunizieren, wenn es um (weitreichende) Entscheidungen geht.* Dadurch werden Probleme wirksam gelöst und nicht immer wieder neu verhandelt.

These 13: *Für die Vernetzung unter den universitären Rollen ist eine formale Anerkennung der eher informelleren Rollen hilfreich, um ihre Wichtigkeit in der Organisation zu erhöhen, und damit die Handlungsmöglichkeiten beim Wissensaustausch zu verbessern.*

These 14: Ein gemeinsamer Wissensaustausch zur Studienorganisation wird blockiert, wenn zu viele formale Rollen beteiligt sind. Die Anzahl der formalen Hauptrollen sowie die für den Wissensaustausch notwendigen inoffiziellen Hauptrollen ist systemrelativ: *Je geringer die Rollenkomplexität in einer Organisation (1.000 Akteure in einer Rolle anstatt 1.000 Akteure in 1.000 Rollen), desto effektiver ist der gemeinsame Wissensaustausch.*

These 15: *Bei zu hoher Rollenkomplexität ist eine formale Promotorenrolle notwendig, um eine Beziehung zwischen den verschiedenen formalen Rollen (inhaber/innen) und ihrem unterschiedlichen Status herzustellen, aber auch um die Vermittlung von Meta-Wissen über die Wissensaustauschprozesse als auch über die Rollen, die daran beteiligt sind, zu ermöglichen.* Je höher die Rollenkomplexität, desto mehr Meta-Wissen ist für einen gemeinsamen Wissensaustausch erforderlich.

These 16: *Durch die Vielfalt verschiedener technischer Systeme in einer Organisation sind nicht nur die sozialen, sondern auch die technischen Systeme konstituierend für die System/Umwelt-Differenz und an der Aufrechterhaltung ihrer Systemgrenzen beteiligt.* Diese System/Umwelt-Grenzen beeinflussen die Kooperation und Koordination zur Studienorganisation negativ.

These 17: *Eine soziotechnische Community-Kultivierung ist eine Möglichkeit, um den Verlust von Informationen durch hohen Koordinationsaufwand komplexerer, ausdifferenzierter Systeme zu minimieren, da sich eine große Anzahl von Nutzern-/innen in unterschiedlichen Rollen mit relativ geringem Koordinationsaufwand bei gleichzeitig hohem Nutzen beteiligen können.*

These 18: Ein gemeinsamer Wissensaustausch zur Studienorganisation wird durch zu geringe, nicht sichtbare oder nicht vorhandene Rollen-Verantwortlichkeiten negativ beeinflusst und somit eingeschränkt. *Je eindeutiger die Rollen-Verantwortlichkeiten für die beteiligten Akteure sichtbar sind, desto effektiver verlaufen die Wissensaustauschprozesse zwischen den Akteuren in verschiedenen Rollen.*

These 19: Die systemrelative Transparenz (Klärung und Explizierung) der Aufgaben von Rollen ist eine notwendige, aber nicht hinreichende Bedingung für die Kultivierung eines gemeinsamen Wissensaustauschs. *Der Grad an Aufgaben- und Erwartungstransparenz darf nur so hoch sein, dass durch die dahinter liegenden Festlegungen nicht die Dynamik der Rollenausgestaltung und die Flexibilität des Rollenveränderungspotentials eingeschränkt oder blockiert wird.* Jedoch kann auch eine zu geringe Transparenz den gemeinsamen Wissensaustausch blockieren, weil den Rolleninhabern/innen dann nicht bewusst ist, was zu tun ist.

These 20: Je mehr gleiche bzw. ähnliche Aufgaben auf verschiedene Rollen verteilt sind, desto weniger durchsichtig ist der Wissensaustauschsprozess für die Beteiligten. *Eine prinzipielle Transparenz von Rollen, ihrer Funktionen und ihren Aufgaben ist nicht per se förderlich, da sie kontextabhängig variieren (können) und daher differenziert zu betrachten sind.* Nur das für die Zielgruppen-/Bezugsrollen

Wesentliche ist zu kommunizieren, um eine Informationsüberflutung und den damit einhergehenden Verlust relevanter Informationen zu vermeiden.

These 21: Der gemeinsame Wissensaustausch zur Studienorganisation hängt unter anderem von der Rollenstärkung ab. *Je mehr die universitären studienorganisatorischen eher informellen Rollen im sozialen System gestärkt werden (Rollen-Ressourcen, Prestige, Anerkennung), umso besser wird ein gemeinsamer Wissensaustausch zur Studienorganisation sein.*

These 22: *Die Fokussierung auf einen Beratungsweg, bei dem viele Studierende gleichzeitig erreicht werden, ist für einen Wissensaustausch effektiver als eine Vielfalt von Möglichkeiten, die nur individuell einzelne wahrnehmen (Steigerung der Erreichbarkeit).* Das bedeutet nicht, dass nur eine Community-Kultivierung das einzig wahre ist, vielmehr sollten auch Sprechstunden für Spezial- bzw. Einzelfälle angeboten werden, die von der Community nicht beantwortet werden können.

These 23: *Je stärker die soziale Präsenz der Rollen bei der Online-Kommunikation, desto besser kann die Qualität der Information eingeschätzt werden.* Dies wiederum beeinflusst den Vertrauensaufbau und in Folge dessen den Wissensaustausch positiv.

These 24: Vertrauen und Kompetenz können einerseits konkreten natürlichen Personen, aber andererseits auch Rollen, zugewiesen werden. *In Online-Settings beeinflusst die soziale Präsenz von bekannten Personen bzw. die soziale Rollen-Präsenz von unbekannten Personen die Entstehung von Vertrauen und sozialer Nähe positiv.* Soziale Nähe unterstützt wiederum den Zugriff auf soziales Kapital und Wissensressourcen positiv.

These 25: Bei der Kultivierung von soziotechnischen Communities sind homogene und heterogene Gruppen voneinander zu unterscheiden. *In homogenen Gruppen (bspw. Studierende) ist ein Vertrauensvorschuss bei der Community-Kultivierung vorhanden, in heterogenen Gruppen (bspw. verschiedene Rolleninhaber/innen in hierarchisch strukturierten Abhängigkeitsverhältnissen im Arbeitskontext) sind vertrauensbildende Maßnahmen notwendig, um einen gemeinsamen rollenübergreifenden Wissensaustausch zu kultivieren.*

These 26: *Rollen können unter bestimmten Bedingungen zu sozialer Abgrenzung beitragen und somit den Aufbau sozialer Nähe blockieren.* Der oder die Gesprächspartner/in wird dann nicht aufgrund der Qualität seiner Aussagen, sondern aufgrund seiner Rolle eingeschätzt und stereotypisiert. Diese negativ beeinflussenden Vorurteile blockieren einen gemeinsamen Wissensaustausch.

These 27: *Im technischen System zu detailliert dokumentierte Erwartungen führen zu einer starren formalisierten Festschreibung, die eine dynamische Rollenveränderung bzw. eine Rollenentwicklung blockieren.* Es sei denn, dass die dokumentierte Beschreibung der Rollenerwartungen flexibel änderbar sei. Das bedeutet, dass das technische System so konzipiert sein müsste, dass es flexible Rollenveränderungen ermöglicht.

These 28: Rein auf dem formalen Wege kommunizierte Erwartungen (durch Informationsbroschüre, Amtliche Mitteilungen, Gesetzestexte, etc.) erreichen die Rolleninhaber/innen nicht, weil diese Erwartungen nicht kontextualisiert und systemrelativ vermittelt werden. *Je mehr auf rein formalem Wege und je weniger informell kommuniziert wird, desto eher gehen Informationen im Wissensfluss verloren.* Dies hat zur Folge, dass der gemeinsame Wissensaustausch zwischen den universitären Rollen blockiert wird.

These 29: Änderungen von Rollen(erwartungen) sind nicht nur formal zu kommunizieren, sondern zur Initiierung von Verhaltensänderungen ist auch informelle Kommunikation notwendig. *Über den rein formalisierten standardisierten Weg (Rahmenverordnungen, Gesetzestextes etc.) alleine lassen sich keine Rollen- bzw. Verhaltensveränderungen initiieren, weil sie nicht kontextualisiert, in den alltäglichen Arbeitsablauf und in die Aufgabenbearbeitung eingebunden sind.*

These 30: Wie gut oder schlecht Wissen fließt, hängt davon ab, wie gut die Rolleninhaber/innen Wissen darüber haben, welche Rolle welche Informationen benötigt (Meta-Wissen). Das Erwerben von Meta-Wissen wird durch eine Perspektivenübernahme gefördert, d.h. wenn die Rolleninhaber/innen die Perspektive der jeweils anderen Rolle einnehmen und aus dieser Sicht das Organisationssystem zu verstehen versuchen, und daraus ableiten, welche Informationen welche Rolle benötigt. *Je mehr die Perspektivenübernahme unterstützt wird, desto erfolgreicher ist ein gemeinsamer Wissensaustausch für die Beteiligten.*

These 31: *Mit den in der Anfangsphase des Studiums abrupten und nicht inkrementellen Erwartungsveränderungen geht ein Erwartungsbruch für Studierenden einher, die den neuen gegensätzlichen Erwartungen der universitären Rollen nicht sofort gerecht werden können.*

These 32: Die diskrepanten Rollenbilder zur Studierenden-Rolle (Kunde, Mitarbeiter und Selbstorganisator) haben Auswirkungen auf den gemeinsamen Wissensaustausch zur Studienorganisation. Einerseits wird die Sicht der Studierenden auf sich selbst bestätigt, d.h. sie nehmen sich als Kunden wahr, andererseits werden Studierende als mitgestaltende Selbstorganisationsmanager angesehen, die ihr Studium selbst in die Hand nehmen sollen. *Mit der Gegensätzlichkeit der Rollenbilder und den Erwartungs-Diskrepanzen, gehen variierende diskrepante Vorstellungen zu unterschiedlichen Wissensbedarfen einher, die das Bereitstellen von nicht-benötigten Informationen bzw. das fehlende Vermitteln von benötigtem Wissen zur Folge haben.*

These 33: Die Organisation der Universität gleicht einem Informationslabyrinth, in dem sich neue Studierende zurecht finden müssen. Während der Phase der Rollenentwicklung müssen die Akteure unterstützt werden, neue Rollen zu übernehmen lernen. *Je mehr die universitären Rollen die Rollenentwicklungsphase von Studierenden – vom Neuling zum Selbstorganisator – als Lernprozess unterstützen, desto erfolgreicher werden sie ihr Studium planen und durchführen können.*

These 34: *Wenn die Übernahme der Selbstorganisationsrolle ein Lernprozess ist, dann ist der Rollenübernahme-Lernfortschritt durch die universitären Rollen durch Feedback zu unterstützen und zu bewerten.* Rückmeldungen zum „eigenen" Lernfortschritt unterstützen die Planung und Durchführung des Studiums positiv.

These 35: *Für den Austausch impliziten Wissens, wie den Lernprozess der Rollenübernahme, eignet sich die Methode der Community-Kultivierung, bei denen viele Kontakte, soziale Interaktionen und gemeinsame Handlungen der am Wissensaustausch Beteiligten bedeutsam sind.* Durch das Teilnehmen an einer soziotechnischen Community wird die Rollenübernahme vom Neuling hin zum Selbstorganisator positiv unterstützt, da sie ihnen eine relativ freie Entfaltung und Weiterentwicklung ihres Rollenveränderungspotentials zulässt.

These 36: *Je weniger die technischen Zugriffsrechte im Verhältnis zur Rollenkomplexität ausdifferenziert sind, desto mehr wird die gegenseitige Anerkennung der Rolleninhaber/innen gefördert.* Eine gegenseitige Anerkennung fördert den Aufbau sozialer Nähe und somit einen gemeinsamen Wissensaustausch positiv. Das Aufbrechen von antiquierten Rollenstrukturen ist durch die flexible Gestaltung technischer Zugriffsrechte möglich.

These 37: *Je mehr der gemeinsame Wissensaustausch (Webforen) zur Studienorganisation mit den studienorganisatorischen Aufgaben (Semesterplanung,*

Übungsgruppen-Zettel bearbeiten) verwoben ist, desto erfolgreicher ist eine Community-Kultivierung.

These 38: *Eine soziotechnische Community in einer Organisation unterstützt das Bereitstellen und Vermitteln von kontextualisierten und rollenbedarfsgerechten Informationen in positivem Maße.* Der Informations-Dschungel in einer Organisation kann durch eine Community-Kultivierung entwirrt werden, da situations- bzw. kontextabhängig und je nach Bedarf auf eine Frage eine Antwort oder ein Kommentar erfolgen kann, die nicht nur von wenigen, sondern von einer Vielzahl „wissenden Personen" erfolgen kann.

These 39: *Mit der Differenzierung von Rollen in Subrollen geht die Differenzierung von Erwartungen und Differenzierung von Wissensbedarfen einher, die einen rollenbedarfsgerechten und kontextorientierten Wissensaustausch fördern.* Durch die verallgemeinerte und nicht-differenzierte Betrachtung der Studierenden-Rolle bleiben die Subrollen und die damit verbundenen Verhaltenserwartungen im Verborgenen.

These 40: *Eine präventive Zuweisung von (neu-enstandenen) Aufgaben lässt – im Gegensatz zu einer reaktiven Zuweisung – erst gar keine Wissensaustauschlücke entstehen und der Wissensfluss wird nicht gestört.* Vorsorglich könnte eine verantwortliche Rolle und die dazu gehörige Rolleninhaber/innen benannt werden, die die zukünftigen Aufgaben erfüllen können.

These 41: Eine Selbstverwaltungsrolle steht oftmals im Konflikt mit anderen formalen Organisationsrollen, die eine Person übernommen hat. *Ein gemeinsamer Wissensaustausch der universitären Rollen zur Studienorganisation wird nur dann erfoigreich sein, wenn diese (Selbstverwaltungs-) Rollen einen höheren Stellenwert und ein höheres Ansehen im sozialen System genießen.*

These 42: *Die Handlungsfähigkeit einer Rolle hängt von den (zugewiesenen) Rollen-Ressourcen ab, die mit dem Stellenwert der Rolle in der Organisation als auch mit den Anforderungen (Verhaltenserwartungen) an die Rolle einhergehen und ob es potentielle Rolleninhaber/innen gibt.* Die Einführung neuer Rollen ist prinzipiell sinnvoll – vor allem, wenn neue, komplexe Aufgaben auszuführen sind und zugewiesen bzw. übernommen werden müssen. Eine neue Rolle muss aber durchdacht und geplant eingeführt werden.

These 43: *Eine gemeinsame Vernetzung und ein effektiver Wissensaustausch werden eher erreicht, wenn ausgewogene Bring- und Holschuld technisch unterstützt werden.*

These 44: Die Teilnahme am Wissenstausch hängt von der Einfachheit des Zugangs zur Online-Diskussion (zur Studienorganisation) ab. *Je weniger Daten bei der ersten Registrierung abgefragt werden, desto mehr Nutzer/innen werden aktiv am Online-Diskussionsforum teilnehmen.* D.h. Ein einfacher niedrig-schwelliger Zugang zum computer-gestützten Wissensaustausch wird die Beteiligung am gemeinsamen Wissensaustausch positiv begünstigen und die Wissensaustausch-Community wird in ihrer Anfangsentwicklung (Startphase) positiv unterstützt.

These 45: *Eine gemäßigte Moderation der Online-Foren, die eine oder mehrere universitäre Hauptrollen übernehmen, ist eine notwendige Bedingung für einen gemeinsamen Wissensaustausch, um die Verbindlichkeit und Qualität der Informationen sicherzustellen, aber auch Raum für freie Entfaltung zu lassen.*

These 46: Mit der Transparenz der Moderationsform geht einher, dass Rollen in Online-Foren nur solche Moderationstätigkeiten übernehmen können, für die sie es nach der Moderationsvorgabe dürfen. D.h. nur diejenigen Rollen sind mit formalen moderations-unterstützenden technischen Optionen auszustatten, bspw. das Löschen oder Verschieben von nicht-eigenen (Teil-) Beiträgen, denen es erlaubt ist, moderierend tätig zu sein.

These 47: *Es ist bei der Kultivierung eines gemeinsamen soziotechnischen Wissensaustauschs zwischen solchen Anfragen zu differenzieren, die Studierende selbst bzw. die nur die universitären Rollen beantworten können.* Diese können in Form einer stufenweisen Steigerung (Eskalation) miteinander verbunden werden.

These 48: *Mit der Einführung eines interaktiven webbasierten Rollogramms zum Studienverlauf geht die Verbesserung der Transparenz und Übersichtlichkeit über die Rollen in der Organisation einher.*

These 49: Ein soziotechnischer Wissensaustausch zur Studienberatung ist auf einer 3-Eckpfeiler-Grundlage zu konzipieren: statische Informationen, die durch formale Rollen editierbar sind (1), Diskussionsforen zur Studienfachberatung und Lehrveranstaltungen (2) und ein WIKI-Konzept (3). *Mit den 3-Eckpfeilern geht eine aktive Teilnahme aller potentiellen Mitwirkenden einher, die wiederum den Aufbau sozialer Nähe und somit eine Community-Kultivierung fördern.*

Deutscher Universitäts-Verlag

Ihr Weg in die Wissenschaft

Der Deutsche Universitäts-Verlag ist ein Unternehmen der GWV Fachverlage, zu denen auch der Gabler Verlag und der Vieweg Verlag gehören. Wir publizieren ein umfangreiches wirtschaftswissenschaftliches Monografien-Programm aus den Fachgebieten

✓ Betriebswirtschaftslehre
✓ Volkswirtschaftslehre
✓ Wirtschaftsrecht
✓ Wirtschaftspädagogik und
✓ Wirtschaftsinformatik

In enger Kooperation mit unseren Schwesterverlagen wird das Programm kontinuierlich ausgebaut und um aktuelle Forschungsarbeiten erweitert. Dabei wollen wir vor allem jüngeren Wissenschaftlern ein Forum bieten, ihre Forschungsergebnisse der interessierten Fachöffentlichkeit vorzustellen. Unser Verlagsprogramm steht solchen Arbeiten offen, deren Qualität durch eine sehr gute Note ausgewiesen ist. Jedes Manuskript wird vom Verlag zusätzlich auf seine Vermarktungschancen hin geprüft.

Durch die umfassenden Vertriebs- und Marketingaktivitäten einer großen Verlagsgruppe erreichen wir die breite Information aller Fachinstitute, -bibliotheken und -zeitschriften. Den Autoren bieten wir dabei attraktive Konditionen, die jeweils individuell vertraglich vereinbart werden.

Besuchen Sie unsere Homepage: *www.duv.de*

Deutscher Universitäts-Verlag
Abraham-Lincoln-Str. 46
D-65189 Wiesbaden